Günter Dux
Die Logik der Weltbilder

Sinnstrukturen
im Wandel der Geschichte

Suhrkamp

suhrkamp taschenbuch wissenschaft 370
Erste Auflage 1982
© Suhrkamp Verlag Frankfurt am Main 1982
Suhrkamp Taschenbuch Verlag
Alle Rechte vorbehalten, insbesondere das
des öffentlichen Vortrags, der Übertragung
durch Rundfunk und Fernsehen
sowie der Übersetzung, auch einzelner Teile
Satz: LibroSatz, Kriftel
Druck: Georg Wagner, Nördlingen
Printed in Germany
Umschlag nach Entwürfen von
Willy Fleckhaus und Rolf Staudt

CIP-Kurztitelaufnahme der Deutschen Bibliothek
Dux, Günter:
Die Logik der Weltbilder : Sinnstrukturen
im Wandel d. Geschichte / Günter Dux. – 1. Aufl. –
Frankfurt am Main : Suhrkamp, 1982.
(Suhrkamp-Taschenbuch Wissenschaft ; 370)
ISBN 3-518-07970-0

NE: GT

3.2.2. Instinkt und Lernen als oppositionelle
       Prinzipien 39
3.2.3. Defizite bei Lernausfällen 41
4.   Die anthropologische Organisationsform 43
4.1.   Instinktreduktion 45
4.2.   Konsequenzen der Instinktreduktion 47
4.2.1. Selbstbestimmung der Tätigkeitsformen 47
4.2.2. Die Notwendigkeit, Wissen zu erwerben 47
4.2.3. Die Selbstbestimmung der sozialen Organisationsform 48
4.2.4. Die Ausbildung der Subjektivität 48
4.2.5. Evolution zur Freiheit 49
5.   Resümee 51

II. *Der Einstieg in die Geschichte*
Anweisung zu ihrer Rekonstruktion aus der Ontogenese

1.   Die Fortsetzung der Naturgeschichte 54
1.1.   Man makes himself 56
2.   Anweisung zur Rekonstruktion 57
2.1.   Der absolutistische Konstruktivismus 58
2.2.   Leben unter Bedingungen 61
3.   Die sozietäre Lage 62
3.1.   Die subhumane Phase 62
3.2.   Niveauänderung von Lernen 64
4.   Geschichte und Ontogenese 66
4.1.   Genetisches versus traditionalistisches
       Enkulturations- und Geschichtsverständnis 68
4.1.1. Imprägnierung und Internalisierung 68
4.1.2. Die gesellschaftliche Organisation 69
4.1.3. Verarbeitung schon verarbeiteter Erfahrungen 70
4.1.4. Lernen auf der Symbolebene 71
5.   Die Entwicklungslogik in der Geschichte 72
6.   Resümee 73

III. *Konstruktiver Realismus. Der Aufbau des Wissens*

1.   Kategorien aus Erfahrung. Eine Aporie 76
1.1. Die Aporie des a-priori 77
1.2. Die naturgeschichtliche Ausgangslage 78

Inhalt

Einleitung
Unter Ideologieverdacht: Der Streit um das Weltbild

1. Das Postulat der Irrationalität 13
1.1. Legitimation von schierer Macht 14
1.2. Widerspruch 15
2. Das Problem des Anfangs 15
2.1. Die Metaphysik der »tabula rasa« 16
2.2. Eine abgründige Erfahrung 17
2.3. Vorgaben 17
3. Der Boden verfügbaren Wissens 20
3.1. Die Stellung des Menschen in der Natur 21
3.2. Der Anschluß der geistig-kulturellen Daseinsweise 22
3.3. Rekonstruktion der Geschichte 24

1. Die Stellung des Menschen in der Natur

1. Der Rekurs auf die Naturgeschichte 26
1.1. Eines unter vielen 26
1.2. Zur Strategie der naturgeschichtlichen Argumentation 27
2. Biologische Systeme 28
2.1. Das Prinzip der Selbstregulation 28
2.1.1. Organisationsplan und Wissen 29
2.1.2. Das Innen-Außen-Schema 30
2.2. Das Grundmuster tierischer Organisation 31
2.2.1. Instinkte 31
2.2.2. Die artspezifische Organisation der Umwelt 31
2.2.3. Instinktive Verkehrsregelungen unter Artgenossen 32
2.2.4. Die Plastizität der Instinkte 34
3. Evolution und Lernen 35
3.1. Struktur und Entwicklung 35
3.2. Lernen 36
3.2.1. Lernen und Arten des Lernens 37

2.	Der Antrieb, Wissen zu erwerben 81
2.1.	Der Zwang zu lernen 82
2.2.	Erkenntnis und Interesse 84
3.	Objekt- und Ereignisschema 86
3.1.	Die Gegenlage 86
3.2.	Grenze, Substanz, Raum 88
3.3.	Substanz, Eigenschaft 90
3.4.	Die Dynamik des Objekts: das Ereignisschema 92
3.4.1.	Das Objekt der Erfahrung 92
3.4.2.	Die Mechanik des Aufbaus 93
4.	Operante Mechanismen 96
4.1.	Schema und Paradigma 96
4.2.	Die Universalität des subjektivischen Schemas 96
4.3.	Die Leistungsfähigkeit des subjektivischen Schemas 98
4.4.	Die subjektivische Satzform 98
5.	Resümee 101

IV. *Das primitive Denken und das Denken der Primitiven*

1.	Der Begriff des Primitiven 103
1.1.	Noch einmal: Die anthropologische Ausgangslage 104
1.2.	Das Verstehen primitiver Gesellschaften 105
1.3.	Die Grenzen der Primitivität 107
2.	Das primitive interpretative Paradigma 107
2.1.	Das subjektivische Schema als immanentes Objekt- und Ereignisschema 108
2.2.	Konstruktiver Realismus 113
3.	Die Kausalschemata: Das relationale und subjektivische 114
3.1.	Die »natürlichen Erklärungen« 114
3.2.	Primitive »Wissenschaft« 116
3.3.	Das subjektivische Kausalschema 118
3.4.	Generalität und Dominanz des subjektivischen Schemas 120
3.5.	Das Entwicklungspotential 121
4.	Der Ursprung: Substanz und Subjekt in einem 122
4.1.	Rekurs auf den Anfang 122
4.2.	Die Substantialität des Ursprungs 122

4.2.1. Philosophische Ableger 124
4.3. Die innere Logik subjektivischer Deutung 126
5. Die mythische Welt 128
5.1. Mythische Einheit 128
5.2. Synkretistische Verbindungen 129
5.2.1. Totemistische Verbindungen 131
5.2.2. Analogisches Denken 132
5.3. Mythische Kausalität 132
5.4. Die mythische Zeit 134
5.5. Noch einmal: Rekonstruktion und Verstehen 136
5.6. Die Geschichte vom Skarabäus; ein Exkurs 137
6. Die Rationalität primitiven Denkens 141
6.1. Prälogisches Denken 141
6.2. Die absolutistische Logik 142
6.3. Wirklichkeit und Wirklichkeiten 144
6.3.1. Konstruktiver Realismus 145

v. *Der Grund der Religion*

1. Rekonstruieren und Erklären 147
1.1. Grenzverkehr mit dem Unendlichen 151
1.2. Naturalismus und Pragmatismus 154
2. Handlungsprobleme und Thematisierung der Struktur 156
2.1. Wenn Routine fehlschlägt 156
2.2. Leben unter Unsicherheit 158
2.3. Religion und Magie 160
2.4. Profane und sakrale Provinzen 167
2.4.1. Die profane Provinz 169
2.4.2. Die sakrale Provinz 170
2.4.3. Sakralität und Naturgeschichte 173
3. Die Sinnhaftigkeit der primitiven Welt. Religion als ihr Sachwalter 174
4. Der affirmative Konservatismus der Religionen 177
4.1. Der revolutionäre Konservatismus 179

v, 1. Die Herkunft der Götter

1. Religion und Gottesvorstellung 181
1.1. Mangel an Logik oder infantile Angstbewältigung 182
2. Präanimistische und animistische Vorstellungen 184
3. Götter 186
3.1. Sagen, was ist 187
3.1.1. Erfahrung und Erlebnis 188
3.1.2. Die Individuierung der Götter 188
3.1.3. Der Götter-Schematismus. Naturgötter 190
3.1.4. Begriffsgötter 192
3.2. Personifikation 196
3.3. Transzendenz 197
3.4. Mensch und Gott 199
3.4.1. Erfahrungen mit Göttern 200

v, 2. Gott. Zur Logik des Monotheismus

1. Zum Begriff 204
2. Die Logik der vielen und des einen 205
2.1. Der theoretische Einschlag 208
3. Die Logik von Schöpfung und Schöpfergott 208
3.1. Gott und Welt 209
3.1.1. Die Substanzseite des Ursprungs 210
3.1.2. Die Subjektivität des Ursprungs 215
4. Die Schöpfungsgeschichten 217
4.1. Naturalistische Versionen 217
4.2. Schöpfung durch das Wort 219
4.2.1. Die Logik der Handlung 221
4.2.2. Die Einheit von Wort und Sache 221
4.2.3. Die logische Überlegenheit des Schöpferwortes 223
5. Der Eine hinter den Vielen 225
5.1. Der Eine neben den Vielen 225
5.2. Konvergenz und Synkretismus 228
5.3. Primitiver und systematischer Monotheismus 231
5.3.1. Primitiver Monotheismus 231
5.3.2. Systematischer Monotheismus 231

6. Der israelitische Monotheismus 233
6.1. Der Stammesgott 233
6.2. Die Ethisierung 235
6.3. Der einzige 237
6.3.1. Die Übernahme der Schöpferrolle 239
6.3.2. Die Schöpfung aus dem Nichts 242
6.3.3. Die Schöpfung kraft des Wortes 242
6.3.4. Transzendenz 245

VI. Geschichte als Lernprozeß
Der Fortschritt im Naturverständnis

1. Der Anfang durch Lernen 248
2. Das Interesse, die Welt festzustellen 250
2.1. Kategoriale Schemata. Interesse und Objektivität 251
2.2. Sprachformen 252
2.2.1. Die Zuschreibung von Eigenschaften 253
2.2.2. Begriffshierarchien 255
2.2.3. Satz und Tätigkeitsform 256
3. Die vorwissenschaftliche Phase 258
3.1. Die Phase der Sammler und Jäger 258
3.1.1. Barrieren gegen Lernen 260
3.1.2. Selbstbild und Naturbeherrschung 261
3.2. Garten- und Ackerbaugesellschaften. Die neolithische Revolution 263
4. Natur und Sozialwelt in der griechischen Antike. Die zweite Revolution 266
4.1. Die Einheit der geltenden Ordnung 266
4.2. Die Absonderung des Nomos 266
4.3. Physis und Nomos 268
4.3.1. Physis/Natur 268
4.3.2. Der Nomos der Sozialwelt 270
4.4. Das Selbstverständnis des Menschen 273
5. Die Entstehung der Naturwissenschaften. Vom subjektivischen zum funktionalen Verständnis 275
5.1. Die Anlaufperiode der Naturwissenschaften 276
5.1.1. Der Fortschritt im Mittelalter 278
5.1.2. Theologische Spekulationen 278

5.2.	Änderungen im Selbstverständnis	279
6.	Der Wechsel des interpretativen Paradigmas	281
6.1.	Interesse und Methode	281
6.2.	Konstanz und Mechanisierung	281
7.	Die Logik in der Entwicklung	283
7.1.	Kumulation und Revolution	285

VII. *Das Selbstverständnis des Menschen im Weltbild der Gegenwart*

1.	Welt, die Einheit des Systems	290
2.	Objektivität und Konvergenz	295
3.	Verlusttheorien	298
4.	Rettungsversuche von kosmologischem Sinn	300
4.1.	Rückverlagerung des Sinns	300
4.2.	Reinterpretation von Sinn	301
5.	Rückverwiesen auf sich selbst	303
5.1.	Das Ende der Religion	304
5.1.1.	Die Basis der Vergangenheit	304
5.1.2.	Die Situation der Neuzeit	305

Anmerkungen 309
Literaturverzeichnis 330
Personenregister 347
Sachregister 353

Einleitung
Unter Ideologieverdacht:
Der Streit um das Weltbild

1. Das Postulat der Irrationalität

Das Weltbild unserer Zeit ist unsicher und im Streit; mit ihm ist es die Natur des Menschen. Das jedenfalls ist der Eindruck, den seine berufenen und unberufenen Verwalter in der Öffentlichkeit erwecken. Da es, wie man sagt, um die letzten Grundlagen des Welt- und Selbstverständnisses des Menschen geht, zieht der Streit alles, was irgend an Problemen und Entscheidungen Bedeutung hat, in seinen Bann. Eben deshalb ist er von einer so außerordentlichen Schärfe. Er fordert das totale Engagement, vor allem in der Politik, aber auch in der Wissenschaft. Wissen und Wahrheit werden vorrangig unter Bekenntniszwang gestellt.

Die Sozialwissenschaften und insbesondere die Soziologie nehmen in dieser Situation eine höchst signifikante Stellung ein. Seit sich die erkenntnistheoretische Reflexion außerstande gesehen hat, die eigene Position in einer Entwicklungstheorie von Gesellschaft und Denken zu verorten, hat sie mit einem Rigor, wie er Erkenntnistheorien nun einmal eignet, jede Art der Objektivierung von Weltbildern für illusionär erklärt. Weltbilder sind historisch, sie bilden und ändern sich im Verlauf der Geschichte. Die Geschichte selbst aber steht unter dem Postulat der Irrationalität. Wenn die Wissenschaft sich anschickt, sie zu erfassen, ist sie selbst zuvor schon in ihren Bann geschlagen. Weber, der wie niemand sonst die Logik seiner Zeit in der Wissenschaft zu Bewußtsein gebracht hat, hat diesen Sachverhalt in einer fast schon poetischen Weise zum Ausdruck gebracht:

»Aber irgendwann wechselt die Farbe: Die Bedeutung der unreflektiert verwerteten Gesichtspunkte wird unsicher, der Weg verliert sich in der Dämmerung. Das Licht der großen Kulturprobleme ist weitergezogen. Dann rüstet sich auch die Wissenschaft, ihren Standort und ihren Begriffsapparat zu wechseln und aus der Höhe des Gedankens auf den Strom des Geschehens zu blicken. Sie zieht jenen Gestirnen nach, welche allein ihrer Arbeit Sinn und Richtung zu weisen vermögen . . .«[1]

Was für die großen kulturbestimmenden Leitideen ganzer Gesellschaften und Zeiten gilt, das gilt gleicherweise für die Ideale der Lebensführung jedes einzelnen. Sie ebenfalls sind in ihrer letzten, allerletzten Verankerung einer Begründung nicht fähig. In den Idealen der Lebensführung setzt sich das Weltbild der Zeit zur Weltanschauung derer um, die mit und von ihm leben. Weltanschauungen sind, darin geht die herrschende Soziologie seit Weber einig mit der allgemeinen Meinung, eine Frage von Wertungen. Die aber stellen, so sagt man, in letzter Instanz Entscheidungen des Glaubens dar, und zwar die eines jeden einzelnen. Und so wie es Sache des einzelnen ist, Glaubensentscheidungen zu fällen, so ist es auch seine Sache, für sie einzutreten, Gefolgschaft für sie zu suchen und ihnen als Prinzipien eigenen und öffentlichen Lebens Geltung zu verschaffen. Worüber man nicht reden kann, dafür also soll man kämpfen. Eben das war es, was Max Weber lehrte; und darin hat er bis heute überlebt. Der Kampf um die letzten Werte ist das Gebot der Zeit. »Die alten vielen Götter«, so heißt es in dem Aufsatz *Wissenschaft als Beruf*, »entzaubert und daher in Gestalt unpersönlicher Mächte, entsteigen ihren Gräbern, streben nach Gewalt über unser Leben und beginnen untereinander wieder ihren ewigen Kampf«[2].

In der Tat: Wir leiden auch an der Geschichte. Eine der drückendsten Hypotheken, die sie uns hinterlassen hat, ist die Verruferklärung des Intellekts zugunsten absolutistischer Vorgaben.

1.1. Legitimation von schierer Macht

Die Konsequenz einer Lehre, die die entscheidenden Fragen des Lebens, des privaten wie des öffentlichen, der rationalen Erörterung entzieht, sie in letzter Instanz zu einer Frage des Glaubens macht, ist nicht zu übersehen: Jeder kann seine persönliche Meinung und Wertschätzung als letzten Wert ausgeben. Diskutieren kann man über letzte Werte nicht. Es bleibt immer nur eines: Kämpfen und Gefolgschaft machen. Natürlich kann dann auch jede beliebige Ordnung legitimiert werden. Rein logisch läßt sich zu jeder Ordnung auch ihr letzter Wert finden.[3] Wer die Macht hat, kann sich danach des guten Gewissens versichern, auch das Recht zu haben. Wer sie noch nicht hat, kann sicher sein, Recht zu haben, wenn er sie nur erst hat. Recht wird so in den Dienst der Gewalt, Vernunft in den Dienst der Unvernunft gestellt.

Ich habe nicht die Absicht, die absolutistischen Begründungsversuche weltanschaulicher Annahmen durch den Hinweis auf die politisch katastrophalen Folgen moralisch in Mißkredit zu bringen. Das wäre ein illegitimes Vorhaben.[4] Ich möchte lediglich darauf hinweisen, daß die Blockade des Denkens, denn um nichts anderes handelt es sich bei dieser Art Berufung auf den Glauben, sich weiß Gott keines guten Gewissens versichern kann. Es ist ein fundamentaler Irrtum, der landläufigen Meinung anzuhangen, die Berufung auf letzte Werte sei moralisch vermögend. Dabei ist es, diese Spitze der Argumentation ist nicht zu übersehen, ganz gleichgültig, welche Werte man als letzte Werte einführt. Solange man sie im Wege einer absolutistischen Begründungslosigkeit einführt, setzt man jenen Mechanismus in Gang, demzufolge Beliebigkeit das Resultat ist.

1.2. Widerspruch

Die Frage, die sich uns danach vordringlich stellt, ist, ob Weltbilder oder – wenn man will: Weltanschauungen und mit ihnen das, was über den Menschen zu sagen ist, wirklich der rationalen Einsicht entzogen sind. Und die Frage ist weiter, ob unsere eigene Zeit in diesen Fragen wirklich so unbedarft dasteht, daß einzig letzte rational nicht kontrollierbare Werturteile als Glaubensentscheidungen für sie eintreten müssen. Ich bestreite das. Und ich bestreite, daß der Lärm um den Kampf des rechten Weltbildes aus etwas anderem herrührt als aus der beharrlichen Weigerung, sich auf den Boden verfügbaren Wissens zu stellen und von ihm aus die Konsequenzen für unsere eigene Zeit zu entwickeln.

Weltbilder und mit ihnen das Verständnis des Menschen sind, das also ist die Gegenthese, einsichts- und begründungsfähig. Sie bilden sich unter angebbaren Bedingungen und entwickeln sich in der Geschichte strukturlogisch stringent fort. Die Geschichte selbst kennt eine Logik. Und die läßt sich rekonstruieren.

Wie kann man diese These belegen?

2. Das Problem des Anfangs

Man muß, wenn man die Frage nach dem Weltbild der Zeit untersuchen will, darauf gefaßt sein, sich entschieden absetzen zu müssen von den hergebrachten Denksystemen, von der ihnen immanenten Logik insbesondere. Descartes hat es naiver gemeint, als wir es heute meinen können; als Programmatik ist seine Aufforderung heute so aktuell wie zu Anfang der Neuzeit. Mehr noch, wer einmal anfängt aufzuräumen, hat kaum eine andere Chance als die, die Descartes für sich selber sah:

> Einmal im Leben alles von Grund auf um(zu)stoßen und von den ersten Grundlagen an neu zu beginnen, – ... omnia semel in vita esse evertenda, atque a primis fundamentis denuo inchoandum si quid aliquando firmum et mansurum cupiam in scientis stabilire.[5]

Freilich wird man sehr genau überlegen müssen, was es denn heißen kann, »von den ersten Grundlagen an« neu zu beginnen.

2.1. Die Metaphysik der »tabula rasa«

Wer angibt aufzuräumen, wer vorgibt, die jahrtausendealten Voraussetzungen hinter sich zu lassen, um erst noch herauszufinden, was denn vom Menschen zu denken sei, hat fast schon verloren. Er provoziert mit der sicheren Routine, die dem professionellen Theoretiker so wenig abgeht, wie irgendeinem Handwerker, den gleichen Einwand, den schon Descartes provozierte: Eine »tabula rasa« gebe es nicht;[6] insbesondere stelle die Vorstellung und Aufforderung, sich aller Vorurteile zu entledigen, selbst schon ein Vorurteil dar und müsse dazu führen, sich an hundert andere zu verlieren.

Es ist richtig, niemand, der anfängt, mit den unzähligen Sätzen einer jahrtausendealten Weltanschauung aufzuräumen, ihre Logik selbst in Zweifel zu ziehen, fängt von vorne an. Wie käme er sonst zu solchem Entschluß? Ist das ein Grund, ihn fallenzulassen? Für die Metaphysiker unter den Theoretikern der Erkenntnis sehr wohl. Denn wenn jeder, der anfängt zu denken, einen Anfang machen muß, jede Reflexion auf den Anfang selbst ihrerseits genötigt ist, einen Anfang zu machen, dann behauptet sich schließlich einzig eines: der Anfang selbst, und das heißt: als absoluter Anfang. Ersichtlich geht der erkenntnistheoretische Absolutismus dem ethisch-normativen parallel.[7] Eben deshalb sagte ich, daß, wer vorgibt, die jahrtausendealten Voraussetzungen hinter sich lassen, fast schon verloren hat. Denn jeder weitere Satz, gleichgültig, ob nach allem, was sonst gilt, richtig oder nicht, wird a priori von dem Postulat entwertet, daß alles Wissen schließlich und endlich seinen eigenen Anfang habe. Die Pointe daran ist für den Metaphysiker nicht, daß ein Anfang so gut wie der andere ist. Die Pointe ist, daß jeder Anfang hintergangen wird von einem absoluten. Und der allein zählt.

Unverständiger freilich kann man der Absicht, »von vorne anfangen zu wollen«, nicht begegnen, unverständiger auch Descartes nicht. Um das gewahr zu werden, ist nicht mehr vonnöten, als eine einzige Frage zu stellen: Was eigentlich veranlaßt Denker der Neuzeit zu der Absicht, »ganz von vorne« anfangen zu wollen? Woher stammt die auf sich selbst zurückgewendete Dauerreflexion des Menschen?

2.2. Eine abgründige Erfahrung

Descartes (1596-1650) gibt darauf eine unzweideutige Antwort, und zwar eine, die vor seinem philosophischen System gelegen ist, so daß wir sie aufgreifen können, ohne dieses System selbst erst erörtern zu müssen, was ersichtlich an dieser Stelle inopportun wäre. Descartes nämlich formulierte eine Erfahrung, die er als Resultat eifrigster Studien unter bester Anleitung zu Hause und im Jesuitenkollegium in La Fleche in Anjou gemacht hatte: Das Resultat seiner Bemühungen, sich das Wissen der Zeit anzueignen, war die Einsicht, daß kein einziger Satz der hergebrachten Schulphilosophie länger noch sichere Geltung beanspruchen könne.[8] Was kann man in einer Situation, in der nicht dieses oder jenes Wissen problematisch geworden ist, sondern das Weltbild insgesamt, anders tun, als den Versuch zu machen, »ganz von vorne« zu beginnen? Man kann fragen, was das heißt: »ganz von vorne« anzufangen; man kann fragen, was man mitbringt und was an Vorgaben man macht. Die Programmatik selbst kann man unter solchen Umständen nicht beseitigen. Sie ist denn seither auch oft genug wiederholt worden. Welche Vorgaben also macht man? Und weshalb gibt es trotz dieser Vorgaben die Chance, über den Status quo ante hinauszugehen, besseres Wissen zu erwerben, ein verläßlicheres Weltbild zu gewinnen?

2.3. Vorgaben

Halten wir uns noch einmal an jene einfache Äußerung Descartes', er habe feststellen müssen, daß kein einziger Satz der Schulphilosophie länger sichere Geltung beanspruchen könne.

Ersichtlich vorgegeben werden danach als erstes die Philosophien, in denen die Welt bisher interpretiert wurde. Dabei ist zu bedenken, daß mit den Philosophien eine Menge positives Wissen, auf den niederen Ebenen des Wissens sozusagen, mit vorgegeben ist. Es ist eingebettet in sie, hat seine Interpretation und Deutung durch sie erfahren. Aber es fällt nicht einfach fort, wenn die Deutung entfällt. Daß der Nebel morgens aus den Wiesen steigt, ist solch ein Wissen; daß Gottes Hand ihn entgegen der Schwerkraft des Wassers hebt, ist dessen Deutung. Das ist das eine. – Vorgegeben wird aber in einer Zeit, in der ein Weltbild brüchig wird, noch ein zweites: jenes neuerworbene Wissen, an dem sich zeigt, daß das alte Weltbild brüchig ist. Es ist bei solcher Gelegenheit nicht unwichtig festzustellen, daß es das gibt: Ein Weltbild kann brüchig werden, ohne daß jenes, das an seine Stelle treten wird, schon ausgearbeitet ist. Das alte paßt einfach nicht länger. Das erworbene Wissen fügt sich ihr nicht ein. Aber das neue System des Wissens ist noch nicht zur Hand.[9] – Vorgegeben ist bei dem Geschäft, das System des Wissens neu und ganz von vorne zu erarbeiten, schließlich noch ein drittes: die Vorstellung darüber, was es überhaupt bedeutet, etwas zu begründen. Wenn man etwas sucht, hat man eine Vorstellung davon, womit man sich zufrieden geben will, wenn man es gefunden hat. Das gilt nicht nur für die Begründung des einen oder anderen Satzes. Eben weil es um die Frage geht, was begründen überhaupt heißt, gilt es für das System des Wissens als Ganzes. Vorgegeben ist mit anderen Worten die materiale Logik des Systems. In dieser Vorgabe stand Descartes noch ganz unter dem Einfluß der mittelalterlichen Logik.[10] Wir nicht mehr. Für uns haben sich die Vorgaben gegenüber den Anfängen der Neuzeit insgesamt geändert. Die Krisensituation hat sich allerdings noch verschärft.

Die veränderte Situation macht sich schon an der ersten Vorgabe bemerkbar, an den Theorien, an denen sich der Widerspruch ebenso ausbildet wie die Absicht der Neubegründung. Das, was Descartes immerhin noch vorfand: die relative Einheit der Schulphilosophien christlicher Observanz, die trotz unzähliger Streitigkeiten vorlag, ist nahezu nicht mehr existent. Die theologischen und philosophischen Fragen von einst, wenn sie jemals Allgemeingut waren, interessieren heute nur noch die professionellen

Sinnverwalter. An den Schulen und Universitäten gelingt es allenfalls, sie einer Minderheit einzuüben, eine Art Sozialisation im Nachschlag mit problematischen Wirkungen. Den Mann auf der Straße schließlich erreichen die Dogmatiker von gestern längst nicht mehr.[11] Er schlägt sich mit den Bruchstücken durch und herum.

Verändert aber hat sich auch die Situation im Bereich jenes Wissens, das den Widerspruch begründet: Unterhalb der Ebene eines konsolidierten Systems von Wissen auch auf den höheren Abstraktionsebenen haben Natur- und Sozialwissenschaften ein Wissen ausgebildet, dessen Solidität längst den Status eines kryptomorphen Weltbildes gewonnen hat. Nur die Umsetzung in ein umfassendes System unter Einschluß des Menschen gelingt nicht oder nur in Grenzen.

Schließlich aber hat sich die Situation geändert, was die Vorgabe in der Begründungsstruktur des neuen Wissenssystems angeht. Die Einsicht, daß Descartes gerade in der Frage der Neubegründung der metaphysischen Logik verhaftet geblieben war, hat sich zum Bewußtsein radikalisiert, daß das, was zu leisten ist, nicht einfach die Integration von altem und neuem Wissen ist. Was notwendig ist, damit jedenfalls muß man rechnen, ist die Etablierung einer neuen Art Begründungsstruktur, die auch die Begründung des Systems selbst trifft. Eben deshalb aber ist es schlicht Unverstand, der Nötigung, sich jahrtausendealter Vorgaben in der Neubestimmung des Weltbildes entschlagen zu wollen, mit dem Einwand zu begegnen zu suchen, einen Anfang müsse jeder machen, um so über die Hintertreppe das ganze alte System des Denkens von einem Absoluten her neu zu servieren, nur in einem schal gewordenen Aufguß. Die Absicht ist ja gerade, ein System des Wissens diesseits absolutistischer Vorgaben zu machen. Wer die Möglichkeit dazu verneint, beweist einstweilen nur die Reproduktion eines Vorurteils. Wer sie in Anspruch nimmt, hat allerdings die Beweislast.

Es hätte keinen Sinn, die erkenntnistheoretische Frage an dieser Stelle spekulativ weiterzuführen. Die Beweislast für die Behauptung, unterhalb des weltanschaulichen Streites habe sich bereits ein solides Wissen zu einem kryptomorphen Weltbild zusammengefügt, läßt sich nur dadurch einlösen, daß man jenes Wissen, das ich einmal summarisch das »verfügbare und nicht preisgebbare Wissen der Zeit« nennen will, selbst präsentiert und in seinen eigenen Prämissen zu begründen sucht. Der Grund für dieses Verfahren ist unschwer einzusehen: Nur auf der Basis des neuerworbenen Wissens läßt sich auch die neue Begründungsstruktur von Wissen demonstrieren. Erkenntnistheorie kann nicht länger als vorweglaufende Reflexion betrieben werden. Was der Erläuterung bedarf, ist danach zunächst lediglich das Verfahren.

3. Der Boden verfügbaren Wissens

Zu allen Zeiten verfügen Menschen über Wissen, hergebrachtes oder neuerworbenes, das sie als sicher ansehen und weder preisgeben können noch wollen, weil anders die Praxis ihrer Lebensführung zerbräche. Auch in unserer eigenen Zeit mag noch so unsicher sein, wie die Deutungssysteme auf den abstrakten Verarbeitungsebenen der Theorie auszusehen haben, in der Praxis machen wir von einer Unmenge Wissen Gebrauch, von dem wir sagen, es sei »sicher«.

Dabei sind wir vorsichtig geworden im Umgang mit dem, was »sicher« heißt. Wir wissen seit den vergeblichen Mühen der Wiener Schule, daß es keine theoriefreien Basissätze gibt.[12] Wir wissen, daß auch das »sichere Wissen« in Deutungssysteme eingefügt ist, die sich ändern. Allein, wir halten trotzdem daran fest, daß wir deshalb nicht überhaupt an der Gültigkeit von Wissen zu verzweifeln brauchen. Daß ein Stein zu Boden fällt, die Planeten sich um die Sonne drehen, wissen wir. Und wir wissen, daß beide Bewegungen einem einzigen Gesetz zuzuschreiben sind und daß dieses Gesetz Teil eines umfassenden physikalischen Systems ist. Sicher im Sinne dieser nicht preisgebbaren Annahme ist danach nicht nur das Einzelwissen, auch Systeme, kleinere oder größere, sind »sicher« in diesem moderaten Sinne. Vom zweiten Hauptsatz der Wärmelehre wird kein Physiker lassen wollen. Von der Quantentheorie sagt Heisenberg, man könne nicht annehmen, daß sie sich in Zukunft noch grundsätzlich ändere.[13]

Was für die Natur gilt, gilt auch für den Menschen. Auch von ihm haben wir einiges Wissen, von dem wir sagen, es sei sicher. Wir kennen zum Beispiel den Kreislauf des Blutes, einige Universalien seiner Art, sich zu verständigen, ebenso Regeln, nach denen er Familien gründet. In der Tat wird kaum jemand bestreiten, daß es derart gesichertes Wissen gibt. Was zweifelhaft ist, ist lediglich das große System in seiner Gesamtheit, die Struktur, von der aus sich das verfügbare Wissen zur Einheit eines Weltbildes zusammenschließt. Allein, exakt an dieser Stelle liegt der Grund für den Widerspruch, den ich gegen den Lärm und den Streit der Weltanschauungen eingangs angemeldet habe. Das, was ich behaupte, ist eben dies: Unsere Zeit hat längst auch das Wissen ausgebildet, von dem aus das, was man Weltanschauung nennt, zu erarbeiten ist; sie hat, wenn man so will, mit dem neuerworbenen Wissen auch die Strategie mitgeliefert, von der aus es sich zur Einheit eines Weltbildes zusammenfügt. Diese Strategie gehört mit zu jenem Wissensgut, das ich »das verfügbare und nicht preisgebbare Wissen der Zeit« nenne. Nur genutzt ist sie nicht oder nicht entschieden genug. Wie sieht diese Strategie aus?

Der Mensch kann über die Anschauung von der Welt als Ganzes nur befinden, indem er zugleich über sich in der Welt befindet. Er muß seine Stellung in ihr klären, wenn er seine Anschauung von ihr klären will. Über sich und seine Stellung in der Welt erfährt er etwas, indem er sich aus zwei Bereichen zu verstehen sucht: Zum einen aus seiner Stellung in der Natur. Zum anderen aus seiner Selbstdarstellung in der Geschichte. Für eine Überprüfung des Weltbildes unserer Zeit oder auch die Gewinnung eines neuen sind danach zwei Aufgaben zu bewältigen: Erstens ist die Stellung des Menschen in der Natur zu bestimmen. Zweitens ist die Entwicklung des Weltbildes in der Geschichte zu rekonstruieren. Das Vorgehen läßt sich näher begründen.

3.1. *Die Stellung des Menschen in der Natur*

Die Natur war vor dem Menschen da. Der Mensch hat sich erst in ihr gebildet. Das wissen wir. Die historisch erste Bedingung der Möglichkeit dafür, daß der Mensch das ist, was er ist, liegt danach in seiner Stellung in der Natur begründet. Eben deshalb werden wir diese Bedingung auch als erste aufzuklären suchen (1). Dabei interessiert uns eine spezifische Fragestellung: Wir wollen wissen, wie der Mensch als biologisches Lebewesen beschaffen ist, damit er in seiner geistig-kulturellen Daseinsweise leben kann, wie er tatsächlich lebt. Es ist dieses spezifische Erkenntnisinteresse an der geistig-kulturellen Daseinsweise des Menschen, das uns nötigt, aber auch legitimiert, die Grenzüberschreitung nach der Seite der biologischen Anthropologie hin zu riskieren.

Es versteht sich nach allem, was schon gesagt ist, von selbst, daß ich mich dabei voll auf das von den Naturwissenschaften zugelieferte Wissen verlasse. Selbstredend nehme ich deshalb für dieses Kapitel keinerlei Originalität in Anspruch. Ich bin mit Fleiß darauf bedacht, gerade das mittlerweile Selbstverständliche darzulegen, eben jenes, von dem ich meine sagen zu können, daß es gilt und nicht preisgegeben werden kann, weil anders unser gesamtes Wissen nicht zu begreifen wäre. Denn wenn ich behaupte, unsere Zeit verlange die Bereitschaft, abzurechnen mit der Weltanschauung der Vergangenheit, den großen philosophischen Systemen von einst, so behaupte ich verbunden damit, es sei dieses verfügbare und allgemein akzeptierte Wissen, das zu dieser Bereitschaft zwingt. Und es scheint mir keine Frage zu sein, daß wir die Grundlage dieses Wissens in dem Wissen über die Stellung des Menschen in der Natur finden.

Vielleicht ist eine methodische Vorsicht nicht überflüssig: Auch wenn man sich auf das allereinfachste Wissen beschränkt in einem thematisch derart umfassenden Feld wie dem der Stellung des Menschen in der Natur, wird es diese oder jene Aussage geben, die Anstoß erregt. Und es ist kaum zu verhindern, daß manche auch zu korrigieren sein wird. Das allein freilich stellt die Strategie nicht in Frage, mit dem Wissen zu beginnen, das sicher und nicht preisgebbar ist. Erst dann wäre der Versuch untauglich, wenn die tragende Linie der Argumentation sich als unzureichend erwiese.

3.2. *Der Anschluß der geistig-kulturellen Daseinsweise*

Ich habe schon darauf hingewiesen, daß es uns schließlich und endlich nicht um den Menschen als rein biologischen Organismus zu tun ist. Die Daseinsweise des Menschen ist eine geistig-kulturelle Daseinsweise, und um deren Verständnis geht es. Allein, die Strategie unserer Argumentation ist es gerade, den Menschen derart in seiner naturhaften Organisation verständlich zu machen, daß seine geistig-kulturelle Daseinsweise an eben diese naturhafte Organisation angeschlossen werden kann. Es wird sich zeigen, daß der Mensch seinem biologischen Organisationsplan zufolge bereits auf eine geistig-kulturelle Daseinsweise hin angelegt ist. Beide: biologische und geistig-kulturelle Organisation greifen ineinander. Die eine hat sich nicht ohne die andere entwickelt.

Die Strategie, mit dem Wissen um die Stellung des Menschen in der Natur zu beginnen, darf nach allem nicht dahin verstanden werden, als sei es uns darum zu tun, die geistig-kulturelle Lebenswelt gerade in ihren grundlegenden Formen in der Natur zu vergraben, um sie dann im Gange der Geschichte aus ihr hervorgehen zu lassen. Ein solches Mißverständnis ist nicht eben selten. Es entspricht einem abendländischen geschichtsphilosophischen a-priori: Entwickeln kann sich danach nur, was in nuce am Anfang der Entwicklung schon angelegt war. Das Resultat muß mit anderen Worten aus seinem Ursprung ableitbar sein. Das aber hieße die Natur in einer Weise vergeistigen, für die wir ansonsten länger keinen Beleg haben. Zwischen Identität und cartesianischer Alternative scheint kein Ausweg.

Der Ausweg ist vorhanden; das wird sich zeigen. Man muß nur die Denkform der Ableitung fallenlassen.[14] Daß sich entwickeln nur kann, was in nuce im Ursprung schon enthalten ist, ist selbst ein metaphysisches Postulat. Es versteht sich, daß wir es uns nicht zu eigen machen.

Die Stellung des Menschen in der Natur so zu begreifen, daß eine geistig-kulturelle Daseinsweise nahtlos angeschlossen und, soweit es um die biologischen Vorgaben geht, auch daraus verständlich werden kann, bedeutet selbst schon zu einem guten Teil, das Weltbild unserer Zeit zu bestimmen. Allein, es ist keine Frage, daß die eigentliche Aufgabe der Darlegung darin besteht, die geistig-kulturelle Daseinsweise in ihren allgemeinen Formen und Inhalten verständlich zu machen. Und diese Aufgabe gewinnt an Bedeutung, wenn die erkenntnistheoretische Figur eines Ableitungszusammenhangs zwischen Natur und Kultur ausdrücklich fallengelassen wird. Denn dann sind die Determinanten anderen Bereichen zu entnehmen, und die Frage ist, welchen. In der Tat bewegen wir uns erst mit der Wahrnehmung dieser Aufgabe recht eigentlich auf dem Felde der soziologischen Argumentation. Mindestens als Fernziel der Erörterung muß dabei gelten, erklären zu wollen, wie es zur Ausbildung geistig-kultureller Lebenswelten kommt; weshalb sie in ihren grundlegenden Strukturen so und nicht anders waren; weshalb sie heute sind, was sie sind. Und es versteht sich, daß wir auch für diese Phase der Argumentation, für die Aufschlüsselung der geistig-kulturellen Daseinsweise also, Objektivität reklamieren. Objektivität in den Sozialwissenschaften ist nicht in gleicher Weise zu haben wie in den Naturwissenschaften. Allein, es gibt sie. Und sie hat Konsequenzen. Das sozialwissenschaftliche Wissen ist keineswegs mit beliebigen Weltbildern zu vereinen. Die Beliebigkeit beginnt erst jenseits des allgemein Wißbaren. Im Prinzip werden wir deshalb darauf insistieren, daß auch die, die entschlossen sind, sich mit weiß Gott welchen Annahmen jenseits alles allgemein überprüfbaren Wissens zu bewegen, sich auf das, was hier als gültiges Wissen zum Weltbild unserer Zeit zusammengeschlossen wird, verpflichten lassen müssen.

3.3. Rekonstruktion der Geschichte

Die nähere Bestimmung, wieso der Mensch seinem anthropologischen Organisationsplan zufolge überhaupt dazu kommt, geistig-kulturelle Lebensformen auszubilden, gehört selbst bereits zur Rekonstruktion der Geschichte, ist ihr erster Schritt. Allein, er ist auch nur erst der erste Schritt. Wenn man die Absicht hat, das Weltbild unserer Zeit auf eine sozialwissenschaftlich ausgewiesene, und das heißt Objektivität reklamierende Grundlage zu stellen, kann man das nur dadurch tun, daß man verständlich macht, weshalb sich Weltbilder in einer spezifischen Weise in der Geschichte ausgebildet und entwickelt haben. Eine derartige Strategie nimmt die Frage nach dem Weltbild unserer Zeit in einer Weise auf, die die Geschichte insgesamt als erklärungsbedürftig vor sich bringt. Die Schwierigkeiten sind beträchtlich, methodisch und inhaltlich. Wir werden sie erörtern. Allein der Gewinn an Erkenntnis, den dieses Verfahren verspricht, ist es ebenfalls. Und das selbst dann, wenn sich in der Gesamtrekonstruktion einzelne Phasen nicht voll rekonstruieren lassen. Der Gewinn nämlich besteht darin, Einsicht nicht nur in äußerlich nachgezeichnete Ereignisabläufe zu gewinnen, sondern so etwas wie eine Entwicklungslogik aufzuspüren, die dem Prozeß unterliegt. Eben das war die Absicht, die sich mit dem Bewußtsein der Historizität des Menschen vom 17. Jahrhundert an formiert hat. Heute ist der Satz, der Mensch könne sich nur als historisches Wesen begreifen, ein Satz, dessen Trivialität hindert, ihn überhaupt noch anzumerken. Allein, seine Trivialität ist nur deshalb so überwältigend, weil das historische Bewußtsein im Gesamtsystem des Wissens nicht hat eingelöst werden können. Heute will der Satz, etwas sei nur historisch zu erklären, besagen: Es habe sich so entwickelt. Für die Entwicklung in dieser und jener Hinsicht ließen sich Gründe anführen. Aufs Ganze gesehen aber entzögen sich Anfang und Richtung einer einsichtigen Logik. Eben das bestreite ich, und zwar gerade, soweit es um die Frage des Weltbildes und des Selbstverständnisses des Menschen in ihm geht. Geschichte, nimmt man sie nicht einfach in dem trivialen Sinn der Abfolge unzähliger Ereignisse, deren jedes den vorherigen Zustand irgendwie ändert, versteht man sie vielmehr als die Abfolge von Lebensformen, in denen der Mensch sich die Welt zugänglich macht und eben damit sich selbst in ihr auslegt, folgt einer einsichtigen Logik in der Entwicklung. Das jedenfalls ist die These. Geschichte als eine Geschichte der Selbstgestaltung und Selbstauslegung des Menschen entzieht sich nicht wirklich ihrer Aufklärung. Wir haben ein überwältigendes Material zur Verfügung, das der Verarbeitung zum Gesamtbild dessen, was in der Geschichte der Menschheit geschehen ist, zugänglich ist. Blockiert ist nur eines: Die entschiedene Umsetzung dieses Wissens für das Selbstverständnis des Menschen. Eben das meine ich mit der anfänglichen Behauptung, der Streit um das Weltbild unserer Zeit rühre aus nichts anderem als der Weigerung her, sich auf den Boden verfügbaren Wissens zu stellen. Und eben das ist es, was diesen Streit unter Ideologieverdacht stellt. Ideologien sind die von der historischen Entwicklung überholten Formen und Inhalte des Denkens. Sie sind in Zeiten historischen Wandels normal. Das Denken wird ebenso von der tradierten Form der Logik wie den tradierten Beständen einer auf den abstrakteren Ebenen der Reflexion ausformulierten Philosophie festgehalten. Beide, die unterliegende Logik und die an der Oberfläche ausformulierte Semantik reklamieren die Wahrheit von gestern gegen die aus dem neuerworbenen Wissen noch nicht entwickelten Sätze von heute und morgen.

1. Die Stellung des Menschen in der Natur

1. Der Rekurs auf die Naturgeschichte

1.1. Eines unter vielen

Der Mensch ist eines der Lebewesen, die sich in der Natur in einer langen Geschichte gebildet haben. Wenn man diesen naturgeschichtlichen Zusammenhang hervorheben will, hat man deshalb Grund, die Geschichte des Menschen mit der Geschichte des Lebens überhaupt beginnen zu lassen. Also vor mehr als 3 Milliarden Jahren.[1]

In der langen Geschichte seither gibt es eine Anzahl näherliegender bedeutsamer Entwicklungen, Stufen in der naturgeschichtlichen Evolution, die ebenfalls genannt werden könnten: So die Entwicklung der Vertebraten in der erdgeschichtlichen Periode des Ordoviziums vor etwa 500 Millionen Jahren, hernach die Entwicklung der Säugetiere im oberen Perm und unteren Trias, also vor mehr als 200 Millionen Jahren. Genannt werden könnte ebenfalls der Anfang der Geschichte der Primaten, zu deren Ordnung der Mensch zählt; sie beginnt vor etwa 70 Millionen Jahren, zu Beginn des Paleozäns.

Im allgemeinen freilich läßt man die Geschichte des Menschen dort beginnen, wo sich jene beiden Entwicklungslinien ausbilden, deren eine zum homo und schließlich zum homo sapiens sapiens – deren andere zu den rezenten Arten der Menschenaffen führt. Auch diese Radiation liegt erhebliche Zeit zurück: Die wohl herrschende Lehre stützt sich auf die fossilen Funde und veranschlagt 20-25 Millionen Jahre.[2] Andere kommen zu näher gelegenen Daten.[3] Erst mit der Abzweigung dieser Linie beginnt jene aufs Ganze gesehen rasante Entwicklung, in der mit jedem Schritt mehr die Organisationsform des Menschen sichtbar wird. Es ist eine Entwicklung, von der man hat sagen können, daß sie sich geradezu logisch ausnehme.[4] Zum Abschluß gekommen ist die Entwicklung des Menschen in jener Organisationsform, in der wir ihn heute kennen, im Zeitraum zwischen 50 000 und 35 000 Jahren vor uns. Auch hier schwanken die Angaben.

1.2. Zur Strategie der naturgeschichtlichen Argumentation

Der Hinweis darauf, daß der Mensch in einer Entwicklungslinie mit den anderen Lebewesen steht, geschieht, daran sei erinnert, zu dem Zweck, um aus dieser Entwicklungslinie heraus einen ersten Ansatz für das Verständnis seiner besonderen Lebensweise zu gewinnen. Zwei strategische Überlegungen sind es, die uns dabei leiten.

Die erste ist ebenso einfach wie zwingend: Wenn es richtig ist, daß sich der Mensch in seiner biologischen Organisationsform in einem langen naturgeschichtlichen Prozeß entwickelt hat, dann wird uns die Nachzeichnung und, so weit möglich, Rekonstruktion dieser Entwicklung verständlich machen, weshalb der Mensch ist, wie er ist. Das gilt gewiß zunächst für die biologische Organisationsform. Allein, die biologische ist zugleich auch die Ausgangsform für die geistig-kulturelle Lebensweise. Und es versteht sich, daß wir daran vor allem interessiert sind. Die andere Strategie ist spezifischer. Sie macht bereits Gebrauch von einem Wissen, das es erst noch darzulegen gilt: Bereits in der naturgeschichtlichen Entwicklung gibt es, das ist die Ausgangsthese, einen Richtungssinn. Er läßt sich ohne jeden Rekurs auf ein hintergründiges Prinzip, ohne jede metaphysische Determination und ohne Inanspruchnahme einer vitalistischen Maxime entdecken und erklären. Er ergibt sich schlicht aus der Struktur der Organisationsform der Lebewesen, ihrer offenen Anlage und der damit verbundenen Prämie, die auf eine effizientere Bewegungsform in der Umwelt gesetzt ist. Der Mensch setzt, das ist die Anschlußthese, in seiner geistig-kulturellen Daseinsweise, und das heißt zugleich in der Geschichte dieser Daseinsweise, die naturgeschichtliche Entwicklungslinie fort. Wenn Ausgangs- und Anschlußthese richtig sind, dann läßt sich auch aus diesem Grunde kein besseres Verständnis des Menschen gewinnen als dadurch, daß der Anschluß seiner besonderen Daseinsweise an seine naturgeschichtliche Phase gesucht und aufgedeckt wird. Zwei Methoden stehen uns zur Verfügung, um dieser Strategie der Argumentation gerecht zu werden. Die eine besteht darin, das verfügbare Wissen über die Evolution der Arten in ihren einzelnen Entwicklungsstufen bis hin zum Menschen zusammenzutragen, um so die Entwicklungsrichtung der naturgeschichtlichen Entwicklung zu belegen. Dieses Verfahren wäre inopportun. Wir wären gezwungen, unser spezifisches Erkenntnisinteresse, die Herleitung der geistig-kulturellen Lebensformen, weit zurückzustellen und ganz in die Naturgeschichte einzutauchen. Dafür aber sind Biologen, Paläoanthropologen zuständig. Versprechender für unseren Zweck, wenn auch problematischer, ist das andere Verfahren: Wir vergleichen Ausgang und Endform der Entwicklung: auf der einen Seite die Organisationsform auf der subhumanen Stufe des Tieres, auf der andern die Organisationsform des Menschen. Der Einwand gegen dieses Verfahren liegt auf der Hand: Jeder Biologe wird uns versichern, daß es »den Organisationsplan« des Tieres nicht gibt. Es gibt so viele Organisationspläne, wie es Arten gibt. Und sie unterscheiden sich um so stärker, je weiter sie in der Evolution voneinander entfernt liegen. Sowenig der Einwand an sich zu bestreiten ist, er verschlägt nicht für unseren Zweck. Unser Erkenntnisinteresse ist ganz und gar bestimmt von der Organisationsform des Menschen. Uns ist es in diesem ersten Schritt um die Verzahnung seiner natürlichen mit seiner geistig-kulturellen Lebensweise zu tun. Das bestimmt die Perspektive, verschafft uns überdies die Legitimation der Grenzüberschreitung. Aus der Perspektive der humanen Lebensform lassen sich aber zweifelsfrei kontrastierende Organisationsstrukturen des Tieres ausmachen. Dabei läßt sich nicht nur ein Bild der Statik jedes einzelnen Organisationsplanes gewinnen, sondern ebenso eines, das die Dynamik der Evolution sichtbar werden läßt. Die Biologen selbst zeichnen es mit Fleiß; und es versteht sich, daß wir alles Wissen von ihnen nehmen.

2. Biologische Systeme

2.1. Das Prinzip der Selbstregulation

Jedes Lebewesen ist ein relativ offenes, selbstregulatives System. Mit dieser Bestimmung sollen zwei für den Zusammenhang unserer Erörterung wichtige Akzente gesetzt werden. Die Kennzeichnung als »selbstregulatives System« soll darauf hinweisen, daß es sich um einen Körper handelt, der nicht durch äußere Kräfte seine Form und Dauer erhält, dessen Aufbau und Erhaltung vielmehr durch innere Prozesse erfolgt.[5] Eben das ist es, was wir als Organismus bezeichnen. Organismen sind Maschinen, Quantenmaschinen[6]; allein, es sind Maschinen, die sich selbst aufbauen, in der Organisiertheit ihrer Prozesse Autonomie sicherstellen.[7]

Mit der Kennzeichnung der biologischen Systeme als »offen« soll darauf hingewiesen werden, daß der Organismus über die Grenzen seines Körpers hinweg mit der Außenwelt zusammengeschlossen ist. Organismen stehen in einem Stoffwechselprozeß mit der sie umgebenden Natur. Ihre Ausbildung schon erfolgt in Wechselwirkung mit der Umwelt. Höher entwickelte Organismen bewegen sich in ihr fort. Auch der Verkehr mit der Umwelt über die Körpergrenzen hinweg folgt selbstregulativen Mechanismen. Das Prinzip der Selbstregulation ist danach das eigentliche, allen anderen Prinzipien übergeordnete Kennzeichen der Lebewesen.

2.1.1. Organisationsplan und Wissen

Selbstregulative Systeme zeichnen sich dadurch aus, daß die Gesamtheit der Prozesse einem Organisationsplan folgt, durch den die Erhaltung des Systems sichergestellt wird. Es mag noch so problematisch scheinen, mit Begriffen wie »Plan« und »Ziel« zu operieren, das telische Moment ist aus der Gesamtstruktur der Lebewesen nicht wegzudiskutieren. Das gilt ebenso für die Innenorganisation wie für die Außensteuerung. Die funktionale Kohärenz der organischen Binnenprozesse ist ohne Informationsverarbeitung der Trägerbausteine, der Proteine, gar nicht denkbar.[8] Es gilt insbesondere für den Verkehr des Lebewesens mit der Außenwelt. Der stellt besondere Anforderungen. Als offene selbstregulative Systeme sind Lebewesen nur unter der Bedingung möglich, daß sie über irgend einen Mechanismus der Aufnahme und Verarbeitung jener Daten in ihrer Umgebung verfügen, die für sie relevant sind. Das Prinzip der Selbstregulation ist mit anderen Worten nur durchzuführen, wenn das Lebewesen über Wissen von seiner Umgebung verfügt. Dabei wird der Begriff des Wissens keineswegs nur in metaphorischer Weise verwandt. Vielmehr ist von vornherein ins Auge zu fassen, daß Informationen in unterschiedlicher Weise aufgenommen und verarbeitet werden können. Die spezifisch kulturelle Organisationsform, die wir gemeinhin mit dem Begriff des Wissens verbinden, darf nicht darüber hinwegsehen lassen, daß die Unterschiede Unterschiede gemeinsamer Strukturen darstellen.[9] Wissen braucht jeder Organismus, auch der Einzeller. Ohne etwas von seiner Umgebung zu wissen, kann der Organismus auch nichts aus ihr aufnehmen. Organologische Selbstregulation und Wissenserwerb sowie Wissensverarbeitung sind daher komplementäre Gegebenheiten.

2.1.2. Das Innen-Außen-Schema

Jedes Lebewesen benötigt artspezifisches Wissen. Organismus und Außenwelt müssen deshalb gegensinnig aufeinander bezogen sein. Wie immer man deshalb die spezifische Organisationsform bestimmen mag, die Art der Außenbeziehungen muß in sie eingehen. Organismus und Verhalten sind nicht zu trennen.

In unserem Zusammenhang ist das Grundmuster der Beziehung von Organismus und Außenwelt, das Innen-Außen-Schema, wie wir hinkünftig sagen wollen, deshalb von besonderem Interesse, weil wir die naturgeschichtliche Evolution, gerade so weit sie uns dazu dienen soll, für das Verständnis des Menschen einen Anhalt zu bieten, auf der Linie der Evolution des Innen-Außen-Schemas verfolgen müssen. Denn der Unterschied zwischen Tier und Mensch ist, auch soweit man zunächst lediglich den Unterschied der biophysischen Organisation ins Auge faßt, nicht nur eine Frage der Organisation innerhalb der Grenzen des Organismus selbst, er ist vor allem ein Unterschied in der Innen-Außen-Beziehung. Der Mensch ist, so werden wir sehen, seinem anthropologischen Organisationsplan zufolge auf ein verändertes Innen-Außen-Schema festgelegt. Eben das verschafft ihm die Chance seiner geistig-kulturellen Daseinsweise. Unsere Aufgabe muß es danach sein, diesen Unterschied im Organisationsplan, gerade soweit er das Innen-Außen-Schema betrifft, so scharf als irgend möglich herauszuarbeiten. Dabei ist allerdings in Erinnerung zu behalten, worauf eben schon hingewiesen wurde: Auch wenn wir damit beginnen, das Grundmuster der tierischen Organisationsform darzulegen, ist die Perspektive durch die Organisationsform des Menschen bestimmt. Verständlich werden soll mit dem Unterschied zugleich, wie der Weg von der einen zur anderen Form verlaufen ist. Mindestens die Umrisse dieses Prozesses zeichnen sich ab.

2.2. Das Grundmuster tierischer Organisation

2.2.1. Instinkte

Das Grundmuster tierischer Organisation im Innen-Außen-Schema wird allgemein als Instinkt bezeichnet. Dieser Begriff ist zwar umstritten, aber es scheint schwer, auf ihn zu verzichten.[10] Er läßt sich für die Zwecke unserer Erörterung hinreichend genau bestimmen. Unter Instinkt verstehen wir einen Mechanismus, demzufolge das Verhalten des Tieres in Formen festgelegt ist, die im genetischen Code nach situativen, in der Umwelt vorfindlichen Merkmalen vorstrukturiert sind. Registriert das Tier ein für es relevantes Datum der Umwelt, so antwortet es mit einem diesem Datum Rechnung tragenden Verhalten. Über den Instinkt sind mithin Innen- und Außenwelt in einer höchst effektiven Weise zusammengeschlossen. Die Außenwelt ist in den für die jeweilige Art relevanten Merkmalen in den Organismus hineingenommen. Das zeigt sich besonders eindrucksvoll in den Fällen, in denen die normalerweise von außen gelieferten Schlüsselreize ausbleiben, die innere Bereitschaft, auf sie zu reagieren, und damit das Appetenzverhalten wächst.[11] Der Verhaltensdruck steigt schließlich so hoch, daß das Tier sich Ersatzauslöser sucht.

2.2.2. Die artspezifische Organisation der Umwelt

Die genetische Einvernahme der Außenwelt in den Organismus hat eine wichtige Kehrseite: Aus der nach unserem Wissen überaus mannigfachen Umgebung des Tieres existiert für das Tier selbst nur das, was in den genetischen Code an verhaltensrelevanten Merkmalen aufgenommen ist. Obwohl die sensorische Ausstattung es vielen Tieren erlauben würde, ungleich mehr aus ihrer Umgebung wahrzunehmen, sprechen sie tatsächlich nur auf die artspezifisch verhaltensrelevanten Signale hin an. So artspezifisch deshalb die Instinkte sind, so artspezifisch ist es die Umwelt.

Der instinktive Mechanismus läßt sich an einem Beispiel demonstrieren, das als Standardbeispiel für die Rigidität des instinktiven Innen-Außen-Schemas Schule gemacht hat.[12]

Zecken sind jene unliebsamen Tiere, die an Grashalmen, Sträuchern, Büschen hängen, bis sie Gelegenheit finden, einen Warmblüter zu befallen. Wie geschieht das? Die an sich nicht unkomplizierte Jagd wird durch eine Anzahl äußerst begrenzter Sinne und ebenso begrenzter instinktiver Mechanismen zielsicher durchgeführt. Das augenlose Tier verfügt über einen Lichtsinn der Haut, der es die Spitze eines Astes oder Strauches finden läßt. Es scheint nicht ganz geklärt, ob ihm die Beute nur durch den Wärmesinn oder, was wahrscheinlicher scheint, durch einen auf Buttersäure fixierten Geruchssinn signalisiert wird. Erreicht das Signal die Zecke, fällt sie herab. Ein feiner Temperatursinn läßt sie hernach registrieren, daß sie den Wirt erreicht hat. Mit Hilfe eines Tastsinnes fahndet sie nach einer möglichst haarlosen Stelle, die es ihr erlaubt, sich einzubohren und das Blut aufzusaugen. Damit hat sie ihren Lebenslauf fast schon vollendet. Sie fällt ab, legt ihre Eier und stirbt.

Was für die Beziehungen zu den natürlichen Umweltobjekten gilt, für Beutetiere und Freßfeinde insbesondere, gilt auch für die Beziehung zu Artgenossen und für die Struktur sozialer Organisation. Auch sie sind dominant instinktiv geregelt.

2.2.3. Instinktive Verkehrsregelungen unter Artgenossen

Der wohl häufigste Anlaß für die Ausbildung sozialer Verkehrsformen bildet das Paarungs- und Brutpflegeverhalten. Dabei haben sich zum Teil überaus komplizierte Interaktionsstrukturen entwickelt. Auch dafür gibt es bereits Schulbeispiele.[13]

Stichlinge leben außerhalb der Fortpflanzungszeit in Schwärmen. Zur Brutzeit verlassen als erste die Männchen den Schwarm, bauen ein Nest und gründen Reviere. Sowie das Nest fertig ist, wird das ohnehin schon farbenprächtige Hochzeitskleid noch um einiges prächtiger. Erscheint ein Weibchen, tanzt ihm das Männchen in eigenartigen Sprüngen entgegen und um es herum. Die meisten Weibchen schreckt der Zick-Zack-Tanz. Ist jedoch eines bereit abzulaichen, bleibt es, statt zu fliehen, am Platz und kehrt dem Männchen den von Eiern dick aufgetriebenen Bauch zu. Darauf macht das Männchen kehrt, und das Weibchen folgt ihm zum Nest.

In der ganzen bisher beschriebenen Kette der Ereignisse löst jeweils das eine Glied der Interaktion das andere aus. Dieser Mechanismus setzt sich fort, bis es schließlich durch einen Schnauzentriller des Männchens am hinteren Ende des Weibchens zum Ablaichen und anschließender Besamung der Eier durch das Männchen kommt. Danach vertreibt das Männchen das Weibchen. Brutpflege und Jungenführung werden allein von ihm ausgeführt. Im Schaubild sieht das wie folgt aus:

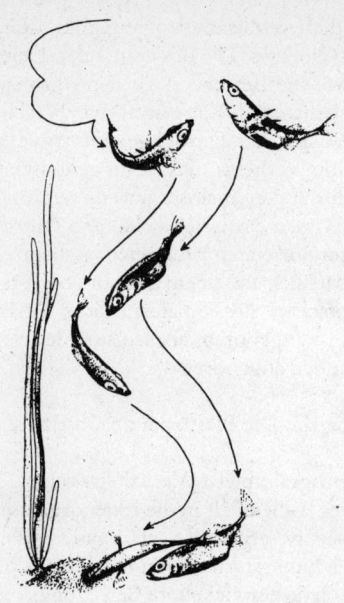

Männchen	Weibchen
	erscheint
tanzt zickzack ←	
	→ *nimmt Balzstellung ein*
führt zum Nest ←	
	→ *folgt*
zeigt Nesteingang ←	
	→ *schlüpft ein*
Schnauzentriller ←	
	→ *laicht ab*
besamt ←	

Nach Tinbergen, 1966, 45

Instinktiv bestimmt sind nicht nur soziale Interaktionen von relativ kurzer Dauer wie die zuvor beschriebene Fortpflanzungszeremonie unter Stichlingen. Auf instinktiven Mechanismen beruht auch eine so hochkomplizierte Sozialordnung, wie sie die eines Bienenvolkes darstellt.[14]

Worauf es in diesem Zusammenhang ankommt, ist, um es zu wiederholen, ein einziges: Die Beziehung des Tieres zu seinesgleichen ist ganz wie die Beziehung zu den übrigen Objekten der artspezifischen Umwelt durch instinktive Mechanismen festgelegt. Wie das Tier sich dem Partner gegenüber verhält, in welchen Formen es mit ihm verkehrt, das ist im genetischen Code festgelegt und wird durch die Auslöser jeweils nur abgerufen. Soweit unser heutiges Wissen ein Urteil zuläßt, so faßt Tinbergen seine Analyse tierischer Sozietäten zusammen, »scheint soziales Zusammenspiel hauptsächlich auf einem System von Auslösern zu beruhen. Die Bereitschaft des Spielers, diese Auslösehandlungen durchzuführen, ist angeboren; ebenso sind dem Gegenspieler die Antworthandlungen angeboren«[15].

2.2.4. Die Plastizität der Instinkte

Instinkte sind programmierte Verhaltensweisen. Die instinktive Einvernahme der Außenwelt in die Innenorganisation schafft ein relativ rigides Bezugsverhältnis von Organismus und Außenwelt. Eine solche Beziehungsstarre ist nur bei überaus primitiven Lebewesen möglich. Jede entwickeltere Bewegungskompetenz ist davon abhängig, daß der Organismus sich in Umwelten zurechtfindet, die nun einmal nicht statisch sind, sondern sich in Einzelheiten vielfältig unterscheiden, sich überdies auch ständig ändern. Aus eben diesem Grunde hat man Instinkte auch als bloße Rahmenschemata bezeichnet.

Unschwer einzusehen ist, daß auf der Seite der Reaktionsbestimmung eine gewisse Plastizität vorliegen muß, um den je konkreten Umweltdaten Rechnung zu tragen. Der Sprung der Katze auf das Opfer mag noch so genetisch programmiert sein; er muß den konkreten Umständen und dem Verhalten des Opfers in der konkreten Situation angepaßt werden. Das geschieht durch reizabhängige Orientierungsbewegungen, Taxien.[16]

Weder die Bandbreite der Auslösermechanik noch die Steuerung des Reaktionsverhaltens über Taxien an die konkreten Umstände der Situation stellen die Grundstruktur des instinktiven Mechanismus in Frage: Organismus und Umwelt sind über genetisch präfixierte Verhaltensformen fest aneinander gekoppelt. Eine wirkliche Entschärfung der Rigidität instinktiver Verhaltensfixierung tritt über ein ganz anderes Prinzip ein. Auch es findet sich bereits auf der frühesten Stufe der Evolution, ändert aber in deren Verlauf seine Funktion und Bedeutung: Lernen. Lernen ist das eigentliche komplementäre Prinzip der instinktiven Verhaltensregulierung. Über es läuft schließlich und endlich die Evolution.

3. Evolution und Lernen

3.1. Struktur und Entwicklung

Die verschiedenen Formen der Lebewesen stellen Organisationsformen der Materie dar, in denen das Prinzip der Selbstregulation mit dem des Stoffwechsels über die Grenzen des eigenen Körpers hinweg erfolgreich in Einklang gebracht worden ist. Durch das instinktive Innen-Außen-Schema ist, wie wir gesehen haben, der Verkehr des Individuums mit der Außenwelt geregelt.

Organisationsform und Verhaltensreglement sind entwicklungsfähig. Sie ändern sich nicht nur von Art zu Art, sind vielmehr einer Stufenfolge eingeordnet, an deren vorläufiger Spitze der Mensch steht. Um sich das Prinzip der Entwicklung klarzumachen, tut man gut, sich der Grobformel der beiden großen Konstrukteure der Arten, Mutation und Selektion zu bedienen. Während die Mutationen in der blinden Mechanik der großen Zahl lediglich die Ausgangsbedingungen schaffen, erfolgt die Bestimmung der Richtung der Entwicklung durch die Selektion. Diese Richtungsbestimmung allerdings erfolgt nicht einfach durch das Prinzip der Anpassung. Angepaßt sind auch die niederen Arten; und manche auf eine Weise, daß sie über 500 Millionen Jahre sich behauptet haben. Auf der Basis der bloßen Anpassung hätten noch so viele ökologische Nischen besetzt werden können, ein Richtungssinn der Evolution hätte sich daraus nie ergeben. Um diesen Richtungssinn zu erklären, mehr noch, um ihn überhaupt als solchen gewahr zu werden, bedarf es der Zuhilfenahme eines systemtheoretischen Prinzips: Angenommen werden diejenigen Mutanden, die die schon etablierte Organisationsstruktur verstärken, wenn und solange sie adaptiv sind.[17]

Lebensformen, so haben wir festgestellt, sind selbstregulative und in diesem Sinne autonome Systeme. Hält man sich an diese Bestimmung, so ist einsichtig, daß diejenigen Lebensformen eine

Verstärkung erfahren, in denen dieses Prinzip gestützt und weiter entwickelt wird:

Höher entwickelt sind die Arten, die eine größere Autonomie in der Verhaltensbestimmung erlangt haben.

Dieses Prinzip aber setzt eine Prämie auf diejenigen Lebensformen, deren Organisationsplan zufolge die Rigidität des instinktiven Mechanismus von Reiz und Reaktion zugunsten einer flexibleren Verhaltensform reduziert worden ist. Flexiblere Verhaltensformen aber sind erlernte Verhaltensformen. Tatsächlich läßt sich in der evolutiven Abfolge eine Entwicklung von instinktiv festgelegtem zu erlerntem Verhalten feststellen. Die Entwicklung verläuft »from instinct to learning«, »from instinct to intelligence«[18]. Lernen ist m. a. W. das Verfahren, um die strukturell in der Organisationsform des Lebendigen verankerte Autonomie zu erhöhen.[19]

Es ist wahrscheinlich kaum nötig, die strategische Bedeutung des Lernens gerade im Zusammenhang unserer Argumentation zu unterstreichen. Menschliche Lebensformen sind selbstgeschaffene, tradierte und veränderte Lebensformen. Über das Entwicklungsprinzip »Lernen« schließt die Kulturgeschichte des Menschen an die Naturgeschichte der Lebensformen an. Wir müssen deshalb auf die Erörterung dieses Prinzips noch einige Aufmerksamkeit verwenden.

3.2. Lernen

Lernen, so haben wir gesagt, ist das komplementäre Prinzip der instinktiven Verhaltensregulierung. Mit dieser Feststellung wollten wir auf zwei Eigentümlichkeiten verweisen: 1. darauf, daß Lernen – von den einfachsten Einzellern vielleicht einmal abgesehen – bereits auf den frühesten Stufen der Evolution zu finden ist, auf Stufen also, auf denen unzweideutig die instinktiven Mechanismen dominieren; 2. darauf, daß Lernen wirklich als komplementäres Prinzip begriffen werden muß, also nicht zum Instinkt selbst gehört. Wir werden diesen Gegensatz noch verschärfen und sagen: Lernen sei das zur instinktiven Verhaltenssteuerung oppositionelle Prinzip. Beides bedarf der Erläuterung.

3.2.1. Lernen und Arten des Lernens

Erlerntes Verhalten gibt es, wie erwähnt, nahezu bei allen Arten und bereits auf den frühesten Stufen der Evolution. Ganz allgemein läßt sich sagen, daß mit der Höherentwicklung der Arten die Lernkompetenz steigt. Metazoen haben eine Fähigkeit, von Erfahrungen zu lernen, die die unter ihnen stehenden Protozoen weit übertrifft. Von den Planarien hat man gesagt, daß sie gegenüber den meisten Coelenteraten geradezu als intellektuelle Giganten erscheinen.[20] Regenwürmer lernen, sich in eine bestimmte Richtung zu drehen, um ein Bett aus feuchtem Lehm zu finden. Hunde lernen, mit einem Glockenton Futter zu assoziieren. Katzen lernen, auf einen Knopf zu drücken, um Futter zu erhalten. Allgemein bekannt sind die Lernleistungen der uns am nächsten stehenden Primaten. Seit Köhlers Versuchen schon wissen wir, in welchem Maße Schimpansen lernen, Werkzeuge zu gebrauchen.[21] Und seit den Beobachtungen von Jane Lawick-Goodall wissen wir auch, daß sie in der Lage sind, primitive Werkzeuge herzustellen. Sie richten Stöcke und Grashalme her, um Termiten zu angeln, fertigen Schwämme durch Kauen von Blättern an, um Wasser aufzusaugen, Blut zu stillen und sich von Kot zu säubern. Nicht weniger Aufsehen hat die Feststellung erregt, in welch hohem Maße Schimpansen zur Übernahme von Symbolen und abstraktiven Leistungen in der Lage sind.[22]

Das so gut wie ubiquitäre Vorkommen von Lernen in der Vielzahl von Arten ist geeignet, die unterschiedliche Bedeutung, die dem Lernen je nach dem Organisationsplan insgesamt, und das heißt vor allem je nach der Entwicklungsstufe der Art, zukommt, zu verdecken. Lernen muß aber selbst als ein evolutionärer Begriff verstanden werden, einfach deshalb, weil es in Organisationspläne eingebaut ist, die ihrerseits auf einer evolutiven Linie der Entwicklung gelegen sind.

Unter dominant instinktiver Verhaltenssteuerung kann Lernen einfach in instinktive Verhaltensschemata eingeschachtelt sein. Dazu ist in manchen Fällen nicht mehr notwendig als das Einüben von fertig vorstrukturierten Bewegungskoordinaten innerhalb eines biologischen Reifeprozesses. In anderen Fällen müssen Umweltmerkmale, zuweilen auch Bewegungsfolgen selbst erst gefunden und erworben werden. Das erstere gilt besonders in den Fällen erlernten Verhaltens, die seit Lorenz als »Prägung« bezeichnet werden.[23] Darunter versteht man einen Vorgang, durch den das Tier in einer sensitiven Phase seiner Entwicklung auf ein bestimmtes Objekt bzw. dessen Gattungsmerkmale fixiert wird. Hinkünftig bleibt das Verhalten an diejenigen Merkmale gebunden, die dem prägenden Objekt bzw. dessen Gattung eigen sind. So folgt das Graugans-Gössel demjenigen Objekt als Elternteil, dem es kurz nach dem Schlüpfen begegnet und von dem bestimmte für die Prägung wirksame Reize ausgegangen sind. Während es in dem zuvor erörterten Beispiel das Junge erst lernen muß, die Eltern zu erkennen, gibt es andere Arten, wie z. B. die Cichliden, in denen umgekehrt die Eltern lernen müssen, ihre eigenen Jungen von anderen zu unterscheiden. Ersichtlich ist im einen wie im anderen Falle der Lernvorgang zumindest für das Leben der Art entscheidend. Ebenso deutlich wird jedoch, daß in den beigezogenen Fällen der Verhaltensspielraum nicht eigentlich erweitert wird. Die erlernten Verhaltensweisen werden der Erbkoordination des Verhaltens nur eingepaßt. Es ist diese Art von Lernen, die sich insbesondere auf den frühesten Stufen der Evolution findet. Dabei ist oft bemerkt worden, daß die Lernkapazität auch niederer Tiere oft sehr viel größer ist, als der tatsächliche Gebrauch, den die Art von ihr macht.[24] Die Lernfähigkeit eilt mit anderen Worten ihrer Anwendung voraus.

Lernen erreicht eine andere Dimension, wenn die Bandbreite der Umweltmerkmale, auf die das Tier reagiert, größer, und das Verhalten in dem Sinne plastischer wird, daß erst die Erfahrung bestimmt, in welchen Formen Verhaltensweisen ausgebildet werden. Eben das läßt sich, aufs Ganze der Evolution, gesehen in der Entwicklung des Innen-Außen-Schemas feststellen: Die Verhaltensformen werden auf den höheren Stufen der Evolution plastischer und damit sowohl modulationsfähiger als auch modulationsbedürftiger. Außerdem wird die Außenanbindung zunehmend von mechanischen Reizen abgelöst. Dieser Entwicklung sind auf der Organisationsstufe des Tieres Grenzen gesetzt. Wir haben gesehen, daß es zur Struktur instinktiver Regelungen gehört, daß Innen- und Außenorganisation fest aneinander gekoppelt sind. Der plastischer werdende Modus der Verhaltensregulierung hat seine Grenze an der Stabilität einer Außenwelt. Sie muß hinreichen, um die artdienlichen Verhaltensweisen zu sichern. Jenseits einer wie immer zu bestimmenden Grenze muß ein Organisationsmittel gefunden werden, um die Außenwelt nach verhaltensrelevanten Merkmalen neu zu organisieren. Das, was Menschen von Tieren unterscheidet, ist exakt diese Grenzüberschreitung. Sie haben das Mittel dazu: Sprache. Tiere haben es nicht. Wenn man darüber spekulieren soll, warum unsere nächsten Verwandten unter den Primaten trotz der Plastizität der Motorik[25] und trotz der weitreichenden Gehirnkapazität eine aufs Ganze gesehen so beschränkte Verhaltenskompetenz ausgebildet haben, so deshalb, weil sie trotz allem auf die prinzipiellen arterhaltenden Verhaltensmuster instinktiv festgelegt bleiben mußten. Unter ansonsten instinktiver Verhaltensregulierung ist aber von allen darüber hinaus weisenden Anlagen kein Gebrauch zu machen.

3.2.2. Instinkt und Lernen als oppositonelle Prinzipien

Lernen ist, um es zu wiederholen, das zur instinktiven Verhaltensregulierung komplementäre Prinzip. Um so scharf wie irgend möglich zum Ausdruck zu bringen, was gemeint ist, kann man auch sagen: Lernen ist das zur instinktiven Verhaltensregulierung oppositionelle Prinzip. Denn damit wird klargestellt: Die instinktiven Verhaltensregulierungen liegen im genetischen Code fertig programmiert vor, die anderen eben nicht.[26] Eigenartigerweise kann, so scheint es jedenfalls, nichts bei manchen Biologen und Ethologen mehr Ärger auslösen, als Instinkt und Lernen als oppositionelle Prinzipien zu bezeichnen. Und doch ist es notwendig. Nicht notwendig und zumeist wohl nur durch eine unscharfe oder abweichende Begriffsbestimmung verursacht ist der Ärger darüber. Der Frage kommt deshalb Bedeutung zu, weil bei einer Kennzeichnung von Instinkt und Lernen als oppositionellen Prinzipien die Zunahme von Lernen mit einer Abnahme instinktiver Fixierungen verbunden ist. Der Mensch insbesondere zeichnet sich danach durch ein erhebliches Maß an Instinktreduktion aus. Eben das bestreitet Hassenstein.[27] Und er meint dafür Gründe zu haben an den schon angeführten Beispielen konditionierten Verhaltens von Hund und Katze.

Es ist schwer in Abrede zu stellen, daß es sich in den angeführten Fällen konditionierten Verhaltens um eine Erweiterung des Verhaltensrepertoires handelt. Sie setzt im Falle der Pawlovschen Hunde an der Merkmalseite an. Ein angeborener Verhaltensablauf wird einem nicht angeborenen Merkmal (dem Glockenton) angekoppelt. Im andern Fall betrifft sie die Bewegungsfolge selbst. Den

Bewegungsablauf, mit der Pfote auf eine Taste zu drücken, kennt die Katze nicht von Natur aus. Was beweist das? Daß ein dominant instinktives Verhaltensrepertoire kein Hindernis ist, um Lernen als verhaltensstrukturierendes Prinzip einzusetzen? Mitnichten! Die Erwerbshandlungen von Hund und Katze sind konditionierte Reflexe, die unter Laborbedingungen erworben wurden. Sie zeigen nicht mehr, als daß die Motorik hinreichend plastisch und die Merkfähigkeit genügend ausgebildet ist, um ihnen derart penetrant wiederkehrende Eindrücke einzuprägen. Nichts zeigt deutlicher als die Bedingungen, unter denen diese Art Erweiterung des Verhaltensrepertoires zustande kommt und hinfort eingesetzt werden kann, daß unter einem dominant instinktiven Innen-Außen-Schema Lernen keine große Chance erhält.

Man wird kaum fehlgehen, wenn man den Grund für die These, Instinkt und Lernen seien eher als sich überlagernde denn als korrelate oder oppositionelle Prinzipien zu begreifen, nicht in so fadenscheinigen Beobachtungen wie den zuvor erwähnten sucht, vielmehr in der Absicht, auf eben diese simpelste aller denkbaren Weisen die Geltung der naturalen Mechanismen auch auf den Menschen zu erstrecken. Diese Tendenz scheint unter Ethologen generell. Sie haben die ursprüngliche Richtung ihrer Untersuchung kurzerhand umgekehrt. Bestand das ursprüngliche Interesse darin festzustellen, zu welchen Leistungen Tiere in der Lage sind, so scheint sich in der Gegenwart die Ethologie dieser Ergebnisse mehr noch im Blick auf den Menschen zu bedienen. Insbesondere in der deutschen Literatur hat man im Sog der auch sonst zu beobachtenden Neigung, auf kürzestem Wege die Nutzanwendung ethologischer Beobachtungen für den Menschen zu ziehen, geltend gemacht, daß das, was den Tieren recht, dem Menschen billig sei. Auch im Lebensbereich des Menschen bleiben danach Instinkt und Lernen einander in ganz der gleichen Weise zugeordnet wie auf der Stufe des Tieres auch. Das ganze Gerede von der Reduktion der Instinkte und dem daran gebundenen Aufbau einer geistig-kulturellen und normativen Sozialwelt wäre danach hinfällig. Count erklärt:

»Der Mensch unterscheidet sich von den anderen Wirbeltieren – genauer gesagt von den Alloprimaten – nicht durch mangelnde Übereinstimmung mit dem Rahmenwerk des Biogramms, sondern durch den *besonders reichen Inhalt,* den er in dieses eingefügt hat. Der Inhalt zeigt die Wirkung der Symbolbildung auf basalere psychoneurale Mechanismen, jedoch ohne daß diese Mechanismen zerstört werden. ›Instinkte‹ sind im Menschen so vital und mächtig wie bei irgendeinem anderen Wirbeltier. Aber während seiner Phylogenese wurde etwas hinzugefügt. Diese These ist etwas ganz anderes als die alte Anschauung, daß ›Intelligenz‹ und ›Lernen‹ den archaischen ›Instinkt‹ verdrängt hätten. Sie besagt nicht, daß etwas verlorenging und ersetzt wurde, sondern vielmehr, daß etwas hinzugefügt wurde, was das seit alters Bestehende aber keineswegs verminderte.«[28]

Count und Hassenstein haben ersichtlich unterschiedliche Lernvorgänge im Sinn. Theoretisch kurzschlüssig und empirisch nicht gedeckt sind beide. Das zeigt sich, wenn man die Defizite ins Auge faßt, die bei einem Lernausfall eintreten.

3.2.3. Defizite bei Lernausfällen

Instinkte sind, wie wir eingangs festgestellt haben, Mechanismen, durch die ein artspezifisches Verhalten an artspezifische Umweltmerkmale angekoppelt ist. Wir wissen, daß in diese Mechanismen Lernelemente eingebaut sein können, und zwar ebenso auf der Merkmalseite wie im Verhaltensablauf. Exakt diesen Sachverhalt suchen wir klarzustellen, wenn wir instinktives und erlerntes Verhalten als oppositionell bezeichnen. Der instinktive Rahmen läßt Raum für erlerntes Verhalten, verlangt es sogar.

Wollte man – wie Hassenstein – annehmen, das erlernte Verhalten sei dem instinktiven nur überlagert, müßte bei Ausfall des Lernens der angeborene instinktive Mechanismus voll zur Geltung kommen. Das ist bei der Hassensteinschen Katze in der Tat der Fall. Allein, es ist gerade dann nicht der Fall, wenn Lernen im Organisationsplan des Tieres selbst eingebaut ist. Dann nämlich zeigt sich bei Ausbleiben des Lernens, daß das instinktive Verhaltensmuster defizient ist. Der Raum für das – wie wir sagen: oppositionelle Lernen ist leer geblieben. Ein eindrucksvolles Beispiel sind die von W. A. Mason angestellten Studien an Rhesusaffen.[29] In Isolation aufgezogene Rhesusaffen beherrschen nach der Geschlechtsreife das Ablaufmuster im Kopulationsverhalten nicht. Sie verstanden ganz einfach die Technik des Aufsteigens nicht. Die Bilder belegen es: Der Bursche unten rechts macht einen mitleiderregenden Eindruck. Nimmt es wunder, daß die erfahrenen Weibchen die wild aufgewachsenen Männchen vorzogen?

Wahrscheinlich hatte Count diese Schachtelung von instinktivem und erlerntem Verhalten im Sinne, als er im Blick auf den

Menschen proklamierte, erlerntes Verhalten sei lediglich etwas, was dem instinktiven hinzugefügt sei. Allein, was im Hinblick auf spezifische Lernleistungen richtig ist, ist als generalisierte Aussage über das Verhältnis von instinktivem und erlerntem Verhalten rundweg falsch. Schon bei Schachtelbeziehungen ist festzustellen, daß erlerntes Verhalten nur soweit Platz hat, als der dominante instinktive Verhaltensablauf diesen Platz freigelassen hat. Im allgemeinen verfügen, um bei dem Beispiel zu bleiben, Säugetiere

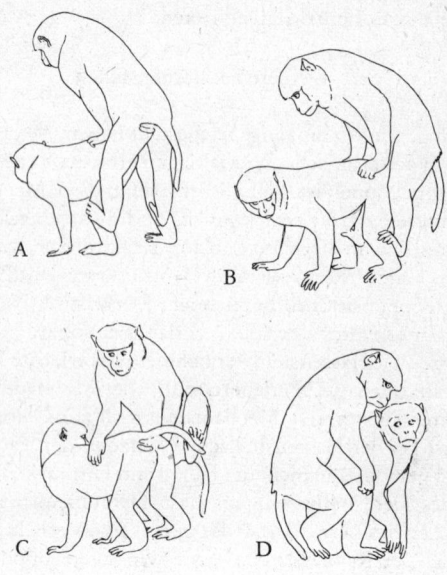

Nach Mason 1965, 539

Die Bilder geben ein Experiment wieder, in dem in Isolation aufgezogene Rhesusaffen-Männchen mit erfahrenen Weibchen zusammengebracht wurden. Dabei zeigten sich erheblich defiziente Verhaltensweisen der Männchen. In nahezu 50% der Versuche ließen die restringierten Männchen die Kenntnis richtigen Aufsteigens vermissen. Sie stiegen von der Seite auf (C). Den wild aufgewachsenen Männchen (A) passierte das nie. Nur in 3,3% der Versuche gelang es den restringierten Männchen, die Hinterbeine des Weibchens zu erfassen (99,3% bei den wild aufgewachsenen (B)). Ohne diese Technik führt aber der Versuch nicht zum Ziel (D).

bei Geschlechtsreife über die Technik der Kopulation. Wenn bei höherentwickelten Lernleistungen eingefügt werden, so unzweideutig auf Kosten der instinktiven, d. h. genetisch bereits festgelegten Anteile am Verhaltensablauf.[30] Auch sonst aber muß man sagen, daß das, was man als »plastischer werden« des Verhaltensrepertoires bezeichnet, eben darin besteht, die genetisch schon programmierten Momente der Verhaltensabläufe herunterzusetzen. Das gilt schon bei dominant instinktiver Verhaltensregulierung. Es gilt aber erst recht für den Menschen. Es hat schlechterdings keinen Sinn zu sagen: die Vielzahl der kulturellen Verhaltensweisen sei dem gleichen instinktiven Unterbau aufgepfropft. Wo ist der instinktive Unterbau? Wo ist die Vielzahl der Verhaltensregulierungen, die auch ohne kulturelles Lernen sich ausbildeten? Und wie sehen sie aus? In Wahrheit ist das, was geblieben ist, der rudimentäre Rest einiger weniger Formen, die ausreichen, um den Prozeß des Lernens in Gang zu setzen, und darüber hinaus einige eng der Körperzone verhaftete Ausdrucksweisen. Alles andere ist gerade genetisch nicht geformt. Wir kommen darauf alsbald zurück. Hier geht es zunächst um eines: ebenso aus Gründen der empirischen Befunde wie der theoretischen Klarheit darauf zu insistieren, daß Instinkt und Lernen als oppositionelle Prinzipien der Verhaltensregulierung angesehen werden müssen. Beide können im selben Organismus verwirklicht sein, sind es auch in vielfältiger Weise. Allein, das eine reicht jeweils bis zur Grenze des anderen. Das gilt insbesondere für den Menschen.

Der Mensch ist das am meisten lernfähige und lernbedürftige Wesen. So umfassend seine Lernfähigkeit, so umfassend die Reduktion seiner instinktiven Fixierungen im Innen-Außen-Schema.

4. Die anthropologische Organisationsform

Es gibt eine Anzahl biologischer Merkmale, die den Menschen vom Tier unterscheiden. Eine Vielzahl sind anatomisch auffällig. Ganze Merkmalslisten sind von Anatomen und Anthropologen aufgestellt worden.[31] In die Augen springen: der aufrechte Gang und die ihm entsprechende Änderung des Skeletts mitsamt der veränderten Position des Schädels. Auffällig unterschiedlich sind die menschliche Hand, aber auch der menschliche Fuß; ebenso das Fehlen der Behaarung. Andere der biologischen Besonderheiten lassen sich nur über den Vergleich der Verhaltensweisen wahrnehmen, sind aber nicht minder auffällig und daher auch seit alters genannt. Dazu zählen z. B. die unterschiedliche Reichweite der Sinne, aber auch die unterschiedliche Leistungsfähigkeit des Gehirns. Schließlich haben die Methoden der modernen Naturwissenschaft Unterschiede zutage gebracht, die anders gar nicht wahrnehmbar sind, so die Verschiedenheit im biochemischen Aufbau der Eiweißmoleküle oder auch die unterschiedliche Binnenorganisation des Gehirns. Von kaum einem dieser Merkmale kann gesagt werden, daß gerade es das auszeichnende Merkmal des Menschen gegenüber dem Tier sei. Die Mehrzahl findet sich, rein für sich genommen, auch auf der subhumanen Organisationsstufe. Entscheidend ist auch nicht einfach ihre Summation, entscheidend ist die veränderte Organisationsform. Die aber ist, wie wir eingangs nachdrücklich hervorzuheben bemüht waren, immer auch eine veränderte Form des Innen-Außen-Verhältnisses. Daß der Mensch sich in einer anderen Weise in und gegenüber der Welt verhält, ist denn auch eine Beobachtung, die unmittelbar zugänglich und deshalb auch seit alters gemacht worden ist. Seit alters ist auch das eigentlich strukturierende Moment dieses Unterschieds erkannt worden: die Ablösung der Rigidität instinktiver Mechanismen zugunsten einer flexibleren selbstgesteuerten Verhaltensweise. Wo immer man den Menschen im Unterschied zum Tier als ein vernünftiges Wesen bezeichnet hat, hat man der Sache nach auch gesehen, daß er von den instinktiven Zwängen freigesetzt ist.[32] In der Tat ist ohne diese Annahme so etwas wie ein vernünftiges und verantwortungsbewußt handelndes Wesen gar nicht denkbar. Auch wurde schon von Rousseau gesehen, daß der Mensch, gerade weil er von den instinktiven Zwängen freigesetzt wurde, sich den ganzen Reichtum aller möglichen Lebensweisen schaffen konnte.[33] Im Prinzip wird diese Beobachtung durch die Befunde der biologischen Anthropologie der Gegenwart nur bestätigt und durch exaktere Daten untermauert. Das, was in den meisten ethologischen Untersuchungen vor allem amerikanischer Provenienz als Plastizität des Verhaltens bezeichnet wird, ist gar nichts anderes als das, was hier Instinktreduktion genannt wird und im Blick auf das Prinzip der Evolution auch so genannt werden muß.[34] Der Mensch ist, um es zu wiederholen, das am weitesten von instinktiven Fixierungen freigesetzte Lebewesen. Eben deshalb haben fast alle der in einem Merkmalskatalog der Besonderheiten aufzunehmenden Merkmale einen direkten oder indirekten Bezug zu dieser Entspezialisierung der Verhaltensweisen. Mit der Instinktreduktion erfassen wir deshalb nicht einfach ein Merkmal unter vielen. Sie bezeichnet auf der biologischen Ebene eher ein Moment der Gesamtstruktur des anthropologischen Organisationsplanes. Und was für die biologische Ebene gilt, gilt respektive auch für die geistig-kulturelle. Die Feststellung eines Abbaus des instinktiven Mechanismus als dominantem Regelungsprinzip zieht ja die andere unmittelbar nach sich, daß eine andere Innen-Außen-Beziehung an seine Stelle getreten sein muß.

Die geistig-kulturellen Lebensformen, die der Mensch am Übergang zu seiner humanen Daseinsweise ausgebildet hat, sind Substitute dessen, was auf früherer Ebene an instinktiven Mechanismen bereit lag, in der Tat so etwas wie seine zweite Natur.[35]

Freilich sind diese Substitute auf verändertem Organisationsniveau gelegen, daher anderer Art, und vor allem: Sie schaffen Möglichkeiten, von denen auf der animalischen Stufe nicht einmal zu träumen war. Wenn wir der Naturgeschichte für das Verständnis des Menschen eine so entscheidende Bedeutung zumessen, so aus eben diesem Grunde: Sie ermöglicht die Einsicht, weshalb es überhaupt zu dieser einzigartigen Daseinsform des Menschen kommen konnte. Wir müssen uns deshalb den Vorgang der Instinktreduktion genauer ansehen. Vielleicht lassen sich dabei auch zumindest einige der Mißverständnisse und Vorbehalte ausräumen, die an diesem Begriff haften.

4.1. Instinktreduktion

Instinkte, so haben wir gesagt, sind Mechanismen, durch die die Innen-Außen-Beziehung des Organismus in stereotypen Verhaltensformen genetisch festgelegt ist. Mit dieser, wie mir scheint, prägnanten Bestimmung des Instinktbegriffes ist über jeden Zweifel klargestellt: das Theorem der Instinktreduktion hat nicht den Sinn, den Menschen aus der Natur herauszunehmen. Natürlich ist der Mensch ein biophysisches System, wie andere subhumane biophysische Systeme auch; und natürlich verfügt er über einen leistungsfähigen Organismus als Antriebsaggregat aller möglichen Aktivitäten, ebenso über eine leistungsfähige Sensorik. Die einzige Frage, die zur Diskussion steht, ist, wieweit durch dieses biophysische System die Formen des Verhaltens, in denen er sein Leben führt, genetisch bereits fixiert sind. Im Blick auf diese Frage aber belegen Natur- und Kulturgeschichte gleichermaßen den stark reduzierten Unterbau genetischer Verhaltenssteuerung.

Nicht übersehen werden sollte ein zweites: Bereits auf der subhumanen Stufe der Verhaltensregulierung zeigt sich, daß die genetische Regulierung ein erhebliches Maß an Plastizität aufweisen kann. In diesen Formen ist zwar die Verhaltensrichtung noch deutlich erkennbar, im übrigen aber der Rahmen so weit gespannt, daß er bereits unterschiedlichen Verhaltensweisen Raum läßt. Es ist nicht zu bestreiten, daß solche Richtungsdeterminanten für spezifisches Verhalten auch noch beim Menschen auszumachen sind. Bezeichnenderweise sprechen wir vom Trieb, vernünftigerweise allerdings nur dann, wenn der Richtungssinn tatsächlich noch festgelegt ist. Der Sexualtrieb ist vielleicht das markanteste Beispiel.

Schließlich stellt die Feststellung, der Mensch sei das am weitesten von instinktiven Verhaltensregulierungen freigesetzte Lebewesen, nicht infrage, daß eine Anzahl spezialisierter Verhaltensformen erhalten geblieben ist, von denen wir annehmen müssen, daß sie genetisch fixiert sind.

Einige davon sind lebenswichtig. Sie stellen sicher, daß der ganze Prozeß der Entwicklung überhaupt in Gang kommen kann, das Saugen zum Beispiel. Im übrigen kennt jeder Kinderarzt die Liste derjenigen reflexhaften Verhaltensweisen, die er nach der Geburt durchprüft. Aber auch jenseits dieser anfänglichen und zum Teil lebensnotwendigen Fixierungen gibt es eine Anzahl von Verhaltensweisen, in denen auch beim Menschen das stammesgeschichtliche Erbe nachweisbar ist. Die Ethologie hat sich ihre Erforschung angelegen sein lassen.[36] Allein, sie sind, wie zum Beispiel bestimmte Formen des Blickkontaktes, des Augengrußes oder des Imponiergehabes, eng der Körperzone verhaftet. Insgesamt reichen sie, gemessen an der Vielzahl und Plastizität des menschlichen Verhaltens, nicht eben weit. Manche nehmen sich eher wie Kuriositäten aus aus einer anderen Welt.

Die für unser Erkenntnisinteresse vordringliche Frage ist, welche Konsequenzen mit dem Abbau instinktiver Verhaltensregulierungen verbunden sind, denn daran bemißt sich, welche kulturellen Leistungen zu erbringen sind.

4.2. Konsequenzen der Instinktreduktion

Wenn man Instinkte als Mechanismen bezeichnet, in denen der Organismus über die Körpergrenzen hinweg auf den Verkehr mit der Umwelt festgelegt ist, ist es nur konsequent, auch die Folgen der Instinktreduktion im Blick auf beide Seiten dieser Beziehung zu bestimmen. Danach lassen sich vier Komplexe unterscheiden.

4.2.1. Selbstbestimmung der Tätigkeitsformen

Der Abbau instinktiver Mechanismen hat – das nun ist mehr als hinreichend erörtert – zur Folge, daß der Mensch, soweit die Instinktreduktion reicht, nicht schon von Natur aus auf Form und Inhalt seines Verhaltens festgelegt ist. Er muß sie, das ist die selbstverständliche Konsequenz, selbst erst schaffen. Aus der Erbmotorik ist, nach dem bekannten Idiom Storchs, die Erwerbsmotorik geworden.[37] Diese Nötigung gilt als erstes im Hinblick auf den Umgang mit den Objekten der Natur. Da der Mensch so gut wie jedes andere Lebewesen in und von der Natur leben muß, bedarf es auch der dazu geeigneten Umgangsformen. Was man nicht hat, aber braucht, muß man erwerben. Das freilich zieht eine weitere Konsequenz nach sich.

4.2.2. Die Notwendigkeit, Wissen zu erwerben

Auf der Ebene instinktiver Verhaltensregulierung ist die Umwelt des Tieres das, was an verhaltensrelevanten Merkmalen aus der umfassenderen Umgebung ausgesondert ist. Die Reduktion instinktiver Verhaltensregulierung zeitigt deshalb die ganz unumgängliche Folge, daß auch die Umwelt umstrukturiert wird. Ihr fehlt die für Handlungen relevante merkmalsmäßige Durchgliederung. Eben daraus resultiert, was seit der kopernikanischen Wende, der vielberufenen, im Prinzip bekannt ist: Der Mensch ist als Lebewesen wie jedes andere darauf angewiesen, Wissen von seiner Umgebung zu haben. Aber er hat dieses Wissen ganz im Gegensatz zu der Ausstattung der anderen Lebewesen nicht schon von Natur aus mitbekommen. Er muß es sich erst erarbeiten und sich seine eigene Welt erst nach für ihn interessanten Merkmalen aufbauen. Das gilt ebenso für die kategorialen Formen des Wissens wie für die Inhalte.

Ersichtlich läßt sich beides nur gemeinsam erreichen: Der Aufbau der Verkehrsformen im Umgang mit der Natur läßt sich nur in dem Maße erreichen, als Wissen von ihr erworben wird. Und umgekehrt: Wissen von der Natur läßt sich nur in dem Maße erwerben, als Erfahrungen mit ihr gemacht werden. Wie dieser scheinbare Zirkel sich auflöst, werden wir noch zu erörtern haben.

4.2.3. Die Selbstbestimmung der sozialen Organisationsform

Die Reduktion instinktiver Verhaltensschemata hat nicht nur die Beziehungen zu den naturalen Objekten plastisch werden lassen; »außen« sind auch die Beziehungen zu Seinesgleichen. Die Instinktreduktion erfaßt deshalb auch die Beziehungen zu den Artgenossen. Diese Konsequenz ist nahezu selbstverständlich. Und doch scheint es den Sozialwissenschaften schwer zu fallen, sie zu realisieren, und zwar gerade der politischen Theorie. Für sie ist die politisch-soziale Lebensform ähnlich wie die Vernunft das Apriori menschlichen Daseins. Dabei muß nach allem, was wir zuvor erörtert haben, der bekannte Satz des Aristoteles, der Mensch sei ein politisches, resp. soziales Wesen von Natur aus, heute eher umgekehrt lauten: Zwar findet sich die soziale Lebensform schon in der subhumanen Phase der Naturgeschichte. Und es spricht alles dafür, daß auch die unmittelbaren Vorfahren des Menschen bereits in tierischen Sozietäten lebten; allein, in ihrer spezifisch humanen Ausprägung sind die Formen und Ordnungen der gesellschaftlichen Daseinsweise des Menschen gerade nicht schon von Natur aus festgelegt. Der Mensch muß sie sich vielmehr erst selbst schaffen. Zwischen der Naturgeschichte und der Kulturgeschichte liegt ein Hiatus. Eben deshalb kann, das sei bei der Gelegenheit angemerkt, unter der Prämisse unseres Naturbegriffs mit dem Naturrecht keine sinnvolle Vorstellung mehr verbunden werden.[38]

4.2.4. Die Ausbildung der Subjektivität

Schließlich aber betrifft die instinktive Reduktion den Innenaufbau der Person, die Organisation des Erlebnis- und Aktionszentrums. Der phänomenale Befund ist bekannt: Wir beschreiben die spezifische Aktionsstruktur des Menschen mit Begriffen wie: Bewußtsein, Reflexivität, Subjektivität. Am besten bedient man sich des einschlägigen Begriffs der philosophischen Anthropologie und bezeichnet sie als »exzentrische Positionalität«[39]. Damit soll gesagt sein, daß der Mensch die Fähigkeit hat, gleichsam noch hinter sich zu treten und sich selbst inmitten seines Erlebnis- und Aktionsfeldes wahrzunehmen. Kein Nagel ist, so hat man gesagt, in die Wand geschlagen worden, ohne daß dabei der, der ihn einschlägt, zugleich mit dem Nagel und der Wand sich selbst wahrgenommen hat. Anders nämlich vermöchte er sein Verhalten nicht zu dirigieren. Auch hier gilt jedoch: Was sich als Befund am Erlebnis- und Verhaltensmodus des in der Entwicklung bereits fortgeschrittenen Menschen zeigt, liefert nicht schon die Natur. Bewußtsein in der spezifischen Weise menschlichen Bewußtseins, Subjektivität in der besonderen Form menschlicher Subjektivität, muß sich erst ausbilden. Die Natur liefert nicht mehr als die Chance dazu.

Man kann sich die Unstrukturiertheit der anthropologischen Ausgangslage an der Situation eines Neugeborenen verständlich machen. Der Neugeborene hat keine durchgliederte Welt um sich, weder nach Raum und Zeit noch nach Substanz und Kausalität. Er hat nicht die Fähigkeit, sein Verhalten zielstrebig zu dirigieren. Und er verfügt eben deshalb auch nicht über jene reflexive Form von Bewußtsein, wie sie dem Erwachsenen eigen ist. Er ist kein Subjekt im eigentlichen Sinne. – Um Mißverständnissen vorzubeugen und eine alte Kontroverse hier nicht erneut aufleben zu lassen: Der Neugeborene ist keine tabula rasa. Er bringt ein leistungsfähiges biophysisches System als Antriebsaggregat aller möglichen Aktionen mit; er verfügt über ein leistungsfähiges Sensorium; er ist nach allem auch in seinen genetischen Anlagen nicht unbeschrieben. Aber alle diese Anlagen bilden nicht mehr als den Grundstock, von dem aus sich die tatsächlichen Formen seiner Lebensweise erst ausbilden. Soviel scheint mir danach sicher:

Die Freisetzung von den Zwängen und Mechanismen der instinktiven Organisationsform ist die entscheidende Prämisse, ohne die der Mensch nicht wäre, was er ist: ein unter geistig-kulturellen Formen lebendes Wesen.

4.2.5. Evolution zur Freiheit

Es scheint mir nicht unwichtig zu sein, an dieser Stelle noch einmal auf das eigentlich evolutive Moment hinzuweisen, das in der Entwicklung zum Menschen seine vorläufige Spitze erfährt:

Höher entwickelt, so haben wir gesagt, sind die Arten, die das Strukturprinzip des Lebendigen, das Prinzip der Selbstregulation weiterentwickelt haben. Mit dem Abbau der Dominanz instinktiver Verhaltensregulierung ist ein Organisationsniveau erreicht, das uns berechtigt, diesem Lebewesen in eben diesem elementaren Sinne Freiheit zuzuschreiben. Es ist nicht die Freiheit eines absoluten Willens, noch überhaupt irgendeines Absoluten. Menschliches Handeln steht so gut wie tierisches unter Bedingungen. Freiheit als anthropologisches Organisationsprinzip meint auf der Ebene der biologischen Organisation exakt dies: unter gegebenen Bedingungen die eigenen Lebensformen selbst zu schaffen. Daran allerdings hängen Weiterungen für die alltägliche Lebensführung des einzelnen ebenso wie für die Gattung in der Geschichte. Denn von eben dieser Freiheit hat der Mensch in seiner Geschichte Gebrauch gemacht. Und eben deshalb läßt sich in diesem ebenso elementaren Sinne von der Geschichte sagen, sie sei der Prozeß der Realisierung seiner Freiheit. Wir werden sehen, daß diese Aussage noch einen qualifizierenden Sinn erhält, wenn man den Gang der Geschichte näher zu bestimmen sucht.

Eine Evolution als Evolution der Autonomie der Lebewesen bis hin zum Freiheitspotential des Menschen wäre nicht möglich gewesen, wenn nicht mit dem Instinktabbau zugleich leistungsfähige Mechanismen für den Aufbau lernabhängiger Verhaltensweisen entwickelt worden wären. Voraussetzung dafür ist vor allem ein leistungsfähiges Gehirn. Dieses Zusammenspiel kann zunächst wie ein Mirakel erscheinen. Tatsächlich hat sich eine zweifelsfrei und allgemein anerkannte Theorie in der Biologie bisher nicht finden lassen. Und es versteht sich, daß die Frage einzig von der Biologie beantwortet werden kann. Vieles spricht jedoch dafür, daß die Antwort im Umkreis der sogenannten Retardation ontogenetischer Entwicklungsphasen bei höheren Primaten, insbesondere aber dem Menschen, zu suchen ist. Danach führt der phylogenetische Trend zu längeren Tragzeiten und längeren ontogenetischen Entwicklungsphasen, wie er insbesondere in der Evolution der Primaten festzustellen ist, zu unterschiedlichen Wachstumsgeschwindigkeiten beim Aufbau des Gesamtorganismus.[40] Die Folge ist, daß einige der stammesgeschichtlichen und fötalen Frühformen erhalten bleiben, während andere Organe eine verlängerte und rasante Fortentwicklung erfahren. Zu letzteren zählt das Gehirn. Die Einzelheiten dieser seinerzeit schon von Bolk anvisierten Theorie sind strittig.[41] Steve Gould hat jüngst eine zusammenfassende Darstellung gegeben. So viel jedenfalls scheint sicher: Es gibt diesen Zusammenhang zwischen Instinktreduktion, respektive Plastizität, und der spezifischen Entwicklung der Anatomie des Menschen, besonders seines Gehirns. Einzig darauf aber kommt es uns im gegenwärtigen Zusammenhang an. Denn damit sind die Voraussetzungen geschaffen für den Aufbau einer spezifisch humanen, i. e. soziokulturellen Lebenswelt. Der Einstieg in die Geschichte konnte beginnen.

5. Resümee

Die Frage nach der Stellung des Menschen in der Natur kann für sich allein hinreichendes Interesse beanspruchen, um gründlicher erörtert zu werden. Allein, das neuzeitliche Wissen hat ihr einen spezifischen und strategischeren Stellenwert zukommen lassen: Der Mensch hat sich in einer langen Geschichte der Evolution der Arten gebildet. Die Rekonstruktion dieser Evolution ist deshalb die Rekonstruktion der Bedingungen, unter denen der Mensch sich entwickelt hat. Sie ermöglicht uns, soweit die naturgeschichtliche Determinante in Frage steht, Einsicht zu gewinnen, weshalb der Mensch zu dem Wesen geworden ist, das er tatsächlich ist.

Wir haben diese Entwicklung unter dem spezifischen Erkenntnisinteresse verfolgt, ausfindig zu machen, welche naturgeschichtlichen Prozesse dazu geführt haben, den Menschen in seiner biologischen Organisationsform darauf festzulegen, geistig-kulturelle Lebensformen auszubilden. Diese Prozesse sind durch die gesamte Naturgeschichte hindurch ausfindig zu machen. Auf eine summarische Formel gebracht bestehen sie darin, das Strukturprinzip jedweder Organisation von Leben: das Prinzip der Selbstregulation oder Autonomie, zu erhöhen. Höherentwickelt, so haben wir gesagt, sind die Arten, die ein höheres Maß an Autonomie haben verwirklichen können. Das probate Mittel dazu ist Lernen.

Lernen erscheint bei insgesamt dominant instinktiver Verhaltenssteuerung bereits auf den frühesten Stufen der Evolution als komplementäres Prinzip. Als komplementäres oder zugespitzt: oppositionelles Prinzip muß Lernen deshalb gelten, weil es genau soweit Platz hat, als die genetische Fixierung Raum dafür läßt. Unter dominant instinktiver Verhaltenssteuerung erscheint Lernen eingeschachtelt in weithin genetisch festgelegte Verhaltensmuster. Auf den höheren Stufen der Evolution, insbesondere unter den höher entwickelten Primaten, zeigen die Verhaltensweisen eine erhebliche Plastizität. Beim Menschen hat eine weitestgehende Instinktreduktion stattgefunden. Sie ist eine der entscheidenden Prämissen dafür, daß sich eine dominant geistig-kulturelle Lebensführung hat ausbilden können. Freilich ist sie auch nur eine der Prämissen, sozusagen nach der negativen Seite hin.

Damit eine geistig-kulturelle Lebensführung möglich wird, muß denn auch auf der biologischen Ebene eine Anzahl positiver Voraussetzungen geschaffen werden. Eine Vielzahl von Merkmalen lassen sich nennen. Ohne Zweifel kommt der Ausbildung eines erheblich leistungsfähigen Gehirns eine herausragende Bedeutung zu. Für die beunruhigende Frage, wie man sich das auffällige Zusammentreffen zwischen Instinktreduktion und Aufbau einer leistungsfähigen alternativen Organisationsstruktur vorzustellen hat, gibt es einstweilen zwar keine definitive Antwort, aber eine zumindest gut fundierte Hypothese: In der naturgeschichtlichen Entwicklung hat eine Retardation der Entwicklungsstadien dazu geführt, daß ontogenetische Frühstadien mitsamt der sie auszeichnenden instinktiven Unspezifiziertheit dauerhaft geworden sind. Der gleiche Prozeß hat aber auch das enorme Gehirnwachstum möglich gemacht. Sicher ist jedenfalls eines: daß Instinktreduktionen und Aufbau der biologischen Grundlage einer dominant geistig-kulturellen Lebensweise zusammengehen. Auf der Basis dieser naturgeschichtlichen Entwicklung, an deren Ende der spezifisch humane Organisationsplan des Menschen steht, lassen sich die für unser Interesse eigentlich entscheidenden Fragen nach der Erklärung der geistig-kulturellen Daseinsweise des Menschen stellen. Denn es versteht sich: Die biologische Organisationsform schafft auch nur erst die biologische Voraussetzung für den Aufbau der geistig-kulturellen Lebenswelt. Sie bringt sie nicht schon selbst hervor. Die alles entscheidende Frage ist deshalb: Wie stellt der Mensch es aufgrund seines anthropologischen Organisationsplans an, geistig-kulturelle Lebensformen auszubilden? Wie stellt er es an, Verhaltensformen zu entwickeln, die er von Natur aus nicht schon mitbekommen hat? Wie stellt er es an, Wissen zu erwerben, das ihm ebenfalls nicht angeboren ist? Wie koordiniert er beides? Wie bildet er Interaktionsformen und soziale Ordnungsmuster aus, die jenseits aller durch die natürliche Umgebung abgenötigten Verhaltenszwänge liegen? Und weiter: Wie kommt er dazu, eine die Erlebnis- und Handlungskompetenz umfassende innere Organisation seiner Person aufzubauen? Wie erwirbt er Bewußtsein, Selbstbewußtsein? Und wie interpretiert er sich im Zusammenhang des von ihm selbst erworbenen Wissens von der Welt? Die Frage verweist uns an das Grundverständnis der Geschichte.

II. Der Einstieg in die Geschichte
Anweisung zu ihrer Rekonstruktion aus der Ontogenese

1. Die Fortsetzung der Naturgeschichte

Unsere bisherigen Erörterungen über das Vorspiel in der Naturgeschichte und den anthropologischen Organisationsplan haben über die strategische Perspektive, unter der die Geschichte begriffen werden muß, bereits mitentschieden. Die eigentliche Geschichte der Menschheit ist die Geschichte ihrer geistig-kulturellen Daseinsweise. Wenn wir hinkünftig von Geschichte sprechen, meinen wir sie. Und diese Geschichte ist angeschlossen an die Naturgeschichte.

Die Geschichte ist die Fortsetzung der Naturgeschichte in anderen Formen.

Das ist der erste Satz, an den ich vor jeder weiteren Erörterung des Zugangs zum Verständnis der Geschichte erinnern möchte. Gemeint ist damit nicht einfach, daß die Geschichte des Menschen zeitlich an die Naturgeschichte anschließt; das wäre trivial. Gemeint ist, daß in der Geschichte ein Entwicklungsprozeß fortgesetzt ist, der in der Naturgeschichte auf der Basis naturaler Prozesse bereits angelaufen ist. Ich habe die naturgeschichtliche Dimension dieser Entwicklung dargelegt. Sie liegt, um es zu wiederholen, in der Steigerung der Autonomie. Die Naturgeschichte hat in der Evolution der Arten deren Kapazität der Selbstregulierung erhöht. Die dabei unumgängliche Freisetzung von instinktiven Fixierungen erreicht auf der Organisationsstufe des Menschen eine neue Dimension und Qualität: Sie ist so gründlich und radikal, daß ein neues Organisationsprinzip der Lebensführung an ihre Stelle treten muß, eben die geistig-kulturelle. Mit dem Prozeß der Ausbildung geistig-kultureller Lebensformen erreicht der evolutive Richtungssinn seine Spitze. Entschiedener, exzessiver kann die Autonomie eines Lebewesens auf dem Hintergrund der Naturgeschichte kaum gedacht werden als in der Weise, in der sie vom Menschen realisiert ist: Er schafft sich seine Lebensformen selbst. Der Anfang der Geschichte ist in diesem anthropologisch prägnanten Sinne eine Realisierung seiner Freiheit.

Die Verzahnung zwischen der Naturgeschichte und der eigentlichen Geschichte darzutun, ist das, worum es mir zu tun ist. Sie ist ersichtlich eine Verzahnung, die nicht einfach auf einer rein organologischen Ebene statthat. Die gibt es als reale Funktionseinheit gar nicht. Sie liegt gerade in der Verzahnung der in einem langen Prozeß der Naturgeschichte entwickelten biologischen Organisation des Menschen und seiner geistig-kulturellen Lebensweise. Die Bedingung der Möglichkeit dafür, daß sich kulturelle Lebensformen entwickeln, ist eine Konsequenz der Naturgeschichte. Auf diese Eigenheit muß gerade in einer Erörterung des Weltbildes unserer Zeit deshalb so nachdrücklich hingewiesen werden, weil wir die Funktions- und Entwicklungsmodi der Naturgeschichte selbstredend gänzlich in den interpretativen Mustern der Naturwissenschaft begreifen, ihnen also keinerlei Geistigkeit nach Art des Menschen zuschreiben. Dennoch entsteht in dieser naturgeschichtlichen Entwicklung ein Lebewesen, das bereits seinem biologischen Organisationsplan zufolge auf die Ausbildung geistig-kultureller Lebensformen hin angelegt ist. Das ist der entscheidende Punkt.

Man kann nach allem nicht in Abrede stellen, daß der Mensch mit der Ausbildung der geistig-kulturellen Daseinsweise weiter inmitten der Naturgeschichte steht. Er ist auf der Linie ihrer Entwicklung nur eine besondere Organisationsform, noch dazu eine besonders konsequente. Es hat deshalb guten Sinn, mit Lee und DeVore zu sagen: »The emergence of economic, social and ideological forms are as much a part of human evolution as are the developments in human anatomy and physiology.«[1] Anthropologisch gesehen stellt die Ausbildung der geistig-kulturellen Daseinsformen so etwas wie das Transformationsstück für die abgebauten genetischen dar. So gesehen ist die geistig-kulturelle Daseinsweise in der Tat ein Grenzfall der Biologie. Anders ist ja der Anschluß der Geschichte an die Naturgeschichte auch gar nicht denkbar. Aber sie ist ein Grenzfall über einen Hiatus hinweg. In eben diesem Sinne verlangt der eingangs hervorgehobene Satz seine Präzisierung:

Die Geschichte ist die Fortsetzung der Naturgeschichte; aber sie ist die Fortsetzung über einen Hiatus hinweg, in geistig-kulturellen Lebensformen.

Diese Feststellung hat eine unmittelbare Konsequenz auch für die erst diesseits des Hiatus ausgebildeten Lebensformen. Die geistig-kulturellen Lebensformen gehören nicht länger dem Bewegungsgesetz der Materie an. Wer sie über den Leisten des Materiebegriffs zu schlagen versucht, beweist, daß er nicht verstanden hat, welche Chance in der Naturgeschichte liegt. Er verkennt die entscheidende Differenz, die zwischen den Gesetzen der Materie und den erst von Menschen entwickelten Lebensformen besteht. Die geistig-kulturelle Daseinsweise ist etwas Neues.[2] Geschichte hat einen Anfang. Und der ist vom Menschen selbst ins Werk gesetzt.

1.1. Man makes himself[3]

Nichts ist in der Neuzeit so sehr zur Grundlage des Selbstverständnisses des Menschen geworden wie das Wissen darum, daß Menschen selbst es sind, die die Verhältnisse machen, unter denen sie leben.[4] Es ist die Quintessenz aller historischen Erfahrungen. Anders als unter der Prämisse dieses Satzes läßt sich die Geschichte nicht begreifen. Das gewaltige Material, das die Geschichts- und übrigen Sozialwissenschaften angehäuft haben und weiter anhäufen, kann gar nicht anders als dadurch entschlüsselt werden, daß in das Netzwerk der Geschehnisse der Mensch als das eigentlich aktive Subjekt eingeführt wird. Was immer an kausalen Bedingungen aufgedeckt wird, Sinn – sei es auch nur der kleine Sinn des Tages – macht es erst dadurch, daß es seinen Durchgang nimmt durch die Subjektivität handelnder Menschen. Auch die Gegenwart ist ohne die Inanspruchnahme dieses Wissens, die praktische ebenso wie die theoretische, gar nicht denkbar. Jeder Politiker läßt es sich zurechnen, zuweilen mehr, als ihm guttut.

Unsere Analyse hat gezeigt, daß die Feststellung, daß Menschen die Geschichte machen und – wie Marx und Engels zuerst folgerten – mit der Geschichte sich selbst, alles andere als nur eine geschichtsphilosophische Extrapolation ist. Geschichtsphilosophische Extrapolationen gelten gemeinhin als interpretativ über Gebühr anfällig. Die Feststellung, daß der Mensch selbst erst die Verhältnisse schafft, unter denen er lebt, ist es nicht. Man kann darüber nachdenken, eine Menge Philosophie darüber anhäufen,[5] an ihrem elementaren Grundgehalt ist nicht zu rütteln. Sie schließt zu dicht an an das ausweisbare Wissen um den anthropologischen Organisationsplan. Denn wenn die Analyse dieses Organisationsplanes irgend etwas hergibt für seine geistig-kulturelle Lebensform, dann dies, daß er selbst es ist, der die Formen schafft, unter denen er sein Leben führt. Eben das meinen wir, wenn wir von Lebenswelten im Unterschied zu den Umwelten der Tiere sprechen. Wir befreien den Begriff von allen Konnotationen, die sich mit seiner Herkunft aus der Phänomenologie verbinden. Uns ist es einzig darum zu tun, dieses Moment der Autonomie, das ihnen eignet, zum Ausdruck zu bringen. Lebenswelten sind die vom Menschen selbst geschaffenen und unter dem Zwang der Verhältnisse zur Einheit einer je konkreten gesellschaftlichen und historischen Daseinsweise zusammengeschlossenen Formen, in denen der Mensch sein Leben führt.

2. Anweisung zur Rekonstruktion

Das Wissen darum, daß die geistig-kulturellen Lebensformen erst vom Menschen selbst geschaffene Lebensformen sind, hat eine strategische Konsequenz für den Zugang zu ihrem Verständnis: Wenn man wissen will, warum die Menschen leben, wie sie tatsächlich leben, muß man rekonstruieren, auf welchem Wege sie jene spezifisch humanen Lebensformen ausgebildet haben. Wenn man wissen will, warum sich kognitive Strukturen ausgebildet haben und zwar in eben den spezifischen Formen, in denen sie es taten, muß man fragen, auf welche Weise es geschehen ist. Wenn man wissen will, warum Menschen unter Normen leben, das eigenartige Verkehrsprinzip des Sollens entwickelt haben, muß man fragen, warum und auf welche Weise sie geschaffen wurden.[6] Wenn man wissen will, wieso es zur Ausbildung von Familien gekommen ist, muß man fragen, was Menschen im Übergang aus der Naturgeschichte in die Kulturgeschichte veranlaßt hat, sich zu Familien oder familienähnlichen Gruppen zusammenzuschließen. Wenn man wissen will, wieso es zu dem unter Primaten einzigartigen ökonomischen Prinzip des Teilens gekommen ist, muß man fragen, was die Menschen dazu bestimmt hat. Die Strategie gilt in gleicher Weise für die inhaltlich konkreten Formen, für die bestimmte Norm x in der Gesellschaft A, die bestimmte Familienorganisation y in der Gesellschaft B. Kurz, das Verfahren, das jene Erkenntnis verspricht, auf die wir so sehr erpicht sind: zu wissen, warum etwas ist, wie es ist, ist das Verfahren der Rekonstruktion. In der abendländischen Geistesgeschichte war es bekanntlich

Vico, der diesen Zusammenhang zwischen dem, was vom Menschen selbst geschaffen ist und von ihm verstanden werden kann, ins Bewußtsein gerückt hat.[7] Es versteht sich, es ist das Verfahren jeder Sozialwissenschaft, nicht etwa nur der Geschichtswissenschaft.

Generell gilt: Die Methode der Sozialwissenschaften, die Geisteswissenschaften eingeschlossen, ist das Verfahren der Rekonstruktion.

Eben dieses Verfahren hatte Marx im Sinne, wenn er postulierte, es gebe nur noch eine Wissenschaft, die der Geschichte.[8]

Die generelle Anweisung zur Rekonstruktion ist eines, ihre methodische Durchführung ein anderes. Sie ist davon abhängig, den Konstruktionsprozeß in den Griff zu kriegen. Das aber bereitet Schwierigkeiten. Gerade weil die menschlichen Lebenswelten mitsamt ihrer Geschichte aus der schöpferischen Potenz des Menschen begriffen werden müssen, fallen sie nur allzuleicht dessen metaphysischem Vorverständnis anheim. Die sozialwissenschaftliche Methodologie lief denn auch beim Verfolg der Einsicht in die soziale Konstruktion von Lebenswelten in die erste Falle, die offenstand: Sie saß einem freischwebenden absolutistischen Konstruktivismus auf.

2.1. Der absolutistische Konstruktivismus

Wenn man nichts vorgibt als das Wissen, daß Menschen selbst es sind, die die Welten schaffen, in denen sie leben, so stellen sich jene Welten dar, als seien sie das freischwebende Produkt eines demiurgischen Vermögens. Es scheint dann, als setze der Mensch aus einer unergründlichen Substanz seiner selbst immer neue Welten ins Leben. Ihre Abfolge macht die Geschichte aus. Sie ist so unergründlich wie der Mensch selbst. In der durchgehaltenen Logik der Metaphysik spielt der Mensch die Rolle, die einst Gott spielte: Er läßt Welt und Welten nach seinem Gutdünken entstehen.

Das Verständnis der menschlichen Lebenswelt und ihrer Geschichte als einer nicht mehr hintergehbaren Selbstbestimmung kommt nicht von ungefähr. In ihr hält sich der Restbestand eines metaphysischen Denkens durch, das sich mit Erklärungen erst dann zufrieden gibt, wenn sie in einem letzten Absoluten festgemacht sind. Seit feststeht, daß der Mensch die Verhältnisse, unter denen er lebt, selbst schafft, rückt er damit auch wie von selbst in die Position des absoluten Schöpfers ein. Von Descartes bis Husserl ist diese Logik aus sich selbst analysierter Lebenswelten herrschend.

Die Soziologie hat ihren Anteil an dem Verfahren. Sie entgeht nicht dem Zwang, unter dem alles Denken steht: Es muß mit der hergebrachten Logik hantieren. Auch in der Soziologie verschafft sich deshalb die Metaphysik der Entwurfslogik über die Struktur der Erklärung den Einstieg ins System. An die Stelle des absoluten Ich tritt lediglich das absolute Wir resp. die absolute Gesellschaft. Sie wird zum Subjekt des ganzen Prozesses, zum Subjekt sui generis oder, wie man auch sagt, zum uneigentlichen Subjekt. Aber das ist nur eine Verlegenheit der Vorstellungskraft. An dem Grund dieses Verfahrens kann es keinen Zweifel geben: Nachdem einmal die Gesellschaft als Subjekt geschaffen ist, ist für alle weiteren Erklärungen nicht mehr vonnöten, als sie aus der Substanz dieser gesellschaftlichen Subjektivität hervorgehen zu lassen. Durkheim ist ein hervorragender Zeuge dieses Verfahrens. Mit welchem Problem er auch immer befaßt war, mit der Arbeitsteilung, dem Selbstmord, dem Wissen, der Religion, der Moral, wenn er nach dem Grund fragte, hatte er als letzten Grund bereits ein Subjekt im Auge. Mit der Behendigkeit und eingespielten Routine, die allen metyphysischen Logiken eigen ist, ist es immer dieselbe Formel, die ihn das Problem lösen läßt: Soziale Phänomene können nicht ihren Ursprung im einzelnen Subjekt haben, ergo muß die Gesellschaft als uneigentliches Gesamtsubjekt für sic eintreten.[9] Wer je sich die eigenartige Subjekt/Substanzlogik der Metaphysik vor Augen geführt hat, kann über den Grund dieses doch höchst eigenartigen Verfahrens und Verständnisses von Gesellschaft als Subjekt nicht im Zweifel sein: Erklären heißt, den Anfang namhaft machen, der das, was es zu erklären gilt, aus sich heraus gesetzt hat. Eben deshalb muß der Anfang in sich enthalten, was als Phänomen hernach offen vor aller Augen liegt. Als letzter, absoluter Anfang muß er Substanz und Subjekt in einem sein. Die menschliche Lebenswelt mitsamt ihrer Geschichte oder ihren Geschichten sind per se gesellschaftliche Welten. Eben deshalb muß auch die Gesellschaft als ihr Subjekt, nota bene ihr absolutes Subjekt, aufscheinen. Um gar keinen Zweifel zu lassen, daß sich hier eine metaphysische Denkstruktur in säkularisierter Weise durchhält, erklärt Durkheim: Zwischen Gott und der Gesellschaft müsse man wählen.[10] Eine unerquickliche Wahl. Wie immer, wenn in einem buchstäblichen Sinn Tiefsinn reklamiert und auf ein unergründliches Absolutes verwiesen wird, ist Trivialisierung die Folge. Denn einen Erklärungswert hat der bloße Rekurs auf das Subjekt nicht. Wo immer die Welt des Menschen auf der Folie einer absoluten Entwurfslogik begriffen wird, gibt es nichts zu erkennen. Sie ist nicht die Logik des Erkennens, sondern der Schöpfung und Offenbarung. Damit aber ist die Rekonstruktion, kaum daß sie begonnen hat, auch schon an ihrem Ende. Unter dieser Prämisse muß sich die Sozialwissenschaft einmal mehr bescheiden. Sie kann die gesellschaftlichen Strukturen von außen beschreiben – und noch das fällt mangels Einsicht in ihre innere Logik schwer. Ihre Ratio entschlüsseln kann sie nicht. Tatsächlich nehmen sich sozialwissenschaftliche Beschreibungen auf der Folie der Entwurfslogik wie Berichte aus der Küche eines Zauberlehrlings aus: Aufgedeckt werden eine Anzahl von Rezepten. Weiß der Himmel, warum es so ist. – Die Verkürzung und Trivialisierung der Erkenntnis, die mit dem Rückgriff auf die Figur einer Gesellschaft als absolutem Subjekt verbunden sind, hat sich auch im Verständnis der Geschichte niedergeschlagen.

Das neuzeitliche Bewußtsein, daß Menschen selbst es sind, die ihre Lebenswelt schaffen, gründete nicht zuletzt in der Erfahrung, daß die in der Geschichte vorfindbaren Lebenswelten unendlich unterschiedlich sind. Auf der Folie der Entwurfslogik ist der Befund unschwer zu erklären. Jede Zeit und jede Gesellschaft entwirft ihre radikal eigene.[11] Jeder der unbeschränkt vielen Entwürfe steht danach wie ein monolithischer Block neben dem anderen. Entwicklung gibt es einzig in der gleichen kulturellen Tradition. Und das heißt: in der Linie eines einmal angesetzten Entwurfs. Soweit sie reicht, sichert sie Verständnis, wird aber zugleich zum Verhängnis, aus dem es kein Entrinnen gibt. Offenheit und Schicksal stehen unvermittelt nebeneinander. Ersichtlich wird hier die Geschichte heruntergespielt als eine Abfolge von Entwürfen, die sich zwar ändern, aber prinzipiell auf gleichem Niveau liegen. Wenn man nach dem Sinn dieser Änderungen fragt, so ist auch dafür die Antwort leicht zur Hand: Erst die Gesamtheit der möglichen Weltanschauungen und Daseinsformen, sagt man, realisiert den Reichtum der schöpferischen Möglichkeiten des Menschen. Man sieht, nach dieser historischen Summenformel holt die Menschheit sich nie ein.

Die Anthropologie, wie ich sie eingangs zu skizzieren versucht habe, kann uns eines Besseren belehren.

2.2. Leben unter Bedingungen

Der anthropologische Organisationsplan zeigt uns ein Lebewesen, das genötigt ist, sich seine Lebensformen selbst zu schaffen. Es ist ein prägnanter Ausdruck zu sagen, es sei ein »weltoffenes« Lebewesen.[12] Eben wegen dieser offenen, auf Selbstverwirklichung angelegten Lebensform ist die Kategorie der Freiheit eine Grundkategorie der Geschichte. Allein, um so dringlicher ist es, darauf zu verweisen, daß damit keine metaphysische Weltoffenheit gemeint ist, sondern eine der natürlichen Lebensform. Anthropologisch steht der Mensch wie jedes andere Lebewesen inmitten einer vorgegebenen eigenständigen Wirklichkeit. Das heißt aber unter allen Umständen eines: Wie immer der Aufbau der Lebenswelt beschaffen sein mag, das bleibt erst noch zu bestimmen, er steht unter Bedingungen, die in das Resultat eingehen.

Das Verfahren der Rekonstruktion ist ein Verfahren, die menschliche Lebenswelt ebenso in ihrem ursprünglichen Aufbau wie in ihrer Entwicklung aus den Bedingungen heraus verständlich zu machen, unter denen sie entstanden ist.

Nur soweit die Reichweite dieser Bedingungen sich erstreckt, nur soweit sie mit anderen Worten das Resultat bestimmen und eben deshalb im Resultat wiederzufinden sind, läßt sich Geschichte verstehen, ist sie zu erklären.

Es versteht sich, daß die Frage, welche Bedingungen in Ansatz zu bringen sind, davon abhängt, welche Entwicklung man verfolgt und zu rekonstruieren sucht. Dabei lassen sich drei große Linien ausmachen. Sie folgen den Aufbauleistungen, die unter den Anforderungen des anthropologischen Organisationsplanes erbracht werden müssen. Dem anthropologischen Organisationsplan zufolge verfügt der Mensch, wie wir gesehen haben, über keine bereits von Natur ausgebildete Aktionskompetenz und Ich-Struktur. Ebensowenig bringt er die Prinzipien der sozialen Organisation bereits mit. Schließlich verfügt er über kein irgendwie hinreichendes Wissen von der Außenwelt, in die hinein er geboren wird. Er verfügt insbesondere nicht über eine nach handlungsrelevanten Merkmalen durchorganisierte Natur. Der Über-

gang in die Kulturgeschichte vollzieht sich exakt in den Entwicklungslinien dieser unabdingbaren Aufbauprozesse. Es sind denn auch diese drei Themen:
- die Ausbildung und Entwicklung der Handlungskompetenz und verbunden damit der menschlichen Subjektstruktur,
- die Ausbildung und Entwicklung der gesellschaftlichen Organisationsform,
- die Ausbildung und Fortentwicklung von Wissen über die Außenwelt, aus der der Mensch sich auch selbst begreifen muß,[13]

die auch das Interesse an der Geschichte bestimmen. Sieht man sich die Leistungsanforderungen, die aus dieser kulturellen Nulllage resultieren, genauer an, so scheint es zunächst schier unverständlich, wie dieses Lebewesen jemals hat entstehen können.[13] Das gilt umso mehr, als jede dieser Leistungsanforderungen auf die erfolgreiche Bewältigung der anderen angewiesen ist. Wir erörtern hier nur eine dieser strategischen Leistungen: den exzessiven Erwerb von Wissen. Welches waren die Bedingungen, aus denen heraus er erfolgte und durch die hindurch er verständlich gemacht werden muß? Zwei Bedingungen liegen vorweg und sind hier vor jeder konkreten Analyse des Erwerbsprozesses zu erklären: erstens die sozietäre Lebenslage, zweitens die Einleitung des Erwerbsprozesses in der frühesten Phase der Ontogenese. Beide Bedingungen haben ihre naturgeschichtlichen Vorläufer. Sie gewinnen auf dem kulturgeschichtlichen Niveau des Menschen einen neuen Stellenwert.

3. Die sozietäre Lage

3.1. Die subhumane Phase

Die naturgeschichtliche Evolution hat gezeigt, daß der Richtungssinn der Evolution, das, was wir im Moment der Höherentwicklung zu erfassen suchen, über die Entwicklung von Lernen gelaufen ist. Die Anbindung arteigener Verhaltensformen an Erfahrungen, die erst vom einzelnen Individuum im Umgang mit der vorfindlichen Wirklichkeit gemacht und zu zweckdienlich wiederkehrenden Verhaltensweisen verfestigt werden, ist das, was den Mitgliedern der Art eine größere Autonomie sichert.

Eben dieser Effekt ließ sich aber nur innerhalb sozietärer Lebensformen erzielen. Weshalb?

Wenn das Verfahren, erst aus Erfahrungen zu lernen, für die Daseinsweise der Art Bedeutung gewinnen soll, und das heißt, wenn es wirklich an den Verhaltensweisen ansetzt, die für das Überleben relevant sind, dann sind zwei Prämissen unabdingbar: 1. Das Lernen muß in der frühen Phase der Ontogenese erfolgen. In späteren Phasen muß im Kampf ums Dasein über das Wissen bereits verfügt werden. 2. Es muß aber während dieser frühen Phase auf irgendeine Weise das Überleben der nachwachsenden Mitglieder der Art sichergestellt werden. Die beiden Postulate sind bei fortgeschrittenerem Lernniveau nicht ganz so einfach zu vereinen, wie es sich in abstracto ausnimmt. Denn die Voraussetzung dafür, daß Erfahrungen gemacht werden, ist Umgang mit der vorfindlichen Wirklichkeit, an der die Erfahrungen gemacht werden müssen. In eben diesem Umgang muß aber sichergestellt sein, daß die nachwachsenden Mitglieder nicht mangels Erfahrung auf der Strecke bleiben. Das probate Mittel, um diese ersichtlich prekäre Aufgabe zu meistern, war die Ausbildung tierischer Sozietäten. Sie haben den Schutzwall dargestellt, innerhalb dessen Lernen möglich war.[14]

Die strategische Bedeutung, die der Ausbildung sozietärer Lebensformen bereits auf der subhumanen Stufe unter evolutivem Aspekt zukommt, liegt darin, in ihrem Binnenraum die Bedingung der Möglichkeit für ein exzessiveres Lernen geschaffen zu haben.

Die Feststellung gewinnt eine zugespitzte Bedeutung in der Phase, in der die Naturgeschichte des Menschen mit der Ausbildung des anthropologischen Organisationsplans in ihre eigentlich entscheidende Phase tritt. Es bedarf hier keiner Erörterung, wann man diese neue Phase beginnen zu lassen hat, mit der Radiation von den Pongiden vor 20 (oder 12) Millionen Jahren oder später.[15] Wir können diese Phase mittlerweile anhand der Funde verfolgen, soweit sie die anatomischen Merkmale des Menschen betrifft. Wir können weiter mit den Werkzeugfunden und den sich verfeinernden Industrien auf die Entwicklung der intellektuellen Kapazität und das Anwachsen kultureller Lebensformen mit hinreichender Sicherheit schließen.[16] Mit ebenso großer Sicherheit können wir deshalb aber auch die Bedingung nennen, unter denen die Ausweitung dieser kulturellen Leistungen möglich war: eben die sozietäre Lebensform. Denn noch einmal: Wenn der eigentliche

Mechanismus der Höherentwicklung in der Evolution »Lernen« ist, dann ist die Sozietät das Mittel, diesem Mechanismus überhaupt eine Chance zu verschaffen. Das heißt aber, daß die schrittweise Ablösung naturgeschichtlicher zugunsten kulturgeschichtlicher Lebensformen ebenfalls im Innenraum zunächst der subhumanen Sozietäten, dann der Sozietäten im Tier-Mensch-Übergangsfeld erfolgt ist.[17] Und schließlich: Wenn es in dieser Entwicklung einen Einschnitt gibt, der Übergang zu einer voll ausgebildeten humanen Lebensweise nur über einen Hiatus hinweg zur Realisierung eines neuartigen Organisationsprinzips möglich war, dann ist auch dieser Übergang aus der Ontogenese heraus möglich geworden und zu erklären. Insofern ist bereits an dieser Stelle festzustellen: *Der phylogenetische Schub vom subhumanen zum humanen Organisationsniveau ist aus der Ontogenese heraus erfolgt.*

Mit dem Übergang in die humane Phase erfahren sozietäre Daseinsweise und Lernen eine qualitative Änderung. Es ist wichtig, sich diese Änderung zu vergegenwärtigen.

3.2. Niveauänderung von Lernen

Auf der subhumanen Stufe stehen weithin Schutzfunktionen der sozietären Lebensweise im Vordergrund. Sie spielen insbesondere bei den Savannenbewohnern wie den Pavianen, denen unsere frühen Vorfahren der Lebensweise nach wahrscheinlich nahe gestanden haben, eine besondere Rolle. Dabei zeigt sich der Doppelsinn der Rede von der sozietären Lebensform als Bedingung und Schutzwall für den Nachwuchs. Primär sind nicht-humane Primaten-Junge auf den Schutz und die Fürsorge der Mutter angewiesen. Pavianjunge haften, wie Hall und DeVore beobachteten, während des ersten Monats am Körper der Mutter, bis zum 5. Monat bewegen sie sich nur gelegentlich und nur wenige Schritte von ihr fort. Allein beiden, Mutter wie Jungen, kommt der Schutz der Gruppenorganisation insgesamt zugute.[18]

Auf der humanen Stufe läßt sich einmal mehr feststellen, daß die Ausgangskonstellation erhalten bleibt, die Bedeutung der sozietären Leistungen jedoch eine qualitative Änderung erfährt. Das gilt in besonderer Weise für die uns interessierende Mutter-Kind-Beziehung. Erhalten bleibt die Ausgangskonstellation insofern, als das Kind weiter auf die Fürsorge der Mutter angewiesen ist. Sie wird noch gesteigert. Die extreme Hilflosigkeit des menschlichen

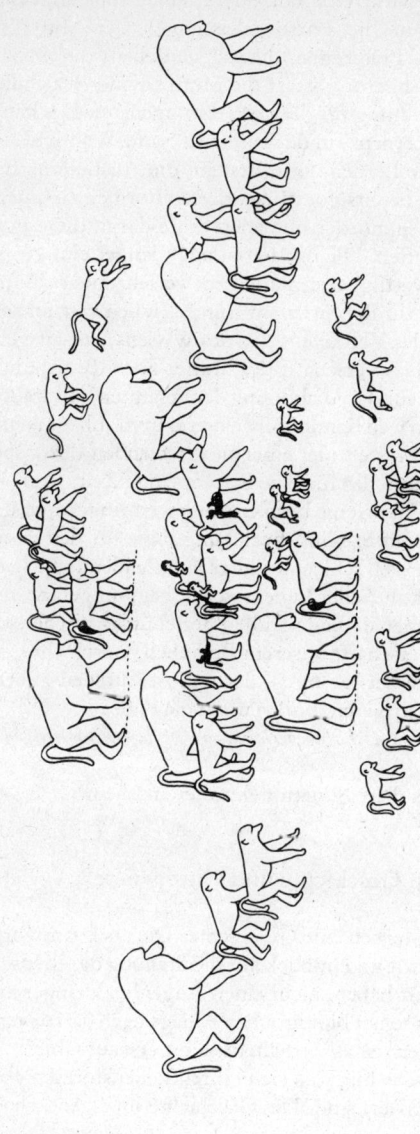

Die Position der Gruppenmitglieder einer Paviangruppe während des Marsches. Mütter mit Jungen gehen in der Mitte. Bei Turbulenzen geht das α-Männchen in Frontstellung, um der Störung zu begegnen. Nach De Vore a. Hall, 1965, 70.

Neugeborenen bewirkt eine ebenso extreme Abhängigkeit und Angewiesenheit auf die Fürsorgeleistungen der Mutter. Das schafft emotionale Prägungen, die sich zeitlebens durchhalten.[19] Eine qualitative Änderung weist die Mutter-Kind-Beziehung jedoch in ihrer Bedeutung für die Lernleistungen auf. Das hängt an der Eigenart des Lernens auf der humanen Stufe. Während auf der subhumanen Stufe Lernen darin besteht, die Ausbildung der im genetischen Code bereits vorstrukturierten Formen zu unterstützen, besteht Lernen auf der humanen Stufe darin, diese Formen erst selbst zu schaffen. Die Mutter ist nicht länger einfach Agent ihrerseits schon verfügbarer Verhaltensweisen und verfügbaren Wissens. Sie wird zur Repräsentantin einer Außenwelt, an der beides, die Formen des Verhaltens wie des Wissens, erst ausgebildet werden müssen. Das verschafft der Mutter-Kind-Beziehung eine Schlüsselposition für die Ausbildung der gesamten kulturellen Lebensformen: Eben weil Kinder zum einen extrem abhängig und auf die Fürsorge der Mutter oder einer sie ersetzenden Bezugsperson angewiesen sind und das für eine extrem lange Zeit, zum andern aber gleichermaßen extreme Lernleistungen erbringen müssen, gewinnt die frühe Mutter-Kind-Beziehung diese für den gesamten Enkulturationsprozeß schlechterdings entscheidende Bedeutung: Die Ausbildung kultureller Lebenswelten beginnt gerade in ihren kategorialen Formen in dieser frühen Beziehung zwischen Mutter und Kind. Das verschafft unserem Bemühen, Geschichte, soweit sie die Geschichte der geistigen, der soziokulturellen Lebensformen ist, zu rekonstruieren, Boden unter die Füße.

Die Geschichte als Geschichte soziokultureller Lebensformen beginnt in der Ontogenese.

Wir müssen uns diese Situation genauer ansehen.

4. Geschichte und Ontogenese

Warum hat der Mensch eine Geschichte? Die erste Antwort kann nach allem, was wir im Hinblick auf die Stellung des Menschen in der Natur erörtert haben, nicht einen Augenblick länger zweifelhaft sein: Weil er seiner biologischen Anlage nach darauf angewiesen ist, die Formen seines Verhaltens selbst erst auszubilden. Tiere haben keine Geschichte, weil sie in ihren Lebensformen überwiegend genetisch fixiert sind. Die Geschichte im eigentlichen Sinn ist, wie wir schon betont haben, eine Geschichte der kulturellen Lebensformen des Menschen. Das aber heißt: Die Geschichte beginnt dort, wo die Ausbildung kultureller Lebensformen überhaupt beginnt, auf der frühen Stufe der Ontogenese oder, wie wir im Unterschied zur Naturgeschichte besser sagen: auf der frühen Stufe der Lebensgeschichte der Gattungsmitglieder im geschützten Binnenraum einer Sozietät. Gerade für die eigentliche Geschichte des Menschen, die Kulturgeschichte, gilt, daß die Bedingung ihrer Möglichkeit darin liegt, daß im Innern einer Sozietät die Chance geschaffen wird, kulturelle Lebensformen in einem langandauernden Lernprozeß auszubilden. Gerade für sie ist danach die Mutter-Kind-Beziehung die Beziehung, aus der heraus die Lernleistungen erbracht werden müssen und damit der ganze kulturschaffende Prozeß in Bewegung gesetzt werden kann.

Die Feststellung ist fast schon selbstverständlich. Nur, sie hat eine Pointe, und die wird selten bedacht: Das war immer so. Man kann die Geschichte des Menschen beginnen lassen, wann immer man will, vor 35 000 Jahren, vor 500 000 Jahren, vor 3,7 Millionen Jahren – Zahlen, die genannt werden und für die es, wie wir gesehen haben, Anhalte gibt –, eines ist sicher: Immer beginnt die spezifische kulturelle Entwicklung, jene alles beherrschende Nötigung, lernen zu müssen und Verhaltensformen und Wissen selbst auszubilden, auf den frühen Stufen der Ontogenese. Immer gibt es eine Stufe Null der Geburt, in der der Mensch als biologisches Lebewesen da ist, einiges an biologischer Ausstattung für die künftigen Lebensformen mitbringt, nur die geistig-kulturellen Lebensformen selbst noch nicht. Die müssen allemal erst entwickelt werden. Wenn wir annehmen, daß die biologische Organisationsform des homo sapiens sich im Zeitraum zwischen 50 und 35 Tausend Jahren vor uns definitiv ausgebildet hat, zu dieser Zeit insbesondere Volumen und Leistungsfähigkeit des menschlichen Gehirns sich entwickelt hatten, dann gilt, daß seither die Geschichte von dieser Stufe Null in der Lebensgeschichte der Mitglieder der Gattung her entwickelt worden ist. Von der biologischen Ausstattung her war ein Kind, das irgendwo in der Altsteinzeit, sagen wir vor 30 000 Jahren geboren wurde, nicht anders dran als eines, das heute irgendwo im Kreißsaal der Klinik einer hochindustrialisierten Gesellschaft das Licht der Welt erblickt. Und es stand vor derselben Aufgabe: auszubilden, was es biologisch nicht schon hatte. Daran also führt kein Weg vorbei:

Die Ausbildung kultureller Verhaltensformen wird stets und allerwärts auf der frühen Stufe der Kindheit eingeleitet. Nachdem sich einmal die biologische Organisation des rezenten Menschen ausgebildet hat, beginnt sie allemal auf gleichem Niveau.

4.1. Genetisches versus traditionalistisches Enkulturations- und Geschichtsverständnis

Es ist unschwer vorzustellen, daß der Gedanke, Geschichte aus den in der Kindheit angelaufenen Entwicklungsprozessen zu begreifen, nur schwer Fuß fassen wird. Der Widerstand rührt nicht zuletzt daher, daß die kulturelle Daseinsweise des Menschen bisher traditionalistisch verstanden wurde. Die kulturellen Lebensformen werden als etwas verstanden, das in ferner Vorzeit entwickelt und dann weitergereicht wurde. Dabei werden die Formen verändert, Wissen wird hinzuerworben, gewiß. Aber der Grundstock selbst rückt in mythische Vorzeit. Diese Art der historischen Betrachtung ist nicht im geringsten verwunderlich. Mehr ist an der Oberfläche der Geschehnisse auch nicht festzustellen. Die metaphysische Denkstruktur hat diese Geschichtsbetrachtung abgesegnet. Ihr Verfahren, in einer naiven Weise die Dinge zu nehmen, wie sie sind, um sie dann einem hintergründigen Absoluten zuzuschreiben, hat auch die Geschichte mit diesem Tiefsinn versehen: Der Ursprung der Geschichte rückt näher an den Ursprung des Seins heran; er hat die größere Dichte des Seins, fällt schließlich mit ihm in eins. Allein, in einer säkularen Betrachtung kann der Enkulturationsprozeß so nicht verstanden werden, weder in seinen historischen Anfängen noch heute.

4.1.1. Imprägnierung und Internalisierung

Führt man sich die anthropologische Ausgangslage vor Augen, so ist klar ersichtlich, daß für einen Lernprozeß, bei dem es darum geht, den sozialen nasciturus mit den existierenden kulturellen Lebensformen zu imprägnieren, sie ihm von Seiten der Erwachsenen einzuprägen, kein Platz ist. Es fehlen alle Voraussetzungen, die das Kind zur Übernahme der angebotenen Formen bereit machen und in die Lage versetzen könnten. Es kann ja nicht verstehen, was ihm an kulturellen Gütern, an Wissen und sonst Hehrem und Hohem in wohlmeinenden Beispielen und Lehren alles angeboten wird. Aus eben diesem Grunde ist auch das in der Frühzeit der Sozialisationstheorie vielfach verwandte Theorem der Internalisierung bestenfalls eine Leerformel, um etwas zu bezeichnen, das stattfindet, ohne angeben zu können, wie es vor sich geht. Wenn man den Prozeß der Enkulturation überhaupt in den Griff kriegen will, darf man die Aktivseite nicht auf die Seite der Erwachsenen legen und nachher das Kind nur noch zum passiven Empfänger schon ausgebildeter Formen machen. Das Gegenteil ist richtig: Die einzige Chance, den Prozeß anfangs in Bewegung zu setzen, liegt auf der Seite derer, die lernen müssen. Sie sind das anfängliche aktive Potential in dem Verfahren. Dabei kommt dann auch die Gegenseite zu ihrem Recht. Denn die einzig denkbare Weise, in der der Aufbau kultureller Formen geschehen kann, ist die, sie im Umgang mit der Umgebung aufzubauen. Kinder müssen Erfahrungen einholen, anfangs über die einzige Ebene, die zur Verfügung steht, die motorische und sensorische Organebene, und sie zu Wissen verarbeiten. Wie das geschieht, werden wir erörtern, hier genügt einstweilen der Hinweis, daß einzig so aus den Aufbauleistungen der Kinder selbst und nicht anders der Enkulturationsprozeß in Gang kommen kann. Nur so auch entgeht die Erklärung dem Einwand, historisch einem unendlichen Regreß aufzusitzen.

4.1.2. Die gesellschaftliche Organisation

Wenn man genötigt ist, für den »take off« des Enkulturationsprozesses ganz auf die Aktivseite der Kinder abzustellen, muß noch von einem anderen Mythos Abschied genommen werden: das eigentliche Subjekt des Geschehens bei der Gesellschaft zu suchen. Ohne Frage ist die sorgende Bezugsperson immer schon eine sozietär eingebundene Bezugsperson. Eben deshalb sagen wir, daß die Bedingung der Möglichkeit, den Lernprozeß in Gang zu setzen, in der sozietären Daseinsweise liegt. Allein, wenn es darum geht, die soziokulturellen Daseinsformen selbst zu erklären, genauer: die Anfänge ihrer Ausbildung, dann ist der Verweis auf die Gesellschaft nur die Verschleierung eines Nichtwissens. Das gleiche gilt auch für den neuerdings so beliebten Verweis an die Sprache. Am Anfang der Geschichte hat weder die Gesellschaft noch die Sprache gestanden. Beide mußten erst entwickelt werden. Auch am Anfang der Lebensgeschichte jedes einzelnen beginnt der kulturelle Formbildungsprozeß weder mit einer Aktion der Gesellschaft, noch spielen sich Sprachstrukturen einfach ein. Am Anfang steht eine höchst elementare Beziehung: die zwischen Mutter resp. sorgender Bezugsperson und Kind. Aus ihr heraus muß das Kind die Anfänge entwickeln. Eben deshalb auch spielt für die allererste Phase im Enkulturationsprozeß die Spezifität der schon konstituierten Welten und damit insbesondere auch die Spezifität der gesellschaftlichen Organisation kaum eine Rolle. Es geht zunächst um weit elementarere Formbildungsprozesse. Tatsächlich gleichen sich die Interaktionsbeziehungen zwischen Mutter und Kind in den ansonsten überaus unterschiedlichen und weit auseinanderliegenden Gesellschaften. Und tatsächlich gleichen sich auch die anfänglichen kognitiven Formen.

Auch eine genetische Erkenntnistheorie stellt selbstredend nicht in Abrede, daß in den Entwicklungsprozeß die vorfindlichen gesellschaftlichen Verhältnisse eingebracht werden und eingebracht werden müssen. Im Gegenteil! Sie hat die einzig adäquate Erklärung dafür. Denn auch für die soziale Realität gilt, daß sie nicht einfach über eine ideelle Ebene von Nachahmung, Vorbild, Lehre aufgenommen wird. Auch soweit es um die Übernahme von Werten und Wertkomplexen geht, erweist sich der Begriff der Internalisierung als eine gigantische Leerformel. Gesellschaftliche Verhältnisse sind Realitäten, harte Tatsachen im Sinne Durkheims. Die nachwachsende Generation stößt auf sie und muß sie so gut es geht in ihr System des Wissens und des Verhaltens zu integrieren suchen.

4.1.3. Verarbeitung schon verarbeiteter Erfahrungen

Im allgemeinen bereitet die Übernahme der gesellschaftlich schon ausgebildeten kulturellen Lebensformen auf den frühen Stufen der Ontogenese kein Problem, jedenfalls kein prinzipielles. Dafür sorgt nicht zuletzt, daß die gesellschaftlichen Lebensformen auf der Erwachsenenebene immer praktisch kompetentere Lebensformen sind. Die eigentliche Chance der Weitergabe kultureller Lebensformen und vor allem natürlich von Wissen besteht darin, in dem Interaktionsprozeß als Bezugsperson über entwickeltere Formen zu verfügen, die das Kind lernen muß, wenn es ein kompetenter Interaktionspartner werden will. Dabei werden dann natürlich auch die interpretativen Eigentümlichkeiten jeder Kultur mit tradiert. Das Kind macht mit anderen Worten einen Großteil seiner Erfahrungen im Umgang mit schon verarbeiteten Erfahrungen seiner Bezugspersonen. Auf eben diese Weise muß auch der Spracherwerbsprozeß verstanden werden: als Erwerb eines schon entwickelten Instruments der Verarbeitung von Erfahrung. Die Chance, im Umgang mit den kompetenteren Erwachsenen Erfahrungen zu machen, die schon verarbeitete Erfahrungen sind, ändert an der grundsätzlichen Feststellung nichts, daß der Enkulturationsprozeß insgesamt als ein Aufbauprozeß verstanden werden muß, der immer erneut aus der gleichen kulturellen Nullage der Lebensgeschichte heraus als Prozeß des Erwerbs und der Verarbeitung von Erfahrung verstanden werden muß. Kinder stehen immer vor der Aufgabe, sich aus dieser Nullage heraus auf das Niveau ihrer Zeit heraufzuarbeiten. Um das Argument so scharf als irgend möglich hervorzuheben:

Menschliche Gesellschaften und Kulturen dauern nicht, weil sie von denen, die in ihnen leben, an die nachfolgende Generation »weitergegeben« werden. Menschliche Kulturen und Gesellschaften dauern, weil die nachfolgende Generation in ihrem Aufbauprozeß unter vergleichbaren Bedingungen die gleiche Richtung einschlagen und die Eigentümlichkeiten schon konstituierter Welten als Realitäten vorfinden und verarbeiten muß.

4.1.4. Lernen auf der Symbolebene

Wenn einmal klargestellt ist, daß die Anfänge des geistig-kulturellen Formbildungsprozesses über elementare Erfahrungsverarbeitung zustande kommen, dann läßt sich auch der nächste Schritt tun und feststellen, daß mit der fortschreitenden Ausbildung eines Wissenssystems auf der Symbolebene der Sprache Erfahrungen auch über Lehrsätze eingeführt und kognitive Operationen trainiert werden können, ohne daß erst die Konfrontation mit der Sachebene gemacht werden müßte. Daß ein Körper das Volumen an Wasser verdrängt, das er selbst hat, kann man im Physikunterricht lernen, ohne je selbst die Probe gemacht zu haben. Aber das sind fortgeschrittenere Verhältnisse. In unserer eigenen Gesellschaft hat diese Art Lernen ein beträchtliches Ausmaß erreicht. Sie ist deshalb auch mit einer verhängnisvollen Illusion verbunden: Eben weil Enkulturation als Vorgang verstanden wird, der auf der Symbolebene statthat, hat es den Anschein, als lägen auch die Defizite hier, statt in der Ebene realer Verhältnisse. Doch das ist nicht unser gegenwärtiges Problem. Im gegenwärtigen Zusammenhang geht es einzig um eines: festzuhalten, daß der Prozeß der Enkulturation unabdingbar in der frühen Phase der Lebensgeschichte beginnt und also auch der historische Prozeß in seinen Anfängen aus eben dieser sozialen Lage heraus seine Erklärung finden muß. Wie das geschieht, werden wir, soweit es die kognitive Entwicklung angeht, alsbald erörtern. Zunächst geht es darum, die Konsequenz für das Verständnis der Geschichte deutlich zu machen.

5. Die Entwicklungslogik in der Geschichte

Der Einstieg in die Geschichte, das was wir hier den gattungsgeschichtlichen Enkulturationsprozeß nennen, beginnt zwar zu allen Zeiten und in allen Gesellschaften auf der frühesten Stufe der Lebensgeschichte der Gattungsmitglieder, aber er setzt sich in der Erwachsenenwelt fort. Das gilt insbesondere für den Erwerb des Wissens. Hier fällt die Ausbildung der kategorialen Formen in die früheste Phase. Diese Feststellung kann man getrost als Naturgesetz auffassen, als eines, das uneingeschränkt Gültigkeit auch für den Menschen hat. Es kann nicht anders sein; es liegt in der Natur des Lernens, soweit Lernen im Organisationsplan eines Lebewesens als Bedingung seiner Funktionstüchtigkeit eingebaut ist. Allein, die Ausbildung der kategorialen Formen ist auch nur erst der Anfang. Gerade weil die Kindheit die Phase ist, in der der Mensch abgeschirmt wird gegen den Umweltdruck und den Kampf ums Dasein, bringt erst die Erwachsenenphase die volle Konfrontation mit der vorgegebenen Wirklichkeit. Und gerade weil Lernen die Verarbeitung von Erfahrung ist, liegen alle weiteren Chancen jenseits des anfänglichen Niveaus in der Erwachsenenwelt.

Es bereitet keine Schwierigkeiten, den Lernprozeß in der Phase der Kindheit und den der Erwachsenenwelt in einer historischen Dimension zusammenzubringen. Der Mechanismus ist, soweit es um die Fortschreibung des Wissens geht, schon genannt: Kindern tritt das Wissen ihrer Zeit allemal als Bedingung entgegen, sich in ihrer Umwelt adäquat zu bewegen. Sie müssen es sich aneignen, einfach deshalb, weil sie anders mit der schon eingerichteten Welt nicht zurecht kommen. Kinder beginnen mit anderen Worten den

Prozeß des Aufbaus der Lebenswelt immer wieder aus der kulturellen Nullage heraus, haben dann aber die Aufgabe, sich auf das Wissensniveau ihrer Zeit heraufzuarbeiten. Die Chancen, die darin liegen, daß nicht alle Erfahrungen neu gemacht, vielmehr bereits verfügbares Wissen übernommen werden kann, sind bekannt und brauchen nicht weiter erörtert zu werden. Daß die Assimilation der schon ausgebildeten Wissenssysteme gelingt, hat letzten, allerletzten Endes seinen Grund darin, daß sie in ihren grundlegenden Strukturen auch nichts anderes sind und sein können als die Weiterentwicklung von Organisationsmustern, deren Anfänge ihrerseits in der Kindheit liegen und die gleichen Strukturen aufweisen. Realität und Interpretation können allerdings auseinanderfallen. Dann entstehen erhebliche Probleme. Für das Verständnis des Gesamtprozesses der Geschichte ergibt sich daraus eine ebenso einfache wie bestechende Konsequenz:

Wenn es richtig ist, daß Menschen zu allen Zeiten die geistig-kulturellen Lebensformen, in denen sie tatsächlich leben, aus einer kulturellen Nullage der Ontogenese heraus aufgebaut haben, und wenn diese Ausgangslage ontogenetisch seit etwa 40 000 Jahren gleich ist, dann müssen sich die unterschiedlichen Lebenswelten als unterschiedliche Entwicklungen dieser Ausgangslage erweisen und darstellen lassen. Soweit sie auf einem unterschiedlichen Entwicklungsniveau gelegen sind, muß der Prozeß von den genetischen Anfängen her rekonstruierbar sein.

Die Nutzbarmachung dieser Überlegung sieht sich Myriaden von Problemen gegenüber. Allein, man kann nicht erwarten, daß mit der einen Überlegung, wie man anzufangen hat, auch die Durchführung schon gesichert ist. Einmal mehr ist darauf zu verweisen, daß eine Theorie der Geschichte eben nur an der Geschichte selbst erarbeitet werden kann und ihre Gültigkeit auch nur an ihr zu erweisen ist. Nur erfordert der wiederholte Durchgang durch das Material die Reorganisation der Perspektive. Und um die geht es bei der Anweisung, den geschichtlichen Gesamtprozeß aus der Ontogenese heraus zu begreifen.

6. Resümee

Die Rekonstruktion des Einstiegs in die Geschichte ist die Rekonstruktion der Bedingung seiner Möglichkeit. Sie bereitet erhebliche Schwierigkeiten. Und das nicht nur wegen des Mangels an historischem Material über die tatsächlichen Vorgänge in der Phase, in der der Einstieg wirklich erfolgt ist. Die Lebenswelt des Menschen ist derart radikal eine geistig-kulturelle Lebenswelt, daß es schwerfällt, anzugeben, wie der Gesamtprozeß aus der kulturellen Nullage heraus hat anlaufen können.

Eine der strategischen Bedingungen haben wir klären können: Bereits in der Endphase der Evolution vor dem definitiven Eintritt in die Geschichte war die Voraussetzung dafür, daß eine weitgehende Entlastung von instinktiven zugunsten erlernter Verhaltensmuster erfolgen konnte, die Existenz einer sozietären Organisation. Bereits hier konkretisierte sich die Mutter-Kind-Dyade zu dem Ort, an dem entscheidende Lernleistungen erbracht werden mußten.

Dieser Prozeß setzt sich diesseits des Übergangs in die Geschichte fort. Damit aber wird die primäre Beziehung zwischen dem kulturellen nasciturus und der Bezugsperson zur schlechterdings entscheidenden Grundlage jeglicher Enkulturation.

In der Rekonstruktion des Anfangs der Geschichte hat diese Ortsbestimmung zwei entscheidende Vorzüge:

1. Wir können den Übergang aus der subhumanen Phase in die humane, soweit es den Prozeß der Ausbildung der geistig-kulturellen Lebensformen betrifft, konkret nicht rekonstruieren. Allein, dadurch, daß wir deren Ausbildung in der humanen Phase rekonstruieren, und zwar in seinen Anfängen eben in der Mutter-Kind-Beziehung, läßt sich zeigen, daß für die allerersten Anfänge in der Tat mit den Gegebenheiten der naturalen Vorgaben des anthropologischen Organisationsplanes auszukommen ist. Das erlaubt eine Extrapolation nach rückwärts und läßt den Vorgang zumindest verständlich erscheinen.

2. Die Feststellung, daß der gattungsgeschichtliche Enkulturationsprozeß vor 40 000 Jahren von der prinzipiell gleichen Startbasis, dem anthropologischen Organisationsplan, ausgeht, erlaubt zwei strategische Weiterungen: 1. Die unterschiedlichen Gesellschaften müssen auf einer Entwicklungslinie in der Weiterentwicklung der kulturellen Anfangsformen angeordnet werden. 2. Wir können den anfänglichen Konstruktionsprozeß anhand unserer Kenntnisse der ersten Aufbauphase analysieren, um dann festzustellen, wieweit die uns bekannten primitiven Gesellschaften mit ihren primitiven Weltbildern an eben diesen Formen haften.

Vielleicht ist für die folgende Erörterung eine einfache Empfehlung hilfreich: Wir analysieren, wie die kategorialen Formen des Wissens aufgebaut werden. Wir entnehmen das Wissen dazu ohne Zweifel den Forschungsergebnissen unserer eigenen Zeit. Allein, in den Prozeß gehen keine Daten ein, von denen man nicht sagen könnte, daß sie nicht auch für ein Kind, das vor 40 000 Jahren geboren wurde, vorgelegen hätten. Ebensowenig haben wir Grund zu der Annahme, daß nicht ganz die gleiche Situation in uns bekannten primitiven Gesellschaften, etwa den Arunta in Australien oder den Azande in Afrika oder den Ojibwa in Nordamerika, gegeben wäre. Es steht deshalb nichts im Wege, sich vorzustellen, wir untersuchten den allerersten kategorialen Aufbau des Wissens eines Ojibwajungen. Eben deshalb dürfen wir hernach auch ihr Weltbild daraufhin befragen, inwieweit sich die derart analysierten Anfangsbedingungen in ihnen niederschlagen. Das Verfahren wird eines zeigen: Geschichte wird verständlich.

III. Konstruktiver Realismus
Der Aufbau des Wissens

1. Kategorien aus Erfahrung. Eine Aporie

Die Nötigung, Wissen erst zu erwerben, ist dem Organisationsplan des Menschen zufolge auf die Spitze getrieben. Die Differenz zur subhumanen Stufe des Tieres ist keine bloß quantitative Differenz, die umfangslogisch bestimmt werden könnte. Das qualitativ Neue äußert sich darin, daß auch die Grundformen des Wissens, das also, was man unter transzendentallogischer Perspektive gemeinhin die Kategorien nennt, erst ausgebildet werden müssen. Das verändert die Situation, auch erkenntnistheoretisch. Solange der Wissenserwerb unter dominant instinktiver Wissensfixierung erfolgt, geht es nur darum, vorgefertigte Rahmen zu füllen. Der Vorgang mag mit dem Begriff der Anpassung umschrieben werden. Sobald aber auch der kategoriale Rahmen selbst erst entwickelt werden muß, wird Anpassung zur Leerformel. Der Wissenserwerb wird zu einem gewaltigen Prozeß des Aufbaus einer Welt als das, was sie für den Menschen ist und sein kann.[1]

Eine derart weitgehende Nötigung, Wissen aus einer quasi kulturellen Nullage heraus zu erwerben, läßt auch die Frage nach der Bedingung der Möglichkeit dieses Erwerbsprozesses neu entstehen. Und sie wird umso brisanter, als die prinzipielle Antwort für die kategorialen Formen im Aufbau der Welt gar nicht anders ausfallen kann als die, die für jegliches weitere Wissen ebenfalls gilt: aus dem Umgang mit der immer schon vorhandenen Welt oder, was dasselbe ist, aus der Erfahrung von ihr. Eben das ist es, was wir meinen, wenn wir sagen: Der Mensch ist ein radikal auf Lernen hin angelegtes Lebewesen. Lernen ist etwas, das sich an eben jenem Objekt vollziehen muß, von dem etwas gelernt werden soll. Der Begriff des Lernens verliert ebenso wie der des Wissens jeden Sinn, wenn Lernen nicht aus der Erfahrung im Umgang mit dem, wovon etwas gelernt werden soll, resultiert und Wissen nicht etwas ist, was vom Objekt, von dem zu wissen etwas vorgegeben wird, erworben ist. Das muß auch für die Formen des Wissens gelten. Formen nämlich können von den Inhalten nicht getrennt werden. Wir werden sehen, daß sie gar nichts anderes darstellen als die generalisierten und auf Dauer gestellten Eigenheiten ihres Gegenstandsbereiches. Wenn Wissen deshalb überhaupt verständlich gemacht werden soll, dann muß als erstes und vordringlich verständlich gemacht werden, woher dessen Formen stammen.

1.1. Die Aporie des a-priori

Der Hinweis darauf, daß auch die Formen des Wissens erst erworben werden müssen, geschieht nicht ohne Grund. Er soll einer Aporie begegnen. Um Erfahrung mit der immer schon vorfindlichen Wirklichkeit machen zu können, muß die Wirklichkeit erst einmal zugänglich sein. Eben deshalb aber hat man gemeint, die Grundformen dieser Erfahrung vorgeben zu müssen, sie vor aller Erfahrung im Subjekt gelegen sein zu lassen. Das freilich beschwört eher noch größere Probleme herauf. Denn dann ist nicht einsichtig, wieso mit diesen Formen eine vorgegebene Realität auch zu erreichen ist. Drei Lösungsversuche sind denkbar: Erstens kann man sich die Möglichkeit, gleichwohl Wissen von der Wirklichkeit zu haben, von Gott garantieren lassen – der Cartesische Ausweg.[2] Um mit dieser Lösung im Bereich des Wißbaren zu bleiben, muß ein Gottesbeweis geführt werden. Das ist unmöglich. Denn dabei wird immer die logische Struktur der Erklärung, die Konvergenz auf einen Ursprung als Subjekt, vorausgesetzt. Oder man muß »glauben«. Das verbietet sich, wo Wissen zu haben ist.

Man kann zweitens von einer prästabilierten Harmonie ausgehen. Wenn man, wie in der berühmten Formulierung der Kopernikanischen Wende in der Philosophie, die Verhältnisse einfach umkehrt, die Bedingungen im Erkenntnisvermögen des Subjekts statt im Objekt sucht, und so dekretiert es Kant, scheint das der einzige Ausweg zu sein. Doch woher soll sie rühren? Kant hat denn auch diese »Art von Präformationssystem der reinen Vernunft«, bei der die Gegenstände bloß möglicher Erfahrung mit denen der sinnlichen zur Deckung gebracht werden, ausdrücklich zurückgewiesen und die Frage durch den Hinweis auf das Verfahren des Verstandes, mit Schemata zu operieren, zu beantworten gesucht.[3] Der Hinweis darauf, daß der Verstand mit Schemata operiert, ist richtig, nur erledigt er die Frage nicht.

Schließlich kann man drittens versuchen, die Möglichkeit, die Wirklichkeit im Erkenntnisprozeß auch zu erreichen, nicht einem transzendentallogischen Subjekt aufzubürden, sondern dem realen empirischen. Dann müßten die Erkenntnisformen genetisch verankert sein. K. Lorenz hat diesen Versuch unternommen.[4] Er hat Vorteile. Mit ihm wird nämlich keineswegs nur ein Subjekt gegen ein anderes ausgewechselt, das transzendentallogische gegen das empirische. Der Versuch allein schon läßt eine Erkenntnisstruktur hinter sich. Denn das transzendentallogische Subjekt ist ja nur das auf halbem Wege zwischen dem absoluten Subjekt und dem empirischen Subjekt steckengebliebene Konstrukt einer metaphysisch noch befangenen Erkenntnistheorie. Für es gilt, was für die Cartesische Lösung gilt: Die logische Struktur der Metaphysik bleibt vorgegeben. Sobald man es hinterfragt, braucht es die Rückendeckung des Absoluten. Das Hinterfragen der Genetik führt dagegen auf ganz andere Erklärungsstrategien.[5] Gerade deshalb allerdings ist der Versuch nicht akzeptabel. Kognitive Formen nämlich enthalten, wie sich zeigen wird, immer Interpretamente. Die aber sind nicht der Natur anzulasten. Was immer man also als Ausweg wählt, die Annahme a-priorischer Erkenntnisformen läßt die Frage nach der Bedingung der Möglichkeit unbeantwortet.

1.2. Die naturgeschichtliche Ausgangslage

Auch für eine naturgeschichtlich-anthropologisch ansetzende Erkenntnistheorie ist die Überlegung, der Zugang zum Objekt müsse sichergestellt sein, wenn von ihm überhaupt Erfahrung gemacht werden solle, im Ansatz nicht zu bestreiten. Mit irgend etwas muß der Anfang gemacht werden. Aus nichts kommt nichts. Auch Lernen beginnt nicht bei einer absoluten Nullage. Nicht notwendig ist es jedoch, die kognitiven Formen als solche, d. h.: in der Weise, in der sie hernach als operante Mechanismen der Wirklichkeitswahrnehmung und Wirklichkeitsbewältigung verfügbar sind, schon a-priori, vor aller Erfahrung gegeben sein zu lassen. Es reicht aus anzunehmen, es gäbe naturale Mechanismen, die in der Tat das leisten, was zu leisten ist, wenn der Prozeß, Formen und Wissen aus Erfahrung zu erwerben, beginnen soll: lediglich den Zugang zur Wirklichkeit zu vermitteln. Dieser Zugang braucht noch nicht selbst in der Weise zu funktionieren, wie er funktioniert, nachdem Erfahrungen gemacht und verarbeitet worden sind. Die Ausbildung kognitiver Formen knüpft an naturale Vorgaben an, keine Frage. Aber man tut gut daran, die Demarkationslinie zwischen beiden festzuhalten. Denn das, was aus Erfahrung erst aufgebaut wird, steht unter anderen Bedingungen als das, was mitgebracht wird. Es hat deshalb andere Qualitäten als das, was natural vorgegeben ist. Kognitive Formen stellen, um es zu wiederholen, immer Interpretamente dar. In ihnen bringt sich die aktive Seite im Aufbauprozeß der Welt zu Wort, das Moment der Autonomie. Die aber ist zwar allen Lebewesen eigen, kennt aber einen Wechsel in der Organisationsform vom subhumanen zum humanen Bereich.[6] Um diesen Wechsel von allem Anfang an hervorzukehren, sprechen wir von der »kulturellen« Nullage der Geburt, nicht von der Nullage schlechthin. Einen absoluten Anfang gibt es nicht.[7] Das, was auf der Basis naturaler Organisation vorgegeben sein muß, damit der Wissenserwerbsprozeß überhaupt in Gang kommen kann, läßt sich in drei oder vier Komplexen zusammenfassen.

Notwendig ist erstens ein Organismus, der über seine sensorische Ausstattung fähig ist, den unmittelbaren Zugang zur vorgegebenen Objekt- und Ereigniswelt sicherzustellen. Sinnen haftet in der Tat ein derartiger Einschlag des Primären, Unmittelbaren an, auch wenn die alte Vorstellung, das, was über sie wahrgenommen werde, stamme rein vom Objekt, im Gegensatz zum Denken, das dem Subjekt zuzurechnen sei[8], aufzugeben war. Schließlich sind sie es, die in erster oder auch letzter Instanz über die Realität eines Gegenstandes und Ereignisses im Unterschied zu seiner bloßen Möglichkeit entscheiden.[9] Unglücklicherweise macht die Bestimmung, was vorgegeben ist, erhebliche Schwierigkeiten.[10] Der Versuch, sich über diese Schwierigkeiten nach dem Rezept der Phänomenologie durch ein Verfahren hinwegzusetzen, das alle begrifflichen und theoretischen Vorgaben als Urteilsenthaltungen ebenso abstreift wie die Frage der Realität selbst, die berühmte Epoché Husserls[11], hat sich als kurzschlüssig erwiesen. Es gibt keine Möglichkeit, auf diese Weise zu einem einfach Gegebenen zu kommen. Immer nämlich ist, was übrig bleibt, noch das Resultat eines langen Konstitutionsprozesses. Immer auch ist jedes »Gegebene« gegeben in einer schon konstituierten Welt und damit einem elaborierten System von Welt. – Mir freilich will scheinen, daß die Unbestimmtheit der sensorischen Ausgangslage nicht derart gravierend ist, wie sie sich für Erkenntnistheorien darstellt, in denen die ganze Last der Erklärung in den

Anfang verlegt wird. So nützlich und beruhigend es wäre, Genaueres zu wissen, es genügt, feststellen zu können, daß anfangs überhaupt Objekte in ihren Grenzen wahrgenommen werden, sei es auch nur in vagen Umrissen der Gestalt und gebunden an die aktuelle Situation eines hic et nunc. Denn wenn den Sinnen auch die Rolle eines unerläßlichen Mittlers zwischen Subjekt und Außenwelt zukommt, die ganze Arbeit der Wirklichkeitserfassung fällt doch dem Denken zu. Es ist auch nicht weniger Mittler der Wirklichkeit als die Sinne und, richtig verstanden, nicht weniger Garant, sie zu erreichen.

Naturgeschichtlich ist die Vorgabe der Sinne als organische Ausstattung, die den Aufbauprozeß des Wissens in Gang setzt, unproblematisch. Denn bereits auf der subhumanen Stufe sind die sensorischen Rezeptoren vielfach in der Lage, mehr aufzunehmen aus der Umgebung als bei der dominant instinktiven Verhaltensregulierung verarbeitet wird.[12] Die instinktive Spezifizierung ist mit anderen Worten nicht per se eine Spezifizierung auch der sensorischen Rezeptorik. Überdies besteht Anlaß zu der Annahme, daß evolutiv gerade die Ausweitung der Rezeptoren eine entscheidende Prämisse für die Ausweitung einer größeren Verhaltenskompetenz war.[13] Tatsächlich dürfen wir davon ausgehen, daß Kinder die Fähigkeit einer Gestaltwahrnehmung auf einer Hell-Dunkel-Folie mitbringen.[14] Was fehlt, ist die Durchorganisation eines rein rezeptorisch schon wahrnehmbaren Umfeldes.

Notwendig ist weiter eine Motorik, die dafür sorgt, daß leibhafte Erfahrungen im Umgang mit Objekten gemacht werden. Die Dinge befassen sich nicht mit dem Menschen; er befaßt sich mit ihnen. Eben weil Erfahrungen über Aktivitäten eingeholt werden müssen, liegt am Anfang aller Kognition zwar nicht schon die Handlung, aber die Tätigkeit, ganz am Anfang einfach die Senso-Motorik. Piaget merkt zu Recht an: Für das moderne sozialwissenschaftliche Verständnis sind die kognitiven Funktionen eine der Resultanten des organischen und motorischen Lebens.[15] Wir werden die strategische Bedeutung der Eigenständigkeit und damit der Widerständigkeit der Objekte alsbald näher erläutern. Nur soviel sei hier zum vorläufigen Verständnis angemerkt: Wenn man das reale Wissen von der Umwelt als naturales Programm soweit wegstreicht wie das hier geschieht, bleibt, um Erfahrungen zu machen, als residualer Bestand eigentlich nur eines: der Zusammenstoß zwischen Organismus und Gegenstandswelt. Mindestens dies: die Widerständigkeit der sensorisch wahrnehmbaren Objektwelt muß über die Leiberfahrung registriert werden können, wenn der Prozeß, Erfahrungen zu machen und zu Wissen zu verarbeiten, in Gang gesetzt werden soll.

Schließlich ist ein leistungsfähiges Verarbeitungsorgan, das Erfahrungen registriert, festhält und bei Gelegenheit abruft, notwendig. Auf die Bedeutung der Kapazität des menschlichen Gehirns wird in allen naturgeschichtlichen Darstellungen hingewiesen. Nur wofür ist es derart bedeutsam? Eben dafür, eine Lebenswelt zu organisieren, die nicht schon von Natur aus vorhanden ist.

Nicht zu den naturalen Vorgaben gehören die Sprachstrukturen. Die Frage ist bekanntlich überaus umstritten.[16] Es gibt jedoch gute Gründe für die Annahme, daß sich die Sprachstrukturen ebenso wie die kognitiven Strukturen ihrerseits erst im Aufbauprozeß der Lebenswelt ausbilden. Mehr noch: Sprache kann sich erst ausbilden, nachdem der Aufbau der kognitiven Strukturen bereits ein erhebliches Höhenmaß erreicht hat. Das tut sie auch.[17] Sie steigt in den Prozeß ein, der von der Kognition in der Verarbeitung von Erfahrung bereits eingeleitet ist. Indem sie ihn fortführt, organisiert sie ihn auf einer höheren Organisationsstufe neu. Ein strategisches Beispiel, die Ausbildung der einfachen Satzform, werden wir unten noch erörtern. – Auch die Sprache freilich kennt naturale Vorgaben. Vorgegeben sein muß die organologische Sprachfähigkeit, der Vokalisationsapparat. Das ist nicht wenig.[18]

Man kann eine Erkenntnistheorie, die in dieser Weise den Anschluß an den biologischen Organisationsplan sucht, und bei der Ausbildung des kategorialen Gerüstes nicht mehr vorgibt, als in der Natur, so wie sie sich in den Rastern der Naturwissenschaften darstellt, auffindbar ist, eine naturalistische nennen. Piaget tut das.[19] Nur muß man im gleichen Atemzug festhalten, daß dabei exakt jene Geistigkeit ausgebildet wird, von der wir alle so viel Aufhebens machen. Und das mit Recht.

2. Der Antrieb, Wissen zu erwerben

Wenn man den Aufbau des Wissens, und das ist, nicht zu vergessen, nichts anderes als der Aufbau der Welt, so wie sie sich für den Menschen darstellt, derart naturalistisch ansetzt, noch dazu mit derart wenigen Vorgaben, dann stellt sich die Frage umso dringlicher, was überhaupt den Organismus veranlaßt, aus der kulturellen Nullage herauszugehen, Wissen und Welt aufzubauen. Wer den Ausführungen gefolgt ist, erkennt unschwer, daß die Dimension der Frage ebenso ontogenetisch wie phylogenetisch und historisch bestimmt ist.

Nicht eben selten wird angenommen, es gäbe so etwas wie einen autonomen Wissenstrieb. Diese Annahme ist in einer idealistischen und in einer naturalistischen Variante verbreitet. Als idealistische Variante läuft sie einfach leer. Denn um von der Begierde nach Wissen von der Welt getrieben zu sein, müßte der Mensch die Welt schon kennen. Solange man annahm, daß das wahre Subjekt des Geschehens sein absoluter Geist sei, die Geistnatur der Welt jedem Erkenntnisprozeß schon vorgegeben war, und das war in der idealistischen Philosophie bis hin zu Hegel der Fall, hatte diese Rede Sinn. Allein, wenn man diese Vorgabe nicht macht, den Erkenntnisprozeß wirklich dem empirischen Subjekt aufbürdet, wird sie sinnlos. Geist oder geistiges Bedürfnis ist ja nicht existent vor seinem Aufbau.

Die naturalistische Variante muß auf einen Trieb rekurrieren, der auf den Erwerb von Wissen gerichtet ist. Das hätte Sinn, wenn sich biologisch irgendeine partiale, d. h. gegen andere abgegrenzte Anlage ausmachen ließe, die für den Wissenserwerb verantwortlich zeichnete. Irgendwie müßte dieser Trieb auch in einem identifizierbaren Verhalten zum Ausdruck kommen. Natürlich steht nichts im Wege, jedes explorative Verhalten, das an Kindern zu beobachten ist, und jede Form der Verarbeitung von Erfahrung unter dem Sammelbegriff eines Triebes zusammenzufassen. Allein, damit ist nicht mehr getan, als in biologisches Vokabular zu bringen, was offen vor aller Augen liegt: Der Mensch hat tatsächlich ein andauerndes Interesse zu lernen, tatsächlich eine andauernde Fähigkeit, und er macht tatsächlich davon auch Gebrauch. Die Frage bleibt, warum?

2.1. Der Zwang zu lernen

Man muß die Frage nach den Gründen des Lernprozesses selbst entwicklungslogisch angehen. Sie ändern sich mit dem Prozeß. Den Anfang können wir bestimmen: Der Organismus ist über die Sensorik und Motorik in die Auseinandersetzung mit der Umwelt verwickelt. Er macht Erfahrungen, nicht weil er welche machen will. Dazu fehlt noch das Motivationszentrum. Er macht Erfahrungen, weil sie ihm aufgezwungen werden. Und er hat den Apparat, sie über Merkleistungen zu verarbeiten. Dabei kommt der negativen Erfahrung, i. e. den an der Eigenständigkeit der Objekte erlittenen Frustrationen, eine besondere Bedeutung zu. Weshalb? Man kann sich die Bedeutung der Frustrationen vielleicht am ehesten an einer nicht widerständigen sensorischen Erfahrung deutlich machen, der visuellen. Helmholtz läßt die Ausbildung der Anschauungsform des Raumes durch einen Lernprozeß zustandekommen.[20] Eine Änderung der Blickrichtung verschafft dem Kind jeweils eine andere Ansicht des Objekts. Das kann durch eine Ortsveränderung geschehen. Sie läßt den Gegenstand anders erscheinen, von einer anderen Seite, in einem anderen Licht. Für die gleiche Erfahrung genügt auch schon die Bewegung des Kopfes, ja nur die der Augen. Entscheidend an dem Vorgang ist, daß sich der Gegenstand nicht nur jeweils anders präsentiert, vielmehr eine Beziehung zwischen dem eigenen Tun, der Änderung der Blickrichtung, und den Eindrücken hergestellt wird.

Die Feststellung hält zwei Momente im Aufbauprozeß kategorialer Formen, hier des Raumes, mit aller nur wünschenswerten Deutlichkeit fest: Zum einen bindet sie die Ausbildung an die Aktivität des Kindes. Helmholtz gelangt so zu der klaren Einsicht, daß am Anfang der Kognition die Tätigkeit steht, die Senso-Motorik. Nicht minder deutlich kehrt er zum anderen hervor, worum es bei diesem Prozeß überhaupt geht: darum, aus Erfahrung konstante Beziehungen in der Objektwelt aufzubauen. Die Ausdrucksweise ist vielleicht mißverständlich, das Gemeinte klar, wenn Helmholtz erklärt:

»Jede unserer willkürlichen Bewegungen, durch die wir die Erscheinungsweise der Objekte abändern, ist als ein Experiment zu betrachten, durch welches wir prüfen, ob wir das gesetzliche Verhalten der vorliegenden Erscheinung, das heißt ihr vorausgesetztes Bestehen in bestimmter Raumordnung, richtig aufgefaßt haben.«[21]

Dennoch hat die ganze Argumentation ein unübersehbares Defizit. Die Koppelung von Eigenbewegung und Fremddarstellung setzt die Gegenlage von Subjekt und Objekt voraus. Der, der die Blickrichtung ändert, muß die Änderung der Objektwahrnehmung sich zuschreiben, das Objekt dagegen konstant setzen. Er muß jedenfalls dazu gebracht werden. Eben diese Absetzung eines Ich gegen ein Nicht-Ich als anderes ist aber anfänglich nicht gegeben. Erfahrungen können deshalb zu kategorialen Formen nur verarbeitet werden, wenn dabei gleichzeitig diese Gegenlage von Subjekt und Objekt ausgebildet wird. Eben deshalb aber sind negative Erfahrungen, die an der Widerständigkeit der Objekte zu Frustrationen führen, von schlechterdings strategischer Bedeutung. Piaget stellt zu Recht fest:

»In einem solchen Fall . . . macht sich die ›Bewußtwerdung‹ an etwas fest, was als Hindernis fungiert oder das Verhalten als unangepaßt sein läßt; solange dieses Verhalten . . . reibungslos, ohne auf äußere Widerstände zu stoßen, funktioniert, bleibt es unerkannt.«[22]

Was für den Raum erörtert wurde, gilt in gleicher Weise für die Zeit.[23] Und es gilt vor allem für das Ich resp. Ich-Bewußtsein.[24]

Der Erkenntnisprozeß, darauf kommt es uns an, wird in seiner elementaren Form schlicht durch den ebenso elementaren Zusammenstoß eines biologisch in spezifischer Weise organisierten Organismus mit der Objektwelt in Gang gesetzt. Wenn man den elementarsten Grund dafür angeben soll, weshalb der Prozeß, Wissen zu erwerben, überhaupt begonnen wird, dann liegt er in dem Bedürfnis des Organismus, Frustrationen zu vermeiden. Dieses Ziel läßt sich mit den wenigen naturalen Vorgaben dadurch erreichen, daß unter der leibhaften Erfahrung der Widerständigkeit der Objekte Bildwahrnehmung und Motorik durch neurale Mechanismen aneinander gekoppelt werden. Eben deshalb sagten wir, daß zu den naturalen Vorgaben unbedingt der neurale Mechanismus der Rückmeldung gehört. Frustrationen sind es, die jedem Anlaß geben, negative Erfahrungen so zu verarbeiten, daß sie hinkünftig nicht immer wieder gemacht werden müssen. Später mögen sich in diesem Prozeß wundersame Formen von Erkenntnisinteressen ausbilden, faustisches Verlangen. Das ist eine lange, übrigens einsichtige Geschichte. Der Anfang jedenfalls ist erklärlich. Er ist mit der Biologie zu machen. An ihre Vorgaben muß angeschlossen werden.

2.2. *Erkenntnis und Interesse*

Die Feststellung, daß der Motor der Entwicklung von Wissen, und das heißt vor allem: seiner elementaren Formen, in dem schieren Zusammentreffen des Organismus mit der Objektwelt zu suchen ist, hat eine nicht unwichtige Weiterung für den Prozeß der Ausbildung dieser Formen selbst: Der ganze Erwerbsprozeß steht von allem Anfang an unter dem Interesse derer, die sie ausbilden, mit der vorfindlichen Wirklichkeit zurechtzukommen. Alle Erkenntnisformen konvergieren auf den Menschen. Natürlich sehen wir nur, was unser Auge aufzunehmen fähig ist. Und natürlich hat das Gesehene, die Farbe rot z. B., nachdem das Sehen nun einmal in unseren Organismus eingebunden ist, eine Qualität, die nicht isomorph in der Außenwelt abgebildet werden kann.[25] Doch was ist daran so großer Aufregung wert? Eines jedenfalls ist sicher: Der Umstand, daß die Welt des Menschen auf den Menschen konvergiert, sich so darstellt, wie er sie über die Sensorik einholt und nach seinen Interessen weiter verarbeitet, hindert nicht nur nicht, die interessante Realität in die von ihm erst geschaffenen kognitiven Konstrukte einzuholen; er ist der beste Garant für diesen Realismus. Wäre Wissen etwas, das einem autonomen Wissenstrieb folgte, wäre die bange Frage, was Wahrheit sei, schier nicht zu bestehen. Die Fragen schon böten keinerlei Anhalt für einen Realitätsgehalt. Wenn man dagegen aus guten Gründen davon ausgeht, daß der ganze Prozeß nur deshalb in Gang gesetzt wird, weil der Organismus mit einer Welt fertig werden muß, an der er sich stößt, dann ist von Anfang an die ganze Anstrengung auf nichts anderes gerichtet, als die Erfahrungen so zu verarbeiten, daß sie den Außenweltverhältnissen adäquat sind. Konstruktiver Realismus, das ist es, was den Aufbauprozeß ab origine charakterisiert. Dabei ist die Gemengelage von Konstruktion, und das will sagen: von Bedingungen, die auf der Seite des Subjekts liegen und in das Resultat eingehen, und realer Sachlichkeit prinzipiell nicht zu durchbrechen. Spezifische Bedingungen auf der Seite des Subjekts lassen sich allerdings im Fortschritt des Erkenntnisprozesses einsehen und eliminieren. Entscheidend ist eines: Objektivität wird durch solche Bedingungen nicht überhaupt vereitelt.

Der Umstand, daß der ganze Erwerbsprozeß von Wissen und damit der Aufbau von Welt unter dem Eindruck des Zusammenstoßes von Organismus und Außenwelt zustande kommt, legt auch die Aufgabe fest, der sich der Organismus als erstes unterzieht. Sie liegt in einem Kompetenzerwerb, der nur beidseitig zu bestimmen ist: Der Organismus muß auf der Objektseite Objekt-

und Ereignisformen ausbilden, die es ihm erlauben, in einer Weise mit den Dingen umzugehen, die seine Motorik befriedigt, statt sie zu frustrieren. Dazu aber muß er auf der eigenen Seite eine Reflexivität in die Motorik einbilden, die es ihm erlaubt, sie zweckdienlich zu steuern. Er muß sich zum Subjekt entwickeln. Im gegenwärtigen Zusammenhang sind wir mit der Außenseite, der Ausbildung der kognitiven Grundformen befaßt. Dabei steht von Anfang an ein Interesse im Vordergrund: sichtbar zu machen, daß Objekt- und Ereignisformen, so wie wir sie in der Erwachsenenwelt vorfinden, Formen der Verarbeitung von Erfahrung im Umgang mit der realen Objekt- und Ereigniswelt sind. Denn das, was in der gegenwärtigen Diskussion um die kollektiven Deutungsmuster der Weltanschauung unter allen Umständen zu eliminieren ist, ist die Vorstellung, sie seien uneinsichtige, aus ganz anderen als den realen Quellen der Außenwelt gespeiste Entwürfe. Sie sind es nicht. Sie sind es schon nicht in den Grundformen; und sie sind es auch nicht in den großen weltanschaulichen Interpretamenten. Denn die haften an den Grundformen. Das wird sich zeigen.

3. Objekt- und Ereignisschema

3.1. Die Gegenlage

Menschen treffen in der kulturellen Nullage ihrer Geburt auf Objekte, die für sie noch keine sind. In der kulturellen Nullage fehlt nämlich eines: der Hiatus zwischen dem Organismus und der Außenwelt. Er muß erst ausgebildet werden. Er wird auch ausgebildet. Später, wenn der Prozeß abgeschlossen ist, gehört es zur Form des Objekts, daß es in Distanz zu dem steht, der es wahrnimmt. Es ist immer »dort« für jemanden, der es von seiner eigenen Position im »hier« erfährt, immer eines, das in einer Gegenlage zum Akteur/Betrachter steht. Der Prozeß, in dem die Ausbildung dieser Gegenlage zustande kommt, ist mittlerweile für unsere Zwecke hinreichend untersucht.[26] Wir brauchen darauf nicht einzugehen. Lediglich eine Frage ist für uns von Interesse: Warum ist das so? Warum kommt es mit anderen Worten zur Ausbildung dieser Gegenlage? Wir haben die Frage oben schon gestreift, auch die Antwort schon aufgezeigt. Wenn wir sie gleichwohl noch einmal aufnehmen und explizit stellen, so deshalb, weil ihr eine überragende Bedeutung zukommt. Und das nicht nur für den Anfang des Erkenntnisprozesses in den ersten Jahren der Objektmanipulation. Sie setzt sich in der Geschichte fort. Der gewaltige Fortschritt der Naturerkenntnis der letzten Jahrtausende kann nicht anders als in der kategorialen Form einer weiter ausgebauten Gegenlage von Subjekt und Objekt beschrieben werden. Das ist cura posterior, gewiß. Allein, das Interesse für den Anfang ist ein anderes, wenn man die Bedeutung kennt, die er hinkünftig haben wird. Fragen wir also noch einmal: Warum kommt es aus der anthropologischen Nullage heraus zur Ausbildung dieses Hiatus?

Die Antwort kann nach allem, was schon erörtert ist, nicht einen Moment zweifelhaft sein: weil anders die Motorik des Organismus mit der Eigenständigkeit des Objekts sich nicht zu arrangieren versteht. Einzig dadurch, daß der Organismus lernt, das Objekt abgesetzt gegen seine Motorik wahrzunehmen, ist er in der Lage, in einer befriedigenden Weise manipulativ mit ihm umzugehen. Die Aufgabe stellt, auch darauf haben wir schon hingewiesen, keine Anforderungen, die mit den vorhandenen naturalen Mitteln nicht zu bewältigen wären. Die neuronale Rückmeldung der Erfahrung eines widerständigen Objekts bildet in einem Prozeß kleiner und kleinster Schritte ebenso die Aufmerksamkeit auf die eigene Motorik wie auf die Außenlage aus. Gegen diese Argumentation läßt sich nicht einwenden, was Erkenntnistheoretiker gerne einwenden, um das a-priori der Kognition doch noch zu retten: diese Außenlage sei für den Organismus ja noch gar nicht existent. Er könne sie als solche also auch nicht wahrnehmen. Als kognitive Außenlage ist sie in der Tat noch nicht existent. Allein, soviel bringt der Organismus mit, daß er über die Leiberfahrung der Widerständigkeit seine Motorik abkoppeln kann von dem vorlebensweltlich sensorisch sehr wohl wahrgenommenen Gegenstand. Auf eben diese Weise beginnt der Hiatus zwischen Subjekt und Objekt sich auszubilden. Er bildet sich exakt in dem Maße aus, in dem das Subjekt seiner selbst inne wird und das entwickelt, was Subjektivität auszeichnet: Reflexivität.

Mit der Ausbildung der Gegenlage von Subjekt und Objekt erfährt jene zuvor erörterte Eigenart des Erwerbsprozesses von Wissen, seine konstruktive Realität, eine höchst signifikante Steigerung: Die Konvergenz verstärkt sich. Je bewußter das Subjekt seiner wird, je kompetenter es seine Handlungsfähigkeiten steuert, desto entschiedener bringt es seine Perspektiven und seine Interessen zur Geltung. Umso entschiedener sucht es aber auch die Realität in seine Formen zu integrieren. In der kulturellen Nullage konnten Erfahrungen nur leibhaft gemacht werden. Das Realitätsprinzip mußte sich über das Lust/Unlustprinzip zur Geltung bringen. Mit der Ausbildung der Gegenlagerung von Subjekt und Objekt setzt es sich in bewußten Formen fort.

3.2. Grenze, Substanz, Raum

Objekte haben Grenzen. Grenzen sind doppelsinnig.[27] Sie gehen nach innen und außen. Nach innen schließen sie den Körper zur Einheit seiner selbst zusammen. Seine Dauer beruht auf der Festigkeit seiner Grenzen; seine körperliche Substanz darauf, daß sie dauerhaft in diese Grenzen eingeschlossen ist. Dauer und Substanz weisen im fertig ausgebildeten Objektschema Qualitäten auf, die das Kind nicht schon mitbringt. Während das Kind in der anfänglichen Phase seiner Biographie den Gegenstand nur in seinen Umrissen auf einer Hell-Dunkel-Folie wahrnimmt, visuell gefesselt durch optische und akustische Reizeffekte, ist der Gegenstand im fertig ausgebildeten Schema abgekoppelt von der direkten Wahrnehmung und hat Eigenständigkeit gewonnen. Immer ist er abgesetzt gegen den, der ihn wahrnimmt. Immer wird er so wahrgenommen, daß das Nicht-Gesehene mit wahrgenommen wird. Immer hat er eine Rückseite, über die seine Vorderseite einiges, aber nicht alles verrät. Immer hat er eine Substanz, die dauert, auch wenn er nicht wahrgenommen wird, eine Identität, die ihn sein läßt, was er ist, unabhängig vom Akt der Wahrnehmung. Diese Qualitäten werden Bestandteil der Wahrnehmung, aber sie werden es nur über die Einarbeitung von Erfahrung in die anfängliche Gestalt. Grenzen sind danach qualifizierte, von Erfahrung durchsetzte Grenzen. Kinder müssen sie erst ausbilden. Sie bilden sie auch aus. Aber warum? Kann man irgend in Abrede stellen, daß die Nötigung dazu eine wirkliche Nötigung ist, d. h. dem sich bildenden Subjekt aufgezwungen wird, weil anders die wirkliche Eigenständigkeit des Objekts einen Umgang mit ihm verhindert? Es ist ein vitales Interesse des Organismus, einen Gegenstand von der aktuellen Wahrnehmung abzukoppeln, seine Dauerhaftigkeit zu erfassen. Der Realismus der Kognition ist pragmatisch begründet. Er setzt sich um und wird zur dauerhaften Form der Erkenntnis, und das aus keinem anderen Grunde als dem, daß die Erfahrung dauerhaft ist.

Die gleiche Erfahrung, die ein Objekt erstens in Distanz zum Subjekt bringt, zweitens in seine Grenzen einschließt, stellt es nach außen in Relation zu anderen Objekten, die ebenfalls eigene Grenzen haben. Die mit der Grenze und Dauerhaftigkeit notwendig gesetzten Relationen schaffen den Raum. Dabei ist eine Besonderheit zu beachten: Wie das Objekt, so ist auch das Raumschema auf sensorischer Ebene vorbereitet. Beide sind die vielleicht am weitesten vorstrukturierten Schemata. Fertig ausgebildet bis hin zum Schema der Alltagswelt der Erwachsenen wird auch das Raumschema erst mit der Ausbildung der Distanz zwischen Subjekt und Objekt. Erst dadurch, daß die Objekte in eine Gegenlage zum Akteur gebracht werden, bildet sich der Raum aus, und zwar in einer ganz spezifischen Weise: Das sich mitbildende Subjekt rückt im »Hier« seiner Position an die Grenze des Raumes, der dadurch zum Aktionsfeld seiner Tätigkeit wird. Erst aus dieser Position heraus lassen sich auch die Beziehungen der übrigen Objekte zueinander in der Einheit des Raumes bestimmen.

Die eigenartige Position des Subjekts im Raum, nämlich so gestellt zu sein, daß der Raum allemal auf es konvergiert, ist gar nicht anders als aus der praktischen Genese der Raumstruktur zu erklären. Das zeigt sich auch, wenn man die Lernleistungen, die dabei erbracht werden müssen, genauer unter die Lupe nimmt. Die nämlich weisen erhebliche Schwierigkeitsgrade auf. Wir haben oben bereits erörtert, daß die Raumausbildung an der Verknüpfung der Bewegung des Betrachters und des Objektes hängt. Unser Beispiel oben ging lediglich von der Bewegung des Betrachters aus und ließ das Objekt ruhen. In Wirklichkeit können sich entweder der Betrachter oder das Objekt oder beide bewegen. Die Aufgabe, feste Relationen zwischen Betrachter und Objekt zu schaffen, verlangt deshalb die Leistung ab, unterscheiden zu lernen, wann der Betrachter sich bewegt, wann das Objekt. Die Täuschungsphänomene, die dabei auftreten können, sind jedem bekannt, der einmal mit der Bahn gefahren ist. Mit der Objekt- und Raumwahrnehmung sind deshalb komplizierte Urteile über das, was Wirklichkeit ist, verknüpft. Es muß »entschieden« werden, was real und was irreal ist. Diese Unterscheidung ist ersichtlich vital. v. Weizsäcker kehrt eben das hervor, worum es mir hier zu tun ist: die vitale Indikation der Erkenntnisformen aufzuzeigen. Mit Blick auf die Unterscheidung von Bewegung und Scheinbewegung schreibt er:

»Weniger pflegt man sich nun klarzumachen, daß die durch Selbstbewegung entstandenen Scheinbewegungen nicht nur geometrisch notwendig sind, sondern daß es auch biologisch notwendig ist, daß wir sie nicht ernst nehmen. Nähmen wir sie ernst, so entstünde die Folgerung, daß jede Selbstbewegung mit einer Bewegung der Umweltobjekte im gedachten Sinne real verbunden sei. Die Gegenstände der Umwelt würden ihre Anordnung ununterbrochenen dabei ändern und irgendeine Orientierung, die Erreichung eines festen Zieles, z. B. einer Wohnstätte, wäre unmöglich. Die Nichtanerkennung eines Teils der geschehen Bewegungen (und Ortsveränderungen) ist also die Bedingung einer festen Umwelt. Es ist eine biologische Notwendigkeit, daß wir eine Unterscheidung der wahrgenommenen Bewegungen in reale und scheinbare treffen können.«[28]

Die Erörterung »der« Raumvorstellung gibt Anlaß, Vorsicht walten zu lassen. Es ist eine erkenntnistheoretisch offene Frage, als was denn der derart konstituierte Raum zu verstehen ist. Die Erkenntnistheorie hat diese Frage seit den Tagen der Antike erörtert. Sie ist dabei in der Neuzeit zu ganz anderen Aussagen gekommen als vordem. An der Geschichte dieser Raumvorstellungen[29] wird klar: Die pragmatische Konstitution auf der Ebene der Alltagserfahrung ist eines – auch sie ist nicht einfach konstant und nach ihrer Ausbildung gegen weitere Erfahrung immun –, die reflexive Verarbeitung ein anderes. Wir sind lediglich mit der ersteren, der pragmatischen Konstitution befaßt. Von der muß gesagt werden, was von allen anderen Formen ebenfalls gesagt werden muß: Die kategoriale Form des Raumes wird abgenötigt von der vorfindlichen Realität. Ohne sie ist einfach nicht auszukommen im Umgang mit der Objektwelt.

3.3. Substanz, Eigenschaft

Objekte haben Eigenschaften. Nur durch ihre Eigenschaften fassen wir Objekte auf. Das eigenartige an den Eigenschaften eines Objekts ist, daß sie eigentlich das Objekt sind; aber wir fassen sie so auf, als hafteten sie an ihm, wie noch an etwas anderem, einem Objektkern, dem sie verbunden sind oder so ähnlich. Die Art der Verbindung kann unterschiedlich gedacht werden, darauf kommen wir alsbald zurück. Daß überhaupt Substanz und Eigenschaft in Relation gesetzt werden, beruht auf jener eigenartigen Gemengelage des konstruktiven Realismus, um den es uns hier zu tun ist: Die Formbildung konvergiert auf die, die sie schaffen; sie ist bestimmt von deren Interessen; allein, sie holt reale Eigenarten des Objekts ein. Der schiere Umstand schon, daß Objekte überhaupt nach Eigenschaften bestimmt werden, geht auf das Interesse derer zurück, die mit ihnen umgehen. Aber das, was dabei faßbar wird, ist allemal das Objekt selbst.

Das, was ich meine, läßt sich an einfachen Beispielen verdeutlichen: Ein Objekt ist klein oder groß, ein Busch oder ein Baum. Die Etikettierung als klein oder groß gibt nur Sinn in Bezug auf die, die sie anstellen. Und dieser subjektive, durch und durch pragmatische Bezug ist schlechterdings nicht zu eliminieren. Er ist ganz und gar von außen an das Objekt herangetragen. Gleichwohl wird dadurch für den Akteur / Betrachter etwas faßbar, was dem Objekt selbst angehört. Das aber reicht hin, um mit ihm umzugehen. Einmal mehr gilt, daß gerade die Konvergenz auf den Betrachter diesen Effekt sicherstellt. Gerade weil die Etiketten / groß / und / klein /, / Busch / und / Baum / die Perspektive des Betrachters in sich aufgenommen haben, sind sie leistungsfähig. Das gilt auch für subtilere Interpretamente der Objekte. Wenn ich von einem Objekt sage, es sei »noch« klein, einem jungen Hund zum Beispiel, und damit den Nebensinn verbinde, es werde noch wachsen, demnächst groß sein, so impliziert das eine höchst eigenartige Vorstellung von Hund und Größe, von Substanz und Eigenschaft: Es hat den Anschein, als gäbe es eine identische Substanz, die die Körpergrenze aus sich heraus variabel setzen könnte. Darüber kann man nachdenken, und die Vorstellung als adäquat oder inadäquat beurteilen. Sicher ist: auch wenn die Form noch so unlöslich auf den Betrachter konvergiert, sie holt zugleich Eigenheiten des Objekts ein, dessen Realitätsgehalt man nicht in Abrede stellen kann.

Die Beispiele sind, wie ich hoffe, geeignet, einem Mißverständnis vorzubeugen: Der konstruktive Realismus, den darzustellen ich hier bemüht bin, rekurriert nicht auf die bekannte Figur eines »Ding an sich« oder dergleichen. Die Art und Weise, in der Objekte aufgebaut werden, erlaubt es nicht, die Konvergenz auf das Interesse derer, die sie aufbauen, und damit das konstruktive Moment zu eliminieren. Allein, es geht ebensowenig an, die andere Seite, die eingeholte Objektivität zu streichen. Dann nämlich werden die selbstgeschaffenen Konstrukte so unverständlich wie das Tun.

Über die Grundform der Substanz-Eigenschaft-Relation wird eine Erfahrung im Umgang mit Objekten in die Objektform eingeholt, die zu den Grunderfahrungen im Umgang mit der Objektwelt überhaupt gehört: Objekte sind nicht einfach statisch. Manche Eigenschaften lassen sich ihnen relativ fix zuschreiben, andere sind temporär. Ein Strauch / wächst aus der Erde / er hat Dornen / er blüht / er wirft Blätter ab / er brennt /. Sehen wir einmal davon ab, daß es sich zugleich um Sprachformen handelt. Die dynamische Art, Eigenschaften zu haben, gehört zur kognitiven Form, zum Objektschema selbst. Und das Auffällige ist, daß die fixen wie variablen Eigenschaften über dieselbe Grundform eingeholt werden wie die Substanz-Eigenschafts-Relation. Es ist, als werde einem Kern als integrierender Substanz die Fähigkeit zugeschrieben, sich in dieser oder auch einer anderen Weise zu präsentieren. Das ist offensichtlich, soweit es sich um Darstellungen handelt, die wir sprachlich als Tun wiedergeben –/ blühen / Blätter abwerfen / brennen /. Das Objektschema impliziert das Ereignisschema. Um es voll auszubilden, muß das Ereignisschema mit ausgebildet werden.

Die Frage liegt auf der Hand, woher die eigenartige Form, Objekte in dieser doch keineswegs selbstverständlichen Weise zu dynamisieren, rührt. Eine Antwort jedenfalls wäre unzureichend: der Hinweis auf die begriffliche Art, Objekte zu bestimmen. Man kann ein Objekt zergliedern, wie man will, ihm so viele Begriffe aufkleben, wie dafür Platz ist, die Art und Weise, in der jene begrifflich bestimmten Eigenschaften an ihm haften, ist damit noch längst nicht erklärt. Die erschließt sich erst, wenn man den konkreten Bedingungen nachgeht, unter denen das Objektschema in jener auffälligen Weise zusammen mit dem Ereignisschema aufgebaut wird.

3.4. Die Dynamik des Objekts: das Ereignisschema

3.4.1. Das Objekt der Erfahrung

Wissen, so haben wir gesagt, wird von den Menschen aus Erfahrung gewonnen; ebenso werden die Formen des Wissens aufgrund der Erfahrung, die der Mensch mit der vorfindlichen Wirklichkeit macht, ausgebildet. Die vorfindliche Wirklichkeit tritt aber, wie jeder weiß, in der Ontogenese als erstes in der Gestalt der sorgenden Bezugsperson, in der Regel also der Mutter, in Erscheinung. Sie ist dasjenige Objekt, zu dem der Mensch die ersten nachhaltigen Objektbeziehungen knüpft. Für das Kleinkind ist die Mutter die Natur.[30] Als das schlechthin dominante Objekt im Aktionsfeld des Neugeborenen bildet sie deshalb das quasi natürliche Objekt, an dem sich die kategoriale Objektform ausbilden kann und muß.

3.4.2. Die Mechanik des Aufbaus

Der Umstand, daß eine sorgende Bezugsperson das primäre und schlechterdings dominante Objekt im Umfeld des Kindes ist, erleichtert den Aufbau der Objektwelt ungemein, wenn er nicht überhaupt die Bedingung der Möglichkeit ist. Von der sorgenden Bezugsperson nämlich wird eine Mechanik in Gang gesetzt, die den Formaufbau entscheidend bestimmt. Gemeinhin wird die Bedeutung der Bezugsperson in der Fürsorge gesehen, die sie dem Kind angedeihen läßt, vor allem der verläßlichen Bedürfnisbefriedigung. Das ist natürlich richtig. Ohne Verläßlichkeit der Bedürfnisbefriedigung wäre auch der Lernprozeß mit seinen unvermeidlichen Frustrationen kaum durchzuhalten. Allein, die Verläßlichkeit erklärt für sich nicht den Anteil, den die sorgende Bezugsperson am Aufbau der Wissensformen hat. Der zeigt sich erst, wenn man in Rechnung stellt, daß mit jeder Fürsorge eine regelrechte leibliche Manipulation verbunden ist. Durch sie erfährt das Kind jenen Widerstand, der schlechterdings unverzichtbar ist, um einen Formbildungsprozeß in Gang zu setzen, der anfangs einzig über die elementare Leiberfahrung laufen kann. Nimmt man die Regelmäßigkeit der Bedürfnisbefriedigung für sich, so könnte sie geradezu Anlaß sein, die Unstrukturiertheit der anfänglichen Motorik weiterlaufen zu lassen. Erst der manipulative Einschlag läßt jenen Effekt entstehen, auf den es ankommt: Die Aufmerksamkeit auf das Außenobjekt muß der eigenen Motorik – zunächst als Hemmung – eingebaut werden. Eben so beginnt sich, wie wir oben schon erörtert haben, der Hiatus zwischen Organismus und Außenobjekt auszubilden. Dabei allerdings spielt dann die Regelmäßigkeit und Verläßlichkeit für den Lernprozeß eine hervorragende Rolle. Der Prozeß beginnt mit dem Augenblick der Geburt.

Er wird im weiteren Verlauf durch die Mutter systematisch ausgebaut. Mütter verfügen dazu über eine signifikante Technik: Sie koppeln ihr eigenes Verhalten an das des Kindes an.[31] Der Trick ist einsichtig: Die Anbindung an das eigene Verhalten schafft einen Aktionskreislauf zwischen Mutter und Kind. Wieder ist die Aktionseinheit selbst nicht das entscheidende Moment. Sie kann in der Motorik vereinnahmt werden, ohne daß der Dissoziationsprozeß zwischen Organismus und Außenwelt mit der Ausbildung des Subjektes auf der einen, des Objektes auf der anderen Seite Fortschritte machte. Allein, der Zweck ist auch ein ganz anderer: Er verschafft der Mutter die Möglichkeit, den Fortgang des Geschehens in dosierter Weise vom Verhalten ihres Mitspielers abhängig zu machen. Die eigentliche Lernleistung, die das Kind zu erbringen hat, im Spiel wie im Ernst, ist, gewahr zu werden, daß das Verhalten der Bezugsperson, das gewünschte, das Befriedigung bringt, wie das unerwünschte, das Frustration schafft, von seinem eigenen Verhalten abhängt. Kurz: es muß lernen, eine Interaktionskompetenz aufzubauen. In eben diesem Verfahren bilden sich jene zuvor erörterten Momente des Objektschemas aus: Der Hiatus zwischen dem Organismus, der sich zum ego entwickelt, und der Objektseite, die zum alter wird. Dadurch, daß das Verhalten der Bezugsperson als fremdes Verhalten begriffen wird, dem das eigene angepaßt werden muß, entsteht auf der Subjektseite jene Reflexivität, die auf die Motorik einwirkt und sich zur Handlungskompetenz ausformt. Auf der anderen Seite wird das Objekt konstituiert, aber als handlungsfähiges Objekt oder genauer noch: als Subjekt-Objekt.

Man braucht sich den Vorgang nur vor Augen zu führen, um die Konsequenz, die daran für den Aufbau des Objekt- und Ereignisschemas hängt, alsbald zu sehen: Eben weil das primäre und schlechterdings dominante Objekt, mit dem das Kind umzugehen lernt, die sorgende Bezugsperson ist, eben weil, um noch einmal Erikson zu zitieren, für das Kind die Mutter die Natur ist, ist das primitive Objektschema das des Subjekts, das Ereignisschema das der Handlung. Das Kind bildet mit anderen Worten ein Objektschema aus, in dem Objekte ein Aktionszentrum haben wie Subjekte. Für es sind alle Objekte so gebaut, als könnten sie handeln, dies oder jenes tun und lassen. Die Konsequenzen für den Aufbau der Außenwelt sind gleichermaßen weitreichend für das Ereignisschema: Das Ereignisschema wird als Handlungsschema aufgebaut. Fortan werden Ereignisse so wahrgenommen, als hätten sie in der Binnenlage eines Objektes ihren Anfang und wären ein vom Willen dirigiertes, durch den Willen beeinflußbares Tun. »Jedes bewegliche Ding«, stellt Piaget fest, »wird mit Ausdrücken des Bewußtseins beschrieben, jedes Ereignis als beabsichtigte Aktion.«[32]

Faßt man den Vorgang, in dem das Objektschema als Subjektschema, das Ereignisschema als Handlungsschema aufgebaut wird, zusammen, so läßt sich sagen:

Die primäre Art, die Welt aufzubauen, ist subjektivisch. Eben deshalb wird die Welt im subjektivischen Schema begriffen.

Der Sachverhalt selbst ist an der Wirklichkeitsauffassung jedes Kindes leicht festzustellen. Allein, er ist noch immer falsch gedeutet worden. Der Grund ist nicht eine Projektion des Ich in die Außenwelt[33]; – dieses Ich gibt es anfangs gar nicht; es ist auch nicht verfügbar. Der Grund ist auch nicht eine quasi organologische Verlängerung der Aktionsstruktur in eine Objektwelt, die noch nicht abgekoppelt ist vom Ich.[34] Der Grund ist schlicht in dem Umstand zu sehen, daß die kategorialen Schemata in einer sozialen Beziehung, an einem kompetenteren anderen entwickelt werden.

Die subjektivische Deutung gibt der Welt in ihren frühen Formen etwas Phantastisches, ontogenetisch und, wie noch zu erörtern sein wird, historisch. Die unregelmäßige Beweglichkeit, die von Haus aus jeder Willensidee eigentümlich ist, verlangt, wie schon Comte festgestellt hat[35], entsprechende Verhaltensweisen auf der Seite des Subjekts. Der Anstrich des Irrationalen, der darin liegt, scheint jede rationale Ausdeutung der kollektiven Formen des Weltverstehens zu durchkreuzen. Und doch ist diese Rationalität mit Händen zu greifen. Wenn man nur genauer hinsieht, kann ja nicht zweifelhaft sein, daß die Ausbildung des subjektivischen Schemas die Verarbeitung realer Erfahrungen zu realistischen Formen ist. So spekulativ ist der Mensch nicht, daß er sich aus reiner Phantasie die Formen seiner Kognition schüfe. Er könnte es sich auch nicht leisten. Freud hat das übrigens klar gesehen.[36]

4. Operante Mechanismen

4.1. Schema und Paradigma

Kognitive Schemata sind, so haben wir gesehen, konstante Relationen in der erfahrenen Wirklichkeit. Ihre Ausbildung erfolgt, weil anders mit der vorfindlichen Wirklichkeit nicht umzugehen ist. Daß sich die Sache so verhält, wie in der Form festgehalten, hat sich als unumstößliche Tatsache erwiesen. In den kognitiven Schemata sind mit anderen Worten die dauerhaften Erfahrungen der Wirklichkeit dauerhaft sediert. Eben weil das so ist, wird jedes Schema im zugehörigen Erfahrungsbereich als Paradigma der Auffassung und Deutung verwandt. Wir sagen:

Kognitive Schemata fungieren als interpretative Paradigma.

Der Begriff des Paradigmas droht, nachdem T. S. Kuhn ihn in Umlauf gesetzt hat[37], in Mode zu kommen und damit seine Aussagekraft zu verlieren. Er hat in der Kognitiven Soziologie eine unverzichtbare Funktion. Sie ist präzise zu bestimmen. Ein Paradigma ist ein Muster: in der Sprachwissenschaft, in der der Begriff zu Hause ist, ein Flexionsmuster. Wir könnten den Begriff des Paradigmas deshalb gleichbedeutend mit dem des Schemas gebrauchen. Allein, wenn wir statt vom Schema vom Paradigma sprechen, betonen wir ein Moment, das im Begriff des Schemas nicht ohne weiteres enthalten ist: Das aktive Moment der Anwendung in unbestimmt vielen Fällen durch die, die das Schema gebrauchen. Das nun ist ein wichtiger Gedanke, der festgehalten werden muß: Ist einmal ein kognitives Schema ausgebildet worden, bringt es sich als operanter Mechanismus in seinem Erfahrungsbereich zur Geltung.

Kognitive Schemata, so können wir danach auch sagen, sind operante Mechanismen im Umgang mit der Wirklichkeit.

Wo wir dieses Moment einer geradezu mechanischen Anwendung in unbestimmt vielen Fällen der Wirklichkeitswahrnehmung und ihrer interpretativen Bewältigung betonen wollen, sprechen wir vom Paradigma.

4.2. Die Universalität des subjektivischen Schemas

Die universale Geltung des subjektiven Schemas als Paradigma jeglicher Wirklichkeitsauffassung ist nach allem auf eine einfache

Weise zu erklären. Es ist für das Kind eine schlechterdings imperativische Aufgabe, Schemata für den Umgang mit Objekten und Ereignissen in seinem Umfeld aufzubauen. Der Erfolg seiner Bemühungen, mit dieser Aufgabe fertig zu werden, hängt entscheidend davon ab, daß das dominante Objekt eine Person ist. Dadurch nämlich werden die Erfahrungen in einer ungemein subtilen Weise zu stetigen Erfahrungen, ihre Umsetzung in konstante Formen wird quasi bewußt programmiert. Das Schema, das dabei aufgebaut wird, ist ein wirkliches Objektschema. Alle elementaren Momente eines Objekts, die Gegenlage, die Grenzen, die Substanz, die Räumlichkeit etc. werden ihm eingebildet. Sie alle sind aber von allem Anfang an noch mit jener Besonderheit verknüpft, die das Besondere des Objekts ausmacht: Es ist Zurechnungspunkt von ihm ausgehender Ereignisse. Alle Erfahrungen werden deshalb im Konnex dieser Handlungsfähigkeit gemacht. Eben deshalb bildet sich das Objektschema in allen seinen Momenten als Subjektschema aus. Da es das erste ist, setzt es sich als operantes Schema aller anderen Objekte in Kraft. Es fungiert als Konstituante und eben dadurch als Paradigma jeglicher Wirklichkeitsinterpretation.

Vorsicht ist angezeigt bei der Feststellung, das subjektivische Schema bilde sich als Paradigma jeglicher Wirklichkeitsauffassung aus. Es ist wirklich nur das Schema, das universal ist, und nicht eine inhaltsgleiche anthropomorphe Ausstattung der Objekte selbst. Die Universalität des Schemas hindert mit anderen Worten nicht, Unterschiede im Objektbereich wahrzunehmen. Die Psychologen versichern denn auch, daß das Kind schon mit wenigen Wochen zwischen Personen und Dingen zu unterscheiden wisse.[38] Ebenso lernt es zunehmend mehr, konstante Relationen zu knüpfen, die interpretativ nach Art mechanischer Abläufe verwendet werden. Die Ausbildung der kategorialen Schemata ist ja selbst, und daran kann nicht nachdrücklich genug erinnert werden, die erste große Leistung, die Wirklichkeit in Konstanzformen zu bringen. Allein, die Dominanz des subjektivischen Schemas beweist sich auch darin, daß hinter den konstant gesetzten Relationen die subjektivische Deutung Gültigkeit behält. Die Regelmäßigkeiten werden, wenn notwendig, subjektivisch gedeutet.

Vielleicht würde es, um die Universalität des subjektivischen Schemas zu begründen, genügen, darauf hinzuweisen, daß es einfach das erste Schema ist, das ausgebildet wird. Die Operationalität, die es hernach entfaltet, macht es nur schwer überwindbar. Es gibt jedoch noch weitere Gründe. Nachzuschieben ist als erstes ein Effizienzkriterium.

4.3. Die Leistungsfähigkeit des subjektivischen Schemas

Das subjektivische Schema ist ungemein leistungsfähig, wenn es gilt, mit einer unbekannten Welt fertig zu werden. Es erlaubt eine praktisch unbegrenzte Anpassungsfähigkeit an die Ereignisse der Objektwelt. Die unübersehbare Vielfalt erfährt ihre Deutung, indem sie unübersehbar vielen subjektivischen Agenzien zugeschrieben wird. Sie werden einfach mitgedacht, gehören zum Ereignis dazu. Man kann auf alle möglichen Möglichkeiten gefaßt sein, weil man mit allen möglichen Agenzien rechnen kann. Die Ausbildung des subjektivischen Schemas ist alles andere als einfach. Allein, nachdem es einmal ausgebildet ist, ist es die einfachste Relation, die zwischen der Objektwahrnehmung und den, an Objekten sichtbaren und phänomenal von ihnen ausgehenden Ereignissen herzustellen ist. Alle übrigen Relationen, die hinter der Wahrnehmung verborgen liegen, bedürfen einer langen Erfahrung und interpretativen Anstrengung, um aufgedeckt zu werden. Die subjektivische liegt, nachdem sie einmal ausgebildet ist, auf der Hand. Seine Simplizität sorgt für seine unablässige Bestätigung.

Es gibt jedoch noch einen weiteren Grund für die universale Geltung des subjektivischen Schemas, und der ist von kaum zu überschätzender Bedeutung: der Einbau in die Grammatik der Sprache.

4.4. Die subjektivische Satzform

Der Aufbau einer durch und durch kulturellen Lebenswelt, und das heißt einer Welt, die erst in selbstgeschaffenen Formen sich darstellt, wäre ohne das Organisationsmittel der Sprache nicht möglich. Die Sprache ist jedoch selbst erst ein kulturelles Konstrukt. Ihre Formen müssen selbst erst ausgebildet werden. Wir können diesen Vorgang historisch nicht rekonstruieren. Nur soviel ist sicher: Sprache steht historisch wie ontogenetisch nicht am Anfang des Aufbauprozesses. Wenn die Versuche zur »Sprachfähigkeit« der Primaten irgendeines erwiesen haben, dann dies, daß kognitive Formen bereitliegen, die mit den Mitteln der Sprache, nota bene: unserer, aktiviert werden können.[39] Auch ontogenetisch beginnt das Kind bekanntlich erst zu sprechen, nachdem es bereits eine beachtliche Handlungskompetenz erworben hat. Am Anfang der Entwicklung steht danach nicht das komplexe kulturelle Produkt der Sprache. Woher sollte es stammen? Am Anfang steht ein Organismus, der kraft seiner organischen Ausstattung die Chance hat, in einem: Handlungskompetenz und kognitive Schemata auszubilden. In diesen Prozeß steigt die Sprache ein. Spracherwerb bedeutet insofern Gebrauch machen von schon ausgebildeten Kompetenzen und Aufnahme vorhandener Kenntnisse.[40] Diese Feststellung ist mittlerweile durch eine Vielzahl empirischer Untersuchungen erhärtet worden. Freilich, nachdem einmal die Grundstrukturen festgelegt sind und Sprache in den Prozeß eingestiegen ist, entfaltet sie erst die Effizienz der kognitiv vorstrukturierten Schemata. Mit ihr verändert sich das Entwicklungspotential grundlegend.

Die Vorstellung, daß Sprache nicht am Anfang des Aufbaus einer kulturellen Lebenswelt steht, zieht weitreichende Konsequenzen nach sich: die grammatischen Formen können aus dem bis dahin schon angelaufenen Entwicklungsprozeß und dem damit auch schon festgelegten Richtungssinn der weiteren Entwicklung verständlich gemacht werden. Uns geht es hier lediglich um eine dieser Konsequenzen: die Ausbildung der grammatischen Subjekt-Prädikat-Relation. Es gibt einen gewissen Spielraum in der grammatischen Ausgestaltung. Zugrunde liegt der einfachen Satzform jedoch allerwärts das subjektivische Schema als basales Deutungsmuster der Objekte und Ereignisse.

Für die Feststellung, daß das subjektivische Schema als kognitive Grundstruktur in die Grammatik der Sprache eingebaut und durch sie erst recht zum interpretativen Paradigma wird, gibt es ein überwältigendes Beweismaterial. Jeder kennt es. Wir sagen: Der Hund beißt. Dabei werden Nomen und Verb nicht einfach inhaltslos nebeneinander gestellt. Die Vorstellung, die wir damit verbinden, ist, daß das Beißen etwas ist, was vom Hund ausgeht. Der Gehalt gehört zur grammatischen Form. Warum? Weil in die grammatische Form diese Vorstellung fixiert ist. Anders ist der Aussagegehalt gar nicht zu denken. Das gleiche gilt, wenn wir sagen: Der Hund ist treu. In der Zuordnung von / Hund / und

/ treu / geht immer schon mit ein, in welcher Weise Subjekt und Eigenschaft miteinander verbunden sind. Wenn wir sagen: Der Hund ist treu, so bedeutet dieses Treu-sein in der Vorstellung alltäglichen Denkens und Sprechens etwas, was vom Hund ausgeht, eine Eigenschaft, die in einer imaginären Aktionseinheit des Hundes zentriert ist. Eben deshalb kann man auch sagen hören: Der Hund habe eine treue Seele. Offensichtlich wird hier vom Hund, soweit es die formale Struktur der Rede betrifft, in gleicher Weise geredet, wie wenn von einem Menschen gesagt wird, er sei treu.[41]

Für den Hund hat die Rede eine vergleichsweise Berechtigung wie die vom Menschen. Lebewesen bilden eine Funktionseinheit, die unsere begriffliche Art zu denken als eine Art zentrischer Positionalität wahrnimmt.[42] Allein, wir nehmen strukturell auch jedes andere Objekt so wahr. Immer stellen wir es uns so vor, als habe es irgendwo ein imaginäres Zentrum, an dem seine verschiedenen Eigenheiten haften. Und immer fassen wir seine verschiedenen Darstellungen so auf, als gingen sie von diesem Zentrum aus. Wenn wir sagen: Der Nebel steigt, so stellen wir uns den Nebel als eine in sich zentrierte Einheit vor, wovon die Aktion ausgeht. Diese Vorstellungsweise gilt selbst noch von abstrakten Begriffen, denen kein irgendwie gearteter physischer Gegenstand entspricht. So sagen wir: Ein Schauder laufe jemandem den Nacken herunter, oder: Angst mache jemandem Beine. Worauf es bei diesen Beispielen ankommt, ist, um es zu wiederholen, eines: Der Aussagegehalt dieser einfachen Sätze ließe sich überhaupt nicht fassen, wenn nicht die subjektivische Grundstruktur stillschweigend ein Interpretament mitlieferte, das in die grammatische Konstruktion integriert ist und bestimmt, wie Objekt und Eigenschaft, Objekt und Ereignis miteinander verbunden sind.

Die Objektivation des subjektivischen Schemas in die Struktur der Sprache ist sicher erst der zweite Schritt im Aufbau der Lebenswelt. Aber er steht dem ersten, der Ausbildung des Schemas selbst, an Bedeutung nicht nach. Denn wir wissen: erst durch das Mittel der Sprache läßt sich der Erkenntnisprozeß über die Ausbildung der einfachsten Formen hinaus weitertreiben. Der Einbau der subjektivischen Deutungsmuster in die Grammatik hat eine Kehrseite. Es ist außerordentlich schwierig, über das einmal fixierte Deutungsmuster hinauszukommen. Was immer an Interpretamenten geschaffen, welche Deutungssysteme auch immer aufgebaut werden, sie nehmen ihren Ausgang von der Alltagserfahrung und der Grammatik einfachen Sprechens. Es bedarf erheblicher Vorkehrungen und Anstrengungen in der Geschichte, um hernach mit dem Mittel und durch das Mittel der Sprache über ihre mitgelieferten Deutungen hinauszukommen.

5. Resümee

Der anthropologische Organisationsplan macht es unumgänglich, daß die Grundformen der Kognition ebenso wie das weitere Wissen erst ausgebildet und vom Menschen selbst erworben werden müssen. Es gibt zwar keine absolute, aber eine kulturelle Nullage der Geburt. Jeder steht in seiner Lebensgeschichte anfangs vor derselben Aufgabe, eben der, auszubilden, was er von Natur nicht mitbekommen hat, aber braucht. Wenn es irgendeine grundlegende Gemeinsamkeit der Menschen über Gesellschaften und Zeiten hinweg gibt, dann diese.

Die Aporie, daß, um eine Welt für den Menschen erst zu gründen, der Zugang zu den vorlebensweltlich immer schon vorfindlichen Objekten und Ereignissen gegeben sein muß, können wir ebenso auflösen wie die andere, wie mit diesen Konstrukten etwas in dieser immer schon vorfindlichen Welt auszurichten ist. Die kognitiven Konstrukte sind kein freischwebendes Produkt der Phantasie, der individuellen so wenig wie der kollektiven. Sie sind das Produkt der Verarbeitung von Erfahrung, die jeder beim Zusammenstoß mit der vorfindlichen Wirklichkeit macht. Die Grundschemata für den Aufbau der Wirklichkeit müssen in einem Prozeß der Konfrontation von Organismus und Außenwelt, sich entwickelndem ego und sich ebenso bildendem alter, gewonnen werden. Eben deshalb gleichen sich die frühen Phasen der kognitiven Entwicklung in den unterschiedlichen Gesellschaften weitgehend. Wenn wir diesen Erkenntnisprozeß mit dem Etikett »Konstruktiver Realismus« versehen haben, so meinen wir exakt dies: Die Lebenswelt des Menschen ist ein Konstrukt; sie konvergiert auf ihn. In sie ein gehen deshalb ebenso seine Anlagen wie seine Interessen. Aber es ist ein sachhaltiges Konstrukt. Die Gemengelage ist prinzipiell nicht zu überwinden.

Die kognitiven Grundstrukturen im Aufbau der Lebenswelt werden durch die anthropologische Ausgangslage bestimmt. Der

Umstand, daß das dominante Objekt im Umfeld des Kindes die sorgende Bezugsperson ist, läßt das Objektschema ebenso wie das Ereignisschema als subjektivisches Schema entstehen. Das einmal ausgebildete Schema fungiert dann als operanter Mechanismus. Es holt ein, was überhaupt an Objekten und Ereignissen aufscheint. Auf eben diese Weise wird das anfängliche Schema zum universalen interpretativen Paradigma der Wirklichkeit überhaupt. Differenzierungen sind Differenzierungen auf der Oberfläche der Semantik über einer gemeinsamen Grundstruktur.

Die Feststellung, die kategorialen Formen der menschlichen Lebenswelt seien realistische Formen, auch wenn die Einheit zwischen Konstrukt und Sachhaltigkeit nie aufgelöst werden kann, hat weitreichende Konsequenzen für die Geschichte: Die historische Entwicklung kann gar nicht anders als in der Weiterentwicklung der anfangs begründeten kulturellen Formen verlaufen. Das Problem ist, mit der anfänglichen Logik, nachdem sie sich auch in der Sprache verfestigt hat, durch sie und über sie hinauszukommen. Es wird sich zeigen, daß exakt hier auch das Problem unserer eigenen Zeit liegt.

IV. Das primitive Denken und das Denken der Primitiven

1. Der Begriff des Primitiven

Wer immer in der Kulturanthropologie und Ethnologie den Begriff des Primitiven verwendet, sieht sich genötigt, umfangreiche Entschuldigungen beizufügen. Wenn er denn schon meint, auf ihn nicht verzichten zu können, weil anders der Unterschied zu entwickelteren Gesellschaften nicht faßbar wird, hat er wenigstens zu beteuern, mit dem Begriff des Primitiven nicht die Vorstellung menschlicher Inferiorität zu verknüpfen. Doch damit nicht genug; auch wenn er versichert, primitiv meine nur das Anfängliche, Erste, das noch nicht weiter Entwickelte, reicht das nicht hin. Primitiv sind Gesellschaften jeweils nur segmentär, in der Umweltbeherrschung darin, daß ihnen nur eine begrenzte Technologie verfügbar ist[1]; in der Ökonomie darin, daß sie kein oder nur wenig Metall verwenden oder keinen komplexen ökonomischen Apparat kennen[2]; im politischen System darin, daß sie keine Staaten haben[3]; im kulturellen System darin, daß sie über keine entwickelte Schrift verfügen.[4] Die peinliche Prozedur ist weniger Ausdruck einer noch immer nachwirkenden Reaktion gegen einen aufklärerischen Optimismus, dem die Geschichte insgesamt als Entwicklung zu höheren Daseinsformen, moralische inbegriffen, erschien und der eben deshalb zumindest den Anschein erweckte, vergangene Zeiten mit dem niedrigeren Status auch eine weniger entwickelte Humanität zuzuweisen. Die Zeiten sind lange her. Heute haftet der Beschäftigung mit dem Primitiven eher ein Zug von Sehnsucht nach einfachem Leben, stabiler Selbsterfahrung an, ein ambivalenter gewiß, aber ein höchst realer.[5] Sie ist eher Ausdruck des Mangels einer Geschichtstheorie, die immer noch inhibiert ist durch jenen kulturhistorischen und kultursoziologischen Imperialismus, der Welten als freischwebendes Konstrukt einer unauslotbaren Geistigkeit versteht und jeder Zeit ihre je eigene zuschreibt.[6]

Die Hartnäckigkeit, mit der sich der Begriff des Primitiven allen Memoranden zum Trotz[7] behauptet, darf als Symptom dafür verstanden werden, daß sich in ihm eine historisch unverzichtbare Kategorie verbirgt. Tatsächlich ist ohne ihn nicht auszukommen, wenn anders nicht Geschichte überhaupt um das Verständnis ihrer Entwicklungslogik von den Anfängen her gebracht werden soll. In der Entwicklung kognitiver Systeme und Weltbilder am allerwenigsten.[8] – Für uns ergibt der Begriff des Primitiven auf dem Hintergrund der anthropologischen Erörterung und der methodologischen Überlegungen zur Geschichte einen ebenso einfachen wie prägnanten Sinn. Er ist aufs engste mit der These von der Rekonstruktion der Geschichte aus der Ontogenese heraus verknüpft. Rekapitulieren wir die wenigen Schritte, die notwendig sind, um ihn zu bestimmen. Wir bleiben dabei im Zusammenhang der gegenwärtigen Erörterung: der Ausbildung und Entwicklung des Wissens und der Weltanschauung in der Geschichte.

1.1. Noch einmal: die anthropologische Ausgangslage

Wissen zu haben, das haben die allerersten Ausführungen zur Anthropologie deutlich zu machen versucht, ist eine Notwendigkeit, die im Prinzip in der Organisation jedweder Lebensform gelegen ist. Das Besondere der menschlichen Lebensform liegt darin, daß der Mensch sich dieses Wissen erst erwerben muß. Die Nötigung dazu ist radikal: Sie bezieht sich ebenso auf die kategorialen Formen wie die Inhalte. Der Erwerb des Wissens, die Ausbildung der kategorialen Formen insbesondere, beginnt auf der frühesten Stufe der Lebensgeschichte jedes einzelnen. Das muß so sein; denn anders wäre der Mensch nicht lebensfähig. Die Feststellung hat, wie ich schon hervorgehoben habe, eine Pointe: Das war immer so. Zu allen Zeiten und in allen Gesellschaften hat der Prozeß des Wissenserwerbs auf der frühesten Stufe der Lebensgeschichte jedes einzelnen begonnen. An eben dieser Feststellung aber haftet der Begriff des Primitiven. Denn der Prozeß des Wissenserwerbs beginnt zwar auf der frühesten Stufe der Lebensgeschichte, aber er wird in der Erwachsenenwelt fortgesetzt:

Primitiv sind Gesellschaften darin, daß sie sich in der Weiterentwicklung ebenso der kategorialen Formen wie der Inhalte von dem gemeinsamen Ausgangspunkt weniger weit entfernt haben als entwickeltere. Gesellschaften lassen sich deshalb auf einer virtuellen Linie der Weiterentwicklung primitiver Formen anordnen.

Man sollte meinen, diese Bestimmung dessen, was unter Primitivität verstanden werden muß, sei hinreichend, um jene Konnotationen zu beseitigen, die insbesondere von Ethnologen und Kulturanthropologen vermutet werden, wenn von Primitivität die Rede ist: Es geht nicht darum, Menschen primitiver Gesellschaften auf einen irgendwie gearteten inferioren Status des Menschlichen zu drücken. Es geht auch nicht darum, diese Menschen zu Kindern zu machen. Es geht schlicht um die Anerkennung einer anthropologischen Kategorie, die zugleich die eigentliche Kategorie der Geschichte ist: Menschen bilden ihre Lebenswelt aufgrund erworbenen Wissens aus. Sie entwickeln dieses Wissen; und sie entwickeln dabei auch die Grundlagen ihres gesamten Weltbildes. Schließlich formen sie es um. Jeder irgendwie qualifizierte Begriff von Geschichte verlangt deshalb der Sache nach den Begriff des Primitiven.

1.2. Das Verstehen primitiver Gesellschaften

Die Strategie, Wissen und Weltanschauung früher Gesellschaften aus der Ontogenese heraus zu rekonstruieren, läßt eine Aporie hinfällig werden, die seit mehr als hundert Jahren das Denken bestimmt und die Gemüter beunruhigt. Können wir primitive Gesellschaften überhaupt verstehen? Die Frage entsteht aus der Einsicht, daß primitive Gesellschaften ersichtlich anders denken als wir, eine andere Vorstellung auch von der Realität, kurz ein anderes Weltbild haben. Gerade auf dem Boden neuzeitlicher Entwurfslogik, einer Logik, die sich die Lebenswelt des Menschen wie eine freischwebende Konstruktion vorstellt, muß das Problem beunruhigen. Denn danach hat jede Gesellschaft ihre eigene Welt und ihre eigene Realität. Ein Verstehen der einen durch die anderen müßte danach, wäre man nur konsequent, ausgeschlossen sein.[9]

Die Aporie löst sich auf, wenn man in Rechnung stellt, was hier in Rechnung gestellt wird: Immer beginnt der Prozeß, Wissen und damit ein Weltbild zu erwerben, auf der gleichen anthropologischen Basis, einer Art kultureller Nullage. Immer stehen dabei die, die diesen Prozeß beginnen, unter den gleichen Bedingungen: die biologischen sind gleich, das wird jeder gerne einräumen; aber auch die soziologischen sind gleich. Denn die primitiven kognitiven Strukturen haften an schlechterdings elementaren Erfahrungen im Zusammentreffen mit einer vorgegebenen Objektwelt. Eben deshalb fallen für die Ausbildung der Anfänge der kognitiven Formgebung die Differenzen gesellschaftlicher Organisationen noch gar nicht ins Gewicht. Das wird sich zeigen. Die Folge ist, daß auch die anfänglichen Strukturen überall dieselben sind.[10]

Es scheint ratsam, alsbald einem Mißverständnis vorzubeugen: Die kognitiven Systeme primitiver Gesellschaften sind keineswegs einfach identisch mit den kognitiven Systemen, die Kinder in fortgeschritteneren Gesellschaften ausbilden. Zwei Umstände stehen dem entgegen: In allen Gesellschaften werden auf der Ebene der Erwachsenen Erfahrungen gemacht, die Kinder nirgendwo machen. Und ohne Zweifel ist ihre psychische Konstellation eine andere als die von Kindern, gleich wo letztere aufwachsen. Das ist das eine. Das andere ist, daß in den Sozialisationsprozeß der Kinder in kognitiv fortgeschritteneren Gesellschaften frühzeitig Erfahrungswissen einfließt, das sie nicht selbst erworben haben. Ein Schüler der 10. Klasse einer industriellen Gesellschaft verfügt deshalb über Wissen und operationale Fähigkeiten, die einem Stammesmitglied der Arunta schlechterdings abgeht. Ebenso werden formale Operationen eingeübt, die nicht von der Praxis abverlangt werden. Das läßt es erst gar nicht zur Ausbildung stabiler Systeme auf den zurückliegenden Stadien der kognitiven Entwicklung kommen. Die Ausbildung kognitiver Systeme auf dem Niveau entwickelterer Gesellschaften darf deshalb nicht einfach als eine Rekapitulation vorhergehender Entwicklungsstufen verstanden werden. Noch einmal also: Es geht nicht darum, Primitive zu Kindern zu machen, sondern darum, strukturelle Entwicklungslogiken aufzudecken. Nur das also ist gemeint: Wenn man davon ausgehen muß, daß der Prozeß der Ausbildung des Wissens für jeden immer von der kulturellen Nullage des Organismus aus beginnt, wenn weiter die kategoriale Ausgangslage gleich ist und die Entwicklung nur durch Zuerwerb von Wissen erfolgt, dann dürfen wir strukturell eine allerwärts gleiche Entwicklungslogik erwarten, notabene: strukturell, nicht auf der semantischen Ebene der Ausdeutungen. Eben das sichert interkulturelles Verstehen.

Wir verstehen primitive Gesellschaften nicht deshalb, weil wir den gleichen metaphysischen Trieb, die gleiche poetische Ader oder die gleichen einschmiegsamen Gefühle hätten[11] – solche Erklärungen muß man nehmen, wie sie entstanden sind: als Ausdruck der überwältigenden Erfahrung, daß wir primitive Gesellschaften tatsächlich verstehen, für Feldforscher nicht selten auch des beglückenden Gefühls menschlicher Gemeinsamkeit. Allein sie erklären nicht wirklich den Prozeß, der dieses Verstehen möglich macht. Der wird nur einsichtig, wenn man auf die Bedingungen sieht, unter denen überhaupt Wissen, in primitiven Gesellschaften so gut wie bei uns, zustande kommt.

Wir verstehen primitive Gesellschaften, das ist die Quintessenz, weil jeder von uns in der Ontogenese von den gleichen Bedingungen ausgegangen ist und die gleichen Strukturen ausgebildet hat. Von ihnen her lassen sich die Deutungssysteme an der Oberfläche des Wissens aufschlüsseln.

Das kann intuitiv, es kann aber auch bewußt geschehen. Das allen Menschen Gemeinsame[12], das immer wieder in Anspruch genommen wird, um zu erklären, weshalb sein kann, was tatsächlich ist: Verständigung zwischen Fremden, auch zwischen Fremden, die in direkter historischer Tradition nicht miteinander verbunden sind[13], ruht auf der allgemeinen menschlichen Nötigung, unter gleichen Grundbedingungen aus einer kulturellen Nullage zu starten.

1.3. Die Grenzen der Primitivität

Die Darlegungen haben eine Pointe, die leicht übersehen wird, obgleich sie vielleicht am ehesten geeignet ist, die Gegner der Rede vom Primitiven zu versöhnen: Wo endet Primitivität? Primitivität des Denkens insbesondere? Wenn jeder aus der gleichen strukturellen Nullage heraus beginnt, primitiv denkt, läßt sich jedenfalls nicht sagen, daß sie in irgendeinem Abschnitt der Geschichte definitiv überholt worden sei. Die Verhältnisse zwischen primitivem und fortgeschrittenerem Denken müssen komplexer und langwieriger sein. Sie sind es auch. Primitivität wird abgebaut, wenn der Mensch beginnt, auf die Konstrukte des Denkens selbst zu reflektieren, anfängt, sie als Konstrukte zu erkennen und ihnen eben deshalb nicht mehr aufs Wort glaubt. Das ist ein langer Prozeß. Er ist immer noch nicht abgeschlossen.

2. Das primitive interpretative Paradigma

Wir haben die Grundbedingungen, aus denen heraus der Aufbau kultureller Lebenswelten erfolgt, erörtert. Dabei hat sich die schlechterdings strategische Bedeutung der Sozietät über die bloße abstrakte und seit langem bekannte Feststellung, daß sie allgemeine Bedingung der Möglichkeit menschlicher Entwicklung sei, dingfest machen lassen. Im Umgang mit den anderen, insbesondere aber im Umgang mit der sorgenden Bezugsperson wird das kategoriale Objekt- und Ereignisschema ausgebildet. Es ist für das primitive kognitive System konstitutiv. Eben deshalb aber stellen wir fest:

Primitive Gesellschaften zeichnen sich dadurch aus, daß in ihnen das Grundschema der Objekt- und Ereignisbildung, das subjektivische, ungebrochen als interpretatives Paradigma fungiert.

Die Feststellung will nicht länger als These, sondern als empirischer Befund verstanden werden. Eine sorgsame Verarbeitung des ethnologischen/kulturanthropologischen Materials zwingt den Befund auf. Es ist gewiß ein Befund, der anhand seiner Sekundäranalyse erhoben worden ist. Das Material haben andere beigebracht. Allein, wenn das Material verläßlich ist, dann auch der Befund. An der Verläßlichkeit des Materials aber zu zweifeln haben wir umso weniger Anlaß, als es mit unseren theoretischen anderweitig gewonnenen Deutungen zur Deckung kommt. Es ist nicht zuviel behauptet, wenn wir sagen: Es kann eigentlich nicht anders sein.

Zwei Aufgaben sind es danach, die zu bewältigen sind: Erstens ist zu klären, was gemeint ist, wenn gesagt wird, in primitiven Gesellschaften fungiere das subjektivische Schema ungebrochen als interpretatives Paradigma. Zweitens sind die Belege dafür aus der ethnologischen/kulturanthropologischen Literatur beizubringen. Beides ist ein Arbeitsgang.

2.1. Das subjektivische Schema als immanentes Objekt- und Ereignisschema

Wenn unsere Darlegung richtig ist, daß das subjektivische Schema aus dem Aufbauprozeß der kategorialen Formen für das Begreifen von Objekten und Ereignissen stammt, dann müssen wir annehmen, daß das subjektivische Moment dem Gegenstand und den Ereignissen geradezu immanent ist. Es liegt, einmal konstituiert, sozusagen in der Objekt- und Ereigniswahrnehmung selbst und wird nicht erst im Wege der nachträglichen Interpretation, weiß der Himmel warum, hineingetragen. Und eben das ist es, was uns Feldforscher versichern. Hallowell schreibt über die Ojibwa, ein Volk von Sammlern und Jägern:

»Above all, any concept of impersonal ›natural‹ forces is totally foreign to Ojibwa thought.

Since their cognitive orientation is culturally constituted and thus given a psychological ›set‹, we cannot assume that objects, like the sun, are perceived as natural objects in our sense. . . . Consequently, it would be an error to say that Ojibwa ›personify‹ natural objects. This would imply that at some point, the sun was first perceived as an inanimate, material thing. There is, of course, no evidence for this. The same conclusion applies over the whole area of their cognitive orientation towards the objects of their world.«[14]

Best berichtet von den Maori, daß nach ihrer Vorstellung

»all things possess a *waiura* (soul), even what we term inanimate objects as trees and stones.«[15]

Ebenso berichtet Kluckhohn von den Navaho, daß für sie alle Objekte und Ereignisse in einer personifizierten Form wahrgenommen werden«. Es gibt eigentlich keine »inanimate world«.[16] Die Beispiele aus rezenten primitiven Gesellschaften ließen sich beliebig vermehren. Sie werden bestätigt durch das, was uns aus früherer Zeit überliefert ist. H. und H. A. Frankfort berichten von der frühen Geistesverfassung der Völker des Orients, ihre mythologische Bildersprache sei keineswegs allegorisch, sie sei vom Denken schlechterdings nicht zu trennen und stelle die Form dar, in der jegliche Erwartung überhaupt erst Gestalt gewinne. Sie schreiben:

»Dem primitiven Menschen ist die Welt weder unbeseelt noch leer, sondern vielmehr lebensstrotzend; und seine Individualität beweist dieses Leben im Menschen, im Tier, in der Pflanze und allen dem Menschen begegnenden Erscheinungen – im Donnerschlag, im plötzlichen Schatten, in der unheimlich-öden und fremden Waldlichtung, im Stein, der ihn plötzlich stößt, wenn er auf der Jagd über ihn stolpert. Wo und wann ihm auch eine solche Erscheinung entgegentritt, immer ist sie ein ›Du‹, niemals ein ›Es‹.«[17]

Die ethnologischen/kulturanthropologischen Berichte haben ersichtlich Schwierigkeiten, den subjektivischen Befund richtig wiederzugeben und ihn systematisch zutreffend zu erklären. Es ist nämlich so, daß in primitiven Gesellschaften keineswegs die Unterscheidung zwischen Objekten und Objektbereichen, die wir als belebt oder unbelebt ansehen, überhaupt fehlt. Die Sprache der Ojibwa unterscheidet wie alle anderen Algonkin-Sprachen explizit zwischen »belebten« und »unbelebten« Objekten. Bei näherem Zusehen freilich zeigt sich, daß der Vorstellungsgehalt ihrer Unterscheidung nicht mit unserer Unterscheidung von »belebt« und »unbelebt« zur Deckung zu bringen ist. Ein untrügliches Zeichen ist, daß zwar alle Personen und Tiere in die Kategorie des Belebten fallen, aber andere Dinge, die für uns ganz unzweifelhaft unbelebt sind, ebenfalls: Steine z. B. sind grammatisch »belebt«. Feldforscher sahen sich deshalb vor die Aufgabe gestellt, zunächst einmal den Vorstellungsgehalt zu ermitteln, der mit solchen Unterscheidungen wie »belebt« und »unbelebt« verbunden wird. Allein, die Schwierigkeit liegt nicht auf der semantischen Ebene. Sie ist auf der Basis der Systematik dessen, was hier »Konstruktiver Realismus« genannt wird, ebenso einfach zu erfassen wie zu beheben.

Die Grundlage der gesamten Objekt- und Ereigniswahrnehmung ist das subjektivische Schema. Aber es ist auch wirklich nur das Schema, das als gemeinsames Schema allen Objekten und Ereignissen unterliegt. Auf der Basis dieses Schemas sind Unterscheidungen möglich und notwendig. Dabei ist der interpretativen Umsetzung ein breiter Spielraum eingeräumt. Eine personalistische Umsetzung, die Beschreibung von Objekten und Ereignissen mit eben den Attributen, die menschlichen Personen und Handlungen zugeschrieben werden, liegt nahe. Schließlich hat das subjektivische Schema im Handlungsbereich wirklicher Subjekte seinen Ursprung. Von daher erklärt sich, daß Personen und Tiere tatsächlich personalistisch ausgestattet werden. Alles andere aber ist eine Frage, wie nahe man die interpretative Umsetzung an die personalistische Ausstaffierung heranbringt. Natürlich wissen die Ojibwa und Navaho zwischen Personen und Steinen zu unterscheiden. Sie sind ja nicht blind. Aber wenn es darum geht, bestimmte Aktivitäten zu erklären, die in einem Zusammenhang mit ihnen stehen, dann allerdings muß ein Handlungsschema aktiviert werden, das an die personalistische Kernform zumindest nahe heranführt. Das Gesamtfeld erhält auf diese Weise einen eigenartig unentschiedenen Zustand: subjektivistisch ist es allemal. Aber die Objekte können näher oder ferner an der personalistischen Ausstaffierung liegen.

Einmal mehr wird das, was uns aus rezenten primitiven Gesellschaften bekannt ist, durch die Überlieferung aus den frühen

Hochkulturen bestätigt. Jacobsen berichtet aus Mesopotamien von der gleichen Differenzierung.

»Wenn wir sagten, die Naturphänomene hätten für den Mesopotamier Leben besessen, sie seien Persönlichkeiten gewesen, so haben wir die Dinge etwas einfacher dargestellt, als sie es in Wirklichkeit sind. Wir haben eine grundsätzlich mögliche Unterscheidung übergangen, die der Mesopotamier deutlich empfand. Es trifft nämlich nicht zu, daß jedes Phänomen eine Person war; wir müssen vielmehr sagen, daß in jeder Erscheinung ein Wille und eine Persönlichkeit anwesend waren . . .«[18]

Die Unterscheidung macht insbesondere dann keine Mühe, wenn die subjektivischen Agenzien als die die Gegenstände bestimmenden Kräfte bereits abgelöst sind von den Gegenständen selbst, quasi hinter ihnen stehen. Eben darauf stellt Jacobsen ab. Überdies erlaubt es das subjektivische Grundschema, jederzeit von einer bis dahin personalistisch neutralen zu einer explizit personalistischen Interpretation überzugehen. Hallowell berichtet,

»Since stones are grammatically animate, I once asked an old man: Are all the stones we see about us here alive? He reflected a long while und then replied, »No! But some are.« This qualified answer made a lasting impression on me. And it is thouroughly consistent with other data that indicate that the Ojibwa are not animists in the sense that they dogmatically attribute living souls to inanimate objects such as stones.«[19]

Ich habe oben dargelegt, daß kategoriale Formen operante Mechanismen sind. Sie zwingen die Auffassung wie von selbst in bestimmte Wahrnehmungsformen und Interpretamente hinein. Man muß sich an diesen Operationalismus der kategorialen Formen erinnern, wenn man verstehen will, wieso im primitiven Denken Ding-Wahrnehmung und Subjekt-Wahrnehmung in einer Weise ineinandergeschoben sind, die unserer Vorstellung mittlerweile fremd geworden ist und als unverständlich und schließlich unlogisch erscheint. Evans-Pritchard schlägt sich mit dieser Schwierigkeit herum:[20] Die Azande bemühen bei allen möglichen Gelegenheiten ein Giftorakel (benge), so auch im Falle eines vermuteten Ehebruchs. Das Gift wird einem Huhn gegeben. Dann wird das Gift angerufen, den Ehebrecher dadurch zu überführen, daß es das Huhn tötet. Ersichtlich wird dabei das Giftorakel »benge« personifiziert, noch dazu in einer Weise, als verkehre man mit angesehenen Autoritäten. Eben diese Art der Personifikation ist es aber, die Evans-Pritchard so unbegreiflich, weil widersprüchlich erscheint:

»If we cannot account for Zande faith in their poison oracle by assuming that they are aware that it is a poison and are willing to abide by the chance of its action on different fowls, we might seek to comprehend it by supposing that they personify it ... But they do not personify it. For, though it would seem to us that they must regard the oracles as personal beings since they address them directly, in fact the question appears absurd when framed in the Zande tongue. A boro, a person, has two hands und two feet, a head, a belly, and so on, and the poison oracle has none of these things. It is not alive, it does not breathe or move about. It is a thing.«[21]

Seligman, der Evans-Pritchards Problem aufgreift, fügt noch hinzu:

»Moreover, even in language it is a ›thing‹, for it is neither of the masculine, feminine, or animal gender, but of the neuter.«[22]

Liegt hier ein Problem? Ein wirklicher Widerspruch im Denken der Azande? Nach der Systematik unseres operanten Schematismus nicht. Die Dinge werden als Dinge gesehen; sie sind natürlich anders als menschliche Personen, eben Dinge. Allein, wenn es darum geht, bestimmte Dynamiken zu erklären, steht kein anderes als das subjektivische Schema zur Verfügung. Und dann erfolgt die interpretative Umsetzung in personalistischen terms. Für die Azande ist daran ersichtlich nichts Befremdliches. Wie sollte es? Man muß über unterschiedliche Ereignisschemata für Dinge und Personen verfügen, um überhaupt auf den Gedanken zu kommen, es könnte nicht zueinander passen. Über die verfügen zwar Evans-Pritchard und Seligman, aber eben nicht die Azande.

Hallowell behilft sich in der Erörterung vergleichbarer Probleme in der Weltanschauung der Ojibwa mit der Feststellung, die anthropomorphe Ausstattung sei kein notwendiger Zug im Personenkonzept der Ojibwa – »anthropomorphism is not a constant feature of the ojibwa concept of ›person‹«[23]. Wie die Ojibwa derartige Akrobatik zustandebringen, muß ein Rätsel bleiben, wenn man Interpretamente einzig von der Inhaltsebene her aufzuschlüsseln sucht. Das Personenkonzept ist nun einmal nur von Menschen her bekannt. Keine Rabulistik, das gelte nur für unsere Kultur, führt daran vorbei. Es ist auch gar nicht nötig. Denn es gibt eine höchst einfache Erklärung. Nur muß sie von der unterliegenden kategorialen Form, der Struktur der Argumentation her gewonnen werden: Für eine subjektivische Interpretation mit also unverkennbar personalistischem Einschlag ist eine vollständig anthropomorphe Personifikation nicht notwendig. Das gilt ebenso für Objekte, die wir zu den unbelebten Objekten zählen, wie für mythische Figuren, die in der primitiven Konzeptualisierung einer »other-than-human-person«-Klasse zuzurechnen sind. Der Verstand arbeitet, hier trifft Kants Beobachtung die Sache, mit Schemata.[24] In ihnen ist weggelassen, was zur Erklärung nicht benötigt wird.[25]

2.2. *Konstruktiver Realismus*

Wir haben oben Anlaß gehabt, auf den schlechterdings unaufhebbaren Zusammenhang zwischen konstruktiver und realistischer Wirklichkeitswahrnehmung hinzuweisen. Hier in der Objektwelt läßt sich der Anteil des einen und des anderen deutlich fassen. Ohne Zweifel strukturiert die Immanenz des subjektivischen Moments in der Objektauffassung, der Einbau in das Objekt selbst, bereits die Wahrnehmung. So elementar die sensorische Ebene ist, sie wird im Aufbauprozeß der Wirklichkeit mit strukturiert. Allein, das hindert nicht im geringsten, Daten, die über die sensorische Ebene eingeholt werden, realistisch aufzunehmen und zu verarbeiten. Natürlich haben es auch die Maori, Ojibwa, Navaho und Azande mit den realen Objekten der Außenwelt und ihren höchst realen Eigenschaften zu tun. Und natürlich kann und wird auch von ihnen ein bestimmtes Außenobjekt, ein Stein zum Beispiel, auf der Folie des subjektivischen Schemas als dieser Stein wahrgenommen, mit der ihm eigenen Größe, Schwere, Härte, Farbe, Gestalt etc. »The world known to the senses is just as real to them, as it is to us«, sagt Evans-Pritchard.[26] Die subjektivische Strukturierung schlägt erst durch, wenn und soweit Deutungen notwendig werden, die Verhaltensweisen und damit Umgangsregeln implizieren. Dann allerdings ist die Aktivierung des subjektivischen Grundschemas notwendig.

Der Mangel an Durchblick, weshalb überhaupt subjektivische Strukturen ausgebildet und als explikative Schemata verwendet werden, führt in der historischen und ethnologischen Literatur zu abstrusen Konstruktionen. So wird das natürliche Denken auf der einen, das magische auf einer anderen, die Religion schließlich auf einer dritten Ebene angesiedelt.[27] Und um nicht die intellektuelle Akrobatik, von einer zur anderen Ebene zu springen, jedem zuzumuten, wird das magische Denken den Zauberern vorbehalten, das religiöse dem Allgemein-Menschlichen. Umgekehrt schreibt Campbell religiöses Denken »tough-minded« Reduktionisten zu, während er die poetischen Einsichten der Mythen den »tender-minded« reserviert.[28] Uns interessieren gegenwärtig noch nicht Zauber, Magie, Mythos und Religion. Uns geht es zunächst um die Einsicht, wie und warum überhaupt derartige Konstrukte zustandekommen. Der bloße Hinweis auf ihren kulturellen Ursprung allein verschlägt nicht.[29]

Macht man sich den Zusammenhang von Konstruktivismus und Realismus klar, dann gewinnen auch die Unterscheidungen und Klassifikationen innerhalb subjektivischer Konstruktionen der Objektwelt ungeachtet des weiten Rahmens, der der Phantasie in der Ausdeutung gesteckt ist, vielfach stringente Logizität. Ein Beispiel bieten einmal mehr die Navaho. Bei ihnen ist das subjektivische Moment als die eigentliche Substanz der Dynamik, von dem Wille und Bewegung ihren Ausgang nehmen, im Innern der Objekte verselbständigt. Kluckhohn gibt es als »innere Form« wieder: ». . . this inner form is a being independent of the object which it happens to occupy« . . . »one who lies within it.«[30] Charakteristischerweise schreiben die Navaho Artefakten im allgemeinen eine solche innere Form nicht zu.[31] Weshalb nicht? Artefakte sind zur Hand. Ihre Verwendung fügt sich dem Willen dessen, der sie gebraucht. Das Artefakt mit einem eigenen Willen zu versehen, wäre ganz abwegig. Bis in die Antike hinein hält sich die Vorstellung, daß in den Artefakten der Wille dessen substantialisiert ist, der sie schafft. Der Natur wird geradezu Gewalt angetan.[32]

3. Die Kausalschemata: Das relationale und subjektivische

3.1. Die »natürlichen Erklärungen«

Was für die Objektwahrnehmung gilt, gilt bis zu einem gewissen Grade auch für die Ereigniswahrnehmung. Jedenfalls stellt es sich den Feldforschern so dar. Evans-Pritchard versichert:

»A Zande perceives how they (the events) happen just as we do. He does not see a witch charge a man, but an elephant. He does not see a witch push over a granary, but termites gnawing away its supports. He does not see a psychical flame igniting thatch, but an ordinary bundle of straw. His perceptions of how events occur is as clear as our own.«[33]

In den ethnologischen Berichten wird deshalb selten versäumt, darauf hinzuweisen, daß Menschen in primitiven Gesellschaften genauso logisch und rational denken wie in modernen, sich ebenso, wie es zumeist heißt: natürlicher Erklärungen bedienen und mit der gleichen oder eher noch größeren Geschicklichkeit in der Natur bewegen als wir. Lévy-Bruhl beeilte sich, trotz der diagnostizierten primitiven Mentalität den Naturmenschen die gleiche praktische Kompetenz zuzuschreiben, wie sie auch uns eignet.

»Unzweifelhaft bewegt sich der Naturmensch im Raum genauso wie wir; er versteht unzweifelhaft ebensogut und manchmal besser wie wir die Entfernungen schnell abzuschätzen, eine Richtung wiederzufinden usw., um seine Wurfgeschosse zu schleudern oder ein entferntes Ziel zu erreichen. Aber die Handlung im Raum, und die Vorstellung dieses Raumes sind zweierlei. Es ist hier damit wie bei der Kausalität. Die Naturvölker bedienen sich beständig der tatsächlichen Verbindung von Ursachen und Wirkungen. Zum Beispiel bei der Herstellung von Geräten oder von Fallen beweisen sie oft eine Erfindungsgabe, welche eine sehr feine Beobachtung dieser Verbindung einschließt. Folgt daraus, daß ihre Vorstellung von der Kausalität der unseren gleich ist?«[34]

Stanner konstatiert:

»›Logical‹ thought and ›rational‹ conduct are about as widely present in aboriginal life as they are on the simpler levels European life.«[35]

Fragen wir zunächst, worauf die Sicherheit beruht, mit der die Angehörigen primitiver Gesellschaften zu handeln, und zwar erfolgreich zu handeln vermögen und mit der sie gleich rational: das heißt zweckrational die Mittel zum Erfolg einsetzen. Die Antwort kann nicht einen Augenblick zweifelhaft sein. Comte schon hat den Grund zutreffend gesehen: Primitive Gesellschaften verfügen so gut wie wir über verläßliches positives Wissen.[36] Und so weit dieses Wissen reicht, läßt sich auch verläßlich handeln.

Wir können auf dem Hintergrund unserer lerntheoretischen Erörterungen genauer angeben, was gemeint ist, wenn von »natürlicher« oder gleicherweise »rationaler« Erklärung die Rede ist. Lernen, so haben wir gesagt, besteht darin, konstante Relationen festzustellen und daran Handlungsfolgen zu knüpfen. Dieses Verfahren beginnt bereits mit der Herausbildung der kategorialen Schemata. Denn kategoriale Schemata sind gar nichts anderes als die allerwärts vorfindlichen konstanten Relationen im Objektbereich. Wenn wir daran die Feststellung geschlossen haben, daß sich der Lernprozeß in der Erwachsenenwelt fortsetzt, so heißt das exakt dies: Auch im Handlungsbereich der Erwachsenenwelt geht es darum, (relativ) konstante Relationen unter den mannigfachen Variablen des Aktionsfeldes zu ermitteln. Soweit Wissen über konstante Relationen zur Verfügung steht, macht der Mensch auch davon Gebrauch. Es ist die sicherste Art, Handlungsziele zu erreichen. Soweit er davon Gebrauch macht, nimmt sich das Handeln »natürlich« aus, routinemäßig und von persönlichem Engagement entlastet. Nicht zufällig drängt sich manchem Beobachter bereits hier der Begriff des »Säkularen« oder »mehr Mundanen« auf. Allein, das Konstanzwissen ist begrenzt. Jenseits seiner Grenzen liegt ein anderes, für die Eingeborenen nicht minder »natürliches« Kausalschema bereit. Eben das subjektivische. Zum Beleg können wir einmal mehr auf Evans-Pritchard zurückgreifen:

»First of all a man must carry out an activity according to traditional rules of technique, which consist of knowledge checked by trial and error in each generation. It is only if he fails in spite of adherence to the rules that people will impute his lack of success to witchcraft.«[37]

Was hat es danach mit der häufig anzutreffenden Feststellung auf sich, das Denken der Primitiven sei ebenso »wissenschaftlich« wie das der »modernen Wissenschaftler«? Auch diese Feststellung ist ein Paradebeispiel systematischen Defizits im Verständnis von kognitiven Deutungssystemen.

3.2. Primitive »Wissenschaft«

Zu den Interpreten primitiven Denkens, die es ohne Not dem wissenschaftlichen Typus zuschlagen, zählt auch Lévi-Strauss.[38] Lévi-Strauss konstatiert zunächst, daß auch der Primitive von einem Drang nach objektiver Erkenntnis beseelt sei, sich dabei intellektueller Verfahren und Methoden der Beobachtung bediene (13). Nach allem, was hier über den konstruktiven Realismus gesagt ist, werden wir ihm darin gerne folgen. Das gilt auch für die weitere Feststellung, daß er wie die Wissenschaft darauf bedacht sei, Ordnung in die vorfindliche Wirklichkeit mittels Klassifikationen zu bringen und dabei natürlich davon ausgehe, daß die Welt selbst geordnet sei. Dann allerdings verläßt Lévi-Strauss den Boden gemeinsamen Verstehens. Mit dem feinen Esprit einer Sozialwissenschaft, die die Grenze zwischen Wissenschaft und

Poesie anders zieht als sonst, schreibt er dem magischen Denken wie den rituellen Praktiken die Ahnung des Determinismus einer künftigen Wissenschaft zu, derart, um ihn selbst zu Wort kommen zu lassen, »daß der Determinismus im ganzen *vermutet* und *manipuliert* wurde, noch bevor man ihn *erkennt* und *respektiert*?« (23) Die Risiken und die magischen Glaubensinhalte erscheinen dann als Ausdrucksform eines Glaubens an eine künftige Wissenschaft. So viel Spekulation steht einer Wissenschaft schlecht an, der primitiven ebenso wie der von Lévi-Strauss. Tatsächlich nimmt Lévi-Strauss die wissenschaftliche Auszeichnung der Primitiven denn auch alsbald zurück. Er stellt nämlich fest, es gebe zwei Arten wissenschaftlichen Denkens, »wobei die eine, grob gesagt, der Sphäre der Wahrnehmung und der Einbildungskraft angepaßt« sei, »der sinnlichen Intuition« nahe komme, die andere aber von ihr losgelöst bliebe (27). Es ist eine eigenartige Wissenschaft, die von der sinnlichen Intuition. Sie soll nämlich, folgt man Lévi-Strauss, nach dem Motto verfahren, es komme nicht darauf an, ob die in ihr geschaffenen Beziehungen in der Außenwelt auch wirklich vorhanden seien, entscheidend und wichtig sei nur, daß überhaupt klassifiziert werde.

»In Wahrheit handelt es sich nicht darum, zu wissen, ob durch Berührung mit einem Spechtschnabel Zahnschmerzen geheilt werden, sondern vielmehr darum, ob es möglich ist, in irgendeiner Hinsicht Spechtschnabel und Menschenzahn ›zusammenzubringen‹ (die therapeutische Regel, die auf dieser Übereinstimmung beruht, ist nur eine der Anwendungsmöglichkeiten) und durch solche Gruppenbildungen von Dingen und Lebewesen den Anfang einer Ordnung im Universum zu etablieren. Wie immer eine Klassifizierung aussehen mag, sie ist besser als keine Klassifizierung. So schreibt ein moderner Theoretiker der Taxonomie.« (20, 21)

Im Handumdrehen macht Lévi-Strauss hier aus einem Wissenschaftler einen Sensualisten, dessen »mythische Reflexion immer auf halbem Wege zwischen sinnlich wahrnehmbaren Eindrücken und Begriffen« stecken geblieben ist (31)[39]. Ohne uns weiter in die Absonderlichkeiten einer als Wissenschaft deklarierten Bastelei zu vertiefen, können wir, so denke ich, auf einfachere Weise sagen, wie es um das Verhältnis primitiven Denkens zur Wissenschaft bestellt ist.

Menschen sind nicht nur zu allen Zeiten ernsthaft daran interessiert gewesen, Wissen zu erwerben; sie waren auch zu allen Zeiten darin erfolgreich, Wissen von der Art und in exakt den Formen zu gewinnen, wie es uns heute durch die Naturwissenschaften zur Verfügung gestellt wird: Alle Gesellschaften kannten, um es zu wiederholen, Gesetzeswissen. Die kategorialen Formen schon sind nichts anderes. Allein, dieses Wissen war begrenzt. Neben dem sicheren Gesetzeswissen gab es Wissen, das sich in ganz anderen Formen darbot. Der Grund dafür war nicht einfach, daß es prinzipiell zwei Arten von Naturanschauung gibt, die des Bastlers und die des Wissenschaftlers, auch nicht, daß diese Gesellschaften nun einmal eine Inklination zum Sensorisch-Intuitiven gehabt hätten. Und nicht einmal das ist richtig, daß die Sprache für ihre Art, die Welt zu sehen, verantwortlich gemacht werden könne (35). Der Grund liegt schlicht darin, daß das anfängliche Denken anders strukturiert ist. In primitiven Gesellschaften ist das Denken so mächtig wie in unserer, es verläuft nur in anderen, und zwar den anfänglichen, primitiven Formen. Das auch ist der Grund, weshalb sich Klassifikationen ganz anderer Art bilden. Es ist absurd zu meinen, für die Angehörigen primitiver Gesellschaften sei es nicht darauf angekommen, ob ein Mittel, dem sie Heilkraft zuschrieben, wirklich heilte. Nach Effizienz wurde bei ihnen so gut wie bei uns gefragt. Nur standen auch die klassifikatorischen Bestimmungen unter den Anforderungen primitiver Logik. Das durchgehende interpretative Paradigma dieser Logik aber war das subjektivische. Und das ist das oppositionelle Paradigma des Wissenschaftlichen. Es heißt die Verhältnisse hoffnungslos verwirren, wenn man Wissenschaft, Naturwissenschaft insbesondere, an dieses oder jenes Verfahren, Beobachten, Klassifizieren, Schlußfolgern oder ähnliches bindet. Das alles gehört auch zum einfachen Denken. Die Naturwissenschaft ist an ein eigenes Paradigma gebunden. Sie erklärt, indem sie Wissen in Gesetze faßt und Gesetze zu Systemen ordnet. Soweit das subjektivische Schema in der Naturerklärung reicht, verfährt das Denken gerade nicht wissenschaftlich. Diese, wie mir scheint, einfache Feststellung zeigt sich deutlich, wenn man das subjektivische Kausalschema primitiven Denkens näher betrachtet.

3.3 Das subjektivische Kausalschema

Schemata sind, das ist bereits bei der Erörterung des Aufbauprozesses der Objektwelt deutlich geworden, operante Mechanismen. Sie liegen nicht in den Objekten und Ereignissen versteckt, um erst von sozialwissenschaftlichen Analytikern der Szene ans Licht geholt zu werden. Jeder faßt die Objekte so auf, wie sie in den Schemata aufgebaut worden sind. Das geschieht problemlos, solange Konstanzwissen in sie eingebaut ist. Es bedarf dann keiner expliziter Erklärungen. Anders nimmt sich das Bild aus, wenn Ereignisse eben solcher expliziter Erklärungen bedürfen. Auch dann allerdings läuft das interpretative Verfahren routinemäßig ab: in der Aktivierung des subjektivischen Grundschemas.

Kausale Erklärungsmuster können verdeckt oder offen in Ansatz gebracht werden. Solange Routine das Feld beherrscht, bleibt es bei der verdeckten Anwendung. Routine wird nicht thematisch gemacht. Erst wenn Routine stockt, wird nach expliziten Erklärungen verlangt. Eben deshalb aber gibt der Rekurs auf das subjektivische Schema primitiven Gesellschaften ihr eigenartiges Gepräge: Wenn sie nach Erklärungen fragen, fragen sie nach dem Ursprung des Geschehens.

»›Causation‹ is a keynote ... And at points almost inseparable the keynote is ›origin‹«[40]

Exakt das ist es:

Das primitive Kausalschema ist ein Ursprungsschema. Und der Ursprung wird allemal im Schema der Subjektivität eines Agens gedacht. Allerwärts werden deshalb in primitiven Gesellschaften subjektivische Agenzien als Erklärungen für Ereignisse thematisiert.

Die Thematisierung bringt das subjektivische Element voll zur Geltung und läßt daher die Herkunft des Erklärungsschemas deutlich werden. Die Agenzien brauchen nicht anthropomorphisiert zu werden, aber sie müssen als Handelnde dastehen.

»›Persons‹, in fact, are so inextricably associated with notions of causality that, in order to understand their appraisal of events and the kind of behavior demanded in situations as they define them, we are confronted over again with the roles of ›persons‹ as loci of causality in the dynamics of their universe. For the Ojibwa make no cardinal use of any concept of impersonal forces as major determinants of events ...
With respect to the Ojibwa conception of causality, all my own observations suggest that a culturally constituted psychological set operates which inevitably directs the reasoning of individuals towards an explanation of events in personalistic terms. Who did it, who is responsible, is always the crucial question to be answered.«[41]

3.4. Generalität und Dominanz des subjektivischen Schemas

Man kann nicht nachdrücklich genug hervorheben, daß das subjektivische Schema der Objekt- und Ereigniswelt als innere Form eingebaut ist. Das relationale Konstanzwissen ist deshalb etwas, das an der Oberfläche gewonnen wird, ohne das subjektivische Deutungsmuster zu tangieren. Im Untergrund bleibt das subjektivische Schema intakt. Es springt nicht nur ein, wenn auf der Ebene alltäglichen Handelns verläßliches Wissen fehlt; es nimmt auch in primitiven Gesellschaften bereits eine philosophische oder protophilosophische Funktion wahr: Sobald man hinter die Regeln und Gesetze zurückfragt, schlägt das subjektivische Muster als interpretatives Paradigma voll durch. Hinter die Regeln zurückzufragen, besteht aber aus mehr als einem Grund Anlaß. In der Praxis alltäglichen Lebens lassen sich nämlich selten alle Variablen erfassen, die für den Ausgang eines Ereignisses von Bedeutung sind. Über allgemeinste Erfahrungswerte ist selten hinauszukommen. Spruchweisheiten und Bauernregeln halten sie fest. Ihre Reichweite ist, wie jeder weiß, begrenzt. Wenn man in einen Fluß voller Krokodile steigt, bringt das eine gewisse Wahrscheinlichkeit mit sich, gefressen zu werden. Sicher ist es nicht. Es bedarf, würden die Azande sagen, noch eines zweiten Speers: witchcraft.

Hinzu kommt ein weiterer, ebenfalls durchschlagender Grund: Solange die Welt im subjektivischen Paradigma interpretiert wird, dürfen und müssen Ereignisse, die jemandem widerfahren, als intentional bedeutsam verstanden werden. Denn in sozialen Beziehungen sind Handlungen sinnhaft aufeinander bezogen. Wenn und soweit daher Ereignisse im Handlungsschema aufgefaßt werden, hat der Begriff des Zufalls in unserem Sinne keinen Platz.[42] Für die vielfach konstatierte Egozentrizität primitiven Denkens[43] gilt in entschiedenerer Weise noch als für die oben erörterte Egozentrizität von Kindern: Sie darf nicht einfach als Mangel der Dissoziation zwischen Subjekt und Außenwelt verstanden werden.[44] Die Egozentrizität primitiven Denkens ist eine Konsequenz der Interpretation der Welt in sozialen Kategorien. Es macht daher Sinn zu fragen, warum ein Vorgang, der »ganz natürlich« erklärt wird, ein Blitz, der in ein Haus eingeschlagen hat, ein Krokodil, das ein Kind gefressen hat, gerade den getroffen hat, den es traf. Und die Antwort? Manitu oder: Gottes unerforschlicher Ratschluß. Die Ojibwa hätten so antworten können, und mittlerweile antworten manche auch so. Es bereitete ihnen keine Schwierigkeiten, von Manitu zum Gott der Christenheit überzugehen. Nötig war nur ein Verstärkung anzeigendes Präfix: k'tci manitu.[45]

Die Generalität und Dominanz des subjektivischen Schemas als kausalem Paradigma ist nach allem auf eine höchst einfache Weise zu erklären: Sie wird durch den kategorialen Einbau in das Objekt- und Ereignisschema bewirkt. Auf eben diese Weise liegt es am Grund allen Begreifens immer bereit und kann durch alle natürlichen Erklärungen hindurchbrechen. Das ist es, was Feldforscher zum Ausdruck zu bringen suchen, wenn sie darauf verweisen, daß es in primitiven Gesellschaften keine wirklich übernatürlichen Welten gibt. Der subjektivische Untergrund gehört zur Realität. Eben deshalb lassen sich die subjektivischen Deutungsmuster, auch wenn sie Mächte aktivieren, deren Fähigkeiten im Vergleich zum alltäglichen Sozialverkehr der Menschen als »übernatürlich« erscheinen, von den natürlichen und mehr mundanen Lebensvollzügen nicht trennen. Von den Azande, die das subjektivische Agens als witchcraft namhaft gemacht haben, von ihren Interpreten wird es jedenfalls so übersetzt, sagt Evans-Pritchard:

»Witchcraft is ubiquitous. It plays its part in every activity of Zande life; in agricultural, and hunting pursuits; in domestic life of homesteads as well as in communal life of district and court; it is an important theme of mental life in which it forms the background of a vast panorama of oracles and magic; its influence is plainly stamped on law and morals, etiquette and religion; It is prominent in technology and language; there is no niche or corner of Zande culture into which it does not twist itself.«[46]

3.5. Das Entwicklungspotential

Das eigenartige Nebeneinander und Zusammenspiel funktional-relationaler und subjektivischer Erklärungen, das von allem Anfang an das Denken regiert und die Wirklichkeitsauffassung bestimmt, gibt bereits an dieser Stelle den Blick auf ein historisches Entwicklungspotential frei: das funktional-relationale Wissen wird zunehmen. Und in eben dem Maße, in dem es zunimmt, wird es das subjektivische verdrängen. Beide Paradigmen müssen trotz ihrer Gleichzeitigkeit und Nebenordnung in eine Entwicklungslogik gebracht werden. Das verkennt Lévi-Strauss.[47] Die Nebenordnung gibt jedoch darüber hinaus noch einen qualifizierteren, über Jahrtausende hin wirksamen Zug dieses Entwicklungsprozesses wieder: Der Zuerwerb des Wissens geschieht an der Oberfläche als einfache Ausweitung jenes funktional-relationalen Konstanzwissens, das sichere Routine und effiziente Naturbeherrschung erlaubt. Der subjektivische Hintergrund bleibt erhalten. Im monotheistischen Kulturhorizont des Abendlandes wird der eine Gott schließlich nur noch der Uhrmacher, der das ganze System einst geschaffen hat. Doch davon trennt primitive Gesellschaften eine ganze Geschichte.

Es liegt in der Natur der subjektivischen Struktur, Deutungsmuster für alles und jedes zu sein, das gesamte Denken bis in seine einzelnen Verzweigungen hinein zu bestimmen. Die von Reisenden, Missionaren, Feldforschern so vielfach beschriebenen Eigenheiten primitiver Weltbilder sind letzten Endes Ausdruck dieses Deutungsschemas. Wir erörtern im folgenden einige seiner auffälligsten interpretativen Umsetzungen.

4. Der Ursprung: Substanz und Subjekt in einem

4.1. Rekurs auf den Anfang

Subjektivische Erklärungen sind genetische Erklärungen. Wenn man fragt, warum etwas ist, wie es ist, muß in letzter Instanz ein Ereignis namhaft gemacht werden, das im Schema der Handlung gedacht ist, und also seinerseits Anfang und Ursprung in seiner Subjektivität findet. Erst wenn der Ursprung namhaft gemacht ist, ist das Ereignis soweit erklärt, daß nichts weiter zu erklären ist. Das geschieht natürlich nicht überall; aber es ist überall möglich. Die durch die subjektivische Logik abverlangte Nötigung, einen Ursprung zu finden, ist der eigentliche Grund für den von Ethnologen vielfach bezeugten Mangel an Interesse für die sogenannten »sekundären Ursachen«. Es ist nur allzu logisch, sich auf das Wesentliche zu konzentrieren; und das ist die letzte, die eigentlich bestimmende Ursache.

4.2. Die Substantialität des Ursprungs

Der Umstand, daß alles und jedes, was ist, auf der unterliegenden subjektivischen Matrix wahrgenommen und sprachlich auch so expliziert wird, der Umstand insbesondere, daß diese Matrix den Objekten selbst eingeprägt ist, hat zur notwendigen Folge, daß in den Ursprung hineingenommen werden muß, was sich an äußeren Eigenschaften zeigt. Alles vorfindlich Seiende muß einem Ursprung zugeschrieben werden. Es ist ja aus ihm hervorgegangen. Der Ursprung muß deshalb so gedacht werden, daß das, was ist, als unentfaltetes Sein in ihm beschlossen liegt. Jener doppelte Sinn, der unserem Substanzbegriff eignet: Daß nämlich Substanz zum einen das in seiner Materialität realiter Vorfindliche ist, zugleich aber das eigentlich Wesentliche, aus dem heraus das Vorfindliche entstanden ist und seine Bestimmung erfährt, exakt dieser doppelte Sinn wird von der subjektivischen Logik impliziert.

Man muß sich bewußt machen, daß solche Auffassungsweisen nicht erst Produkt angestrengten Denkens sind, keine hochtrabende Philosophie. Sie hängen an dem eingebauten Schema. Kognitive Schemata sind, man kann es nicht nachdrücklich genug betonen, operante Mechanismen. Sie bringen sich selbst zur Geltung. Das Schema denkt. Es bestimmt die Philosophie, nicht umgekehrt. Die Substantialisierung des Ursprungs im primitiven Denken ist oft genug hervorgehoben worden. Sie hat einen eigenartigen, aber nach unserer Aufschlüsselung geradezu selbstverständlichen Effekt: Substantialisiert wird gerade die Subjektivität, jenes Aktionszentrum, von dem alles und jedes seinen Ausgang nimmt. Die noch unentfaltete Kraft des Ursprungs, der Wille, die Seele, sie werden als Substanzen gedacht. Die Subjektivität wird unter dieser Anforderung selbst zur Substanz. Das gilt natürlich auch für die Subjektivität des Menschen. Das Leben, das Selbst, die Seele, werden in primitiven Gesellschaften als ein substantialisiertes Etwas aufgefaßt.[48] Und da der Ursprung als Subjektivität sich zur Tat nur durch den Gedanken entäußert, erst durch ihn sich das erfahrbare Geschehen zu dem formt, als was es erfahren wird, sind substantialisiert auch die Gedanken. Sie liegen im Ursprung selbst, noch vor ihrer Verkörperung in den Geschehnissen, in denen sie hernach erfahren werden in der gedeuteten Welt. Die Substantialisierung der Gedanken darf deshalb nicht als intellektueller Irrtum verstanden werden. Ganz im Gegenteil. Sie hat die Stringenz der Logik für sich.

Es ist erst die Aufgabe späterer Untersuchungen, die Ausprägungen dieser Logik unter den Anforderungen der Philosophie in der abendländischen Geistesgeschichte darzutun. Nur dient es der

Einsicht in die Vorstrukturierung des Denkens durch die unterliegende Logik, wenn bereits an dieser Stelle darauf hingewiesen wird, daß die großen und kleinen Philosophien, so wie sie sich in den Deutungen an der Oberfläche der Theorien in einer langen Geschichte darstellen, an der vorgegebenen Logik haften. Das gilt für primitives Denken nicht anders als für fortgeschritteneres. Über Jahrtausende aber war es die subjektivische Logik, die für den Aufwand an Denken gesorgt hat.

4.2.1. Philosophische Ableger

Die zuvor erwähnte Substantialisierung der Gedanken oder Ideen in der Substanz ist denn auch in der ganzen Geistesgeschichte wiederzufinden. Das ist unschwer wahrzunehmen für die platonische Ideenlehre. Die strukturelle Prämisse des Gedankens, daß das wahre Sein in den Ideen liege, ist nirgends anders als in der Handlungslogik primitiven Denkens zu suchen. Für sie gilt, daß der Gedanke dem, was geschieht, vorhergeht. Für sie hat der Gedanke ebenso die Dichte und Schwere der Substanz wie die Kraft der Subjektivität. Man kann über die Prämisse viel nachdenken und große Philosophien daran knüpfen. Die Prämisse selbst bleibt vorgegeben. Der Kern des platonischen Systems stammt nicht von Plato. Er findet sich denn auch aber- und abermals auf den früheren Stufen der Weltanschauung wieder. Ich komme darauf zurück.

Nicht anders steht es um den Universalienstreit des Mittelalters. Auch er ist ebenso Ausdruck dieser seit Anfang in Geltung stehenden logischen Struktur. Denn die Frage, ob dem Begriff als Gattung eine eigene Realität zukommt, setzt schon voraus, daß auch Begriffe als Entitäten behandelt werden. »Ohne diese beiderseitige Grundvoraussetzung wäre aller Streit darüber, ob jenes Gemeinsame eine gesonderte tatsächliche Existenz besitze oder in und mit den Sonderungen als anschauliches Moment sich aufweisen lasse, innerlich unverständlich.«[49] Der Ursprung dieses die Philosophie in mannigfachen Ablegern bis in die Gegenwart bewegenden Streits liegt mithin nicht in irgendwelchen Theoremen, für die sich diese oder jene Argumente finden ließen. Der Ursprung liegt in der explikativen Tiefenstruktur der Wirklichkeitsauffassung, eben der subjektivischen Logik. Die auch zeichnet für jene rätselhafte »Ding-Philosophie« Descartes' verantwörtlich. In ihr ist die Substantialität des Denkens explizit zum Prinzip erhoben. Descartes hat ausdrücklich klargestellt, daß auch die Vorstellungen an einer realen Dinghaftigkeit teilnehmen. Ihre Sachhaltigkeit ist die ihres Ursprungs. Deshalb erklärt er: »Und schließlich erkenne ich, daß der Bedeutungsgehalt einer Vorstellung nicht von etwas bloß Möglichem – das ja im eigentlichen Sinne nichts ist – hervorgerufen werden kann, sondern nur von etwas Wirklichem oder Gegenständlichem.«[50] Auf eindrucksvolle Weise hat Descartes diese Vorstellung im sogenannten ontologischen Gottesbeweis belegt. Die Argumentation lautet bekanntlich: Weil ich unter anderen Vorstellungen auch die Vorstellung Gottes in mir finde, diese Vorstellung aber die einer unendlichen, unabhängigen, allwissenden und allmächtigen Substanz zum Inhalt hat, kann sie nicht von mir stammen. Denn in ihrer ersten und wirkenden Ursache muß mindestens ebensoviel Sachgehalt wie in der Wirkung sein. – Ergo ist Gott. Man sieht: Die Logik dieser Argumentation beruht darauf, daß jedes Objekt schon als solches nur in einem Teilhabeverhältnis zu seinem Ursprung, aus dem es hervorgegangen ist, aufgefaßt zu werden vermag. Es partizipiert an der Schwere der Substanz. Sein Sachgehalt ist bestimmt durch die Nähe zu ihr.[51] Auf eben diese Weise wird jeder Gegenstand der Aufmerksamkeit notwendig reifiziert und substantialisiert. Gedanken gewinnen den Status einer besonderen Materie. Noch Kant hat das Denken als ihre Formgebung gesehen.[52] Die Reifizierung geht soweit, daß der Satz vom Widerspruch mühelos in den physikalischen Satz überführt wird, daß, wo ein Körper ist, nicht zugleich ein anderer sein kann.[53]

Auf eine geradezu klassische Weise kommt die ursprüngliche subjektivische Logik auch in den Kausallehren der großen philosophischen Theorie zum Ausdruck. Für frühere Kausallehren wie die Aristoteles' ist das nicht überraschend und natürlich allseitig bemerkt worden. Allein, daß sich die Logik auch nach mehr als zweitausend Jahren philosophischer Reflexion durchhält, das zeigt Härte und Macht dessen, was wir einen »operanten Mechanismus« genannt haben. Kant stellt zum Verhältnis von Ursache und Wirkung fest: Die Wirkung ist darin Wirkung, daß sie *durch* die Ursache gesetzt ist. Er läßt auch keinen Zweifel über den Kern dieser Vorstellung. Die Ursache muß als eine wirkende Kraft gedacht werden. Konsequent sagt er von der Wirkung, daß sie an »der Kausalität ihrer Ursache« hängt. Dabei ist die Kausalität, i. e.:

die Kraft des Ursprungs, Wirkungen hervorzubringen, als Handlung gedacht. Kant spricht es auch aus: »Diese Kausalität führt auf den Begriff der Handlung, diese auf den Begriff der Kraft und dadurch auf den Begriff der Substanz.« Alle drei Begriffe sind von Anfang an miteinander verbunden. »Wo Handlung, mithin Tätigkeit und Kraft ist, da ist auch Substanz und in dieser allein muß der Sitz jener fruchtbaren Quelle der Erscheinungen gesucht werden.« Handlung bedeutet schon das Verhältnis des Subjekts der Kausalität zur Wirkung. Ebensogut läßt sich sagen: Kausalität bedeutet schon, Wirkweise eines Subjekts, mithin Handlung zu sein. »Denn nach dem Grundsatz der Kausalität sind Handlungen immer der erste Grund von allem Wechsel der Erscheinungen . . .« Man kann deshalb auch ebenso gut von der »kontinuierlichen Handlung der Kausalität« sprechen. Mit aller nur wünschenswerten Deutlichkeit ist danach klargestellt, daß hier das der Kausalität zugeschriebene Moment der Erklärung mit der Vorstellung eines handelnden Agens als Ursprung der Folgeverhältnisse verbunden war. Diese Vorstellung ist umso bemerkenswerter, als sie noch neben einer Naturbetrachtung Bestand hat, die schon ihren Begriff durch das Gesetz bestimmt sein läßt.[54]

Der Ursprung als Substanz und Subjekt in einem; – die ingeniöse Formel stammt bekanntlich von Hegel. Erfunden hat er sie nicht. Sie lag seit Jahrtausenden am Grunde der Logik.

4.3. Die innere Logik subjektivischer Deutung

Die behende und problemlose Art, mit der in primitiven Gesellschaften auf subjektivische Agenzien zurückgegriffen und dieser Rückgriff als Erklärung für alles mögliche auch gelten gelassen wird, hat immer wieder Erstaunen erregt. Und in der Tat gibt er primitiven Gesellschaften jenen Anschein des Irrationalen, den sie in vielen Darstellungen machen. Wir haben diesem Verfahren bereits einmal Realismus und Logik vindiziert. Noch einmal also: Die Ausbildung dieses Denkschemas ist ein Stück realistischer Wirklichkeitsbewältigung. Menschen handeln wirklich als Subjekte. Das subjektivische Schema als Ursprungsschema auszubilden, ist eine absolute Notwendigkeit. Mehr noch: Dem Rückgriff auf die Subjektivität eines handelnden Agens kommt ein wirklicher Erklärungswert zu. Worin liegt der?

Handeln heißt Motivationslage und Interesse des handelnden

Subjekts nach außen zu setzen. Wer handelt, will etwas ändern, und sei es nur seine eigene psychische Situation. Der Ursprung des Handelns liegt deshalb wirklich im Subjekt, von ihm geht es aus. Eben deshalb hat es Sinn, retrospektiv auf das Subjekt zu verweisen. In eben dieser Weise verfahren wir tagtäglich in den Erklärungen der Sozialwelt. Uns genügt es zu wissen, wer etwas getan hat. Der schiere Umstand, daß er es getan hat, ist bereits eine Erklärung. Es ist möglich, mehr wissen zu wollen. Die Frage nach dem Warum bringt zunächst die Motivations- und Interessenlage ins Spiel. Gemeinhin ist sie damit auch erledigt. Wer erfährt, daß X fehle, weil er an einer Demonstration teilnehme, hat im allgemeinen erfahren, was er erfahren wollte. Allein, man kann weiter bohren. Weshalb will X an einer Demonstration teilnehmen? Die Frage rollt einen unübersehbaren Bedingungszusammenhang auf. Handeln erfolgt immer unter Bedingungen. Von jeder einzelnen dieser vielfältigen und vielfältig verknüpften Bedingungen darf man annehmen, daß sie Mitgrund war für die Motivation und schließliche Handlung X'. Allein, das ändert nichts daran, daß alle Bedingungen, einzeln wie in ihrem Verbund, ihren Durchgang durch das Subjekt selbst nehmen. Wo immer das Subjekt ins Spiel kommt, schließt es die Vorstellung ein, sich in einem raumzeitlich nicht fixierbaren Aktionszentrum zu verdichten, das ebenso als Organisator seiner selbst wie seiner Handlungen erscheint. Man mag noch so viele Bedingungen häufen, in ihm werden die Faktoren nicht nur gebündelt; zwischen Eingang und Ausgang liegt ein konstitutioneller Hiatus. Oder, wie Feuerbach prägnant erklärt: »Zwischen dem bestimmenden Grunde und seiner Folge stehe jedoch ich ...«[55] Der Erklärungswert der Antwort resultiert mithin daraus, daß das Subjekt in den Bedingungen, denen es unterworfen ist, nicht einfach aufgeht. Es verarbeitet sie und läßt deshalb die Handlung als etwas Neues erscheinen. Deshalb ist es berechtigt, ja notwendig, auf es als Ursprung der in Gang gesetzten Erfolge zu rekurrieren. Deshalb aber kommt dem Rekurs auf es ein realer Erklärungswert zu. Solange die Grenzen der Sozialwelt mit denen der Lebenswelt strukturell deckungsgleich sind, deckt deshalb die Frage nach der bestimmenden Subjektivität die Suche nach den weiteren Faktoren ab. Das ist, um noch einmal darauf zurückzukommen, der Grund für den von vielen Ethnologen festgestellten Mangel des Interesses an den sogenannten sekundären Ursachen in primitiven Gesellschaften. Es fehlt nicht das Interesse; die Logik des Systems bietet keinen Anhalt, es zu verfolgen.

Primitive Welten werden, das haben die vorhergehenden Erörterungen bereits deutlich werden lassen, verständlich, wenn man sie von ihren Bedingungen her aufschlüsselt. Das zeigt sich auch an anderen Eigenarten, und zwar gerade an solchen, die auf den ersten Blick absonderlich erscheinen. Das, was wir Mythos und mythisch nennen, gehört dazu. Es ist von jener logischen Stringenz, die schon die vorhergehenden Auffassungen zeigten, nur eben die einer subjektivischen Logik.

5. Die mythische Welt

5.1. Mythische Einheit

Wenn man sagt, Objekten sei ein Objektschema eingebildet, so orientiert man sich in erster Linie an in sich wohl abgegrenzten Objekten im Umfeld der Lebensführung: an einem Menschen, einem Baum, einem Bleistift etc. Und man tut gut daran. Denn eben solche in sich wohl abgegrenzten Objekte sind es, an denen das Objektschema ausgebildet wird. Allein, es gibt Objektverbindungen, in denen mehrere Objekte zu einer Einheit zusammengeschlossen sind. Dabei können diese Einheiten reale, ihrerseits in sich abgegrenzte Größen sein. Auf einem Teich blühen Wasserrosen, in ihm schwimmen Fische. Ebenso können derart reale Objektverbindungen erst von Menschen geschaffen werden, in einem Haus zum Beispiel oder einem Hof oder einer Fabrik. Die Einheiten können aber auch rein begrifflicher Natur sein, Klassifikationen etwa. Die begriffliche Art, die Wirklichkeit zu organisieren, erlaubt nahezu unbegrenzte Objektverbindungen herzustellen, die dann ihrerseits wie ein Objekt benannt und behandelt werden. Es ist diese Art von Objektverbindungen, die unter der Ägide der subjektivischen Grundstruktur primitiven Welten einen eigenartig mythischen Zug verleihen.

Erinnern wir uns daran, daß wir festgestellt haben, Objekten sei das Objektschema eingebildet. Es sei ein operanter Mechanismus, der jede Wahrnehmungs- und Auffassungsweise in seinen Bann schlage. Eben das gilt auch für die zusammengesetzten Begriffsobjekte. Sie werden wie jedes in sich abgegrenzte Einzelobjekt auf einer Folie des gleichen Objektschemas gebildet. Das aber heißt, ihre Einheit wird auf der Basis des gleichen subjektivischen Zentrismus hergestellt wie bei jedem anderen Objekt auch. Auf eben diese Weise entsteht eine subjektivisch konzipierte Einheit, die die einzelnen Objekte in sich integriert. Haus – Menschen – Sachen sind über ein sie gemeinsam bestimmendes subjektivisches Zentrum, in dem das eine so gut wie das andere beschlossen liegt, zusammengefügt. Einem europäischen Verstand ist es noch einigermaßen einsichtig, wenn Haus und Hof und Leute in einer Einheit zusammengedacht werden, die nur schwer zu lösen ist und deren Schutzgeist eben diese Einheit in sich darstellt. Allein, das primitive Denken ist darin weit radikaler, Einheiten zu bilden. Es schafft Einheiten, die über einzelne Merkmale laufen und sichert ihnen so mit der Substanzialität eine eigenartige Tiefendimension. Die Welt, das ist nicht einfach die eine, ein für allemal stabile Außenorganisation. Die Dynamik des Hintergrundes schafft unbegrenzte Möglichkeiten ihrer Gliederung. Es ist das, was ich mythische Einheit und mythische Kausalität nenne. Auf den ersten Blick sind es absonderliche Verbindungen, die absonderliche Welten entstehen lassen. Bei näherem Zusehen freilich zeigt sich auch hier jene schon reklamierte Logizität.

5.2. Synkretistische Verbindungen

Objekte, haben wir früher einmal festgestellt, lassen sich nur durch ihre Eigenschaften bestimmen. Durch sie erfahren sie ihre Identität. In der subjektivischen Vorstellungswelt ist Identität mit jener latenten Dynamik verbunden, die dem subjektivischen Schema eignet: Es ist, als würden die Eigenschaften aus der substantialisierten Subjektivität herausgesetzt. Das, was am Objekt erfahrbar ist, ist danach im Grunde die Subjektivität der Substanz. Zwischen Substanz und Merkmal besteht eine Beziehung. Das Merkmal ist nicht einfach Teil des Objektes, es wird von der Substanz des Objektes bewirkt. Das aber, was bewirkt, daß das Objekt so ist, wie es ist, die Substanz, wird nach Art der Subjektivität gedacht. Die Substanz als Subjekt setzt das Merkmal aus sich heraus. Die subjektivische Logik ist eine emanative Substanzlogik. Die Vorstellung einer emanativen Beziehung zwischen Substanz und Merkmal läßt zwischen beiden ein Verhältnis der (Teil-)Identität entstehen. In der Subjekt/Substanz liegt, was an der Merkmalsseite sichtbar wird. In manchen Gesellschaften findet diese Eigenart primitiven Denkens ihren auch äußerlich greifbaren Ausdruck. D. D. Lee stellt in einer Analyse des Denkens der Trobriander fest:

»A Trobriand word refers to a self-contained concept. What we consider an attribute or a predicate, is to the Trobriander an ingredient. Where I would say, for example, ›a good gardener‹ or the ›gardener is good,‹ the Trobriand word would include both ›gardener‹ and ›goodness‹; if the gardener loses the goodness, he has lost a defining ingredient, he is something else and he is named by means of a completely different word. A taytu (a species of yam) contains a certain degree of ripeness, bigness, roundedness, etc.; without one of these defining ingredients, it is something else, perhaps a bwanawa or a yowana. There are no adjectives in the language; the rare words dealing with qualities are substantivized.«[56]

Für natürliche Objekte ist diese Art Substantialisierung der Merkmalsseite eine uns mittlerweile geläufige Objektauffassung. Für sie auch ist sie nicht sonderlich aufregend, eine kulturelle Eigenart, Substanz und Objekt in Beziehung zu setzen, nicht mehr. Dramatische Bedeutung gewinnt diese Art der Merkmalsbildung erst dadurch, daß die begriffliche Art, mit der Merkmale geformt werden, ihre Ablösung vom konkreten Objekt erlaubt und sie auf diese Weise verselbständigt. Wenn dabei die Substanz-Eigenschaftsrelation festgehalten wird, führt das zu absonderlichen Wahrnehmungswelten.

Merkmale haben es an sich, generalisierte Konzepte zu sein: Das Rot der Rose ist auch das Rot des Blutes, auch das Rot des Feuers, auch das der Sonne etc. Diese Merkmalsgeneralisierung gehört zu den frühen kognitiven Leistungen des Menschen. Die Befähigung zu dieser Generalisierung reicht bis auf die Stufe vorhumaner Lebewesen zurück.[57] Mit der sprachlichen Fixierung von Merkmalen erreicht die abstrakte Konzeptualisierung eine neue Höhenlage. Merkmale können wie Entitäten gehandhabt werden. Sie hören dadurch nicht auf, substantialisiert, und das heißt gleichzeitig materialisiert zu sein. Vielmehr zeitigt ihr Vorkommen an verschiedenen Objekten eine wie mir scheint auf der Folie subjektivischer Logik geradezu unabweisbare Konsequenz: Gleiche Merkmale an unterschiedlichen Objekten müssen dem gleichen Substanz/Subjekt zugeschrieben werden. Ruth Underhill rekapituliert Frazer und stellt von den Indianern fest:

»Their chief rule was, that things that looked alike were probably permeated by the same power.«

In der Tat ist diese Identität hundertfach bezeugt. Ganze Kosmologien sind nach eben diesem Prinzip strukturiert.[58] Das aber bedeutet, daß Objekte über das gleiche Substanz/Subjekt miteinander eine substantielle Einheit eingehen, die nach unserem Verständnis nichts miteinander zu tun haben. Eben weil die Beziehung zwischen Substanz und Merkmal ebenfalls als Identität gedacht wird, kommt über die einzelnen Eigenschaften der Merkmalseite Identität zwischen Verschiedenem zustande. Es versteht sich, daß bei dieser Logik auch der Name, der Schatten, das Bild als in vollem Sinne identisch mit dem Objekt, für das sie stehen und aufscheinen, erachtet werden müssen. Das ist nicht einfach eine Konsequenz mangelnder Dissoziation von Subjekt und Objekt, wie Piaget konstatiert.[59] Es ist eine Konsequenz des positiv aufgebauten Interpretationsschemas. Name, Schatten, Bild signalisieren von sich aus kraft des Abbildverhältnisses Identität. In Ägypten wurden Schriftzeichen lebender Wesen verstümmelt, wo sie in die Nähe eines Toten kamen und ihm schaden konnten.[60]

5.2.1. Totemistische Verbindungen

Ohne die alte Diskussion hier aufnehmen zu wollen, sie ist, entgegen anderslautenden Versicherungen[61], nicht wirklich erledigt, scheint mir, daß die totemistischen Identifikationen über diese Identitätsbildung laufen. Mit Recht nennt Stanner das Totem in eben diesem Kontext. Er stellt fest:

»In such a context one has not succeeded in thinking black until one's mind can, without intellectual struggle, enfold into some kind of oneness the notions of body, spirit, ghost, shadow, name, spirit-site and totem. To say so may seem a contradiction, or suggest a paradox, for the black fellow can and does, on some occasions, conceptually isolate the ›elements‹ of the unity most distinctively. But his abstractions do not put him at war with himself . . .

There are many other such ›onenesses‹ – which I believe I could substantiate. A black fellow may ›see‹ as ›a unity‹ two persons such as two siblings or a grandparent and grandchild; or a living man and something inanimate, as when he tells you, say, the woolly-butt tree, his totem, is his wife's brother.«[62]

5.2.2. Analogisches Denken

In der ethnologischen/kulturanthropologischen Literatur wird die Zusammenfassung unterschiedlichster Gegenstände über eine Merkmalsähnlichkeit als »analogisches Denken« bezeichnet. Die Bezeichnung ist nicht gerade falsch, aber sie haftet am Äußerlichen und ist, was die Ursache angeht, eher irreführend. Denn der Grund dessen, was man analogisches Denken nennt, ist nicht eine Vorliebe für Analogien; das wäre ganz unverständlich. Der Grund liegt in der eigentümlichen Substantialisierung von Merkmalen, bei der gleiche Merkmale nur einem gleichen Subjekt/Substanz zugeschrieben werden können, letzten Endes also in der subjektivischen Logik. Es gibt wundersame Beispiele analogischen Denkens. Eines sei angeführt. Ich übernehme es von Lévi-Strauss.[63]

»Bei den Fang aus Gabon müssen die schwangeren Frauen das Eichhörnchen meiden: Dieses Tier flüchtet sich in die Höhlungen der Baumstämme, und die werdende Mutter, die von seinem Fleisch äße, müßte befürchten, daß der Fötus das Tier nachahmt und sich weigert, den Uterus zu verlassen. Das gleiche könnte auch recht gut auf die Wiesel und die Dachse zutreffen, die in Erdhöhlen wohnen; die Hopi-Indianer haben indessen genau den umgekehrten Gedankengang: Sie glauben, daß das Fleisch dieser Tiere die Niederkunft begünstigt, weil diese Tiere fähig sind, sich einen unterirdischen Fluchtweg zu graben, wenn sie vom Jäger verfolgt werden: Sie helfen also dem Kind, ›schnell niederzukommen‹; deshalb kann man sie auch um Regen anrufen. (Voth I, S. 34 Anm.)«

Das Beispiel läßt zweierlei erkennen: Die Analogie läuft über eine Merkmalsähnlichkeit, hier ist sie äußerlich wahrnehmbar, ein Lebewesen in einer Höhle. Allein, entscheidend ist, daß die Merkmalsähnlichkeit wie selbstverständlich auf ein gleiches Verhalten schließen läßt, und zwar ein nur mögliches. Es könnte sich weigern... Unzweideutig wird mit der Merkmalsähnlichkeit ein substantiell ähnliches Verhaltenszentrum konzipiert, ein Wille. Das analogische Denken verweist uns deshalb über die mythische Einheit auf eine mythische Kausalvorstellung.

5.3. Mythische Kausalität

Geradezu dramatische Konsequenzen zeitigt die mythische Wirklichkeitsauffassung in den Kausalvorstellungen. Hier auch erweist sich vor allem, wie wichtig es ist, sie als eine von der subjektivischen Logik geradezu abverlangte Konsequenz zu begreifen. Nur dann nämlich, wenn man den Grund in der eigenartigen Substanz-Subjektivität sieht, kommt die Dynamik mit in den Blick, die ihr immanent ist. Wenn Objekte über bedeutsame Eigenheiten der Merkmalseite zu einer mythischen Einheit deshalb zusammengeschlossen werden, weil das gleiche Merkmal der gleichen Substanz zugeschrieben wird, dann ist es unabweisbar, in jedem dieser einzelnen Objekte die gleiche Substanz als kausal wirksam zu sehen. Um noch einmal Frazer/Underhill zu zitieren: »Things that looked alike were probably permeated by the same power.«

Dabei ist daran zu erinnern, daß es zur Logik der subjektivischen Wirklichkeitsauffassung gehört, zwischen Merkmal und Subjekt/Substanz eine Teilidentität zu sehen. Jedes Merkmal ist aus der Substanz kraft ihrer Subjektivität nach außen gesetzt. Folgeweise kann man versuchen, über das Merkmal auf die Subjekt/Substanz einzuwirken. Wenn man das Merkmal herbeiführt, setzt man wegen der Identität von Substanz und Merkmal mit dem Merkmal auch die Kraft der Substanz in Bewegung. Bei der Art, mit der die unterschiedlichen Dinge über eine Merkmalsähnlichkeit zusammengeschlossen werden, muß das zu eigentümlichen und für uns absonderlichen Verfahren führen, mit der Wirklichkeit fertigzuwerden. Ungezählte magische Praktiken leiten sich daraus her. Das Besprengen des Bodens mit Wassertropfen ist ebenso ein Verfahren, um Regen herbeizuführen, wie Tränen fließen zu lassen, indem man Kinder weinen macht, bevor man sie opfert.[64] Underhill hebt diesen Aspekt exakt in diesem Zusammenhang hervor. Sie fährt in dem angeführten Zitat fort:

»Like produces like. Therefore, if a school of fish does not arrive when the fisherman wanted, they put a wooden fish into the water and the fish will come by imitative magic.«[65]

Was hier imitative Magie genannt wird, ist die Manipulation der Fische durch die Manipulation ihres Bildes. Auch hier zeigt sich, daß der Identitätszauber[66] die Stringenz subjektivischer Logik für sich hat.

Einmal mehr ist darauf hinzuweisen, daß diese Art von Logik sich bis in unsere Zeit durchgehalten hat. Lediglich die magische Nutzanwendung ist durch die effizientere technologische Praxis bereits überholt. Durkheims Kausallehre, um nur ein Beispiel zu nennen, kann gar nicht anders denn als eine geradlinige Fortsetzung dieser Vorstellung begriffen werden. Sie läßt sich auch hermeneutisch über Descartes belegen. Ausdrücklich konstatiert er aber und abermals, daß eine Ursache nur eine Wirkung haben könne und eben deshalb von einer vorliegenden Wirkung immer auf ein und dieselbe Ursache geschlossen werden müsse.[67]

5.4. Die mythische Zeit

Das durchgehende Verständnis der Geschehnisse auf der Folie des Handlungsschemas verleiht dem primitiven Weltverstehen per se eine zeitliche Tiefendimension: Etwas ist, weil es so geworden ist, in der Konsequenz der Logik so geschaffen wurde. Das gilt für die einzelnen Ereignisse, das gilt aber auch für umfassendere Wirklichkeitsbereiche, schließlich für das, was die Welt für die ausmacht, die sie begreifen.

Man kann die Perspektive von Sein und Gewordensein, die der primitiven Welt eignet, zum Anlaß nehmen, primitiven Gesellschaften so gut wie der unsrigen ein Geschichtsverständnis zuzuschreiben und sich, wenn man will, hinreißen lassen, den »historischen Sinn« dem Menschen als eine elementare Eigenschaft zuzuschreiben, die mit seiner Kulturfähigkeit schlechthin gegeben sei. R. Schott hat das getan.[68] Ratsam ist das nicht. Denn dabei wird nicht nur der Geschichtsbegriff in einer ganz unerträglichen Weise trivialisiert. Verloren geht dabei in gleicher Weise die spezifische Eigenart der Zeitauffassung, wie sie in dem mythischen Weltverstehen auf der Folie des Handlungsschemas enthalten ist. Im mythischen Denken nämlich besteht, wie wir gesehen haben, zwischen dem Ursprung und der vorfindlichen Realität eine emanative Beziehung, die Identität bewirkt. Das aber bedeutet, daß der Ursprung stets aktuell in der Gegenwart präsent ist. Er ist die eigentlich bestimmende Kraft dessen, was in der Gegenwart existiert und dauert. Das schafft ein völlig anderes Verständnis des Verhältnisses von Vergangenheit–Gegenwart–Zukunft als das unsere. Die Vergangenheit wirkt in Gegenwart und Zukunft nicht einfach nur fort. Sie ist in der Gegenwart substantiell präsent, in ihrem wahren Kern unverändert. Das gleiche gilt für die Vorstellung von der Zukunft. Zeit ist etwas, dessen Dynamik die Dynamik des absoluten Ursprungs ist. In einer Vielzahl von Mythen ist dieser Ursprung in der Dauer der Ordnung der Gegenwart und Zukunft festgehalten. Das hat einen leicht einsichtigen Grund: Der Mensch ist abhängig von der Ordnung, in der er lebt, von der Natur ebenso wie von der sozialen. Beide erfährt er als prekär und irritierbar. Das läßt sie zum Gegenstand der Sorge werden. In vielen Mythen ist der Ursprung dieser Ordnung aus dem Chaos thematisch gemacht.[69] Ihre Endgültigkeit wird festgehalten. Der Zweck, diesen Vorgang in Mythen zu fixieren und in Riten zu zelebrieren, ist immer auch, ihre Dauer zu beschwören. Die Identität der Gegenwart mit der Vergangenheit, i. e. dem Ursprung, ist die Garantie des Lebens in der Gegenwart. Und weil das Verhältnis zwischen Herkunft, Vorfindlichem und Zukünftigem als ein Verhältnis der Identität gedacht wird, gilt der Satz: Nichts wirklich Neues unter der Sonne.

Was in Mythen auf der verbalen Deutungsebene festgehalten ist, wird in Riten praktisch umgesetzt und zur Wirksamkeit realer Verhältnisse beschworen. Der Umstand, daß der Ursprung in die Gegenwart hineinragt, macht es notwendig, ihn sich aber und abermals ereignen zu lassen. Horton hat auf die verbreitete rituelle Praxis verwiesen, in den Ursprung zurückzukehren und den Lauf der Zeit zu negieren.

»A corollary of this attitude to time is a rich development of activities designed to negate its passage by a ›return to the beginning‹. Such activities characteristically depend on the magical premiss that a symbolic statement of some archetypal event can in a sense recreate that event and temporarily obliterate the passage of time which has elapsed since its original occurrence.

These rites of recreation are to be seen at their most luxuriant in the ancient cultures of the Western Sudan – notably in those of the Bambara and Dogon. In such cultures, indeed, a great part of everyday activity is said to have the ulterior significance of recreating archetypal events and acts. Thus the Dogon labouring in the fields recreates in his pattern of cultivation the emergence of the world from the cosmic egg. The builder of a homestead lays it out in a pattern that symbolically recreates the body of the culture-hero Nommo. Even relations between kin symbolize and recreate relations between the primal beings.

One might well describe the Western Sudanic cultures as obsessed with the annulment of time to a degree unparalleled in Africa as a whole. Yet other, less spectacular, manifestations of the attempt to ›get back to the beginning‹ are widely distributed over the continent. In the West African forest belt, for instance, the richly developed ritual dramas enacted in honour of departed horses and ancestors have a strong recreative aspect. For by inducing these beings to possess specially selected media and thus, during festivals, to return temporarily to the company of men, such rituals are restoring things as they were in olden times.«[70]

Die Rückkehr in den Ursprung ist die Aufhebung der Zeit. Ganz die gleiche Vorstellung berichtet Stanner von den australischen Eingeborenen:

»The value given to continuity is so high that they are not simply a people ›without a history‹: they are a people who have been able, in some sense, to ›defeat‹ history, to become ahistorical in mood, outlook and life.«[71]

Die ganz andere Zeitvorstellung primitiver Gesellschaften wird uns auch aus der Geschichte überliefert. Die mythische Vorstellung, in der der Ursprung als Ursprung alles dessen, was ist und geschieht, Vergangenheit und Gegenwart zusammenschließt, hat auch die Wirklichkeitsauffassung der Hebräer bestimmt. Für sie waren Vergangenheit und Gegenwart ein einziges Tun Gottes. Die Auflösung von Vergangenheit und Geschichte ist Leben schaffende Wirklichkeit. Geschichte als zeitlichen Abstand gibt es für die Hebräer nicht.[72] Ganz das gleiche läßt sich von den alten Maya berichten. Wenn sich in ihren prophetischen Gesängen ein auffälliges Unvermögen zeigt, zwischen Vergangenheit und Zukunft zu unterscheiden[73], so auch hier deshalb, weil auf der Folie subjektivischer Logik zwischen beidem ein Verhältnis von Identität vorliegt. Miguel León-Portilla hat diese Identität festgehalten, wenn er von dem Maya-Wort »*kinh*«, das »Sonne« und damit oberste Gottheit »Tag« und »Zeit« bedeutet, feststellt:

»*Kinh* is primordial reality, divine and without limit. Kinh includes, conceptually, all of the cycles and all of the cosmic ages which have existed.«[74]

Die mythische Zeitvorstellung reicht bis an die Schwelle der Entstehung des historischen Bewußtseins. Wenn Hesiod sagt, die Musen hätten ihm den Auftrag gegeben, zu sprechen über alles das, »was sowohl ist, sein wird, als auch war«, dann entsteht diese zeitliche Dimensionierung gerade nicht auf der Folie historischen Bewußtseins, bringt vielmehr jene unvergängliche Substanz zur Geltung, die den Lauf der Zeit in ihrer unveränderten Präsenz zunichte macht.[75]

5.5. Noch einmal: Rekonstruktion und Verstehen

Greifen wir noch einmal die Frage auf, die am Anfang unserer Erörterung primitiver Gesellschaften und primitiver Weltbilder stand: Kann man die Lebenswelt primitiver Gesellschaften verstehen, ihr Denken wie ihre Institutionen? Ethnologen haben diese Lebenswelt immer wieder beschrieben – und schon das setzt ein Maß an Verstehen voraus, das sich nicht über bloßes Einfühlen erreichen läßt. Einfühlen erklärt nicht, wieso es aus Fühlen zum Verständnis kommt. Allein, man kann mehr: Man kann die kognitiven Strukturen rekonstruieren und sie im Reden und Deuten wie in den Institutionen wiederzuerkennen suchen. Dann hat man immer noch nicht die ganze Wirklichkeit, so wie sie für die war, die sie schufen. Leben und Erleben ist etwas anderes als Rekonstruieren und Verstehen. Aber man hat das, was man haben kann: Ein Verständnis davon, warum etwas ist, wie es ist. Einen der für das ganze primitive Denken charakteristischen Grundzüge, die mythische Denkweise, habe ich zuvor aus der kognitiven Grundstruktur herzuleiten gesucht. Einen weiteren Beleg dafür, daß sich von ihr aus höchst sonderbare und anders kaum zu entschlüsselnde Gebräuche und Institutionen wirklich verstehen lassen, möchte ich an einer mythologischen Symbolisierung führen: der Geschichte vom Skarabäus.

Die Geschichte vom Skarabäus; ein Exkurs

In der symbolhaften Auffassung und Darstellung der Welt spielt bei den Ägyptern des Altertums ein Insekt eine Rolle, dem wir heute kaum Aufmerksamkeit zollen: der Skarabäus. Er findet sich auf einer Vielzahl von Abbildungen. Zumeist ist er in Beziehung zur Sonne dargestellt. Eine der schönsten dieser Darstellungen ist ein Wandbild im Grab Tut Ench Amuns (1358-1350 v. Chr.). Auf anderen Darstellungen findet er sich in Beziehung zum Sonnengott Ra, so in einer Darstellung im Papyrus von Ani. Als Amulett war er bereits im Altertum in Tausenden von Exemplaren verbreitet, jedes eine mehr oder weniger getreue Nachbildung des lebenden Exemplars. Als Material diente grüner Basalt, grüner Granit, grüner Marmor, blaues Glas, blau und grün glasiertes Porzellan und anderes mehr. Von der 11. Dynastie an sind Grab-Skarabäi überliefert.

Die Vorstellungen, die mit dem Skarabäus verbunden wurden, sind uns überkommen. Er galt als das Symbol des Gottes Khepera.[76] Khepera war ein Urgott, der Gott einer Materie, die in sich den Keim des Lebens enthält. Er war der Gott der Schöpfung, zugleich der, der die Sonne über den Himmel vorwärts trieb. Ebenso war er der Gott der Auferstehung. Das Bildnis Kheperas ist überliefert als Bild eines Mannes, der als Kopf einen Skarabäus hat. Die Repräsentation des Auferstehungsgottes brachte den Skarabäus in Verbindung zum Gott Osiris. Aus den Nasenlöchern Osiris', dessen Kopf in Abydos begraben lag, soll der Skarabäus hervorgegangen sein. Im Grab Amenophis II findet sich eine Darstellung, die zeigt, wie der Gott Anubis dem König ewiges Leben gewährt. In die Kartusche des Königs ist ein Skarabäus gesetzt.

Wie kommen die Ägypter dazu, ein Insekt, und dann ausgerechnet den Skarabäus, als Symbol des ältesten und höchsten Gottes zu benutzen, ihm die Kraft des Lebens zuzurechnen und die Auferstehung von ihm zu erwarten? Schließlich ist ein Käfer nur ein Käfer und ein Stein in der Gestalt eines Käfers nur ein Stein. Natürlich kann man sich mit einer Antwort behelfen, die heute leicht zur Hand ist, wenn es gilt, für Unverständliches den Schein des Verstehens vorzutäuschen: Man kann sagen, der Skarabäus sei einfach ein Symbol. Symbole haben bekanntlich keinen sachlichen Bezug zum Repräsentanten, brauchen es jedenfalls nicht zu haben. Es kommt dann nur darauf an, das Nicht-Gegenwärtige gegenwärtig zu machen. Der Tiefsinn des Hintergrundes lauert und bricht alsbald durch. Allein, so willkürlich und dunkel geht es nicht zu in der Deutung der Welt. Glücklicherweise ist uns der Anknüpfungspunkt ebenfalls überliefert. Es gibt eine quasi natürliche Verbindung zwischen beiden: Im Altertum war man der Auffassung, es gäbe keinen weiblichen Skarabäus. Horapollo berichtet, Skarabäus bedeute: nur gezeugt, nicht empfangen, also selbst geschaffen. Dabei flicht er das Wissen um die natürliche Reproduktion seinem Bericht ein: Nachdem der Skarabäus aus seinem Kot einen Ball geformt hat, rollt er ihn von Ost nach West, gräbt ein Loch und begräbt den Ball acht bis zwanzig Tage. Am 29. Tage öffnet er den Ball, wirft ihn ins Wasser und heraus kommt der neue Skarabäus. Tatsächlich rollt der Skarabäus die Eier in seine Exkremente ein und läßt sie so geschützt von der Sonne ausbrüten. Die Form der Bälle und der Umstand, daß der Skarabäus zur heißesten Zeit des Tages, wenn alle anderen Lebewesen vor der Sonne Schutz suchen, fliegt, schufen so eine analogische Verbindung zur Sonne.

Sieht man sich diesen Bericht genauer an, so fällt das entscheidende Moment alsbald in die Augen. Man braucht sich nur an die Erörterung über die mythische Denkstruktur zu erinnern. Die Verbindung zwischen Skarabäus und Gott wird über eine höchst bedeutsame Merkmalsidentität hergestellt. Beiden, Gott wie Skarabäus, ist das Merkmal der Selbstschöpfung eigen. Selbstschöpfung ist für einen Gott, jedenfalls einen obersten Gott, ein alle anderen Merkmale schlechterdings überragendes Attribut. Es steht für den absoluten Ursprung und enthält eben deshalb alle anderen Merkmale, die sonst noch einem Gott zugeschrieben werden, bereits in sich. Auch die Merkmale »Form« der Sonne und »Leben in der brennenden Hitze der Sonne« sind geeignet, die göttliche Natur herzustellen. Eine der ältesten Erwähnungen des Skarabäus nimmt auf diese Eigenschaft Bezug. In den Texten der Pyramide des Unas[77] ist zu lesen:

àp - f	*em*	*apt*	*χenen - f*	*em*	*χeper*	*em*	*nest*	*šut*
He flieth	like	a bird,	he alighteth	like	a beetle	upon	the empty throne

àmt	*uàa - k*	*Rā*[2]
in	thy boat,	O Rā.

Sahen die Ägypter danach in dem Skarabäus, in dem lebenden Käfer ebenso wie in dem Stein, einen Gott? Kaum! Die Tiefendimension der Wirklichkeit erlaubt primitiven Gesellschaften sehr wohl, zwischen der göttlichen und mundanen Ebene zu unterscheiden. Aber die göttliche bestimmt die mundane, ist in ihr präsent. Und diese Präsenz ist greifbar in den spezifischen Merkmalsausprägungen in der erfahrbaren Welt. Merkmale sind, wie wir gesehen haben, allemal Emanation einer hinter ihnen gelegenen Subjekt-Substanz. Sie haften weiter an ihr. Wo deshalb die gleichen Merkmale auftreten, wird die eine zugehörige Substanz mitgedacht. Wenn danach der Skarabäus wirklich die Fähigkeit zur Selbstschöpfung hat, muß er auch die göttliche Kraft der Substanz haben. Es ist ein Stück Identität; nur muß man die Identität über die Logik primitiven Denkens begründen, über die Partizipation der Merkmale an der Subjekt-Substanz. Ganz die gleiche Argumentation gilt für andere Merkmale. Wir haben schon darauf hingewiesen, daß ein Abbild, das die Züge seines Originals trägt, auch die Kraft des Originals hat. Man kann zu Statuen beten. Dabei ist die Statue sicher nicht das Original selbst; aber ebensowenig ist sie einfach eine tote Nachbildung im Material, aus dem sie angefertigt ist. Sie partizipiert an der Kraft der Substantialität, die Original wie Abbild bestimmt. Es nimmt deshalb nicht wunder, daß trivialere Merkmale wie die Form des Balles hinreichen, um die Identifizierung mit dem Sonnengott zu bewirken oder doch zu verstärken.

Der Erfolg dieser Art Auffassungsstruktur ist eine phantastische Welt. In ihr geht vieles zu wie in der unsrigen auch. Objekte sind da, von denen manches Wissen vorhanden ist. Mit ihnen läßt sich hantieren. Routinen haben sich eingespielt. Sie bestimmen das Bild des Tages. Es wird geredet und diskutiert, zumeist Alltägliches. Allein, wenn es ans Deuten und Erklären geht, entsteht jene Welt selbständiger Wesen, die uns aus den ethnologischen und historischen Berichten bekannt ist. Die Substantialisierung der Begriffe läßt eine spiritualisierte Wirklichkeit entstehen, die der Phantasie kaum Schranken setzt. Auch diese Wirklichkeit ist für die Eingeborenen so real wie die zuvor erörterte Routine alltäglicher Praxis. Nichts wäre verkehrter, als jene Repräsentanten als »nur symbolische«, den Skarabäus als bloßen Hinweis auf den sich verbergenden Gott zu nehmen. Die Eingeborenen nahmen die Interpretamente ihrer Wirklichkeit ernst und wörtlich.[78] Wie ernst und wörtlich sie sie nahmen, wird deutlich, wenn man bedenkt, was eigentlich an Vorstellungsgehalt vorgegeben sein muß, damit man meinen kann, ein Insekt, dem die Kraft der Erzeugung des Lebens eignet, werde, zerrieben, beschworen und geschluckt, auch die eigenen Nachkommen sichern. Eben das war lange Praxis im Sudan.

6. Die Rationalität primitiven Denkens

Die Diskussion um die Rationalität primitiven Denkens ist bekanntlich vor allem durch Lévy-Bruhls Werk »La mentalité primitive« ausgelöst worden.[79] Es geht in dieser Diskussion allerdings keineswegs nur um das Verständnis primitiven Denkens. Es geht um nicht weniger als um die Frage nach der Rationalität der menschlichen Lebenswelt überhaupt und damit zugleich um die Logik ihrer Entwicklung in der Geschichte. Diese Frage selbst ist älter und vor allem: Sie ist längst nicht gelöst. Die Antworten sind heute so unbefriedigend wie je zuvor, in den idealistischen Neuauflagen unserer Tage eher noch unbefriedigender. Deshalb greife ich sie noch einmal auf.

6.1. Prälogisches Denken

Lévy-Bruhl hat tatsächlich davon gesprochen, daß der Geist der Eingeborenen primitiver Gesellschaften nicht dieselben logischen Forderungen stelle wie der unsrige, von einer prälogischen Mentalität sei (37, 89). Es mangele ihm an intellektueller Wißbegierde (40, 41). Die Wahrnehmungen der Angehörigen dieser Kulturen seien gleichgültig gegenüber Kausalzusammenhängen (26) und meistens indifferent gegen Widersprüche (71, 83). In ihrer Auffassung der Wirklichkeit herrsche eine »fürchterliche Unklarheit« (61). Diese Auslassungen waren für ein aufgeklärtes, jedem Ethnozentrismus abgeschworenen Denken derart unerträglich, daß bis heute allerorts mit Genugtuung vermerkt wird, Lévy-Bruhl habe sie wenigstens noch in seinen Altersaufzeichnungen widerrufen.[80]

Es wäre nicht nötig gewesen, so lange zu warten, um primitiven Gesellschaften Genugtuung widerfahren zu lassen. Denn offenkundig suchte Lévy-Bruhl mit jenen gewiß wenig glücklichen Äußerungen einen Sachverhalt zu fassen, den andere nicht nur vor ihm, sondern auch nach ihm gleichfalls feststellten: Primitives Denken ist nicht in gleicher Weise systematisch wie das unsrige. Lévy-Bruhl hatte schwerlich die Mittel zur Hand, um den Unterschied in der Systematik faßbar zu machen. Daher rührt die ganz außerordentliche Unsicherheit der Beschreibung des Denkens in diesen Gesellschaften. Allein, darin bestand für ihn kein Zweifel, daß es sich nicht einfach um einen inferioren Status handelt (5, 6), sondern eher um eine Frage des Typus im Denken (71). Dennoch schien es ihm unverzichtbar, es nicht einfach bei einem Typenvergleich bewenden zu lassen. Irgendwie bestand zwischen den Typen eine qualitative Rangordnung. Dieser Gedanke freilich war theoretisch schon gar nicht einlösbar.

6.2. Die absolutistische Logik

Niemand bestreitet gegenwärtig länger, daß auch die Angehörigen primitiver Gesellschaften logisch, zumindest formallogisch denken. Auch wird ihnen nicht überhaupt abgesprochen, rational zu verfahren und theoretisch interessiert zu sein. Auch Lévy-Bruhl hatte ihnen zugestanden, für die Wissenschaft ebenso befähigt zu sein wie die Europäer. Dieses Attest ist seither oft wiederholt worden. Freilich wundert man sich, worauf sich diese Art Wissenschaftlichkeit stützt. Ich habe oben Proben dieses großmütigen Zugeständnisses mitgeteilt: Nur weil auch die Angehörigen primitiver Gesellschaften um Wissen bemüht sind, beobachten, prüfen, werden sie zu Wissenschaftlern geschlagen; weil sie klassifizieren, gelten sie als Methodologen, und weil sie warten, ob Steine Regen bringen, als Experimentatoren.[81] Ersichtlich ist mit solchen Attesten nichts zu gewinnen. Was hier Wissenschaft oder Protowissenschaft genannt wird, ist gerade jene Art der Verknüpfung von Ereignissen, die keiner Überprüfung standhält und zu jenen phantastischen Deutungen führt, wie sie in primitiven Gesellschaften nicht eben selten sind. Auch Ethnologen, die über jeden Verdacht erhaben sind, primitiven Gesellschaften einen schlechthin inferioren Status zuschreiben zu wollen, haben deshalb nicht gezögert, der Wirklichkeitsauffassung primitiver Gesellschaften auf weite Strecken Irrealität zuzuschreiben und die Erklärungen als vielfach schon in der Anlage irrig zu bezeichnen. So erklärt Evans-Pritchard von den als mystisch qualifizierten übernatürlichen Begriffen der Primitiven:

»These are patterns of thought that attribute to phenomena supra-sensible qualities which, or part of which are not derived from observation or cannot logically be inferred from it and« – und das ist entscheidend – »which they do not possess.«[82]

Ähnlich und schärfer noch äußert sich Horton. Nachdem er zuvor nachdrücklich die Gemeinsamkeit primitiver und moderner Wirklichkeitsauffassung hervorzuheben bemüht war, stellt er fest:

»And yet, there is a sense in which this thought includes among its accomplishments neither logic nor philosophy.«[83]

Schärfer zusehenden Beobachtern ist nicht verborgen geblieben, wo die entscheidende Differenz zwischen primitivem und wissenschaftlichem Denken liegt. Lévy-Bruhl schon hatte darauf hingewiesen, daß in primitiven Gesellschaften ein anderer Typus von Erklären vorherrsche, überhaupt ein anderes kognitives System vorfindlich sei (41, 71). Mehrfach auch erklärt er, der Grund für die unserem Verständnis nach defiziente Naturerklärung sei in der Vorstellung zu suchen, daß das sichtbar Erfahrene an den hinter ihnen gelegenen Wesenheiten partizipiere. In der Systematik unserer vorhergehenden Erörterungen ist damit unzweideutig auf den Mechanismus der subjektivischen Logik verwiesen, derzufolge die erfahrbare Merkmalseite als Emanation einer Subjekt/Substanz begriffen wird. Eben diese Eigenart hat auch Evans-Pritchard im Auge, wenn er die Differenz von der anderen, der wissenschaftlichen Seite, zu bestimmen sucht. Von der gegenwärtigen Erfahrung und Logik nämlich heißt es: »their judgements are never absolute.«[84] Das Gegenteil gilt für die subjektivische Logik. Sie ist, wie wir gesehen haben, eine absolutistische Logik. Sie kennt aus sich selbst entstehende und in sich selbst ruhende Anfänge. Eben diese Logik ist in jeder wissenschaftlichen Theorie ausgemerzt.

Mit dem Nachweis, daß der Unterschied zwischen primitivem Denken und unserem eigenen in der logischen Grundstruktur zu suchen sei, wird eines unzweideutig klargestellt: Schiedsrichter im Streit um »wahr« und »falsch«, »wirklich« und »nicht-wirklich« ist unsere eigene Logik und der Corpus unserer eigenen Erfahrung. Exakt das ist es auch, was Evans-Pritchard aller Vorsicht ungeachtet sagen will und was den Ärger P. Winchs erregt: »the European is right and the Zande wrong.«[85]

Evans-Pritchard läßt nicht den geringsten Zweifel daran, daß er es in der Tat so meint.

»It is an inevitable conclusion from Zande descriptions of witchcraft that it is not an objective reality. The psychological condition which is said to be the seat of witchcraft, and which I believe to be nothing more than food passing through the small intestine, is an objective condition, but the qualities they attribute to it and the rest of their beliefs about it are mystical. Witches, as Azande conceive them, cannot exist.«[86]

6.3. Wirklichkeit und Wirklichkeiten

Winch macht den Widerspruch gegen diese Art, fremde Gesellschaften und Gedankengebäude mit unseren Maßstäben zu messen, dort fest, wo er festzumachen ist, an dem Begriff und dem theoretischen Einsatz von »Wirklichkeit«. Sich auf die Wirklichkeit zu berufen, zu reklamieren, daß wir sie in unseren Konstrukten hätten, die primitiven Gesellschaften aber in den inkriminierten Deutungen verfehlten, erscheint Winch als schlechterdings illegitim, ein später Nachläufer eines Ethnozentrismus. »Die Wirklichkeit« gibt es ja nicht, jedenfalls ist sie für uns nicht faßbar; und für eine idealistische Sprachphilosophie, wie sie Winch im Anschluß an Wittgenstein favorisiert, gerät sie völlig aus dem Blick.[87]

»The conception of reality is indeed indispensible to any understanding of the point of way of life. But it is not a conception which can be explicated as Evans-Pritchard tries to explicate it, in terms of what science reveals to be the case; for a form of the conception of reality must already be presupposed before we can make any sense of the expression ›what science reveals to be the case‹«.[88]

Da es so viele Wirklichkeiten wie Sprachen gibt, ist nicht auszumachen, was uns veranlassen könnte, unsere als Maßstab zu nehmen.

Die Argumentation hat eine peinliche Konsequenz: Denn unter dieser Prämisse ist schlechterdings nicht auszumachen, wodurch überhaupt der Zugang zu primitiven Kulturen gewährleistet ist. Bezeichnenderweise ist Winch nicht bereit, sich diesen Konsequenzen zu verschreiben. So nachhaltig er zuvor die Fixierung an den eigenen Standort hervorgehoben hat, so selbstverständlich nimmt er wenig später diesen Zugang in Anspruch.

Es ist unschwer auszumachen, woher der Widerspruch rührt, in den Winch gerät: daraus, daß die – sprachliche – Konstruktion der Wirklichkeit prinzipiell willkürlich angesetzt, jedenfalls ihrerseits nicht aufgeschlüsselt wird. Führt man sich den oben dargelegten Prozeß im Aufbau der Wirklichkeit vor Augen, löst sich die Aporie alsbald auf. Ich greife noch einmal darauf zurück.

6.3.1. Konstruktiver Realismus

Der Aufbau der Wirklichkeit ist vordringlich eine Frage des Aufbaus kategorialer Formen, in denen Wissen akkumuliert werden kann. Dieser Prozeß vollzieht sich an einer immer schon vorgegebenen Wirklichkeit, die zunächst nur sensorisch, im Widerspruch gegen die Motorik erfahren wird. Das Resultat, das System der Kategorien, ist deshalb ein realistisches, weil in ihm die senso-motorischen Erfahrungen verarbeitet sind.

Realistisch in der Anlage ist auch die Ausbildung des subjektivischen Schemas mit allen Konsequenzen subjektivischer Logik. Sie ist schlicht das Resultat der Dominanz der Sozialwelt, in der die basalen Schemata ausgebildet werden. Daß diese Schemata jenseits der Grenzen der Sozialwelt verwandt werden, ist eine Konsequenz der mechanischen Operationalität von Logiken.

Diese Perspektive verändert das Problem der Operationalität. Die Alternative, primitiven Kulturen entweder überhaupt ein rationales Verhalten abzusprechen oder ihnen die gleichen Denkverhaltensweisen zuzusprechen, wie sie auch von den Menschen entwickelterer Kulturen geübt werden, ist gleichermaßen falsch. Es kommt entscheidend darauf an, wahrzunehmen, daß formale Rationalität, wie der so viel zitierte Satz vom Widerspruch, an die materiale Logik gebunden ist. Unter der Prämisse einer subjektivischen Logik ist es vollkommen rational, die Wirklichkeit zu deuten und sich in ihr zu bewegen, wie es in primitiven Gesellschaften geschieht. Unter dieser Prämisse ist es geradezu selbstverständlich, die Erklärung für ein Ereignis, dessen anderweitige Gründe nicht auszumachen sind, in einer – hinter dem Ereignis verborgenen – subjektivischen Kraft zu suchen. Auch ist es überaus sinnvoll, die tägliche Daseinsvorsorge dadurch sicherstellen zu wollen, daß man einen Kontakt zu den subjektivischen Agenzien jener Objekte, die im Beziehungsfeld eine Rolle spielen, herstellt. Die vorsorgende Planung der kleinen ebenso wie der größeren Unternehmungen des Alltags kann gar nicht anders erfolgen.

Allein, das ändert nicht das geringste daran, jenen Konstrukten, die sich in der Naturerklärung auf der Folie subjektivischer Logik bilden, den Realitätsgehalt abzusprechen und dabei unser fortgeschrittencres Wissen und unsere fortgeschrittenere materiale Logik zum Maßstab zu nehmen. Beide nämlich sind auf die Bewältigung eines gemeinsamen Dritten bezogen; sie sind nur unterschiedlich weit entwickelt. Die Anrufung eines Regengottes bringt nicht wirklich Regen, und die Besprechung einer Appendicitis verhindert den Durchbruch nicht wirklich. Der Realitätsgehalt unseres eigenen Wissens in diesem Bereich läßt sich durch keine Spekulation über das, was Realität ist, in Frage stellen, praktisch nicht, aber theoretisch eben auch nicht.

Kognitive Systeme in primitiven Gesellschaften sind verständlich. Ihre Mitglieder handeln rational. Wir haben Logik und Wissen weiterentwickelt. Das ist alles.

v. Der Grund der Religion

1. Rekonstruieren und Erklären

Nur Menschen kennen eine Religion. Über diese Feststellung jedenfalls besteht Einigkeit, und zwar nicht nur unter den religiösen Praktikanten. Auch die Wissenschaft hat sich diese Annahme in einer höchst signifikanten Weise zu eigen gemacht: Wenn im Dunkel der Frühgeschichte die Frage zu entscheiden ist, ob die Relikte vergangener Zeiten von Menschen stammen oder noch subhumanen Lebewesen zuzurechnen sind, ist ein untrügliches Zeichen allemal der Hinweis auf irgendeine Art von Opferhandlung und Jenseitsvorstellung.[1] Derartiges eignet eben nur dem Menschen.

An der Feststellung, daß nur Menschen Religion kennen, haftet eine ebenso einfache wie für die Erkenntnis der Religion folgenreiche Weiterung, eben jene, die wir eingangs schon konstatiert haben: Wenn nur Menschen Religion kennen, dann muß die Religion mit dem Menschen entstanden sein. Wenn Religion mit dem Menschen entstanden ist, dann muß sie ihren Grund in eben den Eigenarten der menschlichen Lebensweise finden, die sich im Übergangsfeld vom Tier zum Menschen ausgebildet haben. Die Eigenarten menschlicher Lebensweise aber, so wie sie sich in Übergangsfeld vom Tier zum Menschen entwickelt haben, werden von zwei Determinanten bestimmt: dem biologischen Organisationsplan und den an den biologischen Organisationsplan anschließenden Konstruktionsbedingungen für den Aufbau einer geistig-kulturellen Lebenswelt. Religion muß sich deshalb wie alle anderen Eigenarten der menschlichen Daseinsweise im Rückgriff auf diese beiden Determinanten aus der Rekonstruktion der menschlichen Lebenswelt aufklären lassen. Das ist eine schlechterdings unausweichliche Konsequenz der anfänglichen Aussage, daß Religion mit dem Menschen entstanden ist.

Die Strategie, Religion durch eine Rekonstruktion der Bedingungen aufzuklären, hat für die, die an ihrer Aufklärung wirklich interessiert sind, zwei Vorteile, die gar nicht hoch genug zu veranschlagen sind. Zum einen ist es wichtig, gerade im Umgang mit der Religion bereits in der Ausgangslage der Argumentation festen Boden unter die Füße zu bekommen. Zum andern aber besteht bei dieser Strategie die Chance, nicht nur diese oder jene Erscheinungsform von Religion aufzuklären, nicht nur den Abglanz eines ansonsten unergründlichen Wesens[2], sondern die Religion selbst. Der Zugang verspricht eine Antwort ebenso auf die Frage, warum überhaupt Religion ist, als auch auf die, warum sie gerade in den für sie charakteristischen Erscheinungsformen ist. Eben das, die Radikalität der Erkenntnisabsicht, erregt den Widerspruch der religiösen Praktikanten. An das Fundament der Religion sich heranmachen zu wollen, erachten sie a priori als eine Kompetenzüberschreitung der Wissenschaft. Allein, was heißt »Fundament«? Die fundamentalen Züge menschlicher Lebensweise sind ersichtlich gerade die, die an den anthropologischen Organisationsplan im Unterschied zum tierischen angeschlossen sind. Gerade weil also sich Religion als ein so fundamentaler Zug menschlicher Daseinsweise erweist, muß man sie auch dort fundieren, wo alle humanen Züge ihr Fundament haben: eben im anthropologischen Organisationsplan. Woher denn sonst soll sich herleiten lassen, daß Menschen und nur Menschen Religion haben? Der anthropologische Organisationsplan ist aber zunächst einmal der biologische. Um danach so deutlich wie möglich zu sein, ist festzustellen: Irgendwie muß sich die Religion an den anthropologischen/biologischen Organisationsplan anbinden lassen. Die Frage ist nur, wie.

Es wäre, nach allem, was wir bislang schon erörtert haben, Aberwitz, wollte man – etwa nach Art der »Soziobiologie« – den Ursprung der Religion in der physischen Organisation unmittelbar suchen. Dann wäre Religion ein Stück Natur und am besten den Naturwissenschaften zur weiteren Aufhellung zuzuweisen. Selbstredend ist es so nicht gemeint. Der anthropologische Organisationsplan liefert nur die Bedingung dafür, daß Menschen sich eine eigene, durch und durch geistig-kulturelle Daseinsweise schaffen. Die geistig-kulturelle Daseinsweise selbst entsteht erst im Prozeß der Realisierung dieser Bedingung. Eben deshalb ist die Methode der Wahl, etwas über den Ursprung dieser Formen auszumachen, den Prozeß zu rekonstruieren, in dem sie sich ausbilden. Daß Religion nur dem Menschen eignet und also mit dem Menschen entstanden ist, kann danach gar nichts anderes heißen, als daß sie ihren Ursprung in eben dieser Chance und Nötigung des Menschen hat, sich auf der Basis seines biologischen Organisationsplanes die geistig-kulturellen Lebensformen, unter denen er lebt, selbst auszubilden. Sie liegt nicht schon in der biologischen Organisation selbst, sondern in dem, was sich auf dieser Grundlage an kulturellen Lebensformen erst ausbildet.

Wir haben die Strategie, die Welt des Menschen, und das ist allemal die Anschauung, die er von ihr hat, durch die Rekonstruktion ihrer Entstehung aufzuklären, bisher schon verfolgt. Wenn dabei einiges an Verständnis für den Menschen gewonnen werden konnte, so gilt das in besonderem Maße für die Religion. Denn die Religion hat nicht nur ihren Ursprung in eben dem zuvor erörterten Unternehmen des Menschen, sich eine eigene Lebenswelt zu schaffen. Sie erfüllt in diesem Unternehmen eine schlechterdings unverzichtbare Funktion. Ich benenne sie mit Bedacht zunächst allgemein und in einer Weise, daß auch die religiösen Praktikanten ihr zustimmen können:

Die Religion muß dem Menschen die Welt als Ganzes verständlich machen. Daran hängt das Selbstverständnis des Menschen, die Sinnhaftigkeit seiner eigenen Lebensführung.

Es ließen sich zuhauf Äußerungen kompetenter Sachwalter der Religion anführen, die in eben dieser Weise die Religion zu bestimmen versucht haben.[3] Ich akzeptiere sie, wie gesagt, ohne Abstriche. Nur ist es auf dem Hintergrund der vorherigen Erörterung möglich, den systematischen Grund dieser Eigenart nachzuliefern, die Religion selbst eben deshalb aber auch zu präzisieren. Auf dem Hintergrund der vorherigen Erörterungen (II-IV) stellen wir fest: Das, was wir das Ganze der Welt nennen, ihre innere Einheit, ist nicht etwas, was sich durch eine zusammenfassende Interpretation der unübersehbaren Zahl von Ereignissen, auf der Inhaltsebene sozusagen, bestimmen läßt. Eine solche Zusammenschau ist schlechterdings nicht möglich. Keine Grenzerfahrung auch vermittelt sie. Das, was es uns möglich macht, auf das Ganze, die Einheit der Welt zu rekurrieren, ist eine durchgehende Struktur ihrer inneren Organisation, eine ganz spezifische Deutung davon, wie es in ihr zugeht, in welcher Weise die Dinge und Ereignisse bestimmt werden. Die Einheit der Welt ist als erstes die Einheit des Deutungsmusters, des interpretativen Paradigmas, wie wir gesagt haben. Dieses Paradigma kennen wir. Im Aufbau der menschlichen Lebenswelt bildet sich, so haben wir gesehen, quasi naturwüchsig eine subjektivische Struktur der Wirklichkeitsauffassung. Sie gibt das explikative Deutungsmuster im alltäglichen Verkehr mit Menschen und Dingen ab. Eben weil die Religion damit befaßt ist, dem Menschen die

Welt und sich in ihr verständlich zu machen, ist sie andauernd mit diesem Deutungsmuster befaßt. Ihre eigene Interpretation der Welt ist so subjektivisch, weil das Deutungsschema, das sie vorfindet, so subjektivisch ist.

Damit jedoch ist es nicht getan. Es wäre nicht recht einzusehen, weshalb der schiere Umstand, daß sich ein spezifisches Verständnis der Wirklichkeit ausbildete, eben jenes, das im Prinzip alles durch subjektivische Kräfte bestimmt sieht, schon religiös genannt werden sollte. In der Tat ist nicht die kognitive Struktur religiös, sondern das, was mit ihr von den religiösen Praktikanten, insbesondere aber von den religiösen Experten, den Schamanen, Priestern, Propheten, gemacht wird. Die Religion greift mit anderen Worten die unterliegende Struktur auf, thematisiert sie, hebt sie auf eine höhere Bewußtseinsebene und zieht daraus die Konsequenzen für die konkrete Daseinsweise des Menschen. Erst diese arbeitsame Art der Auswertung und Verwertung einer erfahrenen Wirklichkeit macht Religion aus.[4] Zu dieser Umsetzung einer naturwüchsig erfahrenen und gedeuteten Welt besteht eine permanente Nötigung, und das aus mehr als einem Grunde. Vier möchte ich – zunächst summarisch – nennen:

1. Die kognitive Grundstruktur muß thematisiert und bewußt gemacht werden, wenn praktische Probleme im Handlungsfeld auftreten. 2. Die Thematisierung dient dazu, die Welt als Ganzes zur Einheit zusammenzufügen. Das ist ein unverzichtbares theoretisches und praktisches Desiderat. 3. Die Thematisierung der kognitiven Grundstruktur ist vonnöten, um sich des Selbstverständnisses des Menschen in der Sinnhaftigkeit seines Handelns zu vergewissern. Diese Sinnhaftigkeit ist nicht etwas, was der Mensch aus der unerschöpflichen Tiefe seines Daseins holt. Sie ist eine Bestimmung, die aus einer sinnhaft gedeuteten Welt resultiert. Bisher jedenfalls ist alle Sinnhaftigkeit an dieses vorgegebene Deutungsmuster gebunden gewesen. Eben deshalb ist es 4. Aufgabe der Religion, in einer subjektivisch gedeuteten Welt den Verkehr des Menschen mit den subjektivischen Mächten herzustellen und zu regulieren. Das geschieht vor allem im Kult. Kult ist die Repräsentanz des Nicht-Verfügbaren, zu dem der Mensch sich gleichwohl Zugang verschaffen muß. Er haftet an der subjektivischen Interpretation der Wirklichkeit. Wo die Wirklichkeit nicht mehr subjektivisch begriffen wird, kein Geist und kein Gott die Welt regiert, bricht der Kult zusammen.

Was auch immer man danach der Religion an Aufgaben zuschreiben mag, jede ist gebunden an die subjektivische Grundstruktur der Wirklichkeitsauffassung. Wir halten danach noch einmal fest:
Die Religion ist gebunden an die für den Menschen schlechterdings existentielle Aufgabe, die Grundstruktur der Wirklichkeit zu thematisieren und auf ihre Konsequenzen für das menschliche Dasein hin abzufragen. Deshalb auch gibt es keine Religion, die nicht zugleich eine Kosmologie ausgebildet hätte. In ihr hat der Mensch mit dem Verständnis der Wirklichkeit insgesamt zugleich sich selbst verständlich gemacht.

In der Wahrnehmung dieser Aufgabe, die Grundstruktur zu thematisieren, hat sich die Religion so sehr an das subjektivische Schema gebunden, daß es schließlich zu ihrem eigenen Definiens geworden ist.

Die Beschränkung der Religion auf eine bloß interpretative Umsetzung anderweitig hergeholter Strukturen scheint ihre Funktion zu verkürzen. Hat nicht Religion immer den Anspruch erhoben, die Beziehungen zum Unbegrenzten, Absoluten herzustellen? Und entzieht sie sich nicht darin gerade dem, was bereits in interpretative Formen eingeholt und in ihnen verfestigt ist? Der Einwand ist jüngst soziologisch untermauert worden.

1.1. Grenzverkehr mit dem Unendlichen

Luhmann hat die Religion aus einer elaborierten systemtheoretischen Perspektive bestimmt und ihr dabei eine Funktion zugewiesen, die zwei Probleme auf einmal löst: das der gesellschaftlichen und personalen Systeme, sich mit einem unendlichen Außenbezug konfrontiert zu sehen, und das der Systemtheorie eigene Problem, die Systeme, in denen der Mensch lebt, als Reduktion einer komplexeren Umwelt verständlich zu machen, die sich ihrerseits nur auf dem Hintergrund einer schließlich unendlichen Komplexität darstellt. Die Systemtheorie kommt so zu einem genuinen Grenzverkehr mit dem Unendlichen. Sehen wir ihn uns genauer an.[5]

Bekanntlich sucht die Systemtheorie Systeme als Ausgrenzungen einer nicht unmittelbar zum System gehörigen Umwelt zu begreifen. Was, das ist danach die erste Frage, ist für das kognitive Gesamtsystem, in dem sich für den Menschen die Lebenswelt darstellt, Umwelt? Die Frage ist vergleichsweise einfach zu beantworten für das soziale System im engeren Sinne: Umwelt ist die Vielzahl alternativer, aber ausgeschlossener Handlungsmöglichkeiten. Daß sie ausgeschlossen sind, läßt sie gleichwohl noch als Möglichkeiten aufscheinen. Schwieriger ist die Frage für das in das System der Lebenswelt integrierte Verständnis der Natur. Hier kann man zunächst ebenso verfahren: Umwelt ist danach alles, was an Ereignissen erwartet werden kann und damit bereits an das System assimiliert ist. Bei dieser Bestimmung wird zweierlei deutlich: 1. Das, was sich als Umwelt darstellt, ist systemspezifisch strukturiert. Das kann nicht anders sein. Dem Menschen stehen nicht zwei Logiken, eine für das hauseigene System, eine andere für die Umwelt zur Verfügung. 2. Das, was das System wirklich übersteigt, ist diskret gar nicht faßbar. Es stellt sich lediglich als Hintergrund der Umwelt dar, aus dem heraus System wie Umwelt gebildet worden sind, als das ganz unbestimmbare Andere. Dieses unbestimmbare Andere ist immer mit gegenwärtig. Eben deshalb stellt es ein dauerhaftes Relationsproblem dar. Die Lösung dieses Problems schreibt Luhmann der Religion zu. Religion hat für das gesellschaftliche System die Funktion, die unbestimmbare, weil unabschließbare Welt in eine bestimmbare zu verwandeln. Es ist eine gigantische Funktion, die Luhmann hier der Religion zuschreibt; und sie hat den Vorzug, ganz dicht am Verständnis der religiösen Praktikanten zu haften. Denn auch deren Vorstellung war es allemal, im Übernatürlichen oder Heiligen den transzendenten Hintergrund hineinzuholen in die gedeutete Welt.

Wenn man Luhmann beim Wort nimmt, muß der Konstitutionsprozeß von Welt ein zuinnerst religiöser Vorgang sein. Denn in der Reduktionslogik der Systemtheorie ist ja jedes System mitsamt der einen, ins Bestimmte transformierten Seite seiner Umwelt die Selektion aus jenem unbestimmten Hintergrund, zu dem das konstituierte System weitere Beziehungen unterhält. Unglücklicherweise sagt Luhmann uns nicht, wie dieser weltenschöpferische Prozeß zustande kommt. Seine erklärte Absicht, die Strukturen der sozialen Systeme selbst mit in den Aufklärungsprozeß sozialer Systeme einzubeziehen[6], ist nicht wirklich eingelöst. Kontingenz jedenfalls kann nicht als hilfreiche Formel dienen. Sie deckt nur den Sachverhalt zu, daß der entscheidende Vorgang nicht erklärt werden kann. Das gilt auch für die Funktion der Religion in der konstituierten Lebenswelt. Es ist ja nicht auszumachen, wie die Religion es anstellen soll, jene Transformationsleistungen zu vollbringen. Und es ist auch nicht einzusehen, weshalb sie diejenigen Leistungen, die sie tatsächlich erbracht hat, in eben jenen Formen erbracht hat, die wir in der Geschichte vorfinden. Eben darum ist es aber hier zu tun: Verständlich zu machen, nicht nur warum Religion überhaupt ist, sondern warum sie gerade so ist, wie wir sie in den Religionen vorfinden. Dazu aber muß man anders ansetzen als bei dem Gefälle zwischen System/Umwelt und unbestimmter Komplexität.[7] Daraus nämlich ergibt sich nichts. Unabdingbar ist die konkrete Rekonstruktion des Konstitutionsprozesses aus konkreten gegebenen Bedingungen.[8]

Greifen wir noch einmal auf die an sich ja ganz triviale Feststellung zurück, Religion sei mit dem Menschen entstanden. Das kann, um es zu wiederholen, nichts anderes heißen, als daß sie in dem Konstitutionsprozeß menschlicher Lebenswelt ihren Grund hat, eben deshalb aber auch an ihn gebunden und in seine Strukturen eingepaßt ist. Ich habe oben dargelegt, in welcher Weise die Grundformen dieser Lebenswelt, die Tiefenstrukturen, wenn man so will, entstehen.[9] Religion, daran führt deshalb kein Weg vorbei, ist wie jede andere Lebensäußerung an diese Struktur gebunden. Das gilt auch, soweit sie die Funktion übernimmt, den Verkehr an der Grenze menschlicher Lebenswelt zu regeln. Es gibt diese Grenzen. Menschen stoßen tagtäglich an sie. Nur wie diese Grenze sich darstellt, und wie deshalb die Formen des Grenzverkehrs ihrerseits ausfallen, das hängt ganz und gar von der konstituierten Welt und ihren Strukturen ab. Auch wenn man deshalb die Religion zuständig sein läßt für die Grenzerfahrung des Menschen, für die Religion in Industriegesellschaften liegt das nahe[10], hängt ihre Aufklärung ganz von der Aufklärung der Strukturen ab, unter denen sie agiert.

Die Feststellung, daß jede Religion an die für das spezifische System konstitutive Struktur gebunden ist, wird natürlich auch systemtheoretisch niemand in Abrede stellen. Worauf es ankommt, ist die Weiterung, die daran haftet: Wenn für die Konstitution der sozio-kulturellen Lebenswelt die Selektion aus einer unbegrenzten Komplexität kein reales Problem ist, weil der Aufbau der Strukturen unter gegebenen, nicht verfügbaren Bedingungen geschieht, dann kommt dem religiösen Grenzverkehr auch nicht die Bedeutung zu, die Luhmann ihm systemtheoretisch zumißt: die eigentlich entscheidende Konstituente für die Überführung von unbestimmter in bestimmte Komplexität zu sein. Die

Grenze ist so sicher und unsicher, wie das interpretative Deutungsmuster von Welt sie sein läßt. Es hat deshalb keinen Sinn, sich die Situation des Menschen in der Welt, auch nicht seine konstitutionelle Unsicherheit, von einer abstrakten Grenzerfahrung her verständlich machen zu wollen. Der Ausgangspunkt aller Welt- und Selbsterfahrung – ist die Struktur, in der beide, Welt und Selbst, überhaupt erfahren werden können. Sie nötigt Religion ab – und zwar in einer ganz spezifischen Weise. Mit der Änderung dieser interpretativen Grundstruktur ändert sich hernach auch Religion.

Ich habe oben für die Religion reklamiert, sie aus der Ankopplung an den anthropologischen Organisationsplan verständlich machen zu wollen. Der derzeitige Stand der Argumentation gibt Gelegenheit, deutlich zu machen, was damit gemeint ist.

1.2. *Naturalismus und Pragmatismus*

Eine Aufklärung der menschlichen Lebensformen muß, wenn an unserer bisherigen Argumentation nur irgend etwas Richtiges ist, an die naturgeschichtliche Herkunft des Menschen anschließen. Notwendig haftet ihr deshalb von Hause ein naturalistisches Moment an. Das kann nicht anders sein. Der Mensch hat sich nun einmal in einer langen Naturgeschichte gebildet, seine Lebensformen sind im Übergang aus der Naturgeschichte in die Geschichte seiner sozio-kulturellen Lebensformen entstanden. Wer dieses Wissen unterschlägt, bringt sich um die Chance, den Menschen in seinen Lebensformen zu verstehen. Allein, der Naturalismus reicht nur so weit wie die natürlichen Bedingungen, unter denen der Mensch seine sozio-kulturelle Lebenswelt aufbauen muß. Mit dem Konstitutionsprozeß wird die Schwelle überschritten, die den Menschen vom Tier scheidet.

Die fundamentalen Eigenheiten der sozio-kulturellen Lebensform des Menschen bilden sich in diesem Konstitutionsprozeß aus. Damit ist unabdingbar für jede weitere Argumentation eine pragmatische Erklärungsstrategie indiziert. Das gilt zunächst für den fundamentalen Prozeß der Konstituierung selbst: Die geistig-kulturellen Lebensformen des Menschen entstehen nicht aus einer abgründigen apriorischen Geistigkeit. Sie entstehen aus dem Bedürfnis, mit einer immer schon vorfindlichen Wirklichkeit fertig zu werden. Ich habe den Nachweis oben für die Ausbildung der kognitiven Grundstruktur geführt.[11] Was immer an Einwänden dagegen geltend zu machen sein mag, mindestens das wird man konzedieren müssen: In der realen Konstitutionsanalyse ist die Argumentation, was Form und Inhalt angeht, auf einer empirisch überprüfbaren Ebene angesiedelt. Diese Art Empirie ist aber nichts anderes als die Pragmatik der Lebensführung unter vorgegebenen, angebbaren Bedingungen.

Und auch innerhalb der konstituierten Welt ist es der pragmatische Einschlag, der die Lebensführung dominiert. Das gilt auch und gerade für das rastlose Bemühen des Menschen um Erkenntnis. Der Mensch muß, um leben zu können, auf die Struktur der Welt zurückfragen, ebenso um die Welt, als auch um sich selbst zu verstehen. Dabei übersteigt freilich das derart freigesetzte Fragen jede vordergründige Verwertungsabsicht.

Wir haben zuvor erörtert, daß dieses Fragen an Grenzen stößt, die unübersteigbar sind. Das wirkt zurück. Immer hat die Religion diese Grenzlage miteingeholt in ihre Deutungssysteme von Welt und in die Umsetzungen sinnhaften Lebens. Allein, wenn es richtig ist, daß diese Grenzen sich so darstellen, wie das konstituierte System sie scheinen läßt, dann ist auch richtig, daß noch diese grenzbestimmenden Anstrengungen, alle himmelstürmenden Deutungen unter der Ägide jener aus ganz einfachen, aus ganz konkreten Bedingungen und pragmatischen Gründen entstandenen Deutungsstrukturen stehen. Eben darum ist es mir hier zu tun: die interpretative Grundstruktur, wie sie sich im Konstitutionsprozeß der Lebenswelt ausbildet, als Determinante jeder Religion verständlich zu machen. Die Religion ist an Vorgaben gebunden, die sie bestimmen. Ihre Funktion, dem Menschen die Welt und sich selbst verständlich zu machen, läßt sie der kategorialen Grundstruktur selbst verhaftet sein. Die interpretative Umsetzung steht unter weiteren Imperativen. Natürlich behaupte ich nicht eine monokausale Bestimmung der Religion in ihrer ganzen Breite allein durch die kognitive Struktur, an die sie gebunden ist. Über diese weiteren Determinanten ist hier nichts gesagt, nichts darüber, wie sich die interpretativen Umsetzungen anderen Bedürfnissen der menschlichen Lebensführung einpassen.[12] Hier geht es nur darum, zwei strategische Prämissen für das Verständnis der Religion aufzuklären. Erstens, daß sich Religion überhaupt aufklären läßt und nicht einfach einem dunklen Numinosen zuzuschreiben ist; zweitens, daß die Grundlage, von der aus diese

Aufklärung vorzunehmen ist, der Konstitutionsprozeß der sozialen Lebenswelt ist. Jede weitere Aufklärung ist so einfach und so schwierig wie die irgendeines anderen Zuges der menschlichen Lebenswelt, sagen wir die eines einfachen Zwei-Worte-Satzes, den ein Kind mit 18 Monaten zum ersten Mal spricht. Möglich ist sie hier so gut wie dort.

Wie handfest die Religion an die tägliche, ganz pragmatische Lebensführung angeschlossen ist, zeigt sich, wenn man nach den Anlässen fragt, die zu einer thematischen Umsetzung der kognitiven Grundstruktur nötigen.

2. Handlungsprobleme und Thematisierung der Struktur

2.1. Wenn Routine fehlschlägt

Handeln in eine Umwelt hinein, die der Mensch nicht oder nicht hinreichend kennt und nicht beherrscht, ist problematisch. Er ist ständig mit Situationen konfrontiert, die erst ad hoc zu überschauen sind und sich als neu erweisen. Das subjektivische Deutungsschema erlaubt zwar, wie wir gesehen haben, eine ganz außerordentlich große Reaktionsbereitschaft; allein, die Unsicherheit ist umso größer, je subjektivischer die Wirklichkeit auf einer ins Bewußtsein gehobenen Deutungsebene erscheint. Wenn deshalb Hindernisse den Handlungsablauf stören, ist es notwendig, den Störfaktor zu bestimmen. Wie geschieht das? Das Verfahren ist jedem bekannt, weil jeder es zur Bewältigung der kleineren und größeren Probleme seines eigenen Alltags tagtäglich handhabt.

Wenn Probleme im Handlungsfeld auftreten, ist die unumgängliche Reaktion, auf Distanz zu gehen und das Handlungsfeld als Ganzes ins Auge zu fassen. Das geschieht dadurch, daß das System der relevanten Beziehungen im Handlungsfeld bewußt gemacht, und das heißt auf einer höheren Ebene der Abstraktion als im routinisierten Ablauf des Geschehens thematisiert wird. Es liegt auf der Hand, daß dabei zunächst einmal das routinisierte Wissen überprüft wird, die eingespielten Prozeduren genauer beachtet und gegebenenfalls wiederholt werden. Viele Feldforscher berichten, daß in primitiven Gesellschaften so gut wie in der unseren zunächst einmal »natürliche Ursachen« in Betracht gezogen werden und auf »natürliche Weise« Abhilfe zu schaffen versucht wird.¹³ Das will sagen: Zunächst einmal bleiben die Erklärungen und Maßnahmen im Bereich erprobter Erfahrung. Krankheiten werden mit Kräutern behandelt, von denen man weiß, daß sie helfen; eine mißglückte Jagd wird neu organisiert. Wenn aber Routine endgültig fehlschlägt, muß sie selbst hinterfragt, die unterliegende Erklärungsstruktur aktiviert werden. Die aber ist explizit subjektivisch. Eben deshalb treten jetzt notwendig jene Agenzien auf den Plan, die primitiven Gesellschaften einen häufig so bizarren Anstrich geben: die Geister, Dämonen und Götter. Geertz, der die Religion der Eingeborenen auf Java untersucht hat, war verwundert, diese Eingeborenen als wirkliche Tylorianer zu finden, Leute, die permanent auf subjektivische Agenzien rekurrierten. Er schreibt:

»Certainly, I was struck in my own work, much more than I had at all expected to be, by the degree to which my more animistically inclined informants behaved like true Tyloreans. They seemed to be constantly using their beliefs to ›explain‹ phenomena: or, more accurately, to convince themselves that the phenomena were explainable within the accepted scheme of things, for they commonly had only a minimal attachment to the particular soul possession, emotional disequilibrium, taboo infringement, or bewitchment hypothesis they advanced and were all too ready to abandon it for some other, in the same genre, which struck them as more plausible given the facts of the case. What they were not ready to do was abandon it for no other hypothesis at all; to leave events to themselves.«¹⁴

Die Ereignisse verlangen nicht nur nach Erklärung, sie liefern die Art, in der die Erklärung statthat, in der Logik ihrer inneren Organisation gleich mit. Der Rekurs auf die subjektivischen Agenzien ist keine Erfindung der Religion. Die Religion bringt nur zur Darstellung, was strukturell schon vorgegeben ist. Freilich erfährt dabei die Welt erst ihre konkrete Gestalt.

Vielfach sind die Agenzien, auf die zur Erklärung zurückgegriffen wird, benannt, mit mehr oder weniger spezifischen Funktionen versehen, personalisiert. Notwendig ist das nicht.¹⁵ Von vielen Gesellschaften wissen wir, daß sie für flüchtige Ereignisse ebenso flüchtige Kräfte benennen. Das reicht hin. Dem Erklärungsbedürfnis ist gleicherweise genüge getan, wenn man sagt, es sei die Kraft eines vorbeistürmenden Windes oder die Strafe eines Gottes. Und auch unter den Göttern gibt es solche, die dauerhaft etabliert sind, und solche für den flüchtigen Augenblick.¹⁶

Weshalb tauchen in primitiven Gesellschaften allerwärts jene subjektivischen Agenzien auf? Weshalb sind deren Welten voller Kräfte und Mächte, voller Geister, Dämonen und Götter? Schlicht deshalb, weil die unterliegende Struktur der Wirklichkeitsauffassung artikuliert werden muß, um zu Erklärungen zu kommen, wenn die Routine stockt. Und weshalb kann der Rekurs auf derartige Kräfte als Erklärung gelten? Weil, wie wir oben schon erörtert haben, im Subjekt tatsächlich Handlungen und Ereignisse ihren Anfang nehmen.

2.2. Leben unter Unsicherheit

Religion antwortet auf Fragen, die nicht unbeantwortet bleiben können. Sie ist an die Situation von Unsicherheit gebunden. Leben unter Unsicherheit ist ein anthropologischer Grundsachverhalt, der aus drei Quellen gespeist wird: 1. daß der Mensch in einer Welt lebt, deren Kenntnis er sich selbst erarbeiten muß, die er folglich immer nur in den Grenzen seiner Konstrukte erfassen und die er nicht grenzenlos beherrschen kann; 2. dem Umstand, daß er in sozialen Beziehungen lebt, die den Zwangscharakter des Natürlichen hinter sich gelassen haben; 3. dem Umstand, daß er auf sich selbst zurück fragt.

Unsicherheit muß verarbeitet werden. Eben deshalb hat Religion im Vergleich zur Routine des Alltags etwas Außergewöhnliches. Soweit die Gewöhnung der Routine reicht, ist die Verarbeitung schon eingeholt in die Formen praktischer Handhabe. Religion liegt jenseits der Routine, jenseits dessen, was ohne weiteres beherrschbar ist.[17] In Rechnung zu stellen ist nur, daß diese Art Unsicherheit selbst ein alltäglicher Tatbestand ist. Der Umgang mit ihr ist deshalb nicht per se grenzüberschreitend, jenseitsorientiert. Das Interesse bleibt durchaus beherrscht von der praktischen Lebensführung.[18] Es wechselt lediglich von einer praktischen zu einer explizit theoretischen Einstellung.[19] Dieser Wechsel ist aber selbst ein Teil der Routine des Alltags. Es ist die Routine im Umgang mit dem routinemäßig nicht Fixierten.

Bei der Bestimmung dessen, was zur sicheren Handhabe des aber und abermals Erprobten und situativ Beherrschbaren gehört und was außerhalb verläßlicher Routine liegt, ist in Rechnung zu stellen, daß der Mensch selbst mit zum Relevanzbereich seines täglichen Lebens zählt. »Verarbeitungsbedürftig« ist deshalb nicht einfach ein Attribut, das dem Ereignis als solchem zukommen muß. »Verarbeitungsbedürftig« ist ein Relationsbegriff, dessen Bezugspunkt das Subjekt ist, das betroffen ist. Ein Blitz, der ein Haus in Flammen setzt, ist ein relativ normales Geschehen. Daß es gerade das Haus des X ist, ist nicht im gleichen Sinne normal. Auf die Frage: Warum denn gerade mein Haus? Warum denn gerade ich? gibt es keine routinisierte Antwort. Ergo muß hier der Relevanzbereich hinterfragt werden. Dabei aber kann man gar nichts anderes finden als das Grundmuster, in dem Wirklichkeit begriffen wird, eben das subjektivische. Die Antwort ist zum Beispiel: witchcraft[20] oder: der Zorn Gottes.

Einmal mehr ist festzustellen: Der schiere Tatbestand der Unsicherheit und der Notwendigkeit ihrer Bewältigung macht noch keine Religion. Religiös vereinnahmt wird das Verfahren erst durch die Art, in der Unsicherheit bewältigt wird. Solange das subjektivische Schema als interpretatives Paradigma fungiert, ist es nicht nur notwendig und sinnvoll, nach Erklärungen zu fragen, wenn Routine stoppt. – Das tun wir auch. – Entscheidend ist, daß es eine ganz spezifische Gewähr für die Antwort auf die Frage gibt, warum sie stoppt und warum etwas ist, wie es ist. Der Rekurs auf die kognitive Grundstruktur läßt allemal subjektivische Mächte für die Ereignisse eintreten. Eben deshalb muß als nächster Schritt die Hinwendung zu jenen Mächten erfolgen, von deren Wiederherstellung der Zustand ad integrum abhängt. Unter der Bedingung, daß alle Welt strukturell Sozialwelt ist, haben alle Ereignisse sinnhafte Züge. Unter solcher Bedingung ist Zufall nicht existent.[21] Alles, was geschieht, wird sinnhaft eingeholt. Nota bene: Es ist eine ganz spezifische Art sinnhafter Verarbeitung: Ereignisse, von denen jemand betroffen ist, werden als kommunikativ adressiert aufgefaßt. Woher rührt es, Geschehnisse in dieser Art sinnhaft zu deuten? Die Frage ist mittlerweile rhetorisch. Sie soll lediglich eines klären: Es heißt schlicht, Ursache und Wirkung verwechseln, wenn man behauptet, diese Art der Verarbeitung habe als elementares Verlangen nach sinnhafter Lebensführung und Erlebnisbewältigung den Grund der Religion abgegeben. Das Umgekehrte ist richtig: Eine spezifische und in ihren Gründen völlig plausible Art der Wirklichkeitswahrnehmung hat dazu geführt, Ereignisse in dieser Weise sinnhaft zu begreifen.

Man braucht bloß genauer hinzusehen, um gewahr zu werden, weshalb das gleiche Verfahren, das im Falle außeralltäglicher

Ereignisse deren Bewältigung leistet, auch dazu dient, die dauerhafteren Ordnungen abzusichern. Soweit ihre Dauerhaftigkeit und Verläßlichkeit reicht, geben sie kaum Anlaß, sie zu hinterfragen. Allein, auch die dauerhaften Ordnungen sind nur mehr oder weniger verläßlich. Primitive Gesellschaften sind nicht selten von einem Gefühl kosmischer Unsicherheit bestimmt. Die Natur ist unsicher, durch Erdbeben z. B. oder durch Überschwemmungen.[22] Sozialordnungen sind immer von Verletzungen bedroht. In Mythen, in denen die Welt dem Chaos abgerungen wird, ist diese Bedrohung festgehalten. Soweit aber auch die dauerhaften und umfassenden Ordnungen unsicher erscheinen und deshalb hinterfragt werden, müssen ebenso subjektivische Kräfte für sie einstehen, immanent oder ihnen transzendent, wie für die einzelnen Ereignisse auch. Exakt das ist der Grund, weshalb in einer Welt wie der unsrigen, in der jedwede Eingriffskausalität subjektivischer Mächte beseitigt ist, sich Religion gleichfalls behauptet. Hinter allem bleibt das unerklärt Treibende und Erhaltende, die zuständliche Dynamik der Welt überhaupt. Sie ist nicht einzuholen in die innerweltlichen Erklärungsmuster. Für sie gibt es deshalb keine Erklärungen. Eben deshalb stellt sie sich nach wie vor in der Form subjektivischer Macht dar. Religion behauptet sich im Sonntäglichen.

Ersichtlich liegt die Ratio der Religion in den Anforderungen, unter die der Mensch bei seiner Lebensführung gestellt ist. Eben deshalb ist ihr von ihrem Ursprung her ein durchgehend intellektueller Zug eigen.[23] Durkheim hat ihr sogar zugeschrieben, die Menschen denken gelehrt zu haben.[24] Das verzeichnet zwar den Vorgang. Denn daß Menschen denken, wird ihnen nicht erst von der Religion abverlangt. Die kognitiven Strukturen bilden sich im Umgang mit der vorfindlichen Wirklichkeit aus. Allein, die Religion schafft sie auf ein Niveau, auf dem sie handhabbar werden. Sie ist es, die die Konsequenzen aus der vorfindlichen Welt für die praktische Lebensführung zieht.

2.3. Religion und Magie

Erklärung und Erklärungsbedürfnis entstammen, wie wir wissen, keinem autonomen Trieb nach Erkenntnis. Auch die Religion entstammt nicht irgendeiner autonomen Wißbegier, auch nicht der nach dem Numinosen. Der Mensch muß mit der Wirklichkeit, in die hinein er geboren wird, zurechtkommen. Er kann das nur, indem er fragt und Antworten findet. Freilich, nachdem einmal diese Schöpfung gelungen, die Fähigkeit zum Fragen geschaffen ist, geht sie über alle praktischen Bedürfnisse hinaus.

Gegenwärtig sind wir noch mit jenen Fragen und Erklärungen befaßt, die sich auf der praktischen Ebene stellen, dann nämlich, wenn Routine stockt, Probleme im Handlungsfeld auftreten, Kontingenzen sich bemerkbar machen. Und es versteht sich: In diesen Fällen bleibt es nicht bei theoretischen Erklärungen. Man will etwas erreichen und muß sehen, wie man zum Ziele kommt. Welche Möglichkeiten stehen unter der Geltung des subjektivischen Deutungsschemas zur Verfügung? Dazu ist ein Blick in die Praxis nötig. Die aber ist, wie die historischen und ethnologischen Berichte zeigen, ungemein vielfältig. Nur in einem, in der Ausgangslage, ist die Situation allemal gleich: Immer muß der Zugang zu jenen Mächten gefunden werden, die das Geschehen bestimmen. Götter werden angerufen; sie werden mit Inbrunst gebetet; Gesänge werden dargebracht; unendliche Geduld wird im Lobpreisen gezeigt. Stimmung und Szene wechseln. Enttäuschung und Entrüstung machen sich breit. Aggressionen gegen die gleichen Götter, vor denen eben noch gebetet wurde, finden Platz. Man spuckt ihre Statuen an, bewirft sie mit Steinen, droht ihnen mit dem Schlimmsten, dem Weltuntergang. Schließlich wendet man sich ab, als hätte man vergessen, was zuvor gesagt wurde. Oder Formeln werden gesprochen, die den Erfolg herbeiführen sollen, Amulette werden getragen; man hofft, sie böten Schutz. Reliquien werden in Not berührt. Man verfertigt ein Bild vom Feind, durchbohrt es und sucht ihn so zu vernichten. Oder man verbrennt ein Stück Zeug von ihm. Kurz, es findet all das statt, was primitiven Welten den Anschein des Absonderlichen und Irrationalen gibt, das, was als Kuriosität von ihnen verbucht wurde und die aufgeklärten Europäer immer am meisten fasziniert hat.

Die Religionstheorie hat diese Praktiken jenseits der als »natürliches Wissen« ausgegebenen alltäglichen Routine in zwei Gruppen gegliedert: in religiöse und magische. Als religiös werden gemeinhin diejenigen Verhaltensweisen angesehen, mit denen sich die Praktikanten an den Willen eines numinosen Agens wenden, soweit sie diesen Willen prinzipiell als frei ansehen und respektieren.[25] Bitten, Gebete, Opfer sind danach religiöse Handlungen. Maßnahmen, die auf das Agens in einer Weise einzuwirken suchen, daß der Erfolg direkt kraft der Mechanik der Einwirkung herbeigeführt werden soll, werden als magisch bezeichnet.[26] Dabei findet vielfach eine ebenso eigenartige wie für unsere eigene Zeit charakteristische Wertung statt: Während die als religiös klassifizierten Handlungen der alltäglichen Praxis entrückt und einer besonderen, spezifisch religiösen Logik zugeschrieben werden, werden die magischen Praktiken gerade wegen ihres Praxisbezuges als nicht normal und vernunftwidrig stigmatisiert. Zauber, heißt es bei H. Junker, und die Magie wird darin eingeschlossen, ist ein Feind der Logik und der Gegenpol der Religion. Um das Abartige dieser Praktiken zu unterstreichen, werden sie der Gedankenwelt des Zauberers und Magiers zugeschrieben, nicht der des Volkes.[27] Unendliche Mühen sind deshalb aufgewandt worden, um religiöse von magischen Praktiken zu sondern. Tatsächlich nämlich befinden sie sich vielfach in ritueller Gemengelage. Wir sehen uns zwei solcher Zeremonien genauer an. Beide bemühen sich um Regen. Die erste stammt von den Maya und ihren Nachkommen in Yucatán.

»Typisch für den religiösen Charakter des Feldbaujahres sind die Zeremonien, mit denen man sich noch immer in Dörfern von Yucatán an die Chac wendet, wenn Regen gebraucht wird. Kein Mann im Dorf versäumt es, an ihnen teilzunehmen. Die erste Aufgabe besteht darin, das Wasser zu holen, das bei der Vorbereitung der Speiseopfer benötigt wird. Es muß reines Wasser aus einem Heiligen Cenote sein, zu dem Frauen keinen Zutritt haben. Nachdem man dieses Wasser geholt hat, darf niemand nach Hause zurückkehren, denn wenn einer der Männer während der Zeremonie mit einer Frau Verkehr hätte, würde der Regen nicht kommen. Daher nehmen die Männer ihre Hängematten mit und schlafen in dem für die Zeremonie vorgesehenen gerodeten Waldstück, das gewöhnlich am Rand des Dorfes liegt.

Nach zwei Tagen vorbereitender Zeremonien opfert der Schamane in der Morgendämmerung des dritten Tages den Chac und den Beschützern der Maisfelder dreizehn große Kürbisse und zwei flache Kürbisse voll ›balche‹. Nach einem von vier Helfern vorgetragenen Gesang wird der ›balche‹ unter die Versammelten verteilt, und jeder muß ein wenig davon nehmen, denn ›balche‹ reinigt vom Übel. Dann werden Vögel herangebracht. Vier Chac genannte Gehilfen halten nacheinander jeden Vogel an den Flügeln und Beinen, während der Schamane neunmal ›balche‹ in ihre Kehle schüttet und sie den Regengöttern weiht. Danach werden die Vögel getötet.

Dreizehnmal wird ›balche‹ auf den Altar gesprengt, und nach jedemmal werden auch die Mitglieder der Gemeinschaft besprengt. Gegen Mittag ist das Essen bereitet, und die Hauptzeremonie kann beginnen.

An jeden Pfosten des Altars wird je ein Knabe mit seinem rechten Bein angebunden. Diese vier Knaben stellen Frösche dar, die Diener und Musikanten der Regengötter. Während die Zeremonie ihren Fortgang nimmt, beginnen sie zu quaken wie Frösche, die das Näherkommen eines Gewitters ankündigen. Ein älterer Mann, der den obersten Chac darstellt, wird feierlich zu einer wenige Meter von dem Altar entfernten Lichtung getragen. In der einen Hand hält er eine Kalebasse und in der andern ein Holzmesser, denn Kalebassen werden, wie bereits oben erklärt, von den Chac getragen, und aus ihnen versprengtes Wasser verursacht Regen. Das Holzmesser stellt das Gerät dar, mit dem sie den Blitz erzeugen. Von Zeit zu Zeit macht dieser Darsteller des obersten Chac donnerähnliche Geräusche und schwingt sein Holzmesser. Manchmal treten statt eines einzelnen Darstellers des obersten Chac vier Männer, jeder an einer Ecke des Altars, als die vier Chac der Weltrichtungen auf. Jedesmal wenn der Schamane ein Gebet spricht oder »balche« opfert, tanzen sie neunmal um den Altar.«[28]

In den für uns interessanten Aspekten ganz ähnlich sieht eine Zeremonie aus, von der A. Bertholet berichtet:[29]

Im mittleren Agoniland in Südafrika strömt bei ausbleibendem Regen das Volk zum sogenannten Regentempel. Das Gras wird weggeräumt, der Führer gießt Bier in einen Topf, der im Erdboden eingegraben ist, und opfert es mit einem Gebet dem verehrten Numen. Nachdem die Teilnehmer ihrerseits vom übrigen Bier gekostet haben, nehmen sie Baumzweige, tauchen sie nach der Rückkehr ins Dorf in ein Gefäß mit Wasser, das ein altes Weib am Toreingang aufgestellt hat, und schwingen sie, ringsum die Tropfen sprengend.

Die Einschätzung dieser Praktiken im einen wie im anderen Ritus als religiös bereitet keine Schwierigkeit: Wenn und solange sich Objekt und Ereignis im subjektivischen Deutungsschema darstellen, müssen Handlungsstrategien entwickelt werden, die diesem Schema Rechnung tragen. Dazu bedarf es keiner intellektuellen Anstrengung. Das subjektivische Schema, das ihnen unterliegt, ist ein wirkliches Schema, ein operanter Mechanismus, der die Betroffenen zwingt, die Wirklichkeit so zu deuten. Weil aber der Wirklichkeit das subjektivische Schema als explikative Matrix unterliegt, ist es vollkommen logisch, sich an das zuständige Agens zu wenden. Logisch ist es auch, es zu bitten; denn Gewalt über es hat man nicht, jedenfalls nicht ohne weiteres. Dabei ist es ganz gleichgültig, wie weit die Agenzien personalisiert sind. Die Chac in der ersten Zeremonie waren Götter, aber für unsere

Vorstellungen sehr sonderbare. Sie besitzen Schlangenattribute. Frösche sind ihre Diener. In der zweiten Zeremonie hören wir nur, es werde ein »Numen« angerufen. Weiß der Himmel, wie es aussah. Das ist nicht wichtig, auch für uns nicht. Wichtig ist nur eines: Die religiösen Zeremonien haften an der unterliegenden Logik. Die aber ist die ganz normale, die ganz alltägliche Logik. Das ist der Grund, weshalb primitive Kulturen auf allen Ebenen des alltäglichen Lebens religiös durchsetzt sind.

Freilich, die Logik ist nach unserem Wissen für praktische Zwecke im Umgang mit der Natur defizient. Eben deshalb ist sie im Laufe der Geschichte eliminiert worden. Allein, das darf uns nicht daran hindern, festzustellen, daß sie hier für praktische Zwecke eingesetzt worden ist. Nur verändert das selbstredend auch die Praxis. Die primitive Praxis ist nicht die unsrige. Sobald das subjektivische Schema aktiviert wird, kommen Qualitäten der Sozialwelt in Bereichen ins Spiel, die für uns einer rein technologischen, sinnentleerten Betrachtung unterworfen sind. In die Praxis fließen damit über die subjektivische Logik wunderbare Inhalte ein, Inhalte, die Menschen im Verkehr untereinander entwickelt haben: Achtung, Verehrung, Liebe; ebenso Zorn, Aggression, der Versuch, zu feilschen oder sich vertraglich abzusichern. Die Absicht, mit diesen Mitteln Regen herbeizuführen, kommt dadurch freilich dem Ziel nicht näher; sie ist verschwenderisch an Gefühlen, illusionär. Das Zwanghafte des Schemas tritt dadurch nur stärker hervor.

Wenn heute versucht wird, das vorherrschend praktische Moment zu eliminieren und den ganzen Vorgang in eine selbständige Symbolebene zu verlagern, in der nichts als der Ausdruck demutsvollen Anerkenntnisses der Abhängigkeit erstrebt wird, so verrät das nicht nur Unkenntnis in der Entwicklung der Geistesgeschichte, eine groteske Verzerrung der intellektuellen Welt der Frühzeit, sondern ebenso die Verlegenheit, über die intellektuelle Leere der eigenen religiösen Gehalte dadurch hinwegkommen zu wollen, daß man die Religion überhaupt auf dem Niveau solcher Abstraktionen und verselbständigter Symbolifikationen einebnet. Läßt man den unzweideutig religiösen Teil im Kontext praktischer Sorge und Zielverwirklichung, wird die für die Praktikanten doch offensichtlich problemlose Einheit mit den übrigen Teilen der Zeremonien ohne weiteres verständlich.

Es ist nicht zu übersehen, daß in beiden Riten Vorstellungsgehalte mitspielen, die in anderer Weise auf die Herbeiführung des gewünschten Effektes abzielen, als durch Hinwendung zu einem göttlichen Willen und die an ihn adressierte Bitte, den Opfernden günstig zu sein. Im ersten Ritus stehen Reinigungsriten am Anfang. Ich will hier die mythische Vorstellung des Reinen, Unschuldigen, Unbefleckten nicht weiter erörtern, auch nicht die höchst bezeichnende Verknüpfung des Unreinen mit der Sexualität, die dann auf die Frau abgeladen wird. So viel scheint mir jedoch sicher: Reinigung dient auch dem Zweck, sich selbst in einen Status des Göttlichen zu setzen. Die Partizipation am Ursprünglichen soll die Chance sichern, dessen Kraft teilhaftig zu werden. Das auch ist der Grund, weshalb die Opfernden vom Opfergetränk kosten. Das Geopferte ist in das Wirkfeld dessen getreten, dem es geopfert wurde. Damit gehört es zu ihm, wird bestimmt vom mythischen Zentrum seiner Subjektivität. Wenn man davon trinkt, verschafft man sich mit der Teilhabe auch dessen Kraft. Wir kennen den Grund für diese mythische Vorstellungsweise: Alles, was zu einem Vorstellungsgehalt zusammengezogen wird, wird damit auch auf ein subjektivisches Agens hin zentriert. Eben deshalb bleiben die Teile vom ursprünglichen Zentrum her bestimmt, auch wenn sie abgelöst werden. Eben deshalb aber kann man sich durch Einverleibung eines zum andern gehörenden Teils auch Anteil am Kraftzentrum des andern und damit dessen Gewalt verschaffen. Solche Vorstellungen sind in einer unübersehbaren Zahl belegt. Balche ist übrigens ein Getränk aus gegorenem Honig und der Rinde des Balche-Baumes. Man wird nicht fehlgehen, wenn man seine ekstatische Kraft wie beim Bier mit in Rechnung stellt. Kommunikation mit den subjektivischen Kräften ist nur über die Grenze der normalen Kommunikation hinweg möglich.[30] Die ekstatische Kommunikation dokumentiert die Teilhabe am Göttlichen.

Nach allem gewinnt auch der dritte Teil der Riten Sinn. Das Quaken der Frösche und das Verschütten des Wassers in beiden Zeremonien ist nicht einfach Nachahmungszauber[31], eine Art symbolischer Darstellung dessen, was man wünscht. Es ist ein Mechanismus, der die Quelle des Regens dadurch in Bewegung setzt, daß er die Merkmale herbeiführt. Zwei Ausprägungen mythischer Vorstellungen gehen hier ineinander über: Diejenigen, die sprengen, haben Anteil an der Kraft des Regengottes; das Sprengen ist Bild des Regens. Als solches gehört es ebenfalls dem

Schematismus subjektiven Denkens zufolge zur Sache und deren innerster Natur. Es ist, als setze man über die Identität von Substanz und Wirkweise der Substanz mit dem Sprengen den Ursprung in Bewegung, eben das zu tun, was man will. Exakt dieser Mechanismus wird gemeinhin als Magie bezeichnet und von den religiösen Anteilen gesondert.

Bertholet meint, Gebet und Opfer in der zweiten Zeremonie seien rein religiös, Ausdruck eines persönlichen Ich-Du-Verhältnisses zwischen Verehrer und verehrtem göttlichem Wesen. Ganz anders, soweit es den damit verbundenen Brauch betreffe, Baumzweige in Wasser zu tauchen und sie zu schwingen, um den Fall der Tropfen zu erzeugen. Hier handele es sich um eine rein dingliche Handlung, bei der ein höheres Wesen, auf dessen Willen eingewirkt würde, gar nicht in Frage komme. Allein, schon die Gemengelage von religiösen und magischen Praktiken in einem einzigen Zeremoniell läßt die Unterscheidung fraglich werden. Tatsächlich beruhen religiöse und magische Praktiken auf dem gleichen kognitiven Schematismus. Beide haften an der subjektivischen Logik. Beide gehen bis zur Ununterscheidbarkeit ineinander über. Das Opfer und Kosten vom Opfer belegen es. Diese Gemeinsamkeit muß als erstes begriffen werden, wenn man sich überhaupt den Zugang zum Verständnis der Riten verschaffen will. Auch zwanghaft ist die eine Vorstellungsweise so gut wie die andere. Niemand kann sich von der Logik des Weltverstehens dispensieren. Es ist diese Gemeinsamkeit, die bewirkt, daß die religiösen Vorstellungen in sich so magisch sind wie die magischen religiös. Allein schon die Gestalt der Götter – man sehe sich die Chac an – ist ja nur über »magische« Gehalte zustande gekommen. Ihnen wird aber geopfert, also eine unbestritten religiöse Verehrung dargebracht. Nur ist auch sie, wie gezeigt, magisch durchsetzt.

Erst auf der Basis der Einsicht, daß beide, ebenso die als religiös wie die als magisch deklarierten Elemente, an einer gemeinsamen Logik haften, läßt auch die Unterschiede begreifen. Es trifft durchaus zu, daß in manchen Riten oder Teilen von Riten die Eigenständigkeit des göttlichen Willens überwiegt, in anderen der Eigenanteil derer, die die Riten zelebrieren. Doch woher rührt das? Schlicht daher, daß die subjektivische Logik in der Ereignisstruktur Subjekt und Substanz in einem festhält. Die »magischen« Verhaltensweisen kehren die Substanzseite hervor, nota bene, die

Substanzseite der Subjektivität. Sie halten sich an die Vorstellungsgehalte, die aus der Emanation des Seienden aus der Subjekt/Substanz folgen. Indem sie auf der Wirkseite Veranstaltungen treffen, die die Kraft der Substanz in Bewegung setzen, hoffen sie, den Erfolg zu erreichen. Und sie setzen die Kraft der Substanz in Bewegung, weil in der emanativen Subjekt/Substanz-Logik zwischen Substanz und Merkmal Identität besteht. Wenn und weil das so ist, ist es durchaus verständlich, daß das Sprengen mit einzelnen Wassertropfen Regen in Bewegung setzt. Die mythische Einheit und mythische Kausalvorstellung sichern die Verbindung zwischen beiden. Das Zwanghafte, das magischen Praktiken immer wieder nachgesagt worden ist, beruht auf nichts anderem als der Stringenz einer Logik, die Ursprungslogik ist und im Ursprung Subjekt und Substanz, Substanz und Emanationsformen der Substanz aneinander gekettet hält. Das ließe sich für jeden der unterscheidbaren Typen von Magie nachweisen.

Führt man sich vor Augen, daß religiöse wie magische Praktiken der gleichen Logik entstammen, dann kann nicht zweifelhaft sein, daß sie für die religiös-magischen Praktikanten keine Verhaltensweisen waren, deren Bedeutungsgehalt prinzipiell unterschieden war. Das ist von Kulturanthropologen immer wieder hervorgehoben worden, und mit Recht.[32] Denn anders ließe sich gar nicht erklären, daß sie in fast allen Riten und Zeremonien nahtlos ineinander übergehen. Prinzipiell unterschieden werden sie erst von den religiösen Praktikanten der Gegenwart. Sie sind es, die den als religiös deklarierten Praktiken Reverenz erweisen, die magischen aber als superstitiös stigmatisieren. Damit wird jedoch keine Aussage über die Vergangenheit gemacht, sondern ein Stück Selbstdarstellung in sie hinein getragen: Man will religiös bleiben, sich aber von dem, was Religion einmal war, distanzieren. Zu diesem Zweck ebnet man sie auf dem Niveau der Zeit ein.

2.4. Profane und sakrale Provinzen

Am Anfang der Geschichte war, so kann man vielfach lesen, die menschliche Lebenswelt durch und durch religiös. Die Menschen lebten in nächster Nähe zum Numinosen, das ihre Gegenwart allgegenwärtig bestimmte. Erst später, im Laufe der Geschichte, entfernten sie sich von dem Urgrund und schirmten sich ab gegen die dunklen Mächte. – In der Tat wird man nicht in Abrede stellen, daß gerade die frühen Stufen der Geschichte durch eine kompakte Unterwerfung unter die Religion gekennzeichnet sind. Der Tatbestand überrascht uns nicht. Wenn, wie wir gesagt haben, Religion die Funktion hat, dem Menschen die Welt und sich selbst dadurch verständlich zu machen, daß sie die interpretative Grundstruktur thematisiert und ihm so zugleich Handlungsanweisungen im Umgang mit den vorfindlichen Mächten zuspricht, dann ist unschwer zu vermuten, daß auf der Folie primitiven Weltverständnisses die Ubiquität dieser Funktion in allen Lebenslagen zu einer ebenso großen Ubiquität der Verweisung an die das konkrete Geschehen bestimmenden Mächte führt. Gleichwohl ist die Vorstellung, in primitiven Gesellschaften sei schlechterdings alles religiös bestimmt gewesen, ein Klischee. Wir haben oben bei der Erörterung primitiven Denkens bereits hervorgehoben, daß die ganz überwiegende Mehrheit der täglichen Verrichtungen von jener moderierten Art ist wie unser zweckrational und technologisch motiviertes Handeln auch. Allerwärts haben wir also mit einer Teilung in eine profane und eine sakrale Provinz zu rechnen. Wie aber sind beide unterschieden?

Es war insbesondere E. Durkheim, der dieser Frage Aufmerksamkeit geschenkt und sie seinem Religionsverständnis zu integrieren gesucht hat.[33] Seine Antwort überrascht: Nicht nur läßt sich der Gegensatz zwischen beiden nicht an einzelnen Merkmalen festmachen, die absolute Gegensätzlichkeit beider Bereiche gehört nach Durkheim zur Grunderfahrung religiösen Lebens selbst. Beide stellen sich dar »comme deux mondes entre lesquels il n'y a rien de commun«[34] – wie zwei Welten, zwischen denen es nichts Gemeinsames gibt. Für Durkheim ist der Gegensatz schließlich und endlich identisch mit dem zwischen Gesellschaft und Einzeldasein, Moral und Interesse. Und so wie die Gesellschaft in der Religion ihre Repräsentation als moralische Instanz findet, so grenzt sich wie von selbst vom Profanen alltäglicher Interessenverfolgung ein sakraler Bezirk ab, in dem solche moralische Gemeinsamkeit ihre Repräsentation und damit ihren gesellschaftlichen Ausdruck findet.

Es verriete wenig historisches Verständnis, wollte man der Durkheim'schen Unterscheidung unbesehen folgen. Ersichtlich haftet sie an der cartesischen Teilung der Welt in Geist und Materie, die für Durkheim noch durch eine Teilung in Gesellschaft und einzelnen, Moral und Interesse überlagert wurde.

Durkheim gelangte zu dieser Teilung auf eine überraschend einfache Weise. Alles Hohe und Hehre: Geist, Sprache, Kunst, vor allem aber Moral und Religion konnten nicht die Schöpfung des einzelnen sein. Sie fielen deshalb notwendig auf die andere Seite, die der Gesellschaft. Die Gesellschaft wurde deren eigentliches Subjekt und zwar exakt in jener Weise, in der Jahrtausende Subjekte zur Erklärung beigezogen wurden: als absoluter Ursprung, der aus sich heraussetzte, was seiner Substanz nach in ihm enthalten war. Die Konsequenz war unzweideutig: Alles, was in einer substantialisierten, begrifflich reinen Individualität nicht unterzubringen war, alles den Menschen Gemeinsame, wurde zur Emanation der anderen, übergeordneten Instanz, eben der Gesellschaft. Sie auch war es, die Religion aus sich heraussetzte. In der Religion feierte die Gesellschaft sich selbst. Das ist der Grund, der Durkheim dazu führte zu erklären, zwischen Gott und der Gesellschaft müsse man wählen.[35] Man kann Evans-Pritchard nur zustimmen, wenn er feststellt:

»This postulate of sociological metaphysic seems to me to be an assertion for which evidence is totally lacking. It was Durkheim and not the savage who made society into a god.«[36]

Wie aber sind profane und sakrale Provinzen dann zu bestimmen? Ich möchte meinen, daß die zuvor dargelegte Bestimmung dessen, was Religion ist, eine einfache Erklärung für diesen ansonsten undurchsichtigen Sachverhalt bietet.

2.4.1. Die profane Provinz

Wenn Religion konstitutionell ihr Komplement in einer profanen Provinz finden soll, und zwar ohne daß, wie alle religiösen Praktikanten und Theoretiker versichern, der profane Bereich gegenständlich in einer Weise abgekoppelt werden könnte, der eine Scheidung quasi nach Sachbereichen möglich machte, dann muß eine derartig grundlegende Anlage ebenso wie die Religion selbst im Konstitutionsprozeß der menschlichen Lebenswelt ihren Grund haben. Tatsächlich läßt sich das komplementäre Verhältnis von Profanität und Sakralität leicht einsichtig machen, wenn man sich nur erinnert, daß der Konstitutionsprozeß der menschlichen Lebenswelt unabdingbar ein Wissenserwerbsprozeß ist. Ich habe oben dargelegt, daß dieser Prozeß auf allen Stufen der Geschichte seinen Anfang in der kulturellen Nullage der Ontogenese nimmt. Allen Gesellschaften stehen deshalb die Grundformen zur Verfügung, wie sie in der frühen Kindheit ausgebildet sind. Wie immer diese Formen oder Schemata aussehen mögen, in sie ein gehen Erfahrungen, deren Verarbeitung in ihnen zu festen Formen gerinnt. Jede Form ist substantialisierte Erfahrung. Jede Gesellschaft hat in diesen Formen soviel Wissen gespeichert und verfügbar gehalten, daß sie ihren Mitgliedern die Bewältigung der tagtäglichen Lebensführung sichert. Wo dieses Wissen in problemlose Routine umgesetzt ist, wo verläßliche Beziehungen zwischen den Erscheinungen hergestellt werden konnten, die eine ebenso verläßliche Vorsorge und Reaktion gestatten, da fehlt der Rekurs auf subjektivische Agenzien[37], da ist Profanität.

Auch in primitiven Gesellschaften unter der Herrschaft einer subjektivischen kognitiven Grundstruktur sind weite Bereiche tagtäglichen Lebens derart stabilisiert. Es ist deshalb möglich, anders auch gar nicht vorstellbar, mit einem verläßlichen Maß an Verhaltensregeln routinemäßig zu handeln. Wenn Ethnologen und Kulturanthropologen versichern, daß in primitiven Gesellschaften so gut wie in unseren »natürliche Ursachen« erkannt und verwendet werden, so meinen sie damit jenes Wissen, das verläßliche Beziehungen zum Gegenstand hat. Damit freilich ist nur ein Teilbereich und noch dazu ein nur vordergründiger abgedeckt.

2.4.2. Die sakrale Provinz

Leben vollzieht sich unter nicht verfügbaren Bedingungen. Primitive Gesellschaften zeichnen sich durch zwei Besonderheiten aus: 1. Sie begreifen die Abhängigkeiten in einer spezifischen Weise: Es sind subjektivisch gedachte Mächte, von denen Menschen abhängig sind. Abhängigkeiten sind mit anderen Worten nach Art sozialer Abhängigkeiten gedacht. 2. Das vergleichsweise geringe Wissen um konstante Relationen im Bereich der Natur läßt die Menschen auch in den alltäglichen Verrichtungen der Lebensführung an derartige Mächte verwiesen sein. Sakral nennen wir jene Provinz, in der der Mensch sich an Mächte verwiesen sieht, deren Anspruch er genügen muß, um leben zu können. Es ist diese quasi soziale Struktur der thematisierten Abhängigkeit, durch die die sakrale Provinz ihr Gepräge erhält. Drei dieser Charakteristika seien kurz genannt: die eigentümliche Latenz des

Sakralen auch im Profanen, die prekäre Natur dieser Abhängigkeit und die damit verbundene Institutionalisierung im Kult.

Profan ist, so haben wir gesagt, was sich im Rahmen verfügbarer Bedingungen hält. Allein, es gibt kaum Lebensbereiche, die so sicher sind, daß nicht unvorhergesehene und nicht verfügbare Einschläge passierten. Dann stockt Routine, Bemühungen setzen ein, die Verfügungsgewalt wiederherzustellen. Scheitern sie, muß Zuflucht zu jenen Agenzien genommen werden, denen das Nicht-Verfügbare zugeschrieben wird. Es liegt auf der Hand, daß das zuvor erwähnte vergleichsweise geringe Maß an sicherem Konstanzwissen die Unsicherheit im Bereich alltäglicher Verrichtung erheblich steigert. Ebenso läßt die allgemeine Subjektivierung leicht nichtssagende Fehlschläge zu bedeutungsvollen Geschehnissen werden. Eine fehlgeschlagene Jagd zieht in manchen Gesellschaften wochenlange Untätigkeit mit Reinigungsriten nach sich. Wenn es einen durchgehenden Grundzug aller Religionen bis in unsere Tage gibt, dann die Sinnüberladung des Trivialen. In primitiven Gesellschaften erscheint deshalb das Profane auch dort, wo es sein Recht behauptet, häufig nur wie eine dünne Decke über einer sakralen Tiefe. Auch in noch so technische Verrichtungen bricht alleweil der unverfügbare Hintergrund ein.

In einer Welt zu leben, die derart von subjektivischen Mächten durchsetzt ist, ist prekär. Man muß sich Zugang zu ihnen verschaffen, ohne doch sicher sein zu können, ihn zu finden und das Ziel zu erreichen. Der sakrale Bereich zeichnet sich durch eben diese Eigenart aus: Er ist ein Bereich sozialer Beziehung, aber mit prekärer und allzu häufig gestörter Kommunikation. Die konstitutionelle Kommunikationsbarriere führt zu zwei Verhaltensformen im Sakralbereich, die einander völlig entgegengesetzt erscheinen und doch die gleiche Wurzel haben: der Ekstase zum einen, der rigiden Normierung zum andern. In der Ekstase überschreitet der Mensch die normale Kommunikation, er bricht sowohl mit der Form wie mit dem Inhalt. Diese Grenzüberschreitung ist konstitutionell angelegt im Verkehr mit sakralen Mächten. Sie reden einfach nicht, wie sonst in gewohnter Kommunikation Kommunikanten miteinander reden. Deshalb verlangt die Aufnahmefähigkeit auf der Seite des Empfängers eine bestimmte Zubereitung. Das gibt aller Sakralität auch außerhalb ekstatischer Zustände den Charakter des Außeralltäglichen. Andere psychische Momente spielen hinein.

Das Gegenteil ist die Rigidität sakraler Normierung. Primitive Gesellschaften zeichnen sich vielfach durch eine außerordentliche Strenge sakraler und sakral legitimierter Verhaltensweisen aus. Der Grund ist leicht einsichtig: Die, die sich an ihre sakralen Kommunikationspartner wenden, erreichen eben das nicht, was sonst soziale Beziehungen auszeichnet: in ihnen beide Seiten zu binden. Durch Steigerung der sozialen Grundstruktur kommunikativ hergestellter Verbindlichkeit wird zu erreichen gesucht, was nicht erreichbar ist: die Bindung des sakralen Gegenübers. Sakralität meint danach nicht einfach Thematisierung einer Abhängigkeit. Sakralität thematisiert eine spezifische Art von Abhängigkeit: Unterworfenheit. Permanenz und Ubiquität jener Angewiesenheit auf Mächte, unter deren Anforderungen man steht und auf deren Willen man sich einlassen muß, ohne sie wirklich in sozialen Beziehungen binden zu können, führen dazu, die Daueranforderung zu institutionalisieren: im Kult. Im Kult wird einer prekären Ordnung Dauer und Sicherheit zu verleihen gesucht. Eben deshalb ist der Kult per se der Bereich des Sakralen. Er hat allemal ein Moment der Unterwerfung in diesem eigenartigen Sozialverkehr zum Thema. Dabei spielen magische Vorstellungen der Stabilisierung durch Reproduktion mit.[38]

Es ist nach allem durchaus richtig, Religion im Moment des Sakralen von der Profanität des Alltags abzuheben.[39] Allein, es kommt entscheidend darauf an, den Grund für diese Art Teilung der Welt zu sehen. Er liegt nicht darin, daß die schlechte Wirklichkeit, um überhaupt Sinn zu geben, des Überstiegs auf eine bessere bedürfte. Woher sollte dieses gewaltige Sinnbedürfnis rühren? Er liegt auch nicht darin, daß Menschen von Glauben und Vertrauen in eine »wirklichere Wirklichkeit« getrieben würden, bevor sie überhaupt die vorfindliche richtig zu begreifen vermöchten. Was sollte diesem Sinn für die »wirklichere Wirklichkeit« Nahrung geben, wenn man sie von der erfahrenen abzieht? Und wieso soll der Mensch zuerst glauben müssen, um hernach wissen zu können? Und schließlich ist es auch nicht eine genuine Verwiesenheit auf das Symbolische, das religiöse Interpretationen und religiöse Kosmen entstehen läßt.[40] Nichts wird so gerne mystifiziert wie die symbolische Konstruktion der Wirklichkeit. Der schiere Sachverhalt, daß die Lebenswelt des Menschen über Abstraktionen und Sprache in Symbolen aufgebaut wird, führt nicht per se zur Konstruktion »transzendenter«, d. h. hier hinter der Profanität gelegener Mächte und Wirklichkeiten. Das alles sind Reste einer metaphysischen Denktradition. Entscheidend ist eines: Die innere Logik der vorfindlichen Wirklichkeit verlangt den Rekurs auf einen Bereich, der dem plane Gegebenen vorgegeben ist, weil das plane Gegebene in ihm seinen Ursprung hat und von ihm her seine dauerhafte Bestimmung erfährt.

2.4.3. Sakralität und Naturgeschichte

Niemand, der vom Boden neuzeitlichen Wissens diese Art sakraler Bindung in Augenschein nimmt, kann umhin, das Moment des Bedrohlichen in diesen Beziehungen festzustellen. Hier wird nicht einfach das Bewußtsein von Abhängigkeit kultiviert, das jedes menschliche Dasein bestimmt. – Das will uns lediglich eine naive Apologetik der Religion glauben machen. – Hier werden zuweilen geradezu verzweifelte Anstrengungen unternommen, um mit jenen nicht faßbaren Mächten fertig zu werden. Das Bedrohliche liegt, daran kann kein Zweifel sein, zu allererst im Illusionären der sozialen Interpretamente.[41] Nirgends als hier im Sakralen kommt das Stück der Naturgeschichte, das die Geschichte der Menschheit auch diesseits des Hiatus noch bestimmt, zum Ausdruck: Der Mensch hängt an den Bedingungen, unter denen er seine Welt aufbaut. Der Umstand, daß er die operativen Mechanismen für den Verkehr mit der Außenwelt in einer Sozietät ausbildet, führt zu der durchgehend subjektivischen Auffassung der Wirklichkeit. Dieser Auffassung folgt er, glaubt seinen Konstrukten sozusagen aufs Wort. Erst langsam, in einem Jahrtausende währenden Verstandesprozeß, durchbricht er den ontologischen Schein und befreit sich von der Naturwüchsigkeit seiner eigenen Konstrukte. Daß Profanität auch unter frühgeschichtlichen Verhältnissen schon Freiheit bedeutet, Realisierung eines Stückes möglicher Autonomie, das läßt sich auf eine zwar indirekte, aber nicht weniger eindrucksvolle Weise dadurch belegen, daß man sich jene Lebensäußerungen ansieht, die schon seit alters als profan bezeichnet werden. Im Alten Testament[42] ist es der Mensch in Arbeit und Beruf, der Mensch, der feiert, der singt und trinkt, der Hochzeit macht, der Spott hat für seine Umgebung; ebenso auch der Mensch, der dem Tod ins Auge sieht, ohne sich alsbald auf Gott, Jenseits, Himmel und Hölle zu berufen.

3. Die Sinnhaftigkeit der primitiven Welt
Religion als ihr Sachwalter

Eine Welt, die auf der Folie des subjektivischen Schemas aufgebaut wird und in der folgeweise die subjektivische Deutung als interpretatives Paradigma fungiert, ist eine durch und durch sinnhafte Welt. Das will sagen, es geht strukturell in ihr zu wie in der Sozialwelt unter Menschen. Was immer an Ereignissen geschieht, sobald sie bedeutsam werden, werden sie als absichtsvoll interpretiert. Eben deshalb ist Zufall prinzipiell ausgeschlossen.

Man muß genau hinsehen, um die Bedeutung dieser Art Sinnhaftigkeit nicht zu verzeichnen: Wenn die Welt des Menschen a priori eine sinnhafte Welt ist, so nicht a priori eine sinnvolle. Im Gegenteil: Wenn alles, was geschieht, intentional interpretiert werden muß, ist das Ergebnis eine geradezu chaotische Sinnhaftigkeit. Den Wandel vom Sinnhaften zum Sinnvollen vollzieht der Mensch erst dadurch, daß er sich auf diese Art Sinnhaftigkeit einstellt und sein Leben, so gut es eben geht, danach einrichtet. Das gilt für die Vielzahl der einzelnen unter Erfolgszwang stehenden alltäglichen Handlungen, die Nahrungsbeschaffung z. B., ebenso wie für die Interpretation von übergreifenden Zusammenhängen der Lebensführung, den Verkehr mit den Ahnen, das Leben im Angesicht des Todes. Das Verfahren, das dabei praktiziert wird, ist einfach: Die für das Dasein problematischen Ereignisse, nota bene: die menschlichen, werden angekoppelt an den Willen einer fremden Macht. Sie sind es schon, wenn immer sie Bedeutsamkeit erlangen. Notwendig sieht der Mensch sich deshalb an diese Mächte verwiesen. Er sucht ihren Willen zu ergründen, zu tun, was sie verlangen, wenn nur sie sich als mächtig und gnädig erweisen. An solchen Demonstrationen mangelt es nicht, Götter bezeugen sich in dem, was sie tun. Für den Glauben der Israeliten war es entscheidend, daß Jahwe sie aus Ägypten geführt hatte (2. Sam. 7.6.). Damit hatte sich erwiesen, daß er ihr Gott war.[43]

Das Verfahren der Erlebnisverarbeitung, bedeutsame Ereignisse an fremde Willen anzukoppeln, wäre kaum praktikabel, wenn wirklich reine Spekulation festlegen müßte, was dem fremden Willen genehm sei, was nicht. Allein, es liegt in der subjektivischen Logik, Interpretandum und subjektiven Willen von vornherein zusammenzuhalten. Der Blick geht vom Interpretandum zum subjektivischen Agens, um von daher zurückzukommen als Erklärung dessen, was der Erklärung bedarf. In diesem Verfahren kann die Einbindung des Interpretandums in den natürlichen und sozialen Kontext mitgenommen werden. Alles, was an Ordnung bereits existiert, alles, was Menschen hoch und heilig an dieser Ordnung ist, wird so sogleich zum Inhalt göttlichen Seins und göttlichen Willens und kommt von ihm als Versicherung und Gebot zu den Menschen zurück. Auf diese Weise ist nicht mehr Sinn in der Welt als zuvor, wohl aber ist er schärfer gefaßt.

Das Verfahren zeitigt Wirkung vor allem, soweit es darum geht, umfassende Zusammenhänge, das System der Natur, die Ordnung der Sozialwelt zu begründen. Wir haben zuvor schon erörtert, daß auch sie als prekär erscheinen, der Begründung bedürftig sind. Das scheint auf den ersten Blick ein gewaltiges Unterfangen zu sein. Allein, man muß nicht meinen, die Religion, respektive ihre Sachwalter, verfügten über Gott weiß welche Fähigkeiten, Sinn in die Welt zu bringen. Woher sollten sie die haben? Der Vorgang ist so einfach wie zuvor. Die Gesamtordnungen werden so gut subjektivisch hintergangen wie einzelne Ereignisse auch. Das kann schon dadurch geschehen, daß sie selbst insgesamt subjektivisch konzipiert werden; es kann ebenso dadurch geschehen, daß sie von ihnen abgelösten subjektivischen Agenzien, Göttern vor allem, zugeschrieben werden. Themis war in Griechenland die soziale Ordnung selbst, aber auch die Göttin.[44] In den Göttern als ihrem Ursprung liegt die Ordnung der Welt.[45] Von den Göttern kommen die Ordnungen deshalb als Schöpfung und Bestandsgarantie zurück. Solange die Erde steht, soll nicht aufhören Saat und Ernte, Frost und Hitze, Sommer und Winter, Tag und Nacht (1. Mose 8,22). Der Regenbogen wird als Unterpfand des Versprechens gesetzt. Auch den sozialen Ordnungen wird in dieser Weise der göttliche Wille einfach zugestellt. Auch hier macht die Sinngebung keine Not. Sie liegt ja schon vor und wird so gut von der Bewegung der subjektivischen Logik erfaßt wie jedes andere Objekt auch. Die aber geht rückwärts, vom Vorfindlichen, mit allem, was Interesse verlangt – und nicht mehr – hin auf den göttlichen Willen. Die Religion bestätigt diesen Sinn nur. Geertz hat diese Rolle der Religion sehr schön beschrieben:

»In religious belief and practice a group's ethos is rendered intellectually reasonable by being shown to represent a way of life ideally adapted to the actual state of affairs the world-view describes, while the world-view is rendered emotionally convincing by being presented as an image of an actual state of affairs peculiarly well arranged to accomodate such a way of life. This confrontation and mutual confirmation has two fundamental effects. On the one hand, it objectivizes moral and aesthetic preferences by depicting them as the imposed conditions of life implicit in a world with a particular structure, as mere common sense given the unalterable shape of reality. On the other, it supports these received beliefs about the world's body by invoking deeply felt moral and aesthetic sentiments as experiential evidence for their truth. Religious symbols formulate a basic congruence between a particular style of life and a specific (if, most often, implicit) metaphysic, and in so doing sustain each with the borrowed authority of the other.«[46]

Die Sinnhaftigkeit des religiösen Kosmos ist in ihrem basalem Bestand nach allem gar nichts anderes als die Sinnhaftigkeit einer aus ganz anderen als den religiösen Quellen gespeisten Lebenswelt. Wenn es die Aufgabe der Religion ist, dem Menschen die Sinnkriterien seiner Lebensführung zuzusprechen, so doch nur unter dieser spezifischen Prämisse: Sie entnimmt sie einer selbst sinnhaft interpretierten Wirklichkeit. Das braucht nicht auf dem Hintergrund der Annahme eines alles bestimmenden Gottes zu geschehen. Es kann ebensogut die Bestimmung eines ehernen Weltgesetzes sein, das eben darin, daß es überhaupt Anforderungen an den Menschen stellt, die nur durch sein Wohlverhalten zu erfüllen sind, die Subjektivität noch durchscheinen läßt.

Dennoch verbleibt der Religion ein kreativer Anteil an der Sinnhaftigkeit der Welt. Kreativ wird die Religion schon dadurch, daß sie die vorfindlichen Ordnungen nicht nur aufnimmt und formuliert, sie vielmehr akzentuiert und interpretiert. Wunderbare Sinngehalte, zu denen Menschen fähig sind, haben so in Religionen ihren Ausdruck gefunden. Das jedoch ist nicht alles. Es bleibt viel Raum für Phantasie. Dabei fließen auch jene bizarren Deutungen ein, wie wir sie in primitiven Religionen vorfinden. Der Grund ist einsichtig: Religiöse Interpretamente müssen gerade in unsicheren, nicht ausdefinierten Lagen bemüht werden. Das muß dazu führen, die Religion aufs Irrationale festzulegen, wo Rationalität am dringlichsten verlangt wird. Wenn es darum geht, dem Willen subjektivischer Mächte zu Gefallen zu sein, Mächten, die man nicht kennt, müssen jene verzweifelten Anstrengungen die Folge sein, die ja aus allen Religionen sattsam bekannt sind, im Opfer zumal, furchtbar, aber logisch.[47] In der Grauzone des Ungewissen, unter den Forderungen unbekannter

Willen operieren zu müssen, ist der Grund auch ebenso für jene penetrante angstbesetzte Moral, wie sie Religionen weithin eignet, wie für den Einstieg in die Korruptibilität ihrer Experten.

Sinnverwaltung unter der Ägide subjektivischer Logik ist nicht jedermanns Sache. Wissen ist dazu notwendig. Damit mag es noch seine Bewandtnis haben. Schwieriger ist es, Ereignisse zu diagnostizieren und hernach Enttäuschungen zu bewältigen. Dazu bedarf es besonderer Naturen, Experten. Ihre Aufgabe ist es auch, die Umsetzung religiöser Gebote in die praktische Lebensführung zu überwachen. In der unter den Anforderungen subjektivischer Logik ganz unumgänglichen Verbindung von sinnhafter Ausdeutung und moralischer Umsetzung in praktische Lebensführung liegt der Grund für die frühe Tendenz, Expertenrollen auszudifferenzieren und schließlich Religion institutionell zu vereinnahmen. Denn noch einmal:

Erst die Verbindung von subjektivischer Logik und Sinnverwaltung schafft Religion.

Es ist unschwer zu erkennen, wo die Relevanz dieser Feststellung liegt: nicht nur in der Religiosität unter der Ägide subjektivischer Logik primitiver Weltanschauung, sondern in der Perspektive historischer Entwicklung: Die subjektivische Logik wird irgendwann im Laufe der Geschichte überwunden. Die Sinnfragen bleiben. Sie stellen sich nur anders, müssen auch anders beantwortet werden. Doch das ist späteren Erörterungen vorbehalten.

4. Der affirmative Konservatismus der Religionen

Sinnhafte Verarbeitung der vorfindlichen Wirklichkeit und des menschlichen Daseins in ihr hat unter der Ägide subjektivischer Logik einen notwendig konservativen Grundzug. Dieser Zug der Religion ist oft bemerkt worden; allein die logische Stringenz, die ihn geradezu erzwingt, ist nicht recht zu Bewußtsein gekommen. Es ist aber für das Verständnis der gesellschaftlichen Rolle der Religion von überragender Bedeutung, den logischen Mechanismus dieses Konservatismus zu erfassen. Ich erörtere ihn deshalb noch einmal explizit, auch wenn er zuvor schon deutlich geworden ist.

Unter der Geltung eines emanativ explikativen Schemas geht die

Bewegung, in der das Explikandum aufgefaßt wird, erklärtermaßen vom Explikans zum Resultat. Die Ursache bringt aus sich die Wirkung hervor. Danach sollte man vermuten, daß das eigentliche explikative Moment im Ursprung gelegen sei. Von ihm aus müßte das Explikandum verstanden werden. In dieser Weise sind bekanntlich ältere, in unserer Zeit durchaus noch gängige Offenbarungsvorstellungen aufgefaßt worden.[48] Allein, es ist in keiner Weise einsichtig zu machen, inwiefern der Rekurs auf ein Absolutes auch nur einen Jota an Erkenntnis bringen könnte. In der Nacht des Absoluten sind alle Katzen grau. Wenn wir etwas von ihm wissen, dann nur durch seine Entäußerung. Tatsächlich läuft der Erkenntnisprozeß in diesem Schema umgekehrt ab: Man kennt das Resultat und stellt ihm den Grund bei. Bekannt und offenkundig ist immer nur die Wirkung. Ausschließlich darauf, einem bereits bekannten Phänomen das Subjekt als Substanz beizustellen, ist in diesem Schema das Interesse gerichtet. Die unumgängliche Konsequenz ist, daß im Ursprung das Resultat wieder erscheint. Gewiß, der Ursprung geht darin nicht auf; er ist immer mehr und insofern nicht faßbare Potentialität. Faßbar ist sie nur durch die schon ersichtlichen Entäußerungen. Die bereits mehrfach angeführte Partizipation dessen, was ist, am absoluten Ausgang kommt auf dem Wege der Rückverlagerung zustande. Das erklärt den bekannten Anschein, die Kosmologien seien nichts als das Spiegelbild der sozialen Ordnung. Spiegelbilder dieser Art sind in der Tat hinreichend bekannt. Die Ethnologie ist in der Lage, ganze Entwicklungslinien der Kulturen aus dem Inhalt der Mythen zu rekonstruieren. Ein besonders eindrucksvolles Beispiel ist das Purushalied. Es läßt sich die Kasten im Urwesen spiegeln.[49] Auch im griechischen Denken sind die Belege zahlreich zu finden. Im platonischen Mythos der Kosmogonie etwa bringt die Vernunft die Notwendigkeit durch Überredung unter ihre Herrschaft. »Der Glaube der Griechen«, sagt H. Blumenberg, »an die Kraft der Rede und Überredung projiziert sich hier ins Kosmische; der Vorgang, der über die Qualität der werdenden Natur, über den gefährlichen Dualismus von Idee und Materie entscheidet, ist nach dem Modell des Politischen gesehen.«[50] Im hier erörterten Zusammenhang ist es einzig wichtig, den Grund der »Projektion« wahrzunehmen. Er liegt nicht in einem unbestimmten Interesse an fernen Regionen, die dann mangels besserer Phantasie mit dem Bestehenden ausgestattet werden.

Ebensowenig ist er eine Erfindung derer, die sich im Bestehenden vorteilhaft einzurichten wußten. Die Rückverlagerung liegt tendenziell schon in der Wahrnehmung des Bestehenden. Es ist dieser operationale Modus, der den affirmativen Grundzug der Religion bewirkt. Alle primitiven Religionen haben deshalb zugleich mit der Funktion, das Paradigma der Wirklichkeitsauffassung zu thematisieren, auch die Funktion übernommen, gesellschaftsstabilisierende Tendenzen zu entfalten. Ethnologen vergessen das selten als auszeichnendes Moment zu erwähnen.[51] Allein, diese Rolle ist nicht an den Entwicklungsstand gebunden. Sie bringt sich überall zur Geltung, wo überhaupt das subjektivische Schema, sei es auch noch so verschlüsselt, als Folie des Denkens gilt. Ihm zufolge hat das Hergebrachte immer schon das Prinzip für sich okkupiert und sich auf eben diese Weise den Anspruch auf absolute Geltung zu verschaffen gewußt. Das ist der Grund, weshalb die etablierten Religionen eine besondere Neigung entwickeln zurückzubleiben. Der sozusagen automatische Rückbezug der Phänomene auf einen absoluten Ursprung erschwert es ganz außerordentlich, einmal gefaßte und mit der Weihe des Absoluten versehene Theoreme preiszugeben. Die Geschichte bietet zu viele Beispiele, als daß sie hier anzuführen wären.

4.1. Der revolutionäre Konservatismus

Man würde das Bild verzeichnen, wollte man es bei der schon von Harnack getroffenen Feststellung bewenden lassen, es gäbe kein konservativeres Gebilde als die Religion. Es ist nämlich nicht so, daß die rückwärts gewandte und im Absoluten abgesicherte Argumentation notwendig den etablierten Verhältnissen zugute kommen müßte.[52] In Zeiten sozialen Wandels pflegen auch revolutionäre Ideen mit dem gleichen Anspruch auf Absolutheit aufzutreten. Gegenwärtig ist das die Basis für eine Theologie der Revolution. Zweifelsfrei also können religiöse Lehren auch von tradierten Normen befreien und sich als umstürzlerisch erweisen. Allein, in der Begründung gerieren sie sich so absolut wie ihre Antipoden. Von Protagonisten einer Theologie der Revolution wird gemeinhin nicht wahrgenommen, wie hintergründig affirmativ sie mit einer Berufung auf das Absolute oder den absoluten Willen bleiben und wie gefährlich eine derartige Berufung unter den Verhältnissen der Gegenwart ist. Sie hält dem Totalitären Tor und Tür offen.⁵³ Der Absolutismus des Denkens ist, wie Rokeach zu Recht feststellt⁵⁴, ein Formprinzip, nicht erst eine Frage der inhaltlichen Ausgestaltung.

v, 1. Die Herkunft der Götter

1. Religion und Gottesvorstellung

In allen Disziplinen, die mit der Religion befaßt sind, ist die Diskussion um ihren Begriff endemisch. Im Gegensatz aber zu den spekulativen Mühen und Anstrengungen der Religionsphilosophie und -soziologie haben die theoretisch weniger ambitiösen Disziplinen der Ethnologie und Kulturanthropologie praktisch keine Schwierigkeit gehabt, sich darüber zu verständigen, was gemeint war, wenn von Religion gesprochen wurde[1]. Der Grund dieses bemerkenswerten Tatbestandes ist, daß sie nicht in Versuchung gerieten, die Religion abseits jener handgreiflichen Realität zu sehen, in denen sich die religiösen Praktikanten bewegen. Erst in den Deutungen auf den angehobenen Ebenen der Abstraktion verfingen und verfangen sie sich in den gleichen Problemen, die auch Philosophie und Soziologie beschäftigen. Dann auch machen sich die gleichen Vorurteile breit, die die eigene Religion produziert. Die Praxis der Ethnologie und Kulturanthropologie ist damit ausgekommen, sich an den Götter-, Geister-, Seelenvorstellungen zu orientieren, also an subjektiven Mächten, die nach Art der menschlichen gedacht werden, aber mit anderen Kräften begabt sind.[2]

Gegen diese Vorstellung ist einst die soziologische Theorie zu Felde gezogen.[3] Ihre Behauptung war, nicht alle Religionen hätten derartige Vorstellungen entwickelt. Zeuge dieser Behauptung waren vor allem bestimmte Formen des Buddhismus. Dieses bis heute gern wiederholte Argument stand immer schon auf schwachen Füßen. Denn ganz offensichtlich bezog man sich beim Buddhismus ausschließlich auf die abgefaßte Dogmatik des Lehrgebäudes. Dagegen blieb die Praxis der täglichen Anschauung und des täglichen Handelns so gut wie außer Betracht. Die aber ist im Geltungsbereich des Buddhismus nicht minder von subjektivischen Vorstellungen bestimmt als anderwärts auch.[4] Der Widerspruch der Soziologie ist gleichwohl verständlich. Solange die explizit anthropomorphe Ausgestaltung allein die Aufmerksamkeit auf sich zog, fehlte jenes Moment, an dem alles gelegen war: die Universalität. Götter insbesondere kennen nicht alle Gesellschaften, jedenfalls nicht solche nach Art des christlichen Gottes.

Anders nimmt sich das Problem erst auf dem Hintergrund des hier verfolgten Nachweises aus, daß die anthropomorphen Vorstellungen lediglich die spezifische Thematisierung einer allgemeinen Struktur der menschlichen Lebenswelt darstellen. Damit wird auch ein weiterer unüberwindlich scheinender Einwand hinfällig.

1.1. Mangel an Logik oder infantile Angstbewältigung

Die ältere Theorie fand für den verbreiteten Tatbestand der »Beseelung« der Wirklichkeit, gleich ob mit Geistern oder Göttern, keine andere Erklärung als den Mangel an Logik, Aberglaube. Die psychologistischen Theorien erklärten den Vorgang als Projektion des eigenen Selbst auf die unbelebten Dinge der Natur. Freud verwies auf die in der Ontogenese übermächtige Figur des Vaters.[5] Religion wäre danach die (normale) Kindheitsneurose der Menschheit, entstanden durch eine Triebverarbeitung, die nicht anders als durch ambivalente, aber überwiegend angstbeladene Verdrängungsakte geleistet werden konnte. In den Göttern hielten sich die Väter in der Geschichte lebendig, in dem einen, dem christlichen Gott insbesondere, der einmal entmachtete Urvater. Was immer an der Theorie richtig und falsch sein mag, sie hat einen entscheidenden Mangel: Sie erklärt nicht, wieso es dazu kommt, die ganze Außenwelt nach subjektivischen Agenzien durchzuorganisieren. Es ist einsichtig, daß Väter Neurosen produzieren können; nicht einsichtig ist, daß diese Neurosen dazu führen, alle Gegenstände nach Art von Vätern zu behandeln. Das Gemeinsame, die erdrückende Übermacht von Vätern und Natur, reicht nicht hin. Die gewaltigen kognitiven Leistungen, die Religionen vollbracht haben, fallen bei dieser Erklärung völlig unter den Tisch. Eben das aber war es, was Durkheim beanstandete: das alles nur Irrtum sein sollte.

»C'est, en effet, un postulat essentiel de la sociologie qu'une institution humaine ne saurait reposer sur l'erreur et sur le mensonge: sans quoi elle n'aurait pu durer. Si elle n'était pas fondée dans la nature des choses, elle aurait rencontré dans les choses des résistances dont elle n'aurait pu triompher. Quand donc nous abordons l'étude des religions primitives, c'est avec l'assurance qu'elles tiennent au réel et qu'elles l'expriment.«[6]

Auf der Suche nach der Wahrheit der Religion war Durkheim beherrscht von der einen Frage: Was entspricht jenen übermächtigen Gestalten, wie sie in der Religion ihren Ausdruck finden, in

Göttern zumal? Er dachte ersichtlich so sehr in den Bahnen der Ursprungslogik, so emanativ, wie nur irgendeine Religion vor ihm. Die Antwort kennen wir bereits: die Gesellschaft. Sie ist es, die sich in Gestalt der Götter reproduziert. Mit dieser Antwort ist nun freilich gar nichts anzufangen.[7] Denn dabei bleibt völlig offen, warum Religionen sich in eben den Formen äußern, in denen sie es tatsächlich tun. Die vielfältige Praxis alltäglicher Lebensbewältigung fällt dabei ebenfalls aus. Sie läßt sich nicht auf ein einziges Problem: die moralische Selbstdarstellung der Gesellschaft reduzieren.

In Wahrheit war Freud sehr viel näher als Durkheim am Verständnis der Religion.

Wir wissen, daß sich die kategorialen Formen des Weltbildes auf den frühen Stufen der Ontogenese bilden. Freud war deshalb auf der richtigen Spur, wenn er den realen Ursprung der religiösen Weltwahrnehmung in der frühesten Kindheit zu finden meinte. Zu Recht stellte er fest:

Der Mensch »hat an den Personen seiner ersten Umgebung gelernt, daß, wenn er eine Relation zu ihnen herstellt, das der Weg ist, um sie zu beeinflussen, und darum behandelt er später in der gleichen Absicht alles andere, was ihm begegnet, wie jene Personen.«[8]

Wenn man diese Einsicht in den Kontext eines Konstitutionsprozesses kategorialer Formen einbringt, wird erklärt, was zu erklären sonst nicht möglich ist: weshalb sich die Welt insgesamt in subjektivischen Formen darstellt.[9] Dann auch können wir die materialen Einsichten Freuds integrieren. Es versteht sich, daß sich der Konstitutionsprozeß der Wirklichkeit nicht in einer emotional bereinigten, rein erkenntnistheoretischen Atmosphäre abspielt.[10] Wenn denn die Welt in exakt jenen Formen konstituiert wird, die im Verkehr mit den sorgenden Erwachsenen ausgebildet werden, dann, so wird man annehmen, gehen auch die übrigen Erfahrungen in sie ein, die im Umgang mit eben diesen Erwachsenen gemacht werden. Diese emotionalen Elemente, die positiven wie die negativen, sind an die Subjektform gebunden. Eben deshalb bestimmen sie auch die religiösen Thematisierungen, werden freilich durch die Notwendigkeiten der Erlebnisverarbeitung auf der Erwachsenenebene modifiziert.

Im gegenwärtigen Zusammenhang ist eines wichtig: Wenn Ethnologen und Anthropologen darauf verweisen, daß Religionen nicht anders als über den Umgang mit subjektivischen Agenzien bestimmt werden können, einfach deshalb, weil dies der universale Befund ist, dann, so möchte ich meinen, hat unsere bisherige Erörterung den systematischen Grund für den doch zumindest auffälligen Sachverhalt nachgeliefert. Es scheint mir kein geringer Gewinn, dabei auch die psychologischen Theorien in ihrem harten Kern integrieren zu können, was immer sie sich im einzelnen an Korrekturen gefallen lassen müssen.

2. Präanimistische und animistische Vorstellungen

Primitive Gesellschaften sind, so haben wir gesagt, darin primitiv, daß sie die in der frühen Kindheit ausgebildeten kognitiven Grundstrukturen nicht wesentlich weiter entwickelt haben. In der frühen Phase der Geschichte finden wir deshalb in allen Gesellschaften das subjektivische Schema als das allgemeine Deutungsmuster wieder.

Das naturwüchsig entstandene Schema, Dinge und Ereignisse in der kategorialen Form der Subjektivität zu begreifen, ist eines, die semantische Thematisierung und Ausdeutung der Welt ein anderes. Es ist kaum zu erwarten, daß von allem Anfang an in allen Gesellschaften dieser Mechanismus in ausgearbeitete Seelen- und Handlungsmuster umgesetzt wurde. Es gibt deshalb eine alte religionssoziologische Tradition, sie führt von Comte bis zu Weber, die dem animistischen ein präanimistisches Stadium vorhergehen läßt. Comte unterteilt in seinem berühmt-berüchtigten Dreistadiengesetz das theologische Stadium in das Stadium des Fetischismus, des Polytheismus und das des Monotheismus. Für ihn ist das präanimistische Stadium dadurch gekennzeichnet, daß in ihm die subjektivischen Kräfte den Körpern selbst noch zugeschrieben werden.[11] Ganz ebenso argumentiert Weber[12]. Weber sah die Ausprägung expliziter Geistvorstellungen, die von den Objekten abgelöst waren, als einen Vorgang von eminent historischer Bedeutung an. Es war die erste Abstraktionsleistung, mit dem der universal-historische Zug der Rationalisierung der Welt begann. Zuweilen wird angenommen, daß erst das der animistischen Phase folgende Stadium das Stadium der Religion sei. Religion wäre danach an das Vorhandensein von Göttern gebunden.[13]

Die Lehre hat ein eigenartiges Schicksal erfahren. Begründet wurde sie aus einer mehr intuitiven als systematischen Ordnung des vorfindlichen ethnologischen Materials. Und ganz oben wurde sie widerlegt. Es waren Gesellschaften aufzufinden, in denen Gottesvorstellungen, vielleicht sogar monotheistische Gottesvorstellungen, ausgebildet waren, die entwicklungsgeschichtlich nicht fortgeschrittener waren als solche ohne ausgearbeitete Gottesvorstellung. Das reichte zur Widerlegung einer entwicklungstheoretischen Betrachtung der Religion und ihrer Anfänge überhaupt. So einfach geht es zuweilen in der Wissenschaft zu. Eine systematische Untersuchung der Abfolge ist nie erfolgt; sie ist auch kaum möglich. Denn von den frühen Gesellschaften der Geschichte wissen wir nichts in dieser Hinsicht. Die primitiven rezenten Gesellschaften aber haben jede eine lange Geschichte hinter sich. Außerdem hat niemand genauere Studien angestellt, als sie zum ersten Mal mit fortgeschritteneren Gesellschaften in Berührung kamen. Theoretisch spricht einiges dafür, präanimistisch-fetischistische Vorstellungen von animistischen zu unterscheiden. Inwiefern?

Kognitive Schemata sind, so haben wir gesagt, operante Schemata. Das will sagen: Sobald sie ausgebildet werden, arbeiten sie, indem sie im Relevanzbereich einschlägiger Erfahrungen alles und jedes in ihre Form fassen. Ein abundantes Material belegt, daß die Dinge und Ereignisse selbst subjektivisch aufgefaßt werden. Das subjektivische Schema bildet mit anderen Worten das Wahrnehmungsschema der Objekte und Ereignisse selbst. Wir wissen, daß diese innere Struktur aus pragmatischen Gründen thematisiert werden muß. Thematisierung aber bedeutet interpretative Umsetzung, Ausdeutung. Dabei liegt es nahe, die innere Dynamik den Gegenständen inhärent sein zu lassen, sie ihnen selbst zuzuschreiben. Die Dinge und Ereignisse selbst sind so konstituiert. Eben so kommt das Bild dinghaft gebundener Kräfte zustande. Allein, daraus ist nicht zu folgern, am Anfang der Geschichte habe eine Art mechanistischer Wirklichkeitsauffassung vorgeherrscht. Eben so aber stellte Weber sich das präanimistische Stadium vor. Eine solche Annahme ist nur möglich, solange man sich keine Rechenschaft darüber ablegt, woher die kognitive Struktur überhaupt stammt: eben aus der Ontogenese. Die formale Struktur ist subjektivisch, auch und gerade in den Anfängen; nur ist es eine offene Frage, wie nah oder entfernt die subjektivischen Zentren der Objekte waren. Es scheint mir daher eine müßige Frage zu sein, darüber zu spekulieren, ob diese dinghaft gebundene Anschauung der subjektivischen Kraftwahrnehmung eine selbständige historische Stufe gebildet haben muß, eine, die der Ablösung subjektivischer Agenzien vorausging, und für welche Zeit sie zu veranschlagen wäre. Wenn in religionshistorischen Arbeiten zuweilen postuliert wird, es müsse dieses Stadium gegeben haben, weil in vorgeschichtlicher Zeit der einzelne wie die Gesellschaft »noch nicht ihrer selbst bewußt aus dem Naturgrunde ihres Daseins« herausgetreten seien[14], so ist daran zu erinnern, daß die Reflexivität der Subjektivität zur Handlungskompetenz gehört. Die aber war bereits in spätpaläolithischer Zeit fortgeschritten, in neolithischer Zeit aber unzweifelhaft ausgebildet. Auch in den uns bekannten primitiven Gesellschaften, den Sammler- und Jäger-Gesellschaften vor allem, finden wir eine weit fortgeschrittene Handlungskompetenz und Subjektstruktur vor. In diesen Gesellschaften sind aber ebenso animistische Vorstellungen mit deutlich anthropomorphem Einschlag festzustellen wie Darstellungen, in denen wenigstens zur Bestimmung spezifischer Eigenheiten explizite Personalisierungen vorgenommen sind. Das ist nicht im geringsten verwunderlich. Die subjektivische Grundstruktur ist, daran muß man sich erinnern, ein Resultat subjektivischer Kompetenz. Wo diese Kompetenz auf der Seite der religiösen Praktikanten entwickelt ist, ist ihre Thematisierung in wirklichen Subjekten, Göttern auf der Gegenseite der Akteure schon deshalb kein Problem, weil auch im Sozialverkehr der Menschen untereinander Subjekte als Interaktionspartner thematisch gemacht werden müssen. Nur soviel also werden wir vermuten:

Historische Schübe in der Entwicklung der Subjektivität, es gibt sie, werden auch ihren Niederschlag in der subjektivischen Deutung der Welt, ihren Göttern also, finden.[15]

3. Götter

Weshalb gibt es Götter? Die Frage ist anstößig. Für die, die mit ihnen umgehen, ist sie deshalb nicht sinnvoll, weil für sie Götter einfach da sind und Ableitungen nicht zulassen. Götter leben aus sich selbst. Denen aber, die Götter leugnen, scheint einfach eine letzten Endes nicht mitteilsame Kompetenz religiöser Erfahrung abzugehen. Allein, so ist die Frage nicht gemeint. Darin wollen wir der Phänomenologie gerne folgen, daß wir die Frage nach Sein oder Nichtsein von Göttern in der Wissenschaft einklammern.[16] Was dazu zu sagen ist, werden wir am Schluß dieser Untersuchung in wenigen Sätzen sagen. Dennoch halten wir an der kausal-explikativen Intention der Frage fest: Sozialwissenschaft will nicht nur erklären, wie etwas ist, sondern zugleich, warum etwas ist, wie es ist. Die Naturwissenschaften können die Warum-Frage zugunsten der bloßen Frage, wie etwas ist, auf die Seite setzen. Die Sozialwissenschaften können sich diese Strategie nicht aufschwätzen lassen. Es gibt nämlich Gründe, die verständlich machen, warum etwas ist, wie es ist. Ich formuliere deshalb die Frage um: Weshalb kennen Menschen Götter? Und weshalb kennen sie sie in eben der Weise, in der sie als Götter auftreten? An dieser Frage kann sich eine Religionssoziologie nicht vorbeidrücken, wenn sie Religion erklären will. Sie muß, auch darin ist Durkheim überholt, der Religion die Götter zurückgeben. Weshalb also gibt es Götter für Menschen?

3.1. Sagen, was ist

Götter sind personal gefaßte Mächte. Ihre Aufgabe ist so gut wie die jeder anderen subjektivischen Macht, als Agens einzustehen für Verhältnisse und Ereignisse. Das ist ihre raison d'être. In der gelebten Erfahrung werden sie in der Tat nicht geschaffen. Sie sind da. Den Grund kennen wir: Die Welt wird im subjektivischen Schema begriffen. Dieses Schema muß interpretativ umgesetzt werden. Das aber geschieht, indem das, was seiner unterliegenden Struktur nach subjektivisch angelegt ist, auch in subjektivischen Formen, schließlich in Subjekten gedeutet wird. Die einfachste und anschaulichste Weise dafür bieten die menschlichen Subjekte. Die personale Ausstattung der Mächte ist deshalb nur konsequent. Der allgemeinste Grund dafür, daß Götter entstehen, gleich wo, gleich in welcher Gestalt, ist mithin in der Umsetzung der subjektivischen Struktur der Wirklichkeit zu sehen. Die Logik der Götter ist die Logik eines naturwüchsig entstandenen Weltverständnisses, das in den Göttern seine begriffliche Fassung erfährt. Nie wäre ein Gottesgedanke entstanden, hätte nicht die anthropologisch abgenötigte Konstruktion der Wirklichkeit die subjektivische Deutung der Welt heraufgeführt. Die Götter hängen am subjektivischen Schema. Thales von Milet wird der Satz zugeschrieben[17], alles ist voll von Göttern. Prägnanter kann man nicht zum Ausdruck bringen, daß die Götter ihre Existenz der für jegliches Begreifen grundlegenden Kategorie verdanken, eben der subjektivischen.

3.1.1. Erfahrung und Erlebnis

Ein Einwand steht ins Haus: Die kognitivistische Deutung entspreche nicht der Erfahrung der religiösen Praktikanten. Für sie stehe nicht die kognitive Seite im Vordergrund, sondern die affektive. Das Erlebnis ist danach Grundkategorie ebenso der Religion wie der Götter.[18]

Der Einwand trifft nicht. Erlebnis und Kognition sind keine getrennten Straten. Kein Erlebnis, das nicht in irgendeiner Weise kognitiv strukturiert wäre, und keine Kognition ohne erlebnishafte Selbsterfahrung.[19] Es soll deshalb gar nicht in Abrede gestellt werden, daß für den religiösen Praktikanten im Umgang mit Göttern die Erlebnisseite im Vordergrund steht. Allein, das ändert nichts daran, daß der, der als Gott erfahren wird, eben als Gott, und das heißt in der logischen Form des Subjekts erfahren wird. Mehr noch: Jenes Erlebnismoment in der Erfahrung eines Gottes wird entscheidend dadurch bestimmt, daß jenes mächtigere Gegenüber als Subjekt erfahren wird. Das, was man als die religiöse Grunderfahrung mit dem Begriff des Numinosen zu bestimmen gesucht hat[20], erfährt seine religiöse Qualität erst dadurch, daß es in der Kategorie des Subjekts erscheint. Viele kennen die Erfahrung grenzenloser Ohnmacht, von Einsamkeit, Schrecken ohne irgend einen Anflug des Numinosen, ohne jede religiöse Qualität. Was interessiert, ist deshalb als erstes die durchgehende Erfahrung in der kategorialen Form des Subjekts. Um es zu wiederholen: Die Götter hängen am subjektivischen Schema.

3.1.2. Die Individuierung der Götter

Die enge Bindung der Götter an eine gedeutete Welt, deren Objekte und Ereignisse sich in der kategorialen Struktur des Subjekts darstellen, geschieht nicht ohne Grund. Und dieser Grund ist nicht in der Absicht zu suchen, die Götter herunterzusetzen. Entscheidend ist vielmehr, daß ein Verständnis der Götter, das sie von vornherein abzieht von der gedeuteten Welt, sich den Zugang ebenso zu dieser Welt wie zu den Göttern selbst verstellt. Götter erfahren ihre Individuierung durch den Teil der Welt, für den sie einstehen. Ihre Bedeutung bestimmt sich nach der Bedeutung dessen, wofür ihre Macht in Ansatz gebracht wird. Wenn man fragt, wer der Gott ist, wenn man mit anderen Worten seine Individualität zu bestimmen sucht, dann benennt man allemal ein Stück erfahrener Wirklichkeit, resp. dessen innerer Dynamik. Denn eben das ist es, was Erklärung heischt. Wenn man will, kann man jedes einzelne Ereignis einem besonderen Gott zuschreiben. Die folgende Aufzählung aus der römischen Götterwelt belegt das anschaulich:

Die Landwirtschaft kennt drei Götter des Pflügens, *Vervactor, Reparator, Imporcitor,* der Acker wird ja dreimal gepflügt. *Insitor* überwacht die Aussaat, *Saritor* das Ausräuten des Unkrauts, *Messor* das Mähen, *Conditor* die Aufspeicherung, *Sterculinius* das Düngen, usw. Das Wachstum der Saat in der Erde steht unter der Obhut der *Seia,* das Keimen und Ausschlagen unter *Proserpina; Segesta* besorgt das Wachstum über der Erde, *Volutina* die Entwicklung der Knospe, *Flora* die Blüte, *Matura* das Reifen. Auch die anderen Sorgen des Landmannes unterstehen eigenen Göttern: die Rinderzucht der *Bubona,* die Pferdezucht der *Epona,* die Bienenzucht der *Mellona,* während *Pomona* der Baumzucht vorsteht. Im Menschenleben ist es genau so: *Domiducus* überwacht das Heimführen der Braut, *Liber* befreit den Mann durch den Samenerguß, *Libera* die Frau (Lehmann-Haas, Textbuch, 221 f.). Der neugeborene Mensch wird bis in die kleinsten Kleinigkeiten unter die Mächte gleichsam verteilt: *Alemona* nährt den Foetus, *Vagitanus* öffnet des Kindes Mund beim ersten Schrei, *Levana* hebt es vom Boden auf, *Cunina* schützt die Wiege, *Statanus* lehrt es das Stehen, *Fabulinus* das Reden, usw. Aber auch konkrete Gegenstände werden durch den Namen zu Mächten, die angerufen werden können: im Hause ist *Janus* die Tür, *Vesta* der Herd, *Cardea* und Limentinus gehören zur Schwelle.

G. van der Leeuw, dem die Aufzählung entnommen wurde[21], meint, diese Art, für alles und jedes einen besonderen Gott zuständig sein zu lassen, sei nicht einfach unsinniges Verlangen der Römer, viele Götter zu haben, wie Augustinus annahm; es sei nichts anderes als der »religiöse Geist« der Römer. Allein, was heißt hier religiöser Geist? Es ist exakt jene primitive Wirklichkeitswahrnehmung, die auch Thales konstatierte, wenn er feststellte, alles sei voll von Göttern. Wo das unterliegende Schema dieser Wirklichkeitswahrnehmung sich in seiner Thematisierung in Göttern umsetzt, da sind Götter die selbstverständlichsten

Bewohner der Welt. Alle Götter sind in diesem Sinne Funktionsgötter.

3.1.3. Der Götter-Schematismus. Naturgötter

Es kommt für die Absicht unserer Erörterung, die Religion nicht nur beschreiben, sondern erklären zu wollen, alles darauf an, wahrzunehmen, daß Götter wirklich das Resultat eines operanten Schematismus sind. Weil Objekte in der kategorialen Struktur von Subjekten wahrgenommen werden, entstehen bei dem expliziten Erklärungsversuch bedeutsamer Vorgänge anthropomorphisierte Subjekte, Götter, die für diese Objekte einstehen, ihre irgendwie bedeutsame Dynamik bewirken. Der Schematismus, der dabei waltet, läßt sich besonders deutlich an den Naturgöttern darstellen, schlicht deshalb, weil hier – bei vielen jedenfalls – das Objekt vor aller Augen steht und die Wahrnehmung auf der Folie des subjektivischen Schemas sich umso deutlicher von unserer Auffassungsweise abhebt. Die Naturgötter Ägyptens bieten besonders anschauliche Beispiele.

Die verschiedenen Fassungen der ägyptischen Mythen über die Entstehung der Welt sind sich in einem einig: Am Anfang war der Urozean – *Nun*[22]. Aus ihm entstand die Götterwelt mit einem Schöpfergott als Urheber auch der Götter, der Menschen und Dinge. Man sollte deshalb meinen, der Zustand vor der Schöpfung sei eine götterlose Welt gewesen, in der nur der Urozean existiert habe[23], eine Art materialistischer Konstruktion also. Allein, so wenig zweifelhaft ist, daß mit *Nun* wirklich der Urozean, Wasser als Urstoff, Materie also, gemeint ist, so problematisch ist es, zu sagen, der Anfang werde mit einer götterlosen Welt gemacht, und in den Anfang mit Materie den Gegensatz gegen Geist zumindest mitschwingen zu lassen. Denn wenn im ägyptischen Mythos am Anfang vor der Welt der Urozean, also undifferenzierte Materie steht, so doch eine, die auf der Folie des subjektivischen Schemas wahrgenommen wird. Nur deshalb kann sie, obgleich träger, chaotischer Stoff, jenes uranfängliche aktive Prinzip in sich enthalten, das dann den Schöpfergott und die Welt aus sich entstehen läßt. Tatsächlich wird der Urozean denn auch unter dem Namen *Nun* als Gott gedacht. Das ist in der Tat nur eine der üblichen Personifikationen. So jedenfalls wird sie in der Literatur notiert. Allein, daß es tatsächlich nur eine der üblichen Personifikationen ist, darauf kommt es entscheidend an. Für den Ägypter nämlich war nicht zunächst ein Urozean da, der als reine Materie verstanden, dann im Bilde einer Person dargestellt wurde. Vielmehr wurde der Ozean von vornherein in der kategorialen Form eines Subjekts gedacht. Und eben weil das so war, wurde er wie selbstverständlich zum Gott.

Wie dominant die kategoriale Struktur des Subjekts im Denken der Ägypter auch bei derartigen Naturobjekten war, zeigt sich an zwei Weiterungen resp. Abwandlungen, die mit der Konzeption des Urozeans verknüpft waren. Dem ursprünglichen Mythos zufolge entsteht aus dem Urozean der Schöpfergott, der dann die Welt, wie sie ist, ins Leben setzt. In dieser Fassung wird ersichtlich *Nun* objekthaft gedacht. Aber als Subjekt selbst ein Gott ist er vor dem Schöpfergott. Tatsächlich haben auch die Ägypter diese Konsequenz erkannt und erörtert: In einer Glosse zum 17. Kapitel des Totenbuches wird auf die Feststellung: Ich bin der große Gott, der von selber entstand, angemerkt: Was bedeutet es? – Der große Gott, der von selber entstand, das ist das Wasser; das ist das Urgewässer, der Vater der Götter. – Nach anderer Meinung: das ist *Re*.[24]

Ersichtlich wird hier der Urozean mit dem Schöpfergott in eins gesetzt. Haben wir am Anfang nun Materie, das Urgewässer oder einen Gott? Worauf es mir ankommt, ist zu zeigen, daß diese Frage müßig, weil inadäquat ist. Das frühe Denken dachte Objekt und Subjekt in einem. Dort, wo das Verständnis explizit gemacht wird, wie im Mythos, wird beides problemlos in einem zum Ausdruck gebracht.

Die Objektverhaftetheit der Götter zeigt sich besonders deutlich bei denen, die flächenhaft angebunden sind. In einem dem Schabaka-Text angefügten Spruch wird von *Ptah* gesagt: »Er schuf die Städte, gründete die Gaue und setzte die Götter an ihre Kultstätten ... so traten die Götter ein in ihren Leib aus allerlei Holz, allerlei Mineral und allerlei Dingen, die aus ihm wuchsen.« Von *Ptah* ist hier also gesagt, daß er die Erde selbst sei.[25] Ebensolche Vorstellungen finden wir bei den Lokalgöttern. Sie sind die Personifikation dessen, was an Bedeutung mit der Region verbunden wird, untrennbar deshalb der Region selbst als räumlichem Objekt verhaftet. Dabei erlaubt das Ineinandergreifen der Objekt- und Subjektwahrnehmung im Objekt selbst mal den einen – wir würden sagen: objekthaften Zug –, mal den anderen, den subjekthaften in den Vordergrund treten zu lassen, je nach Kontext und ohne daß dabei für die Vorstellungsweise der frühen Menschen irgendein wirklicher Perspektiven- oder Deutungswechsel vollzogen würde. Objekte stellen sich in der Frühzeit im Schema des Subjekts dar. Die älteste Götterlehre von Heliopolis wies *Atum* als Kultstätte den Erdhügel zu, der sich als erster fester Platz aus dem Urgewässer *Nun* erhoben haben soll. Allein, *Atum* wird auch selbst der Urhügel genannt.

Ein letztes Beispiel: Seit der 4. Dynastie steigt *Re,* der Sonnengott, als oberster Gott der Dynastie auf. Was dachten sich die Ägypter, wenn sie an *Re* dachten? Wovon sprachen sie, wenn sie vom Sonnengott sprachen? Wen beteten sie an, wenn sie *Re* anbeteten?

Die Antwort kann nicht zweifelhaft sein. Sie dachten *Re* als Sonne; und als Sonne beteten sie ihn an. Aber sie dachten ihn in der Kategorie des Subjekts. Die künstlerische Wiedergabe, in der die Strahlen der Sonne als Hände über Tut Ench-Amun sind, wie wir sie auf dem nebenstehenden Relief finden, bringt nicht etwa eine verborgene Tiefe mittels einer ebenso tiefsinnigen und schließlich gar nicht ausdeutbaren Symbolik zur Geltung, sie ist schlicht der Ausdruck des Schematismus einer Vorstellungs- und Denkweise.

3.1.4. Begriffsgötter

So sehr wir Anlaß haben es zu betonen, daß Götter ihren Ursprung in einer ganz spezifischen Wirklichkeitsauffassung haben, eben der sujektivischen, Götter bilden diese Wirklichkeit nicht einfach ab.

Das gilt auch für die Naturgötter. Denn auch die Natur ist das, als was sie sich uns, in Begriffe gefaßt, darstellt. In Begriffe aber geht nicht nur das Objekt ein, sondern ebenso und ununterscheidbar auch das Interesse des Menschen, gerade diesen Vorgang und diesen Aspekt zu erfassen. Jeder Begriff eint in sich Differenzierung und Generalisierung und damit etwas, was der Natur nicht selbst, sondern nur in und aus der Perspektive des Menschen zukommt. Alle Götter also sind in diesem Sinne Begriffsgötter.

Die Überlegung erklärt, warum wir in den frühen Gesellschaften Götterbildungen finden, die uns fremd und eigenartig erscheinen. Die Begriffe derer, die damals die Welt durch sie betrachteten,

waren andere. Die Systematik ihrer Begriffsbildung selbst war nicht einfach identisch mit der unsrigen. Ein celebres Beispiel ist einmal mehr der Sonnengott *Re*. Er ist am Morgen, wenn er aus dem Leib der *Nut* geboren wird, ein anderer, nämlich *Chepre,* als am Mittag. Dann ist er *Re.* Am Abend ist er *Atum.* Ebensogut könnte man sagen, der Gott sei dreimal oder in drei Gestalten.

»Er (der Tote) betrachtet Re in den drei Gestalten, die er annimmt, in der (zeitlichen?) Ausdehnung des Lichtglanzes. Er betet ihn an bei seiner Geburt am Morgen in jenem seinem Namen ›Chepre‹; er preist ihn am Mittag in jenem seinem Namen ›Re‹; er besänftigt ihn am Abend in jenem seinem Namen ›Atum‹.«[26]

In dieser uns zunächst fremd erscheinenden Art der Götterbildung liegt Logik, exakt jene, die ich darzutun bemüht bin: Sobald ein selbständiges Objekt gebildet wird, liegt es in der Struktur der Objektwahrnehmung, auf ein subjektivisches Zentrum als dessen Agens konvergieren zu lassen. In nuce ist damit auch schon ein Gott mitgeschaffen. Das Agens braucht nur noch thematisch gemacht und in anthropomorphe Form gebracht zu werden. Die sprachliche Art unseres Weltaufbaus erlaubt prinzipiell unendliche Differenzierungen. Wenn wir »Morgensonne« sagen, meinen wir eine andere, als wenn wir »Abendsonne« sagen. Und mit beiden verknüpfen wir andere Vorstellungen als nur die, daß die eine sich morgens und die andere sich abends zeigt. Zwei Objekte, zwei Götter. Im primitiven Denken kann man bei dem Gotte seines Hauptes schwören. Gleichwohl: Ausschnitte sind Teil eines mit wahrgenommenen Ganzen. Sobald aber das Objekt als Ganzes in den Blick rückt, vollzieht sich erneut jene Automatik in der Objektwahrnehmung: Es konvergiert auf ein ihm eigenes Agens. Der Sonnengott ist, wenn ganz allgemein von der Sonne die Rede ist, Abend und Morgen nicht zur Erörterung stehen, *Re*. Und natürlich wußten die Ägypter, daß die Abend- und Morgensonne eine ist. Sie ließen sie ja durch den Leib der *Nut* wandern. Ebenso wußten sie aber auch, daß *Chepre, Re* und *Atum* einer waren. Es verschlägt ebensowenig, daß *Re* auch im speziellen Sinne erscheint: für die Tagessonne. Solche Bildungen waren nicht das Resultat übermächtiger Spekulation. Sie waren schlicht das Resultat der Objektauffassung. Spekulativ war erst die Frage, wie man sich das Verhältnis der drei zueinander vorzustellen hat. Dazu konnte man sich etwas einfallen lassen oder auch nicht. Dringlich waren solche Spekulationen für die, die mit den Göttern lebten, nicht.[27]

Es versteht sich, daß die Bindung der Götter an real, das heißt in der Außenwelt schon in sich abgegrenzte Objekte nur eine Erscheinungsform der Objekt-Subjekt-Verbindung ist. Sie ist allerdings eine besonders wichtige. Denn mit den realen Objekten muß umgegangen werden. Die Erde ist da, das Wasser, der Himmel usw. Der Umstand, daß Objekte im Schema des Subjekts wahrgenommen werden, läßt jene Objekte, die besonders bedeutungsbeladen sind, ohne weiteres zu Göttern werden. Dabei ist eines in Erinnerung zu behalten: Der Grund, weshalb Objekte im Schema des Subjekts wahrgenommen werden, ist die spezifische Dynamik, die ihnen eignet. Das, wofür Götter einzustehen haben, ist deshalb niemals nur das Objekt in seiner Statik, sei es auch nur der eines Moments. Wirklich statisch können Objekte gar nicht gedacht werden. Götter stellen allemal die das Objekt bestimmende Kraft dar. Durch sie wird das Objekt zu dem, was es ist, erhält sich in seiner Einheit; durch sie wird es getrieben, diese oder jene Wirkung hervorzurufen. Auch die Wahrnehmung solcher »von hinten« treibenden Kräfte ist natürlich interessebesetzt. Der Nil kann unter den verschiedensten Aspekten gesehen werden. Was vordringlich interessiert, ist die Fruchtbarkeit seiner Überschwemmung. *Hapi* war der Gott des fruchtbaren (!) Nilwassers.

Aus der Logik der Götterbildung ergibt sich danach ohne weiteres, weshalb in ungezählten Fällen Götter überhaupt nicht für Gegenstände, sondern für Ereignisse oder Prozesse stehen. Dabei können Ereignis und Prozeß ihre Entsprechung in der Natur finden. *Heket,* die froschgestaltige Urgöttin von Antinoë, gilt als Helferin der Geburt. Gewitter mit Blitz und Donner sind noch immer als Ausdruck göttlicher Äußerung verstanden worden. Das konstitutive Moment für die Begriffsbildung kann aber auch zur Gänze aus der Motivation der Betroffenen stammen: *Sched* ist der ägyptische Gott, der in der Not hilft. *Nemesis* ist die griechische Göttin, die zuteilt, was jedem als Strafe und Rache zukommt. Ersichtlich beruht in allen diesen Fällen die Götterbildung auf der Eigenart und Leistungsfähigkeit der Sprache, Eigenschaften als Abstrakta auszubilden. Ohne sie gäbe es keinen Gott des Rausches und keinen der Liebe.

So sehr wir Anlaß haben, die Götter anzubinden an das, wofür sie einstehen, anders werden sie gar nicht verständlich, so notwendig ist es, den Überschuß zu betonen, der über jede konkrete Funktion, die sie ausüben, hinausgeht. Auch er fällt jedoch nicht aus der Welt, ist rationaler Erklärung zugänglich. Er folgt aus ihrer Personifikation.

3.2. Personifikation

Götter sind anthropomorphe Mächte. Zuweilen werden sie gedacht wie Menschen, zuweilen nehmen sie vorübergehend die Gestalt von Menschen an. Die meisten freilich bleiben in den konkreten Merkmalen ihrer Gestalt unbestimmt. Sie tun dies und das. Und dabei wird ihr Tun wie selbstverständlich an die entsprechenden Organe gebunden. Aber die Gestalt des Ganzen wird nicht festgelegt. So geht es mit Jahwe, so mit anderen Göttern. Der große Gott der Nuer ist überall. In menschlicher Gestalt wird er nicht gedacht.[28] Die Personifikation der Götter hängt nicht an der Gestalt, sie hängt an ihrem Tun.

Vergegenwärtigen wir uns noch einmal die Logik ihrer Bildung: Weil und soweit sich das Geschehen in der Welt in der Vielzahl der einzelnen Ereignisse in der kategorialen Grundform der Handlung darstellt, führt die Thematisierung des Geschehens in der Kategorie der Handlung wie von selbst dazu, auch die Subjekte dazu auszubilden. Handeln können schließlich nur Subjekte. Gewiß, die Subjekte können unbestimmt bleiben. Man kann sich auf Handlungen beziehen, mit ihnen rechnen, an ihren Wirkungen laborieren, ohne deren Urheber zu kennen. Allein, bei denen, die existentiell bedeutsam sind, und das sind regelmäßig wiederkehrende, von denen der Mensch abhängt, ebenso wie Ausnahmeereignisse, an denen für ihn alles hängt, ist es nicht ratsam, so zu verfahren. Man muß sehen, Kontakt zu den Urhebern zu gewinnen, um sie sozial zu binden. Sobald aber das Subjekt der Handlung einmal thematisch gemacht ist, geht es in der Potentialität seines Handlungsvermögens über jedes konkrete Tun hinaus. Aus der kategorialen Form ist ein selbständiges Wesen geworden.

Manche Gesellschaften haben sich bei der Ausgestaltung dieser Wesen keine Schranken auferlegt und den Göttern ein Eigenleben nach Art des Menschen zugeschrieben. Solche Götter sind nicht einfach Funktionsgötter, die zuständig sind für dieses oder jenes; sie führen ein blutvolles Leben. Sie haben Lüste und Begierden, sind ungehalten, neidisch, rachsüchtig, gewalttätig. Sie lieben und werden geliebt, sie zürnen und ihnen wird gezürnt; sie sind fröhlich mit den Fröhlichen, traurig mit den Traurigen; sie jagen am Himmel entlang, springen über Mauern. Auch im Verkehr miteinander geht es menschlich, zuweilen allzu menschlich zu, wie am griechischen Götterhimmel. Es wird gezankt, intrigiert, gesoffen, gehurt. Männer prügeln ihre Frauen, Frauen hintergehen ihre Männer, Kinder verschwören sich gegen ihre Väter. Den Griechen war, als sie innewurden, was sich in ihrer Götterwelt ausgebildet hatte, solches Treiben eher peinlich. Xenophanes beklagt sich, wenn er feststellt: »Alles haben den Göttern Homer und Hesiod angehängt, was nur bei Menschen Schimpf und Tadel ist: Stehlen und Ehebrechen und einander betrügen.«[29]

Inzwischen hat man sich daran gewöhnt, die Schwächen der Götter dem Menschen anzulasten, der sie geschaffen hat: Der Mensch, sagt man, kann nicht anders, als menschlich von Göttern denken. Damit jedoch ist es nicht getan. Der Mensch macht sich die Götter, so wie er sich die Welt macht, die Großen, die von Heliopolis und vom Olymp, wie die Kleinen, den Fliegenabwehrer Myiagros oder den Pferdeschreck Taraxippos. Das wird man schwerlich bestreiten, wenn man ihre Gestalten nicht nur, sondern ihre ureigenste Logik, die sie entstehen hat lassen, nur richtig in den Blick faßt. Götter entstehen unter der Anforderung dieses Schemas. Aber einmal entstanden, geben sie der Welt ein Aussehen, das sie vordem nicht hatte. Ihre Existenz wirkt mit anderen Worten auf das Konstrukt zurück, das sie hat entstehen lassen. Das insbesondere gilt für einen der Züge, mit denen sich die Heroen der abendländischen Geistesgeschichte über Jahrtausende schwergetan haben, dem der Transzendenz. Wir suchen zunächst ihre Spur auf. Sie wird uns wenig später noch einmal beschäftigen.

3.3. Transzendenz

Götter haben allemal einen Anflug von »Transzendenz«. Kaum einer, der eingehender Darstellung für wert befunden wurde, der sich nicht der Bestimmung erfreute, irgend etwas zu transzendieren. Was? Es wäre der Mühe wert, eine genauere Untersuchung über das Wort- und Vorstellungsfeld anzustellen, dem in den religionswissenschaftlichen Untersuchungen der Begriff der Transzendenz verbunden ist. Denn, so möchte ich behaupten, es sind gerade die gutgläubig trivialen, auch nirgends beanstandeten

Verwendungen, die uns aufschlüsseln können, was gemeint ist, wenn von »Transzendenz« und »transzendieren« die Rede ist.

Auf der Folie unserer strukturellen Erörterungen lassen sich diese Verwendungen zwei Vorstellungsgehalten zuweisen. Der erste ist eng mit der zuvor erörterten Personifikation verbunden. Die personhafte Verselbständigung der agierenden Subjekte löst sie ab von dem Objekt, dessen Macht sie darstellen. *Nike* war den Griechen die Macht des Sieges, in der Schlacht ebenso wie im Wettkampf. Wir dürfen annehmen, daß der Vorstellungsgehalt, der mit ihr verbunden wurde, wirklich das Geschehen der Schlacht, die Hinwendung zum Sieg erfaßte. Allein, personifiziert, war sie in ihrer Existenz auch abgelöst von jeder Schlacht und insofern »jenseits« des Geschehens, das sie darstellte. Es gab einen, allerdings relativ jungen Nikekult. Man konnte sich also an sie wenden, auch wenn gerade einmal nicht gekämpft worden sein sollte. Und auf die Frage, wo sie sei, hätten die Griechen eine Antwort gewußt, im Olymp, allein oder verbunden mit Zeus, Athene, Apollon oder Dionysos. Die Personifikation bringt danach auf eine ebenso einfache wie anschauliche Weise jenen Grundzug der subjektivischen Logik zum Ausdruck, den wir oben schon erörtert haben: Die Dinge und Ereignisse haben auf der Folie der subjektivischen Logik eine spezifische Tiefendimension.[30] Das, was sich wahrnehmbar abspielt, spielt sich an der Oberfläche ab, weil der Ausgangspunkt eines Geschehens in einem Subjekt dahinter gelegen ist, das all das, was geschieht, in Szene setzt, ohne doch in ihm aufzugehen. Götter als die Manifestation dieser Subjektivität thematisieren dieses Dahinter. Damit jedoch ist es nicht getan. Ihre Existenz gibt jenem Dahinter eine quasi anschauliche Räumlichkeit. Götter sind im Ursprung alles dessen, was geschieht, mag es um Sieg, Liebe oder sonst worum gehen.

Ersichtlich bedeutet der Überstieg von dem, was erfahrbar geschieht, auf den in den Göttern verkörperten Ursprung eine Transzendenz, wenn auch nicht in ein Jenseits, das alle Welt überschreitet. Diese Transzendenz hält sich im Erfahrungsbereich der Welt selbst. Der Welt selbst eignet diese Tiefendimension. Allein, es zeigt sich einmal mehr, daß die Thematisierungen ihre eigene Logik entfalten. Mit der in Göttern thematisch und manifest gemachten Subjektivierung sind Qualitäten verbunden, die unter den Bedingungen der eigenen Logik einen Richtungssinn über jedes Sein erkennen läßt. Das läßt sich leicht zeigen.

Götter sind im Ursprung des Geschehens. An diesen Ursprung muß man gelangen. Das ist zunächst ein praktisches Problem. Denn diese Gestalten reden und handeln zwar, aber sie diskutieren nicht. Ihre Natur bekommt ein Moment des Willkürlichen, das über das in jeder Subjektivität gelegene Willkürmoment weit hinausreicht. Subjektivität als »ursprünglich« kann nur als »willkürlich« gedacht werden. Das »Dahinter« bekommt deshalb das Attribut des Jenseitigen, im Sinne des Übermenschlichen, wenn auch nicht deshalb schon Übernatürlichen. Die praktische Erfahrung wird durch eine strukturlogische unterbaut: Der Ursprung des Geschehens darf, wenn er denn wirklich Ursprung sein soll, dem Geschehen nicht selbst angehören. Denn das Geschehen ist ein Etwas, das seinerseits den Überstieg erfordert. Die Logik des Ursprungs treibt also über jeden substanzialisierten Ursprung hinaus. Zwischen Ursprung und Geschehen muß ein Hiatus liegen. Das aber heißt nichts anderes, als daß der Ursprung jenseits des Geschehens nur noch als Richtungssinn zu denken ist.[31] Eben weil aber diese Konsequenz in der Logik des Ursprungsschemas selbst gelegen ist, ist der Anflug von Transzendenz jedem Gott eigen, auch dem, der Herr über den Pferdeschreck ist.

3.4. Mensch und Gott

Das Geheimnis der Theologie ist die Anthropologie. Die Feststellung ist mehr als hundert Jahre alt. Sie stammt bekanntlich aus den Feuerbachschen Vorläufigen Thesen zur Reform der Philosophie aus dem Jahre 1842.[32] Erst unsere eigene Zeit jedoch hat in der Anthropologie und Soziologie die systematischen Gründe nachgeliefert, um dieser These Gültigkeit zu sichern[33]: Die kategorialen Formen, unter denen der Mensch die Welt begreift, sind Resultat seiner eigenen Tätigkeit. Sie bilden sich im geschützten Binnenraum einer Sozietät, im Umgang vor allem mit der sorgenden Bezugsperson. Eben deshalb aber tragen sie auch das Stigma ihrer Genese. Daß die Welt im subjektivischen Schema begriffen wird, das subjektivische Schema als explikatives Paradigma fungiert, ist Resultat dieser sozialen Genese der Anschauungs- und Denkformen. Eben deshalb aber sind es auch die Götter.

Es erscheint mir nicht unwichtig, den Bogen von der Analyse des Ursprungs der Götter zur anthropologischen Ausgangslage noch einmal in Erinnerung zu rufen. Denn wenn man diese Ausgangslage nicht bestreiten kann, dann kann man auch den Ursprung der Götter, wie er hier dargelegt ist, nicht gut in Abrede stellen. Die einzige Frage, die dann noch bleibt, ist, was daraus an Konsequenzen sich ergibt. Diese Frage aber stellen wir bewußt zurück.

3.4.1. Erfahrungen mit Göttern

In der Religion, so haben wir gesagt, macht der Mensch die Welt und sich selbst in ihr verständlich. Wo die kategoriale Vorgabe einer subjektivischen Matrix als durchgehendes Explikans sich auf der semantischen Ebene in Göttern ausformt, hängt der Mensch an Göttern. Er begreift sein Leben in der Welt als ein Leben in Abhängigkeit von ihnen. Damit freilich werden die Verhältnisse mystifiziert: Erst schafft der Mensch sich die Formen, unter denen er die Welt begreift, und läßt dabei seine eigene Natur in sie eingehen; hernach begreift er sich in seinem eigenen Dasein aus dieser personalistisch interpretierten Welt und weiß sich von den Göttern abhängig. Mehr noch: Er weiß sich als nach dem Bilde der Götter geformt und nicht sie nach seinem. Die Gottesebenbildlichkeit des Menschen ist bereits in der ägyptischen Lehre für Merikare festgehalten: »Seine (sc. des Schöpfergottes) Ebenbilder sind sie (die Menschen), hervorgegangen aus seinem Leibe.«[34] Im Schöpfungsbericht der Priesterschrift ist diese Ebenbildlichkeit bekanntlich gleichfalls enthalten (Gn. 1,26,27).

Die Behauptung, die Art, sich die Welt in Göttern verständlich zu machen, sei eine Mystifikation, ist keineswegs polemisch gemeint. Wenn es richtig ist, daß unsere Zeit die systematischen Gründe für die Feuerbachthese nachgeliefert hat, kann sie auf Polemik verzichten. Tatsächlich hat die Behauptung einen ebenso historisch wie erkenntnistheoretisch prägnanten Sinn: Die kognitiven Schemata bilden sich naturwüchsig aus. Auf den frühen Stufen der Geschichte durchschaut der Mensch ihre Genese nicht, kann sie deshalb auch nicht von ihren Bedingungen her hinterfragen. Eben deshalb glaubt er ihnen aufs Wort. Wenn er hindern will, daß die Pferde scheuen, wendet er sich an den Pferdeschreck, den Dämon oder Gott Taraxippos. Kann man mit Vernunft in Abrede stellen, notabene: heute, daß er eine Schöpfung des Menschen ist? Es ist unsinnig, geltend zu machen, so sei es nicht gemeint gewesen. Doch, es war so gemeint. Die Lenker der Wagen in Olympia opferten dem Taraxippos. Man opfert nicht, wenn man »es nicht so meint«. Wenn man aber sagen will, daß wir heute den Vorgang anders verstehen müßten als damals, so ist zugegeben, was ich sagen will: Es war eine Mystifikation, sich an Taraxippos zu wenden.

Mystifikation hin, Mystifikation her, es versteht sich nach allem, was gesagt ist, von selbst: Götter waren und sind nicht einfach Erfindungen, Ausgeburt der Phantasie. Sie entstehen unter angebbaren Bedingungen als Resultat der Erfahrung im Umgang mit der Welt. Damit ist zum einen gesagt, daß wirkliche Erfahrung, die Objektseite der Welt also, in ihnen zum Ausdruck kommt. Pferde scheuen wirklich und können Sieg und Leben kosten. Fliegen sind wirklich eine Plage. Die Griechen wußten also, was sie taten, wenn sie Taraxippos oder Myiagros in Olympia vor dem Hauptfest opferten. Der Hinweis darauf, daß es in der Religion, im Umgang mit den Göttern insbesondere, darum geht, wirkliche Erfahrung zu verarbeiten, stellt auch zugleich klar, daß mit der hier verfolgten Strategie bei der Aufklärung der Religion nicht etwa einer rein kognitivistisch-objektivistischen Erklärung der Religion das Wort geredet wird. Erfahrungen, die verarbeitet werden müssen, solche insbesondere, die zu Göttern führen, sind nicht irgendwelche Begebenheiten, denen der Mensch teilnahmslos, ohne Gefühl und Interesse gegenüber stände. Gefühl und Interesse gehen deshalb auch in die Götterbildung und in den Umgang mit ihnen ein. Tatsächlich ist diese Selbstbezogenheit des Menschen im Umgang mit Göttern augenfällig. Wann immer der Mensch mit ihnen zu tun hat, zeigt er sich betroffen von ihnen. Und diese Betroffenheit ist ganz spezifischer Art, eben jene, die man religiös nennt. Woher stammt sie? Und was bewirkt ihre religiöse Durchsetzung? Beide Fragen lassen sich beantworten.

Erfahrungen resultieren, wo sie wirklich Erfahrungen sind, aus einem Zusammenstoß mit einer vorgegebenen Wirklichkeit, einer Wirklichkeit, die nicht einfach zu verändern ist. Erfahrungen enthalten deshalb typischerweise ein Moment des Leidvollen.[35] In allen religiösen Deutungen ist dieses Moment des Erkenntnisses einer vorgegebenen Mächtigkeit der erfahrenen Welt enthalten, die den Menschen a priori zum Abhängigen macht. Alles, was er tun kann, ist, sich mit ihr möglichst erfolgreich zu arrangieren. Unter der Geltung des subjektivischen Schemas nimmt dieser Versuch die Struktur quasisozialer Beziehungen an, Götter sind gerade nicht das »ganz andere« wie uns eine Religionsphänomenologie glauben machen will.[36] Man verstellt sich den Zugang zu ihnen, wenn man nicht zunächst einmal darauf hinweist, daß in ihnen das Fremde, Unzugängliche der Welt in die Dimension des Vertrauten eingeholt worden ist. Erst damit gewinnt auch das Unheimliche, der Schrecken, der dem Umgang mit Göttern eigen ist, jene Dimension, die alle Religionen auszeichnen: In der Welt, die voll ist von Göttern, bekommt alles und jedes, was dem Menschen widerfährt, das Stigma des Absichtlichen. Nichts aber kann Elend so elend machen wie das Bewußtsein, daß es einem von einem anderen angetan wird. Im Verkehr mit Göttern hat der Mensch keine wirkliche Chance, sich durchzusetzen. Er kann nur hoffen. Hiob argumentiert gegen sein Leiden; aber Götter lassen sich argumentativ nicht verpflichten; auch Jahwe diskutiert nicht.[37]

Die Selbstbezogenheit, die in jedem Moment der Verarbeitung von Erfahrung enthalten ist und in allen Göttern zum Ausdruck kommt, macht noch eine andere Eigentümlichkeit der Götterwelt und Götterwelten verständlich: So sehr wir Anlaß haben, Götter von den realen Ereignissen der Wirklichkeit her zu verstehen, Götter bilden diese Wirklichkeit nicht plane ab. Sie sind nicht einfach ihr Spiegelbild. Eben weil der Mensch in diese Wirklichkeit verstrickt ist, ist er es auch mit seinen Absichten, Wünschen und Hoffnungen. Wo diese Wirklichkeit in toto in den Kategorien der Sozialwelt begriffen wird, wo Götter das Geschehen bestimmen, da übernehmen sie auch die Rolle, den ideellen Überschuß mit zu repräsentieren, das, was die Welt sein sollte, vielleicht auch sein könnte – ein schöner Zug, nur einer, der zugleich ihre Ohnmacht dokumentiert.

Begreift man Religion und mit ihr die Götter aus den Bedingungen, unter denen sie entstehen, und bindet sie ein in die Daseinsweise eines Lebewesens, das sich in ihnen die Welt verständlich macht, dann ist es möglich, jenen Gerechtigkeit widerfahren zu lassen, die in der Religion und also gerade auch in den Göttern sich die unauslotbare Dimension von Welt und Dasein des Menschen in ihr zusprechen lassen. Es gibt diese unauslotbare Dimension, niemand bestreitet es. Daß Welt ist, und das heißt zugleich, daß sie ist, wie sie ist, ist unbegreiflich. Alle immanente Aufklärung beseitigt diesen unbegreiflichen Hintergrund nicht. Und natürlich spielt diese Dimension hinein in das Dasein des Menschen. Er ist abhängig von der Welt in ungezählten Einzelheiten.

Wo demnach die kategoriale Vorgabe von Welt im Paradigma der Subjektivität sich in den religiösen Thematisierungen von Göttern und Gott, profan und sakral, diesseits und jenseits etc. niederschlägt, da wird dieser unbegreifliche Hintergrund in eben diesen religiösen Deutungen vermittelt. Jahrtausende war das so. Nur muß man genau hinsehen, um nicht dem Trugschluß vieler religiöser Praktikanten zu erliegen: Die unauslotbare Dimension von Welt und Dasein in ihr bestätigt nicht die religiöse Auffassung, in denen diese Dimension zugänglich war und ist. Religionen hängen mit allen ihren Deutungen an der kategorialen Vorgabe der Subjektivität und deren Umsetzung. Wenn in der Geschichte menschlichen Geistes das subjektivische Deutungsschema hinfällig wird, werden es auch die Götter. Der unauslotbare Hintergrund aber bleibt.

v, 2. Gott. Zur Logik des Monotheismus

1. Zum Begriff

In allen Gesellschaften findet sich auf der frühen Stufe eine Vielzahl subjektivischer Agenzien. Wo solche Agenzien personalisiert und zu Göttern geworden sind, ist der Polytheismus und nicht irgendein Monotheismus die Religionsform der Frühzeit.[1] Das gilt jedenfalls dann, wenn man die beiden Begriffe nicht strapaziert und Polytheismus allerwärts dort konstatiert, wo die Existenz mehrerer Götter anerkannt ist. Auch die israelitischen Stämme waren vormosaisch in diesem Sinne polytheistisch. Die monolatrische Verehrung eines Gottes erkennt die Existenz und Verehrung anderer Götter an.

Von der Feststellung, daß der Polytheismus die Religionsform der Frühzeit gewesen sei, war es nur ein kleiner Schritt zu der Behauptung, der Monotheismus sei erst das Resultat einer fortschrittlichen Entwicklung und den sogenannten Hochreligionen vorbehalten.[2] Diese These nun war geeignet, für mehr Verwirrung als Klarheit zu sorgen. Und das vornehmlich aus zwei Gründen: Zum einen finden sich Hochgottformen auf frühen Stufen der Entwicklung.[3] Hochgötter sind nicht notwendig verbunden mit Monotheismus. Sie zeigen jedoch, daß die Annahme eines obersten Gottes, auch eines Schöpfer-Gottes, nicht erst das Resultat eines langen Systematisierungsprozesses ist. Zum anderen widerspricht die Annahme, der Monotheismus sei erst ein historisch spätes Produkt der Systematisierung einer vormals polytheistischen Götterwelt gerade jenen Religionen, die unzweifelhaft monotheistisch sind, der jüdisch-christlichen Religion vor allem. Denn der jüdisch-christliche Monotheismus ist sicher nicht als Resultat der Systematisierung einer polytheistischen Götterwelt entstanden.[4] Jahwe ist ein uriger, ein primitiver Gott, wie wir sehen werden. Van der Leeuw nennt ihn einfach einen animistischen Gott.

Die Einwände widerlegen zwar, daß jeglicher Monotheismus als Produkt eines Systematisierungsprozesses entstanden ist, aber sie bringen die dann modifizierte These, die historische Entwicklung jedenfalls führe zum Monotheismus, nicht aus der Welt. Der historische Augenschein zumindest spricht für sie. Sie machen deutlich, daß die Logik des Monotheismus bislang nicht hinreichend aufgedeckt werden konnte. Eben deshalb suchen wir die Frage noch einmal von der unterliegenden Grundstruktur zu beantworten. Uns interessiert, weshalb es überhaupt zur Ausbildung monotheistischer Religionen gekommen ist. Dabei legen wir die Untersuchung breiter an, als es bei einer prägnanten Fassung des Begriffes des Monotheismus angezeigt wäre. Im prägnanten Sinne sind monotheistisch nur die Religionen, die überhaupt nur einen Gott anerkennen. Das sind einzig die jüdisch-christliche, die islamische und u. U. die zoroastrischen Religionen. Die Religionen der sogenannten Hochgötter gehören, wie schon erwähnt, nicht dazu. Sie sind polytheistisch. Uns interessiert jedoch ebenso, weshalb es überhaupt zur Ausbildung eines obersten Gottes gekommen ist, eines Gottes also, der noch andere Götter neben oder unter sich kennt, als auch, weshalb es zur Ausbildung jener Form des Monotheismus gekommen ist, bei der nur ein Gott existiert und alles und jedes einzig von ihm bestimmt ist. Lassen sich für die Ausbildung derartiger Gottesvorstellungen Gründe erkennen, die in der Logik primitiven Denkens liegen? Welche sind das? Das ist die eine Frage. Wir erörtern sie unter Rückgriff insbesondere auf die ägyptische Religion. Die andere Frage ist, was es mit der vielberühmten Besonderheit des jüdischen Monotheismus auf sich hat. Denn wenn bis heute die Diskussion um den Monotheismus im Sande verlaufen ist, so vor allem deshalb, weil sie durch den religiösen Eifer um den jüdischen Monotheismus inhibiert wurde. Für ihn wurde eine Einzigartigkeit in Anspruch genommen, neben der sich alle anderen Religionen mit monotheistischem Einschlag nur als Produkte der Spekulation darstellen, von des Gedankens Blässe angekränkelt. Auch bei dieser Erörterung geht es uns um die strukturelle Anlage. Daß inhaltlich einzigartige Gehalte aufzuweisen sein werden, ist von vornherein nicht zweifelhaft. Das gilt für jede Religion.

2. Die Logik der vielen und des einen

Es müßte, so darf man vermuten, wunderlich zugehen, wenn nicht die Konzeption des einen Gottes derselben logischen Struktur verhaftet wäre wie die der vielen. Mindestens methodisch ist es deshalb geboten zu fragen, wie die Konzeption des einen Gottes, sei er der einzige oder auch nur der oberste, der durchgehenden Logik, der subjektivischen, verhaftet ist.

Götter, so haben wir gesagt, sind die interpretative Ausdeutung einer kategorial ausgeprägten Wirklichkeitsauffassung, eben der subjektivischen. Es ist angezeigt, sich den Grund für die Universalität dieses Deutungsmusters noch einmal ins Bewußtsein zu rufen: Das subjektivische Schema ist der Niederschlag erster Erfahrung. Weil sich zu allen Zeiten und in allen Gesellschaften kategoriale Formen in der frühen Phase der Ontogenese ausbilden, also im Umgang mit erwachsenen Bezugspersonen, bildet sich das subjektivische Schema als durchgehendes Erfahrungsschema von Objekten und Ereignissen aus. Kognitive Schemata sind operante Mechanismen. Wo sich einmal ein Schema ausgebildet hat, konstituiert es auch die Wirklichkeit in seiner Form. Das ist der Grund, weshalb hernach jegliches Objekt in dieser Weise gebildet wird. Deshalb auch ist die Eigenart der Objekte, auf ein subjektivisches Kraftzentrum zu konvergieren, nicht nur für »natürliche Objekte« gegeben, solche also, die schon an sich eine abgegrenzte Einheit darstellen; nicht nur in Felsen, Büschen, Bäumen werden subjektivische Kräfte gesehen, die den Gegenstand bestimmen, ihn lenken, zu Aktionen treiben und zum Schicksal für andere werden lassen. Dasselbe gilt von Objekten, die erst von Menschen als durchaus kulturelle Einheit geschaffen werden, für Familien zum Beispiel, für Regionen oder auch für die Welt insgesamt, was immer Welt für die, die sie konzipieren, bedeuten mag. Worauf es ankommt, ist deshalb eines: Wo immer Ganzheiten sich bilden oder in den Blick kommen, werden sie im gleichen Objektschema aufgefaßt, wie jede für sich eingegrenzte Einzelheit. Sobald deshalb die Welt als Ganzes in den Blick gefaßt wird, die kleine oder große Welt, je nach Horizont, wird sie ebenfalls auf der Folie der kognitiven Grundstruktur aufgefaßt und tendenziell einem Agens zugerechnet. Wenn jenes Agens wie andere auch personalisiert wird, ist es ein Gott, der die eine Welt bestimmt.

Es gibt eine strukturelle Nötigung ebenso wie eine existentielle, Ganzheiten in den Blick zu fassen und in ihrer Einheit zu begreifen. Strukturell rührt die Nötigung daher, daß der begriffliche Aufbau der Welt sich nicht vom einzelnen zum Allgemeinen hin vollzieht. Vielmehr geschieht der begriffliche Aufbau in der

Weise, daß ein unbestimmt Allgemeines im Prozeß der Entwicklung über Differenzierung und Verallgemeinerung zu einem zunehmend bestimmt Allgemeinen wird. Ganzheiten, kleinere und größere, sind deshalb von Anfang an mit im Blick und thematisch.[5] Existentiell ist die Nötigung, Ganzheiten in den Blick zu fassen und in ihrer Einheit zu thematisieren, insofern, als der Mensch sich in umfassendere Beziehungsgefüge eingefügt erfährt, in eine Familie, einen Stamm, eine Landschaft, einen Biotop. Es nimmt deshalb nicht im geringsten wunder, daß von primitiven Gesellschaften solche existentiell wesentlichen Gesamtheiten in Göttern konzipiert werden. Familiengötter spielen ebenso wie Lokalgötter eine hervorragende Rolle.

Es versteht sich, daß Götter dieser Provenienz, auch wo sie als Lokalgötter das Stammesgebiet umfassen, nicht deshalb schon monotheistische Götter sind. Lokalgötter sind Partikulargötter, während die Götter der monotheistischen Religionen für eine Welt einstehen, die unserem Weltbegriff entspricht. Allein, für viele primitive Gesellschaften war ihre Welt »die Welt«, und das selbst dann, wenn es für sie ein Jenseits ihrer Grenzen gab. Welten sind konstituierte Welten. Was aber nicht zu den Konstituentien gehört, fremde Regionen ebenso wie fremde Menschen, bleibt als irrelevant ausgeschlossen von ihnen. Innerhalb ihrer Welt aber brachte es die mythische Einheit[6] mit sich, daß der Gott in den Grenzen seines Wirkungsfeldes eine Art universaler Zuständigkeit und Kompetenz erlangte. Man kann gleichwohl zögern, einen Stammesgott, der gerade soweit gilt, wie der Zusammenhang der Gruppe oder dessen Friedensgebiet reicht, monotheistisch zu nennen.[7] Nur ist diese begriffliche Etikettierung nicht von Interesse. Interesse aber heischt, daß dort, wo »die Welt« als Ganzes konzipiert wird, sie einem Gott zugeschrieben wird, der für diese Welt auch eine universale Zuständigkeit erlangt. Vom Boden eingeborener Logik aus gedacht, ist insoweit ein monotheistisches Moment nicht zu verkennen. Das zeigt sich besonders daran, daß solchen Göttern typischerweise auch zugeschrieben wird, die Welt geschaffen zu haben. Sie werden zu Schöpfungsgöttern. Hochgötter spielen exakt diese Rolle: Sie sind der Grund der Welt, der kleinen oder großen.

2.1. Der theoretische Einschlag

Die Welt ist da; ihr Bestand mag als unsicher empfunden werden, er ist kaum so unsicher wie das, was in ihr vorgeht und für den einzelnen elementare Bedeutung hat: Tag und Nacht, Sommer und Winter, die Ahnen, die Familie etc. Mit diesen Dingen muß man sich befassen; das theoretische Interesse an ihnen hat unmittelbar praktische Relevanz. Auf das Ganze der Welt kann man reflektieren, man kann es aber auch lassen und sich an das Näherliegende halten. Eben das ist der Grund, weshalb sich zwar in allen Religionen irgendeine Art Kosmologie, aber nicht allerwärts Hochgötter ausgebildet haben. Manche Gesellschaften begnügen sich damit, die Ordnung der Welt in den für sie bedeutsamen Verläufen zu thematisieren. Der Anfang interessiert sie nicht. Die Welt war immer da, das Leben auch.[8] Was wiegt, ist die Notwendigkeit, mit dem Vorfindlichen zurecht zu kommen. Auch wo Hochgötter ausgebildet sind, kommt diese Entfernung zum aktuellen Interesse zum Ausdruck. Hochgötter sind häufig otiose Götter; sie haben alles getan, was von ihnen zu erwarten war. Sie haben den Menschen geschaffen, ihm im Kult die Mittel gegeben, mit ihrer Ordnung fertig zu werden. Sie selbst werden nicht mehr benötigt – außer um sich ihres Bestandes und ihrer Ordnung zu vergewissern. Vielfach eignet ihnen nicht einmal ein eigener Kult.[9]

Wann also gibt es einen obersten Gott, wann einen Hochgott? Wenn das Ganze der Welt thematisch gemacht und auf seinen Grund zurückgefragt wird. Wenn aber Hochgötter ausgebildet werden, werden sie geradezu zwangsläufig auch zu Schöpfungsgöttern. Weshalb?

3. Die Logik von Schöpfung und Schöpfergott

Die subjektive Logik ist eine genetische Logik. Objekt und Ereignisse werden von ihrem Ursprung her aufgerollt. Eben deshalb kann Clyde Kluckhohn feststellen, daß für die Entschlüsselung des Verkehrs der Navaho mit den subjektiven Mächten »causation« und »origin« Schlüsselbegriffe seien.[10] Wie bei gewöhnlichen Handlungen auch muß man auf den Ursprung im Subjekt zurückgreifen, wenn man an den Punkt will, von dem her das ganze Geschehen verstanden werden kann. Wo immer die Welt als ganze in den Blick rückt, da wird sie deshalb wie jedes andere Objekt von ihrem Ursprung her wahrgenommen. Und wo sich die Logik in Göttern ihren Ausdruck verschafft hat, da tritt für diesen Ursprung auch ein Gott ein.

Vielleicht wird man für solche Art Logik Logik in Abrede stellen. Denn es macht einen Unterschied, so kann man argumentieren, ob ein Gegenstand inmitten einer immer schon vorgegebenen Welt gedacht oder ob die Welt als Ganzes in den Blick gefaßt wird. Ebenso ist es eines, Gegenstände und Ereignisse auf der Grundlage eines kognitiven Schemas zu begreifen, das sich erst in der Welt gebildet hat, und ein anderes, dieses Schema als die Grundstruktur der Welt selbst auszugeben. Allein, solche Erwägungen stehen nicht am Anfang der Geschichte. Worum es im gegenwärtigen Zusammenhang geht, ist, darzutun, daß die religiösen Gebilde, der Monotheismus ebensogut wie die anderen, gerade nicht Resultat der Spekulation sind. Auch der Monotheismus bildet sich gerade nicht erst auf der Inhaltsebene, sondern auf der strukturellen Ebene aus. Eben weil sich die Welt als Ganzes als ein Objekt wie jedes andere darstellt, wird sie auch wie jedes andere Objekt strukturiert, subjektivisch. Alle Monotheismen zeichnen sich durch diesen für sie nahezu problemlosen Umgang mit dem Ganzen der Welt aus. Nur für uns wird zum unüberwindlichen Problem, was sich für sie in Wendungen, wie »nicht« und »noch nicht«, »anfangs« und »hernach«, »Sein«, »Nicht-Sein« und »Nichts« sagen läßt: wie denn der Anfang zu denken sei.

3.1. Gott und Welt

Die Aufgabe, die Götter übernehmen, wenn sie als Schöpfungsgötter auftreten, kann unterschiedlich formuliert sein, je nach intellektueller Anforderung. Radikal ist sie dort, wo Welt in ihrer Materialität überhaupt erst entsteht, weniger radikal, wenn es nur darum geht, die Transformation in die vorfindliche Formenwelt der Materie zu leisten.[11]

Wenn in den Schöpfungsgeschichten Welt radikal von ihrem Ursprung in der Schöpfung her einem Schöpfergott zugeschrieben wird, so heißt das, daß beide, Schöpfergott und Schöpfung als Ursprung und Welt untrennbar aneinander gekoppelt sind, die vorfindliche Welt auf den Ursprung, den Schöpfergott konvergiert. Das ist der Grund, weshalb sich immer das Nichts vor der Schöpfung als das Nicht oder Nochnicht dessen, was hernach kommt, darstellt.[12] Es ist das Nicht des Seienden, das nur vermöge der Reifizierung, die es in jeglichem Denken erfährt, zum eigenen, vom Seienden abgezogenen Nichts wird. Diese an sich ja selbstverständliche Bindung von Welt und Gott, Schöpfer und Schöpfung, hat eine ebenso selbstverständliche Weiterung: Die Substanzhaftigkeit der Welt wird in den absoluten Ursprung hineingenommen. Anders nämlich könnte man sie nicht aus ihm heraus entstehen lassen. Die, die sich die Welt in den Schöpfungsmythen zurechtgelegt und verständlich gemacht haben, sind allemal so verfahren. Das nimmt nicht wunder. Wir haben oben schon klargestellt, daß die subjektivische Logik vom Vorfindlichen her denkt, das Vorfindliche auf den Ursprung konvergieren läßt, um es hernach explizit als dessen Emanation auszugeben. Ganz ebenso verfahren die Schöpfungsgeschichten, und zwar ausnahmslos. Es gibt gar keine andere Möglichkeit: Sie lassen das, was ist, aus einem göttlichen Ursprung hervorgehen.

3.1.1. Die Substanzseite des Ursprungs

In Schöpfungsgeschichten trägt der Ursprung die Last der Erklärung zum einen im Hinblick auf die Substanzseite. Die Welt muß in ihrer Substanzialität aus ihm hervorgegangen sein. Wie also ist er gedacht, wie die Schöpfung selbst? In der Religionsgeschichte wird der Vorgang seiner innersten Logik nach fast immer verzeichnet. Auf dem Hintergrund eigenen religiösen Vorurteils stellt sich die Frage fast immer so, als sei zu entscheiden, was denn wirklich gemeint sei: Die Schöpfung aus dem Nichts, also ohne Vorgabe von Materie oder unter Vorgabe eines von Anfang an schon vorfindlichen Urstoffes, der nur geformt zu werden brauchte durch den Schöpfergott. Bekanntlich ist die ganze abendländische Geistesgeschichte auf diesen Gegensatz hin konzipiert: hie jüdisch-christliches Denken – hie griechisches. Ich habe oben schon darauf hingewiesen, daß diese Alternative dem frühen Denken nicht entspricht. In einer naiven Handhabung der subjektivischen Logik ist der Anfang ebenso materiell gedacht wie subjektivisch. Der ägyptische Urozean ist Materie und Gott in einem. Die Entgegensetzung beider hat keinen Platz. Unter diesen Umständen ist es nur konsequent, wenn vom Schöpfergott gesagt wird, er habe sich in der Schöpfung selbst mitgeschaffen.[13]

Natürlich kann man einwenden, solche Geschichte sei wenig geeignet, wirklich Klarheit über den Anfang zu schaffen. Allein, was heißt hier »Klarheit über den Anfang schaffen«? Für die, die die Geschichte erzählten und hörten, bestand das Interesse darin, das Erklärungsmuster auch für die Welt als Ganzes zur Geltung zu bringen. Dazu mußte zurückgegangen werden auf einen Zustand vor dieser Welt und das aktive Prinzip benannt werden, das dann die Welt ins Sein setzte. Logiken sind, man kann es nicht nachdrücklich genug betonen, Schematismen. Sie befriedigen spezifische Fragen und das ihnen immanente Interesse. Die naive Handhabung der subjektivischen Logik verlangte wegen ihrer genetischen Erklärungsweise, ein »vor« der Welt anzunehmen, einen Ursprung zu denken. Insofern können auch die frühesten Religionen eine Schöpfung aus dem Nichts konzipieren. Dennoch liegt es völlig fern, in den Ursprung, mit dem dann der Anfang zu machen ist, den Gegensatz von Materie und Subjektivität hineinzutragen. – Nebenbei bemerkt: Was eigentlich sollte damit gewonnen sein?

Der Umstand, daß in den Ursprung bei naiver, ungebrochener Handhabung der subjektivischen Logik hineingenommen werden muß, was hernach aus ihm hervorgeht, gleichwohl aber das, was ist, erst hernach zu dem werden soll, was es ist, führt dazu, für den Ursprung Umschreibungen zu finden wie die: Im Ursprung sei Welt im Zustand absoluter Dichte, in undifferenzierter Einheit oder dergleichen. Dabei tritt der Ursprung als Substanz in den Vordergrund. So in der indischen Rgveda, wo es am Anfang des Weltschöpfungsliedes heißt:

»Damals war es (das Weltall) weder nichtseiend noch seiend, nicht war der Luftraum noch der Himmel darüber. Was schloß es ein? in welcher (Hülle)? Unter wessen Obhut stand es? Was war (damals) das unergründliche tiefe Wasser (des Meeres)?

Nicht war damals Tod noch Unsterblichkeit, nicht das Erkennungszeichen von Tag und Nacht. Es hauchte ohne Wind zu machen das eine Ding vermöge seiner Urkraft. Außer diesem gab es weiter nichts anderes.«[14]

Es machte wenig Sinn, den Anfang mit einem Ding zu machen, wenn nicht »dieses Ding« zugleich als Subjekt, genauer: im Schema des Subjekts gedacht würde. Denn damit verbunden ist die Kraft des Anfangs. In der Schöpfungsgeschichte der Uitoto, die Preuß berichtet, kommt dieses Strukturmoment deutlich zum

Ausdruck. Am Anfang steht auch bei ihnen ein Ding, ein »Scheinding«, wie sie es sophistisch genannt haben. Zu ihm gehört noch die Kraft des Wortes. Der Schöpfergott selbst verdankt seinen Ursprung beiden. Er ist, bei Lichte besehen, der Ursprung in beiden.[15]

Einfacher und uriger bringt sich die Substanzialität des Schöpfergottes zur Geltung, wenn Welt und Gott einfach zusammengehalten werden, der Schöpfergott einfach die Welt ist. Hier schlägt die primordiale Logik, die einfach die Sache selbst auf der Folie subjektivischen Ursprungs denkt, voll durch. Das gilt besonders für die ägyptischen Schöpfungsgötter. Atum ist einer der Überlieferungen zufolge der Schöpfergott. H. Hornung faßt die Bemühungen, den im Namen enthaltenen Vorstellungsgehalt zum Ausdruck zu bringen, wie folgt zusammen: »Atum ist derjenige Gott, der ›anfangs alles war‹, vollständig im Sinne einer undifferenzierten Einheit und zugleich nichtseiend, weil das Sein erst mit seinem Schöpfungswerk möglich wird.«[16]

Daß im Schöpfergott Atum wirklich Substanz und Subjektivität zusammengehalten sind und in einem gedacht werden, zeigt sich mit unüberbietbarer Deutlichkeit weiter darin, daß der Schöpfergott eben zur Bezeichnung dieser seiner Eigenschaft als Schöpfer beschrieben wird als »der Eine, der sich zu Millionen gemacht hat«[17]. Diese Millionen sind die in ihrer unendlichen Differenzierung vorfindliche Schöpfung, freilich eine, die eben in ihrer Differenziertheit sich ebenso göttlich darstellt wie ihr Ursprung.

Religionen, das kann nicht nachdrücklich genug betont werden, entstehen nicht einfach aus einer ungebundenen spekulativen Wißbegier über Gott und die Welt. Sie sind gebunden an die Logik, unter deren Geltung sie operieren. Die Logik bestimmt, was an Wissen verlangt wird und was an Antwort ausreicht. Die Logik verlangt, wenn nach der Welt gefragt wird, den Rekurs auf einen Ursprung im Subjekt. Aus ihm muß dann die Welt herausgesetzt werden. In diesem Verfahren können Welt und Subjekt so eng zusammengehalten werden, wie in den zuvor beschriebenen ägyptischen Schöpfungsgeschichten. Allein, die Logik erlaubt auch, das subjektivische Moment stärker zu thematisieren und personal zu verselbständigen. In der oben angeführten Schöpfungsgeschichte der Uitoto treten Substanz und Subjekt bereits deutlich auseinander. Trotzdem geht die Welt auch hier hernach erst aus dem Leibe des Schöpfergottes hervor. Bei den Uitoto ist die Substanzialität des Schöpfergottes im »Scheinding« noch thematisch gemacht. Daß auch ganz und gar personalistisch sich darstellende Götter unter dem Zwang der Substanzialität stehen, zeigt eine Schöpfungsgeschichte, wie sie bei den Pima erzählt wurde. Hovering Hawk hat sie Natalie Curtis weitergegeben; J. Campbell hat sie wieder ausgegraben:

In the beginning there was only darkness everywhere darkness and water. And the darkness gathered thick in places, crowding together and then separating, crowding and separating until at last out of one of the places where the darkness had crowded there came forth a man. This man wandered through the darkness until he began to think; then he knew himself and that he was a man; he knew that he was there for some purpose.

He put his hand over his heart and drew forth a large stick. He used the stick to help him through the darkness, and when he was weary he rested upon it. Then he made for himself little ants; he brought them from his body und put them on the stick. Everything that he made he drew from his own body even as he had drawn the stick from his heart. The stick was of grease-wood, and of the gum of the wood the ants made a round ball upon the stick. Then the man took the ball from the stick and put it down in the darkness under his foot, and as he stood upon the ball he rolled it under his foot and sang:

> I make the world, and lo!
> The world is finished.
> Thus I make the world, and lo!
> The world is finished.

So he sang, calling himself the maker of the world. He sang slowly, and all the while the ball grew larger as he rolled it, till at the end of his song, behold, it was the world. Then he sang more quickly:

> Let it go, let it go,
> Let it go, start it forth![18]

Die subjektivische Logik enthält eine Aporie. Sie ist auch primitiven Denkern nicht entgangen: In jeder Schöpfung muß der, der die Schöpfung ins Werk setzt, schon da sein. Es muß also ein »vor« der Schöpfung geben und ein »etwas«, das vor der Schöpfung da ist, sei dieses »etwas« auch ein Gott. Die Aporie wird schwerwiegender noch, wenn man, was ich vorher zu zeigen bemüht war, im uranfänglichen Gott die Substanzialität von Welt mitdenkt. Dann macht sich für den Gott der gleiche Zwang der Logik geltend: Solange der Gott zum Seienden gerechnet wird, fordert die Logik ihr Recht und provoziert die Frage nach seinem eigenen Ursprung. Die Winnebago in Wisconsin haben sie gestellt. Und sie haben sie in einer entwaffnenden Weise beantwortet:

»What it was our father lay on when he came to consciousness we do not know.«

Fest stand für sie nur eines: Als der Schöpfer zu denken begann, entstand die Welt.[19] Auch die Ägypter bezogen die Vielzahl ihrer Götter in die Schöpfung mit ein. Sie waren vom Urgott geschaffen. Das scheint das Problem nur zu verlagern. Allein, die Antwort, woher denn der Urgott stamme, zeigt, worauf es in der primordialen, der subjektivischen Logik ankommt: Für ihn fanden die Ägypter die ingeniöse Formel: Er ist der, der aus sich selbst entstanden ist.[20] Oder, wie es von Ptah in der Lehre von Memphis (Z. 6) heißt: »der, der sich selbst erzeugte«[21]. Wenn irgend eines der vielen Attribute das Göttliche des absoluten Gottes zu charakterisieren vermag, dann dieses: aus sich selbst entstanden zu sein. Oder, wie es von ihm unter Anspielung auf den Gott Chnum heißt, der den Menschen auf der Töpferscheibe formte: Du bist dein eigener Chnum.[22] In dieser Formel zeigt sich noch einmal, worauf es in der subjektivischen Logik ankommt: den Zielpunkt zu benennen, aus dem heraus das, woran Interesse genommen wird, entstanden ist: reine Subjektivität.

Es wäre kaum nötig gewesen, mit soviel Aufwand darzutun, daß, ebenso ausweislich der Logik wie der empirischen Befunde, im Anfang noch vor der Schöpfung im Schöpfergott Substanz und Subjekt in einem gedacht werden muß, wenn nicht das religiöse Vorverständnis unserer eigenen Geschichte eine Vorstellung von Schöpfergott und Schöpfung entwickelt hätte, in der nichts dergleichen zu sehen ist. Der jüdisch-christliche Gott ist der personhaft gedachte Gott, als einziger auch Schöpfergott, aber gar nicht substanzhaft gedacht wie Atum. Er spricht: Es werde, und es wird. Es ist eine Schöpfung kraft des Wortes und aus dem Nichts. (2. Makkabäer 7,28) Eine solche Geschichte paßt ins Bild einer unbegreiflichen Transzendenz, mag diese Transzendenz sich auch erst in der Geschichte recht offenbart haben. Eine solche Geschichte, so einfach wie großartig – das sagen auch die Gelehrten. Und sie ist in ihrer großartigen Einfachheit so überwältigend, daß sie auch den Blick für das Verständnis anderer Religionen und ihrer Schöpfungsgeschichten bestimmt. Denn auch andere Religionen kennen eine Schöpfung aus dem Nichts, ebenso die Schöpfung kraft des Wortes, die ägyptische zum Beispiel, nur eben nicht in dieser klaren großartigen Einfachheit; und das heißt, sie hatten kein wirkliches Verständnis der Transzendenz Gottes.

Man kann die jüdisch-christliche Schöpfungsgeschichte auch anders lesen. Sie fällt nicht wirklich heraus aus der Logik; wie sollte sie. Doch das werden wir später erörtern. Hier geht es zunächst darum, den Grundtatbestand so festzuhalten, wie er in den ungezählten Geschichten bezeugt und ausweislich der Logik auch gut begründet ist:

In Schöpfungsgeschichten wird die vorfindliche Welt von einem Ursprung her begründet, in dem sie als unentfaltete Potentialität in ihrer Substanz beschlossen liegt.

Die Bestimmung der Substanz macht prinzipiell keine Schwierigkeiten. Es bedarf allenfalls eines Ausdrucks für das Ungestaltete des »vor der Welt«, Wasser z. B., »Nun«. Man kann sich aber auch einfach damit begnügen, die Potentialität des Subjekts zu benennen, aus dem dann die Welt hervorgeht. Das vordringliche Interesse der Schöpfungsgeschichten liegt hier, in der Aktivseite, in der Schöpfung selbst.

3.1.2. Die Subjektivität des Ursprungs

Wenn man einen Logiker fände, der noch gar nichts von der Religionsgeschichte gehört hätte, und ihn aufforderte, unter der Geltung der subjektivischen Logik die Welt selbst zu ergründen, so würde er gut daran tun, einfach zu sagen: Am Anfang war Gott. Und wenn er die Gabe des Psalmisten hätte, könnte er mit ihm sagen: »Ehe denn die Berge wurden und die Erde und die Welt geschaffen wurden, bist Du, Gott, von Ewigkeit zu Ewigkeit.« (Ps. 90,2) Unter der Geltung subjektivischer Logik läßt sich ein Anfang denken, eben in der Subjektivität eines göttlichen Subjekts. Die eigentliche Absicht aller Schöpfungsgeschichten ist, die Frage nach dem Ursprung dadurch zu beantworten, daß der Ursprung als diese Kraft einer sich ins Werden schickenden Subjektivität namhaft gemacht wird. Der Schöpfergott selbst ist die Personifikation des Werdens. Im Papyrus Nesi Amsu heißt es in der Übersetzung von W. Budge:

»I evolved the evolving of evolutions. I evolved myself under the form of the evolutions of the god Khepera, which were evolved at the beginning of all time. I evolved with the evolutions of the god Khepera; I evolved by the evolution of evolutions – that is to say, I developed myself from the primeval matter which I made, I developed myself out of the primeval matter. My name is Ausares (Osiris), the germ of primeval matter. I have wrought my will wholly in this earth, I have spread abroad and filled it, I have strengthened it (with) my hand. I was alone, for nothing had been brought forth; I had not them emitted from myself either Shu or Tefnut. I uttered my own name, as a word of power, from my own mouth, and I straightway evolved myself. I evolved myself under the form of the evolutions of the god Khepera, and I developed myself out of the primeval matter which has evolved multitudes of evolutions from the beginning of time. Nothing existed on this earth then, and I made all things. There was none other who worked with me at that time. I performed all evolutions there by means of that divine Soul which I fashioned there, and which had remained inoperative in the watery abyss.«[23]

Die Personifikation der Subjektivität läßt hernach die Herleitung der Welt, ihre Erklärung auf eine ganz natürliche Weise die Gestalt einer Schöpfungsgeschichte annehmen. Was dann noch zu tun übrig bleibt, ist einzig die Ausgestaltung des Schöpfungsvorgangs. Dabei scheinen der Phantasie kaum Schranken gesetzt zu sein. Tatsächlich nehmen sich die Schöpfungsgeschichten, soweit es um den Inhalt, und das heißt: die Geschichte der Schöpfung selbst geht, wundersam aus. Bei einer unvoreingenommenen Betrachtung ist schlechterdings nicht ersichtlich, wieso ihnen ein Erklärungswert beigemessen werden konnte. Allein, Schöpfungsgeschichten dürfen nicht naiv und unvoreingenommen betrachtet werden. So nämlich haben auch die sie verstanden, die sie geschaffen und erzählt haben. Hält man sich daran, daß in der subjektivischen Logik der Gott immer und allemal den dynamischen Anfang für das, wofür er einsteht, bildet, dann lassen sich auch die inhaltlichen Ausgestaltungen der Schöpfungsgeschichten sozusagen prototypisch entwickeln. Strukturen räumen der inhaltlichen Umsetzung zwar Spielräume ein, aber begrenzte. Wenn wir deshalb noch einmal unseren Logiker bemühen, der die subjektivische Logik begriffen, aber noch nichts von ihren religiösen Umsetzungen in den großen und kleinen Deutungen religiöser Lehre und Praxis in der Geschichte gehört hat, dann, so möchte ich meinen, müßte seine Geschichte ungeachtet der Filigrane eine der folgenden Formen annehmen.

4. Die Schöpfungsgeschichten

4.1. Naturalistische Versionen

Am Anfang also, dieser Satz steht fest, schuf NN die Welt. – Aber wie? Die Antwort steht unter der Anforderung einer Logik, die, wie wir gesehen haben, das Explikandum, Welt, im Schöpfungsfalle mit hineinnimmt in den Ursprung, aus dem sie hervorgeht. Das allein schon legt eine Ausgestaltung des Schöpfungsvorgangs nahe, bei der Schöpfung exakt die Züge trägt, wie sie aus der Welt bekannt sind. Es liegt auf der Hand, daß diese Art Schöpfungsgeschichte vor allem dort zu erwarten ist, wo der Konnex zwischen Substanz und Subjekt in der Vorstellung ohnehin noch eng ist. Unterstützt wird dieses Konzept der Schöpfungsweise durch die zuvor schon einschlägig belegte mythische Kausalität. Die Begriffsrealität läßt Werden, Entstehen, Zeugung, Geburt einer einzigen causa zurechnen. Und die geht durch bis auf die absolute causa. Ein drittes kommt hinzu: Man kann die Schöpfung ansetzen, wie man will, irgendwie muß sie zur Sache kommen und in jene Prozesse übergehen, die aus der Anschauung bekannt sind. Diesen Anforderungen tragen Ausgestaltungen Rechnung, die die Welt als wirklichen Zeugungsakt eines Gottes entstehen lassen. Dabei ist eine Schwierigkeit zu überwinden: Der Schöpfergott ist nur einer. Man muß also sehen, wie mit nur einer Person der Zeugungs- und Schöpfungsakt gleichwohl zu bewirken ist. Eine androgyne Darstellung ist ein Ausweg. Oder aber man muß für den Anfang einen Part im Zeugungsakt genügen lassen. In eben dieser Weise läßt in der ältesten auf uns überkommenen Schöpfungslehre von Heliopolis (spätestens 5. Dynastie) der Schöpfergott Atum das erste Götterpaar entstehen.

»Atum, der zum Selbstbefriediger geworden ist in Heliopolis, er nahm seinen Phallus in seine Faust, um damit Lust zu erregen. Ein Geschwisterpaar ward erzeugt, Schu und Tefnut.«[24]

Wenn solche Geschichten als bizarr erscheinen, Ausdruck eines uns eigenartig fremden, unrealistischen Denkens, so liegt, fürchte ich, das Unverständnis auf der Seite der Interpreten. Man braucht sich bloß zu fragen, woher die Geschichte ihre Aussagekraft gewinnt. Schließlich wäre sie nicht erzählt worden, wenn man ihr nicht solche Aussagekraft zugeschrieben hätte. Mit einem bloß symbolischen Denken jedenfalls haben sich die religiösen Praktikanten der Frühzeit gewiß nicht abgegeben.[25] Es ist erst der Ausweg religiöser Theoretiker zu Zeiten, in denen Religion jedwede Erklärungskraft für das Vorfindliche eingebüßt hat. Die Frage ist nach allem, was wir zuvor erörtert haben, einfach zu beantworten: Die Qualität der Schöpfungsgeschichte hängt nicht an der physiologisch exakten Beschreibung der Zeugung. Natürlich wußten auch die alten Ägypter, daß aus einer Onanie keine Kinder kommen. Für eine mythische Denkweise genügt es jedoch, das relevante Feld thematisch zu machen. Denn wir wissen, daß jede thematische Einheit auf eine mythische causa konvergiert, die diese Einheit bewirkt.[26] Um den Anfang als Schöpfung auszugestalten, ist danach lediglich vonnöten, daß ein Gott sich irgendwie mit Zeugung befaßt. Als Personifikation des uranfänglichen Werdens ist er auch die Personifikation der Zeugung. Eben weil der Ur- und Schöpfergott für das uranfängliche Werden einzustehen hat, ist er in der mythischen Denkweise in allem Werden auch wirklich präsent, in der Natur und natürlich vor allem in der geschlechtlichen Liebe. Eben deshalb wird er in den Bildern und mit den Begriffen der Zeugung angeredet und angerufen:

> Phallus in der Vulva
> der gestern ging
> der heute wiederkommt.
>
> Skarabäus, der die Wollust geschaffen hat,
> Hockender Falke, welcher zeugt.
>
> Herr der Begattung, der die Wollust ausübt (oder: geschaffen hat)
> Allherr im Himmel und auf Erden.
>
> Stier der Vulva
> Stier der Wollust, der die Kühe befruchtet.[27]

Solche Titulierung ist nicht einfach Ausdruck derber bildhaft-sinnlicher Ausdrucksweise. Sie ist Ausdruck mythischer Denkweise, mythischer Kausalität. Schöpfung und Zeugung gehen in eins.[28]

Es ist danach im Grund ganz gleichgültig, wie der Vorgang der Entstehung selbst beschrieben wird. Für eine Denkweise, die Sache und Ursprung, Welt und Schöpfung noch ganz dicht zusammenhält, liegt es nahe, sie in den bekannten naturalen Vorgängen auch zum Ausdruck zu bringen. Der eine ist so gut wie der andere. In jedem ist die gleiche Urkraft manifest. Neben der Schöpfung aus dem Samen Atums findet sich denn in Ägypten auch der Ursprung aus einem Ei. Der Sonnengott selbst soll aus dem Ei hervorgegangen sein. Vom Ei wird dann wiederum gesagt, es sei von Amun, dem »großen Gackerer«, hervorgebracht oder auch von Ptah geschaffen worden.[29] Ohne Not können deshalb auch die Bilder und Vorgänge ineinander geschoben werden.

Worauf es im gegenwärtigen Zusammenhang ankommt, ist eines: Wenn es um die Welt als Ganzes geht, muß sie so gut wie jedes einzelne aus einem Ursprung hergeleitet werden – als Welt aber aus uranfänglichem Ursprung schlechthin. Das unterliegende Schema für den Anfang ist das der Subjektivität. Aber damit ist es nicht getan. Irgendwie muß der Vorgang, der sich in dieser Subjektivität abspielt, von Vorstellungen besetzt werden, die auch in der Welt als Anfang konzipiert sind: Machen, schaffen, entstehen, hervorrufen, zeugen, das ist das semantische Feld. Wenn dabei in der Ausgestaltung auf die sogenannten natürlichen Vorgänge von Werden, Zeugung etc. zurückgegriffen wird, so nicht, weil hier ein anderes als religiöses, nämlich naturwissenschaftliches Erkenntnisinteresse am Werk wäre.[30] Das ist eine ganz und gar abwegige Interpretation, sondern deshalb, weil jede Schöpfungsgeschichte unter der Anforderung steht, die Welt aus ihrem Ursprung so hervorgehen zu lassen, wie sie sich nun einmal in ihrer eigenen Dynamik darstellt. Irgendwie muß deshalb der Schöpfungsakt »vor« der Welt an die ungezählten Prozesse von Werden, Entstehen, Zeugen, Schaffen, Machen etc. in der Welt angeschlossen werden.

4.2. *Schöpfung durch das Wort*

Wer die zuvor angeführten Schöpfungsgeschichten resp. deren Fragmente genau gelesen hat, wird festgestellt haben, daß tatsächlich in allen ein Handlungsmoment enthalten ist. Atum tut etwas. Amun, der großer Gackerer, legt das Ei natürlich in der Absicht, das Leben daraus entstehen zu lassen. Der Schöpfer bei den Pima wandert durch die Dunkelheit, »until he began to think«. Dann beginnt er sein Werk der Schöpfung. Und auch das Selbst in der

Brihadaranyaka Upanischad will etwas, nachdem es allerhand über sich nachgedacht hat: »Er war unglücklich ... Er sehnte sich nach einer Gefährtin.« Wenn man deshalb wirklich den uranfänglichen Anfang erreichen, die erste Regung der Schöpfung bestimmen will, muß man ihn in jene Subjektivität verlagern, die denkt, bevor sie handelt, und dann aus dem Gedanken/Wort die Welt hervorgehen läßt. Tatsächlich findet sich diese Art der Schöpfung in vielen Schöpfungsgeschichten nicht nur implizit wie in den zuvor erwähnten Berichten, sondern als der eigentliche Schöpfungsvorgang auch thematisiert. Im babylonischen Schöpfungslied ›Enuma elisch‹ heißt es: »Zur Zeit, als oben ein Himmel nicht benannt, unten eine Erde mit Namen nicht gerufen war.«[31] Deutlich also wird die Schöpfung durch das Benennen, das Wort, gedacht. Auch in Ägypten geschieht in einer Anzahl von Schöpfungsgeschichten die Schöpfung durch das Wort. Re läßt als Urgott die Götter durch Benennung seiner Glieder entstehen.

»Who then (11) is this? It is Ra, the creator of the name of his limbs, which came into being (12) in the form of the gods in the train of Ra.«[32]

In der memphitischen Theologie wird Ptah als Urgott und Schöpfer aller Dinge dargestellt und Atum übergeordnet. Von Ptah aber ist gesagt, er habe den Namen aller Dinge genannt und die Götterneunheit geschaffen. Und jedes Gotteswort, durch das die Schöpfung sich vollzog, entstand »aus dem, was das Herz erdachte und die Zunge befahl«[33]. Ägyptischer Überlieferung zur Folge stehen dem Schöpfergott dabei drei Kräfte zur Verfügung, Hilfsgötter der Willensbildung.[34] Sie spiegeln ersichtlich den Handlungsablauf vom Gedanken bis zur Tat wider: Sia, die planende Einsicht; Hu, der schaffende Ausspruch; Hike, die Kraftübertragung, die dann aus dem Wort die Welt auch wirklich entstehen läßt.[35]

Natürlich stellt die jüdisch-christliche Schöpfungsgeschichte die reinste Form einer Schöpfung durch das Wort dar. Und Gott sprach: Es werde – und es ward. Es ist diese Art Schöpfung, die als großartiger und reinster Ausdruck der Idee des Göttlichen angesehen wird. Wir werden später sehen, was es mit dieser Art Schöpfungsgeschichte auf sich hat. Einstweilen ist die grundlegende Frage: Unter welcher Prämisse läßt sich eine Schöpfungsgeschichte aus dem Wort konzipieren? Was geht an verborgenem Vorstellungsgehalt in sie ein?

4.2.1. Die Logik der Handlung

Es bedarf nach allem, was bisher erörtert wurde, kaum eines weiteren Wortes, um darzutun, daß die Konzeption einer Schöpfung die reinste Logik der Subjektivität und deren Handlungskompetenz für sich hat. Wenn in der genetischen Erklärungsweise des subjektivischen Schemas die Bewegung vom Objekt (Explikandum) zum Subjekt (Explikans) geht und dabei zunächst der im Explikandum beschlossene Vorstellungsgehalt mit hineingenommen wird in das explikative Subjekt, so muß doch, sobald dieses Subjekt verselbständigt wird, und das ist in mehr oder weniger großem Maße in jeder Schöpfungsgeschichte der Fall, auch dessen eigenartige Aktionsstruktur mit konzeptualisiert und verselbständigt werden: Götter tun etwas. Sie schaffen die Welt. Jede Handlung aber ist ein Vorgang, der, thematisch gemacht, als Vorgang auf der Folie eben jener Logik wahrgenommen wird, um die es uns hier zu tun ist, also hin in der Bewegung auf das Subjekt. Die Perzeption der Handlung leitet auf deren Anfang im Gedanken, Sprechen, Ausführen.

Ist danach ohne weiteres einsichtig, weil aus der ureigensten Bewegung der Logik verständlich, daß Gott in diesem Denken durch Gedanken hindurch handelt, so bleibt doch modernem Denken leicht verschlossen, wieso in einer Geschichte der Schöpfung einfach gesagt werden kann, daß durch Denken und Wort allein auch etwas geschaffen werden könne. Zu sehr ist uns die Vorstellung eigen, daß Denken und Materie nicht in eins gesetzt werden können. Worin also liegt die Plausibilität für die Zeitgenossen?

4.2.2. Die Einheit von Wort und Sache

Eine Antwort werden wir einmal mehr nicht akzeptieren: Es sei ihnen gar nicht um eine Erklärung gegangen. Das Interesse habe lediglich darin bestanden, Gottes Größe, Allmacht, Transzendenz zu demonstrieren. Das ist Aberwitz. Primitives Denken benutzt den Rekurs auf ein Subjekt oder die Subjektivität immer auch als Erklärung, so wie wir das in der Sozialwelt tagtäglich auch tun. Was aber für ungezählte tägliche Fälle gilt, gilt für die Schöpfung nicht anders. In Wahrheit beruht denn auch die Schöpfung kraft des Schöpferwortes auf einem urigen Strukturmoment primitiver

Logik: der Konvergenz von Wort und Sache in der gleichen causa. Primitivem Denken zufolge gehört, wie wir oben erörtert haben, das Wort zur Sache.[36] Nun bezeichnet aber das Wort immer die Sache selbst, und zwar als Ganzes. Folgeweise steht das Wort für die Sache. Da weiter die Sache in der genetischen Perspektive subjektivischer Logik auf ihren Ursprung hin konvergiert, liegt mit dem Wort die Sache selbst im Ursprung beschlossen. Es ist danach ein fundamentaler Irrtum zu meinen, die Schöpfung kraft Schöpferwort sei eine Schöpfung reinster Geistigkeit, die der Idee der Religion eigentlich adäquate Schöpfung.[37] Diese reine Geistigkeit hat es zu Zeiten, als die Schöpfungsgeschichten konzipiert wurden, gar nicht gegeben.

Die Schöpfungsgeschichten aus dem Wort sind danach so emanatistisch substanzhaft gedacht wie die naturalistischen Schöpfungsgeschichten auch. Mehr noch: So wenig es den naturalistischen Ausstaffierungen darum zu tun ist, den Vorgang realistisch zu beschreiben, so wenig den personalistischen. Hier wie dort geht es einzig um eines: den Anforderungen einer Logik zu genügen, deren innerste Struktur verlangt, die Frage nach dem Grunde mit dem Hinweis auf eine subjektivische Kraft zu beantworten. Auch das Wort thematisiert dabei nur die Struktur eines semantischen Feldes, nämlich Ursprung, Schaffen, Machen, Zeugen, Werden. Die ägyptische Religionsgeschichte hat dafür drastische Belege beigebracht. Die memphitische Theologie, in der Ptah Atum übergeordnet wird, ist wahrscheinlich so zu lesen, daß die heliopolitanische Lehre einfach annektiert und die Schöpfung aus dem Samen Atums problemlos neben die Schöpfung aus dem Wort gestellt wird.[38] Mit solchen Gemeinsamkeiten hatte das primitive und damit auch das ägyptische Denken nicht die geringsten Schwierigkeiten. Im späten Apophisbuch sagt Ra ausdrücklich von sich:

»Ich schuf andere Gestalten meiner Gestalt. Ich vereinte mich mit meinem Körper. Sie kamen aus mir selbst hervor, nachdem ich onaniert hatte mit meiner Faust. Meine Begierde wurde für mich wach durch meine Faust. Der Samen fiel aus meinem Munde.«

Nahtlos geht die eine in die andere Vorstellung über. Prompt wird dann auch in einem Sonnenhymnus aus einem thebanischen Grab des Neuen Reiches der Schöpfung des Ra durch das Wort der Satz hinzugefügt: »Es ist sein Glied, das sprach.«[39] Zu Recht stellt

Zandee deshalb fest, es gehe nicht an zu sagen, die geistige Auffassung der Schöpfung durch das Wort passe nicht zu der grobmaterialistischen durch Masturbation.[40] Uns kommt es darauf an, die strukturelle Logik derartiger Schöpfungsgeschichten deutlich zu machen. Fragen wir deshalb noch einmal ausdrücklich: Worauf beruhte die Plausibilität der Schöpfungskraft des Schöpferwortes? Darauf, daß in diesen Geschichten so gut wie in allen anderen die Vorstellung vorherrscht, im absoluten Anfang Welt in noch unentfalteter Potentialität zu begreifen. Wie jedes andere erklärungsbedürftige Geschehen auch wurde diese Potentialität im Schema der Subjektivität gedacht. Wenn wir deshalb noch einmal unseren Logiker bemühen, so müßte er jene einprägsame Formel finden, die allen Schöpfungsvorstellungen zugrunde liegt: Im absoluten Ursprung müsse, so würde er dekretieren, Substanz und Subjektivität in einem gedacht werden. Eine solche Äußerung wäre gegen jeden Verdacht gefeit, einfach von einem großen Philosophen abgeschrieben zu sein. Sie brächte nichts als die urtümliche Logik zu Wort: Wenn die Welt als Ganzes in den Blick rückt, muß sie auf den Ursprung konvergieren, in dem Welt vor ihrem Sein gedacht wird. Die Logik aber stellt diesen Ursprung als Subjektivität dar. Eben weil aber Substanz und Subjekt in einem gedacht werden müssen, können und müssen auch alle personalistischen und naturalistischen Ausdrucksformen in eins gesetzt werden. Sie sind Emanation des einen personalistisch-naturalistischen Ursprungs, mit ihm identisch. Zeugung und Schöpfung durch das Wort sind gleichrangig. – Nicht ganz.

4.2.3. Die logische Überlegenheit des Schöpferwortes

Die subjektivische Logik zwingt dazu, alles und jedes, was ist, noch einmal auf seinen Ursprung hin zu hintergehen. Götter selbst müssen hintergangen werden. Auch die Handlung des Urgottes entzieht sich dieser Logik nicht. Das, was vor der Handlung liegt, ist aber der Gedanke. Eben deshalb drängt die subjektivische Logik darauf, es nicht einfach bei der Schöpfung als Handlung zu belassen. Am Anfang war nicht die Schöpfung, am Anfang war der Gedanke der Schöpfung, am Anfang war das Wort. Es ist nur konsequent, dann fortzufahren und zu konstatieren: und das Wort war Gott. Die Uitoto haben diese Konsequenz walten lassen. Dabei ist die Verbindung zur Ursprungslogik deutlich sichtbar:

»In the beginning«, heißt es in einer Version der Schöpfungsgeschichte, »the word gave origin to our father.«[41]

Über die bekanntere Version ist viel nachgedacht. Goethe hätte gut daran getan, sie stehen zu lassen, wie sie ist: Am Anfang war das Wort.

Die logische Überlegenheit der Schöpfung kraft des Schöpferwortes ist eine Überlegenheit kraft der subjektivischen Logik, versteht sich. Sie kann den gleichen Tiefsinn für sich in Anspruch nehmen wie die platonische Ideenlehre. Beide sind auf derselben Folie konzipiert.[42] Außerhalb dieser Logik ist alles dunkel und unsinnig. Wenn unser Logiker fragen würde, wie das Wort es anstellte, zur Welt zu werden, geriete er in Verlegenheit. In der ägyptischen Schöpfungsgeschichte ist das Wort mit einem besonderen Zauber begabt. Es ist eigens personalisiert. Hike ist der Zauber, der dann die Umsetzung des Wortes in die Schöpfung bewirkt. Folgerichtig ist er es auch, der den Urgott in seinem eigenen Leib entstehen läßt.[43] Allein, diese Verselbständigung ist nur eine Konsequenz der Tendenz, jedes Objekt der Aufmerksamkeit alsbald zum eigenen Subjekt werden zu lassen. Notwendig ist sie nicht. Man kann es, wie auch sonst, bei dem einen Subjekt und der Kraft seiner Subjektivität belassen. Jede Erörterung führt danach auf mehr oder weniger großen Umwegen auf den Ausgangspunkt aller Überlegungen zurück: Der Subjektivität wohnt die Kraft des Anfangs inne. Alles weitere Insistieren auf Erklärungen führt zu nichts. Die Kompendien der Religionsphilosophie belegen es. Solange die subjektivische Logik ungebrochen in Kraft ist, zwingt sie zu Deutungen, wie sie in den Schöpfungsmythen vorliegen, läßt es aber auch bei ihnen bewenden.

Schöpfungsmythen haben einen monotheistischen Einschlag. Der Ursprung ist immer als das Höchste gedacht, da alles andere sich von ihm herleitet. Auch diese Vorstellung hängt am subjektivischen Schema. Denn an sich ist nicht einzusehen, weshalb das, aus dem etwas hervorgegangen ist, höher ist. Sobald aber der Anfang subjektivisch gedacht wird, wird er tendenziell als Verfügungsmacht über das, was er ins Sein setzte, gedacht. Daher seine Überordnung. Gleichwohl sind Religionen mit einem Schöpfergott nicht notwendig monotheistisch in dem Sinne, daß sie überhaupt nur einen Gott kennen. Wir müssen uns das Verhältnis zwischen dem Einen und den Vielen näher ansehen, nicht zuletzt, um die eindeutig monotheistische Religion, die jüdisch-christliche, besser zu verstehen.

5. Der Eine hinter den Vielen

5.1. Der Eine neben den Vielen

Götter, diese Feststellung kann nicht nachdrücklich genug hervorgehoben werden, sind nicht das Resultat der Spekulation, nicht die Erfahrung im Umgang mit dem Numinosen, auch nicht die Objektivation irgendeines religiösen Grundbedürfnisses. Götter entstehen als Konsequenz einer kategorial vorgegebenen Wirklichkeitsauffassung, eines ganz spezifischen Erklärungsschemas, eben des subjektivischen, das in ihnen seine ebenso einfache wie konsequente Fassung erfährt. Und sie stehen unter der Anforderung praktischer Erfahrungen und Erlebnisse. Eben deshalb aber entstehen Götter und Gott, die Vielen und der Eine, auch nebeneinander, können es jedenfalls. Denn es ist eines, für eine bestimmte bedeutsame Erfahrung einen Gott zu konzipieren, für den Gott der Fruchtbarkeit oder der Geburt, und ein anderes, einen Gott für die Schaffung und – vielleicht – Erhaltung der Welt insgesamt zu denken. Dabei ist der Eine, der für die Erschaffung der Welt zuständig ist, viel weiter weg als die Vielen, die die nächststehenden Dinge regeln. Wenn er auch als Weltschöpfer der Höchste ist, so doch nicht notwendig der Wichtigste. Insbesondere dort, wo sich seine Rolle darauf beschränkt, als Schöpfer tätig geworden zu sein, dann aber andere inthronisiert zu haben, führt er häufig das Dasein eines otiosen Gottes, eines, der in Trägheit und Muße dahinlebt.

Eben weil Götter, die Vielen wie der Eine, dann entstehen, wenn Erklärungen notwendig werden, die anders nicht zu haben sind, entstehen zu verschiedenen Zeiten an verschiedenen Orten verschiedene. In späteren Zeiten, in denen zwischen den Orten kulturelle Beziehungen aufgenommen oder gar die Orte einem einheitlichen Verband einverleibt worden sind, findet sich dann eine Vielfalt von Göttern gleicher oder sich überschneidender Funktionen. Und das gilt selbstredend dann auch für den Einen. Dieses Bild bietet Ägypten nach der Reichsgründung. Die Ägypter kennen den Schöpfergott in verschiedener Gestalt und unter verschiedenen Namen: Nun, Chepre, Ptah, Re und Chnum werden als Schöpfer bezeichnet, ebenso Amun, Aton, je nach Zeit, Ort und Zusammenhang. Als Schöpfergott werden sie als Vater der Götter bezeichnet, so Amun, Ptah, Horus, Atum, Geb und Schu[44], oder gar als Vater der Väter der Götter. Daß in Ägypten der eine Schöpfergott von verschiedenen Göttern unter verschiedenen Namen gespielt wird, von Amun, Re, Ptah, hindert nicht, ihn als einen zu denken. Daß Gott Einer sei, wird gerade im Zusammenhang mit den Urgöttern denn auch ausdrücklich festgestellt. Der Gott Amun wird im Papyrus der Prinzessin Nesi-Khemu wie folgt angeredet:

»The holy god, the lord of all the gods, Amen-Rā, the lord of the thrones of the world, the prince of Apt (i. e., Karnak), the holy soul who came into being in the beginning, the great god who liveth by right and truth, the first ennead who gave birth unto the other two enneads, the being in whom every god existeth, the One of One, the creator of the things which came into being when the earth took form in the beginning, whose births are hidden, whose forms are manifold, and whose growth cannot be known. The holy Form, beloved and terrible and mighty ... the lord of space, the mighty One of the form of Khepera, who came into existence through Khepera, the lord of the form of Khepera; when he came into being nothing existed except himself. He shone upon the earth from primeval time, he the Disk, the prince of light and radiance ... When this holy god moulded himself, the heavens and the earth were made by his heart (or mind) ... He is the Disk of the Moon, the beauties whereof pervade the heavens and the earth, the untiring and beneficent king whose will germinateth from rising to setting, from whose divine eyes men and women come forth, and from whose mouth the gods do come, and (by whom) food and meat and drink are made and provided, and (by whom) the things which exist are created. He is the lord of time, and he traverseth eternity; he is the aged one who reneweth his youth ... He is the Being who cannot be known, and he is more hidden than all the gods ... He giveth long life and multiplieth the years of those who are favoured by him, he is the gracious protector of him whom he setteth in his heart, and he is the fashioner of eternity and everlastingness. He is the king of the North and of the South, Amen-Rā, king of the gods, the lord of heaven, and of earth, and of the waters and of the mountains, with whose coming into being the earth began its existence, the mighty one, more princely than all the gods of the first company.«[45]

So überwältigend monotheistisch sich der Text ausnimmt – wenn man unter Monotheismus versteht, daß dann überhaupt nur ein

Gott existiere und herrsche, paßt er schwerlich in das Bild der ägyptischen Religion. Zu keiner Zeit nämlich haben die Ägypter Ernst gemacht mit dem, was in der Erzählung an sich angelegt ist: daß nämlich ein oberster Gott alle übrigen Götter geschaffen habe. Die in der Tradition jüdisch-christlichen Denkens naheliegende Folgerung, daß dann alle übrigen Götter eigentlich nichts seien vor dem einen Gott oder gar am besten gleich abgeschafft werden müßten, ist nirgends gezogen. Ägypten ist trotz dieses kultureigenen »Monotheismus« beim Polytheismus geblieben. Die Ägypter reden von dem göttlich Einen, aber sie haben vor diesem göttlich Einen nicht alle anderen Götter zu nichts werden lassen. Weshalb nicht? Gibt es dafür Gründe? Ich meine, ja.

Man hat nicht selten versucht, den Gegensatz zwischen dem ägyptischen Schöpfergott und dem jüdisch-christlichen darin zu sehen, daß hier eine genuin religiöse Erfahrung, dort die bloße Spekulation den Schöpfergott habe entstehen lassen.[46] Weit gefehlt. Auch der ägyptische Schöpfergott ist nicht als Resultat eines philosophischen Denkgebäudes entstanden, nicht um tiefsinnige Aussagen und Gedanken über Gott und die Welt zu fassen. Die Welt präsentiert sich als Ganzes auch ohne gewaltige theoretische Anstrengung, und sie präsentiert sich als Ganzes so gut auf der Folie subjektivischer Logik wie jedes einzelne auch. Der Schöpfergott der Ägypter hat seine Position als Schöpfergott aus gar keinem anderen Grund als dem, der auch Jahwe seine Rolle als Schöpfergott übernehmen läßt: In einer Welt von Göttern, muß, wenn denn die Welt als Ganzes in den Blick rückt, auch ein Gott für dieses Ganze konzipiert werden. Nur ist der Gott, der bei den Israeliten dafür eintritt, schon von vornherein ein anderer. Davon alsbald.

Ein Grund also, weshalb in Ägypten nicht ein Monotheismus entstanden ist, der nur noch einen Gott kannte, ist schlicht der, daß die Vielen und der Eine neben- und nacheinander entstanden sind. Götter aber kann man nicht einfach abschaffen. Das geht umso weniger, je stärker sie lokalisiert sind, an dem Boden, dem Tempel, der Stadt, dem Gebiet haften. Der Boden bleibt, der Tempel, die Stadt, das Gebiet auch, und mit ihnen der Gott. Gewiß, die Geschichte kennt viele Beispiele, in denen andere, fremde Götter an die Stelle der eigenen treten. Insbesondere kann eine monotheistische Religion andere in sich aufnehmen. Die Religionsfeldzüge der Christen beweisen es.[47] Denkbar, d. h. außerhalb des konkret-historischen Kontextes gesehen, wäre es schon gewesen, daß sich auch in Ägypten ein strikter Monotheismus hätte ausbilden können, der nur einen Gott anstelle der vielen gekannt hätte. Dann hätte der Eine die Vielen ersetzen müssen. Allein, zu dieser Art Substitution bestand praktisch kein Bedürfnis und logisch kein Anlaß. Die Ägypter dachten nämlich das Verhältnis des Einen zu den Vielen in einer Weise, die gar kein Problem entstehen ließ. Es war ein synkretistischer Monotheismus, und er war von einer strikten Logizität.

5.2. Konvergenz und Synkretismus

Wer die ägyptischen Götterlehren mit der Befangenheit jüdisch-christlicher Denkgewohnheit studiert, kann in Verzweiflung darüber geraten, bald den einen, bald den anderen Gott in der Rolle des Schöpfers zu finden. Atum ist der älteste. Auch Amun wird als Schöpfergott verehrt, ebenfalls Re, zuweilen auch Osiris. Vielfach findet man Vereinigungen solcher Götter, so in Amun-Re. Aber auch mit anderen Göttern geht Re Verbindungen ein. Und auch sonst kann man zuweilen verschiedene Götter in der gleichen Rolle finden, zuweilen auch vereint zu gleichem Geschäft. Die derartig synkretistische Art, verschiedene Götter unter oder in einem Gott zusammenzufassen, ist keineswegs auf Ägypten beschränkt. Sie findet sich z. B. auch bei den Dakota. Ihnen ist der Synkretismus selbst schon aufgestoßen. Der Bericht verdient wiedergegeben zu werden:

»The most difficult of all the concepts of the Supreme Deity to understand is that found among the Dakota. A very remarkable account was secured from them which purported to be the secret instructions for a priest (shaman). In this priestly doctrine it is definitely asserted that the Great Mystery, the Supernatural Being called Wakan Tanka, cannot be comprehended by mankind. Wakan Tanka behaves like a definite individuality, may be pleased or displeased, propitiated or placated and its aid may be secured by appropriate sacrifice. This Great Mystery communicates with mankind through various individuals and in various ways. The chosen medium is the shaman. The following are the doctrines which only the shamans know, according to Mr. Walter, the recorder of these facts:

    Wakan Tanka is one, yet it is many who are
    Wakan Tanka Waste, the Benevolent Gods:
    Wakan Tanka Sica, the Malevolent Gods.

Another informant in answer to a direct statement that he had named eight deities and yet claimed that they were but one, replied, ›Yes. The Sun and Moon are the same, the Sky and the Wind are the same, the Rock and the Winged one are the same, the Earth and the Beautiful woman are the same. These eight are only one. The shamans know how this is but the people do not know. It is a mystery.‹«[48]

Ganz ähnliche Synkretismen sind aus anderen Religionen zu berichten.[49] Woher rührt diese zumindest in den frühen Hochkulturen noch völlig problemlose Art, mehrere Götter miteinander verschmelzen zu lassen? Die Antwort ergibt sich einmal mehr aus der unterliegenden Logik. Sehen wir sie uns daraufhin genauer an.

Die subjektivische Logik ist eine Substanzlogik. Die strukturelle Konvergenz auf ein das Objekt bestimmendes Agens läßt dessen Eigenschaften als an die dahinterstehende Kraft gebunden erscheinen. Das aber hat die Konsequenz, daß das Agens seinerseits die Eigenschaft annimmt, für die es einsteht. Gleiche Eigenschaften werden, wie wir gesehen haben[50], auf ein gleiches Agens bezogen, aus dessen Substanz sie hervorgegangen sind. Verschiedene Götter mit gleicher Funktion werden deshalb über die Rückbezogenheit auf die gemeinsame subjektivische Substanz identisch, ohne ihre Verschiedenheit zu verlieren. Ihre Identität stellt sich über die Tiefendimensionalität ihres gemeinsamen Ursprungs her. Wenn danach mehrere Schöpfungsgötter existieren, sei es, weil sie an unterschiedlichen Orten oder zu unterschiedlicher Zeit entstanden sind, sei es, daß sie aus unterschiedlicher Überlieferung stammen, so bereitet es dem Denken nicht die geringste Schwierigkeit, sie derart unterschieden und doch – hier gilt die Formel im prägnanten Sinne des Wortes: im Grunde eines sein zu lassen. In Ägypten steigt der Sonnengott Re seit der 2. Dynastie als Schöpfergott auf. Seit der 6. Dynastie gilt er so sehr als der eigentliche Schöpfergott, daß die übrigen Götter, wenn sie als Schöpfer erscheinen, in der Verbindung mit Re, also als NN-Re erscheinen.[51] Die Verbindung selbst ist kein Problem.

Zuweilen ist die durch die genetische Tiefendimensionalität herbeigeführte Identität an ein einzelnes, herausragendes Merkmal gebunden. Ein anschauliches Beispiel dafür ist der Gott Osiris. Ursprünglich ist er der Gott der Wiedergeburt. Schöpfung und Wiedergeburt haben jedoch eines gemeinsam: Die Entstehung des Lebens. Diese Gemeinsamkeit wird noch verstärkt, wenn man sich alles Leben als einen unablässigen Kreislauf von Schöpfung, Sterben und Wiedergeburt vorstellt. Für den einzelnen kommt dabei der Wiedergeburt praktisch größere Bedeutung zu als der einstigen Urschöpfung. Es nimmt deshalb nicht wunder, wenn Osiris unter die höchsten Götter aufsteigt, teilweise sogar zum höchsten Gott, und damit auch zum Schöpfergott wird.

Was für die funktions- oder eigenschaftsidentischen Götter im einzelnen gilt, gilt erst recht für die Gesamtheit der Götter im allgemeinen. Schon der bloße Umstand, daß eine Vielzahl von Göttern da ist, vereinigt sie zu einer Gesamtheit, sobald man von »Göttern« spricht. Das aber hat zur Folge, daß diese Gesamtheit, wie jede andere auch, ihr eigenes zentrisches Agens hat: das, was die Götter zur Einheit zusammenfaßt, das Göttliche.

Vollends aber entfaltet das Schema dadurch seine kognitive Leistungsfunktion, daß, wie wir festgestellt haben, Götter Ausschnitte der Welt darstellen. Die Welt ist ein Ganzes. Die Einheit der Götter fällt mit der Einheit der Welt zusammen. Die Einheit der Welt ist ungleich substantieller, als die Einheit der Götter, nähme man sie als bloßen Personenverband und sonst nichts, je sein könnte. Die Folge ist, daß die Konvergenz auf ein das Ganze zusammenhaltendes Zentrum ebenfalls ungleich imperativischer ist. Und ebenso wie die Welt auf einen Mittelpunkt konvergiert, ebenso die Götter. Der Schematismus einer Logik, die Gleiches aus gleicher subjektivischer Substanz hervorgehen läßt, vereinigt sie in einem einzigen Göttlichen. Denn eines haben alle Götter gemeinsam: eben die Eigenschaft, göttlich zu sein. Eben deshalb aber ist es nicht im geringsten überraschend, wenn die Ägypter in vielen Wendungen, im Namen vor allem, einfach von Gott reden, ohne ersichtlich auf einen bestimmten zu verweisen und ohne deshalb schon den einen Urgott, sei es unter diesem oder jenem Namen, zu nennen. Die Ägypter konnten es bei den vielen belassen und doch den einen mitdenken. Auf eben diese Weise auch konnte man in der ägyptischen Religion Götter mit ihrem Namen ansprechen und dann im gleichen Lob- oder Bittgesang fortfahren, sie unter ganz anderem Namen zu preisen.

Es gibt in der ägyptischen Religionswissenschaft eine vielfach verwandte sprachliche Formel, mit der man diese eigenartige religiöse Vorstellungswelt zu fassen versucht: Hinter der Vielzahl der ägyptischen Götter stehe, so sagt man, die eine, die namenlose göttliche Macht.[52] Die Bestimmung ist in der Tat prägnant. Sie gibt exakt die Struktur der Logik wieder, die ihr zugrunde liegt:

alles und jedes wird von einer hinter ihm liegenden Kraft wahrgenommen, auch die Götter.

5.3. Primitiver und systematischer Monotheismus

5.3.1. Primitiver Monotheismus

Ägypten, eine der ersten Hochkulturen, hat uns einen primitiven Monotheismus kennengelehrt: Wenn und soweit die Welt als übergreifendes Ganzes in den Blick gefaßt wird, wird sie auch auf der Folie des subjektivischen Schemas einem subjektivischen Agens zugeschrieben, in einer Welt, schon voll von Göttern, einem Gott. Es verschlägt so wenig, daß diese Welt nur die ägyptische Welt war, wie es verschlägt, daß Welt und Gott zur Ununterscheidbarkeit aneinander gebunden bleiben. Entscheidend ist: Wo subjektivische Mächte personalisiert und zu Göttern geworden sind, übernimmt auch ein Gott die Rolle des Weltenschöpfers und Erhalters, wenn denn die Welt als Ganzes zum Thema wird. Primitiv nenne ich diesen Monotheismus deshalb, weil er wie von selbst dem Mechanismus der Objektwahrnehmung und der damit verbundenen Funktionszuschreibung folgt. Daß die Ausgestaltung der Konzepte zu den in Mythen und Erzählungen gefaßten Geschichten erhebliche kulturelle Leistungen darstellen, sieht jeder, der mit eben diesen kulturellen Deutungen befaßt ist. Primitive sind, man kann es nicht nachdrücklich genug betonen, nur darin primitiv, daß sie an der ursprünglichen Logik haften. Aber sie sind so gut kulturell produktiv wie andere auch, und keine Banausen.

5.3.2. Systematischer Monotheismus

Im abendländischen Verständnis von Monotheismus schwingt allemal ein philosophischer Unterton mit: er ist die konsequentere, die systematischere Religion. Tatsächlich hat man feststellen können, daß dort, wo der Monotheismus mit polytheistischen Religionen in Berührung kam, er die größere Durchsetzungskraft hatte, und nicht umgekehrt.[53] Diese Beobachtung freilich ist für sich wenig geeignet, die Überlegenheit des Monotheismus zu belegen. Denn die großen monotheistischen Religionen, Christentum und Islam, wußten ihre Siege fast immer mit anderen

Mitteln zu erstreiten. Dennoch bleibt Grund zu der Annahme, im Gang der Geschichte müßten sich polytheistische Religionen aus systematischen Gründen zu monotheistischen entwickeln.

Die ägyptische Religion läßt diesen systematischen Zug zum Monotheismus deutlich erkennen. Wir haben ihn erörtert: Alle Götter konvergieren letzten Endes auf den Einen, der sie geschaffen hat. Es hätte nahegelegen, diesen logischen Grundzug auszubauen und mit dem Schöpfungsgedanken systematisch zu vereinen. Dann hätten letzten Endes alle Götter zu Inkarnationen des Einen werden müssen. In Ägypten scheint es nichts zu bedürfen als eines kleinen Schrittes, um die ganze Götterwelt zu einem entschiedenen, klar durchformulierten Monotheismus zu systematisieren. Und doch ist es nicht geschehen. Warum nicht?

Wäre Religion, was die frühere Religionssoziologie aus ihr gemacht hat, die marxistische wie die bürgerliche, Spiegelbild sozialstruktureller Verhältnisse, läge die Entsprechung mit anderen Worten einfach zwischen gesellschaftlicher Organisation und Gedanke, dann hätte das Reich des Pharao sehr schnell zu einem strengen Monotheismus kommen müssen. Allein, wir wissen bereits, daß Religionen in den kognitiven Prozeß der Welterfahrung und Welteroberung verstrickt sind. Hier aber waltet die Logik der Kognition. Und die entwickelt sich zwar in Abhängigkeit von der Praxis und damit auch der Sozialstruktur, aber nach eigenen Gesetzen. Eben weil Religion zutiefst in den Prozeß der Welterklärung verstrickt ist, ist der Prozeß der Systematisierung innerhalb der Religionen an den großen, weltbewegenden Prozeß der Systematisierung des Weltverstehens gebunden. Der systematische Monotheismus erreicht deshalb eine neue Stufe erst mit der nächsten größeren Entwicklungsstufe des Denkens, dem Entstehen der Philosophie. Ihr spekulativer Monotheismus traf später auf einen anderen, der seiner Herkunft nach ein uriger, primitiver Monotheismus ist, den jüdisch-christlichen. Allein, der letztere eignete sich vorzüglich, die Systematisierungen der Philosophie im Gange der Geschichte zu integrieren. Wir erörtern lediglich die strukturelle Anlage des israelitischen Monotheismus. Seine spätere Liaison mit dem Gott der Philosophen ist nicht mehr unser Thema.

6. Der israelitische Monotheismus

Der israelitische Monotheismus weist schlechterdings einzigartige Züge auf. Wenn diese allseits getroffene und kaum einmal unterlassene Feststellung nicht ausschließlich theologisch vereinnahmt, sondern säkularer Erkenntnis zugänglich gemacht werden soll, kann sie eigentlich nur eines bedeuten: Die strukturlogischen Gemeinsamkeiten, die der israelitische Monotheismus mit allen übrigen Religionen, und hier insbesondere den ansatzweise monotheistischen Religionen, teilt, sind mit den konkreten historischen Bedingungen eine Einheit eingegangen, aus der sich die Einzigartigkeit dieses Monotheismus ergibt. Es ist sicher nicht unnötig, vorsorglich die methodische Strategie zu nennen, die sich daraus für eine religionssoziologische Betrachtung ergibt, die sich auf dieses mannigfach besetzte Feld wagt:

1. Die Aufgabe einer religionssoziologischen Erörterung kann nicht darin bestehen, die Einzigartigkeit des israelitischen Monotheismus einfach den historischen Umständen zuzuschreiben. Die historischen Umstände allein erklären nichts. Historische Umstände stoßen immer auf vorgegebene Strukturen. Erklärungswert kommt deshalb einzig dem Zusammenspiel von Strukturlogik und Historie zu.

2. Es ist in Erinnerung zu behalten, daß die kognitiven Gebilde Interpretamente sind, Umsetzungen also von Erfahrung, in die ein kreatives Moment trotz aller vorgegebenen Strukturen eingeht.

3. Nicht unnötig ist es insbesondere, noch einmal darauf zu verweisen, daß die Ableitungen, gleich wie sie aussehen, die absolute Frage nach der Existenz dieses einen Gottes, seiner Offenbarung gar, nicht entscheiden. Sie sind nicht ohne Interesse, aber nochmals: sie entscheiden sie nicht. Unter diesen Kautelen lassen sich allerdings einige Züge des israelitischen Monotheismus aufklären, ohne mehr zur Hilfe zu nehmen als bei der Aufklärung anderer Religionen auch.

6.1. Der Stammesgott

Die frühe Gottesvorstellung derjenigen Sippen, die nachmals sich auf dem palästinensischen Boden zu den israelitischen Stämmen und zum Stammesverband Israel zusammenschlossen, ist nur sehr vage sichtbar. Nur über soviel besteht Einigkeit: Vor Mose ist kein Monotheismus festzustellen. Und selbst die Überlieferung aus der Zeit Moses läßt erst die Tendenz eines späteren Monotheismus sichtbar werden. Klar und deutlich gepredigt wird er erst von den Propheten. Dennoch sind aus der Frühzeit einige Eigentümlichkeiten feststellbar, die die spätere Entwicklung einleiten und entscheidend bestimmt haben.[54] Die Israeliten waren Nomaden bzw. Halbnomaden. Das brachte es mit sich, daß ihr Gott nicht an den Boden gebunden war. Die eigentlich existentielle Einheit ist für Nomaden nicht Ort plus Wohnung, sondern der Personenverband der Sippe und des Stammes. Tatsächlich zeigt insbesondere der »Gott der Väter«, die eine der feststellbaren Traditionsrichtungen der israelitischen Gottesvorstellung, diese Bindung an den Personenverband und läßt jede naturhafte ortsgebundene Ausstattung vermissen.[55] Aber auch die El-Tradition läßt trotz der lokalen Verbundenheit der verschiedenen Götter El als den einen nicht an den Ort gebundenen Gott hinter den lokalen Manifestationen erkennen.

Götter, an diesem religionssoziologischen Trivialsatz führt kein Weg vorbei, sind allemal das, wofür sie einstehen. Um Mißverständnisse zu vermeiden: Jeder Gott ist in seiner sakralen Mächtigkeit immer auch mehr und anderes als das, wofür er einsteht. Allein, seine Funktion, für etwas zu sein, bindet ihn selbst an diese herausragenden Eigenschaften. Als was aber läßt sich dann ein Gott denken, der für einen Personenverband: eine Familie, eine Sippe, einen Stamm einzustehen hat?

Personenverbände sind Handlungs- und Interaktionssysteme. Damit ist kein abstraktes Etwas genannt, vielmehr stellen sie die natürliche Einheit dessen dar, in dem sich das tagtägliche Leben jedes einzelnen abspielt. Was immer jemand tut, er tut es im Beziehungsgefüge dieser Einheit. Von ihm her erfährt sein Tun seinen Sinn. Von der Existenz und Sinnhaftigkeit dieses Systems hängt danach Existenz und Sinnhaftigkeit des Handelns auch jedes einzelnen ab. Personenverbände sind also, darauf kommt es im gegenwärtigen Zusammenhang an, nicht einfach Aggregate von Menschen. Personenverbände sind existientielle Handlungseinheiten. Und so werden sie auch von den Beteiligten erfahren. Wenn dann aber die Existenz dieses Verbandes, nachdem sie thematisch gemacht ist, strukturlogisch einer hinter ihr gelegenen subjektivischen Macht zugeschrieben werden muß, dann erfährt die strukturlogisch ohnehin präformierte Subjektivität eine weitere thematische Anforderung aus dem Objektbereich selbst. Personenverbandsgötter sind zuständig für die soziale Lebenseinheit; und die liegt in den Handlungen derer, die sie bilden. Eben deshalb aber werden sie selbst unablässig mit diesen Handlungen befaßt und sind um sie bemüht.

Man darf sich in der primitiven emanativen Substanzlogik diesen Zusammenhang sehr handfest vorstellen: In der Vorstellung der Israeliten hing das Sein des Volkes am Sein Gottes. Das will sagen, das eine war die Auswirkung des anderen. Die Wirksamkeit von Gottes »haya« greift durch; sie bestimmt das Dasein des Volkes.[56] In der Vorstellung des Religionssoziologen interessiert, versteht sich, die umgekehrte Perspektive: Weil dieser Gott von einem Objekt her gedacht wird, dessen eigene Existenz sich aus Handlungen bildet, ist der Gott, der hinter ihr steht, selbst so überdeutlich als Handelnder ausgestattet. Eben das war Jahwe: Subjektivität, Handelnder. Seine Person ließ sich anthropomorph darstellen, alle möglichen Körpermerkmale wurden ihm zugeschrieben, ohne daß daran wirklich die spezielle Funktion von Körper und Körpermerkmalen interessiert hätte. Worauf es ankam, war eines: seine Handlungsmächtigkeit.

Alle Götter handeln. Anders wäre das Moment der Subjektivität nicht denkbar. Allein, nicht alle sind deshalb auch schon derart entschieden als Handelnde dargestellt wie der israelitische Gott. Der Grund liegt in seiner Existenz als Verbandsgott. In einem Aktionssystem kann jemand, der für dessen Qualität und Dauer zuständig ist, selbst nur als Handelnder existieren. Daran hängt ein zweites für Israel charakteristisches Merkmal.

6.2. Die Ethisierung

Ein Personenverband ist ein System, aber kein natürliches. Als Interaktionssystem ist seine innere Ordnung normativ. Das will sagen: Auch der vorfindliche Ist-Bestand der Beziehung bildet und erhält sich im Modus des Sollens. Der Verkehr unter den Gesellschaftsmitgliedern steht dauernd unter den Anforderungen, dieses zu tun und jenes zu lassen.

Folgt man der religionssoziologischen Strategie und begreift Götter in ihrer konkreten Ausgestaltung vom Objekt und der Funktion her, für die sie einzustehen haben, so ergibt sich daraus ohne weiteres, daß Personenverbandsgötter, wenn für irgend etwas, dann gerade für die normative Ordnung des Verbandes einzustehen haben. Es ist ihre Ordnung so gut wie die des Verbandes. Diese Eigenart erfährt in Israel ebenfalls eine scharfe Akzentuierung. Der Zusammenschluß der Stämme auf dem Boden des Kulturlandes wurde nicht so sehr durch einen speziellen, für alle Stämme gemeinsamen Kult bewirkt, sondern auch durch die Unterstellung unter ein Gesetz der Amphiktyonie, das selbstredend Gottesgesetz war. Dem entspricht, daß das einzige gesamtisraelitische Amt, das uns aus der alttestamentlichen Überlieferung bekannt ist, ein richterliches und nicht ein priesterliches Amt gewesen ist.[57] Wir wissen allerdings nicht, für welches Recht die (kleinen) Richter zuständig waren. Allein, daß das Recht des gesamtisraelitischen Verbandes, also das Bundesrecht, dazu zählt, darf man annehmen. Und es müßte eigenartig zugegangen sein, wenn nicht die grundlegenden religiösen und sittlichen Gebote, wie sie in Ex 22, 17 ff. enthalten sind, ebenfalls zum Gottesrecht gezählt hätten.[58] Wie immer, entscheidend ist eines: Wenn man denn einen Gott zum eigentlichen Stifter und Garanten eines Verbandes macht, dann liegt die Sakralisierung des Rechts und damit die Ethisierung der Lebensführung in der Konsequenz dieses Prozesses.

Frage und Einwand liegen nahe, wieso denn ausgerechnet in Israel sich diese Art Personifizierung als Handelnder und diese Art Ethisierung vollzogen hat. Schließlich hat es Verbandsgötter allenthalben gegeben, Familiengötter vor allem, aber auch Götter von Sippen und Stämmen, und auch anderwärts sind Amphiktyonien unter den Schutz eines Gottes gestellt worden. Historische Vergleiche sind schwer und hier nicht möglich. Sie nämlich setzen neben einer genaueren Kenntnis der historischen Situation eine Standortsbestimmung beider Gesellschaften in einer Entwicklungslogik der Konzeptualisierung der Welt voraus, die nicht en passant zu leisten ist. Dennoch läßt sich auf ein Moment hinweisen, dem nach allem, was wir wissen, für die Ausbildung der israelitischen Religion schlechterdings entscheidende Bedeutung zukommt: die existentielle Gefährdung der Stämme. Sie ist evident, soweit es sich um den Auszug der in Ägypten festgehaltenen Gruppe handelt. Dieses Ereignis wird Jahwe zugeschrieben. Man mache sich die Logik klar: Es geht um die nackte Existenz. Eben weil es darum geht, wird auch fortan die Existenz Israels dem zugeschrieben, der sich schon als Garant dieser Existenz erwiesen hat. Die einmal geknüpfte Verbindung läßt sich trotz aller Probleme, die Israel später mit den fremden Göttern hatte, nicht lösen. Die Propheten, die eifernden Mahner, hatten recht. Ähnliche Bedeutung hatte eine andere Bedrängnis. Sie ist uns nur indirekt überliefert, aber nicht minder greifbar in den Verheißungen der Erzväter. Für die kleinviehzüchtenden Halbnomaden war es ein Desiderat, festen Fuß zu fassen auf dem Boden des Kulturlandes. Es ist gelungen. Damit ist erneut die Existenz Israels thematisch gemacht, sein Daseinsrecht. Und sie bleibt thematisch. Es mag sein, daß die Landnahme auf kanaanäischem Boden im wesentlichen friedlich, ohne größere kriegerische Auseinandersetzungen verlief. Sicher lebte kein Volk in dieser Gegend und Zeit. Es gab also Grund, die Existenzbedrohung und Rettung thematisch zu halten. Ein Problem thematisch machen heißt aber unter der Bedingung der urwüchsigen Logik auch den Gott thematisch machen. Israel blieb an den Gott gebunden, der schon am Anfang seine Existenz gesichert hatte.

Die gleichen Eigenheiten, die den eigentümlich personalistischen und ethischen Charakter der israelitischen Religion bestimmen, bestimmen auch die Einzigartigkeit der Religion als Monotheismus.

6.3. Der einzige

Israel denkt, darüber besteht mittlerweile Einigkeit, anfangs monolatrisch, nicht monotheistisch.[59] Es verehrt seinen eigenen Gott, weiß aber andere Götter existent. Der Monolatrismus kommt nicht von ungefähr. Eben weil für Nomaden der Stammesverband die umfassende Lebenseinheit ist, in der sich alle bedeutenden Ereignisse abspielen, ist der Gott dieses Verbandes von gleich umfassender Bedeutung. Charakteristischerweise hatten die Sachwalter der israelitischen Religion nach der Seßhaftwerdung gerade mit jenen Göttern Schwierigkeiten, deren Natur eine andere war als die Jahwes: mit den Boden- und Fruchtbarkeitsgöttern. Dabei muß man genau hinsehen: Es stimmt natürlich nicht, daß die Natur für Nomaden von geringerer Bedeutung wäre als für Bauern. Sie sind so gut wie jede bäuerliche Kultur von der Fruchtbarkeit des Bodens wie der Herden abhängig. Nur ist der Verbandsgott nicht der Bodengott. Er ist durch ein anderes

Objekt hindurch geformt. Und das ist bei Nomaden nicht an den Boden gebunden.

Was hat den Übergang von der Monolatrie zum Monotheismus bewirkt? Theologen haben immer wieder behauptet, der Monotheismus sei bereits in der anfänglichen Religionsstiftung Moses angelegt gewesen. Er sei im Grunde schon bei Mose erkennbar.[60] Diese Annahme scheint mir richtig zu sein, auch wenn man sie nicht in irgendeinem divinatorischen Sinne versteht. Israel knüpft seine Beziehungen zu Jahwe an die großen Ereignisse seiner Geschichte, den Auszug aus Ägypten, den Bund am Berge Sinai, die Verheißung an die Erzväter und die Landnahme. Es spielt keine Rolle, daß in der späteren Interpretation ineinandergeschoben und zu einer historischen Ereigniskette zusammengeschlossen wurde, was wahrscheinlich ursprünglich getrennte Traditionen waren, wie der Auszug aus Ägypten und der Bundesschluß am Sinai. Entscheidend ist: in diesen Ereignissen wurde die Existenz Israels an die Existenz Jahwes gebunden, und das in einer ganz spezifischen Weise: Israel behauptete sich gegenüber seinen Feinden; es erwies sich ihnen überlegen. Mit ihm aber erwies sich sein Gott den Göttern der anderen überlegen. In einer Welt, in der die Sorge um die Existenzsicherung nie wirklich zur Ruhe kommt, ist die Selbstbehauptung ein fortwährender Beleg für die Überlegenheit des eigenen Gottes. Und tatsächlich hatte dieser Gott seine Überlegenheit nicht nur einmal bewiesen, er tat es immer wieder, wie in dem im Deboralied (Ri 5) besungenen Sieg, der vom Stamme Naphtali und Sebulon über Sisera errungen wurde.

> Herr, da du von Seir auszogst, und einhergingst
> vom Felde Edoms, da erzitterte die Erde, der Himmel
> troff, und die Wolken troffen von Wasser.
> Die Berge ergossen sich vor dem Herrn, der Sinai vor
> dem Herrn, dem Gott Israels. ...
> Die Könige kamen und stritten; da stritten die Könige
> der Kananiter zu Thaanach am Wasser Megiddos, aber
> sie brachten keinen Gewinn davon.
> Vom Himmel ward wider sie gestritten, die Sterne
> in ihren Bahnen stritten wider Sisera,
> der Bach Kison wälzte sie, der Bach Kedumin, der Bach
> Kison.
> Tritt, meine Seele, auf die Starken.

Die Situation war anders in Kanaan als in Ägypten. Und anders, als die Religionssoziologen der ersten Generation dachten, entstand der mächtigste Monotheismus, den wir kennen. Während in Ägypten unter dem Großreich des Pharao die Vielzahl der Götter in Frieden leben und Verbindungen untereinander eingehen konnten, mußte sich in Palästina ein Volk behaupten. Und es behauptete sich, indem es seinen Gott als überlegenen behauptete. Einmal geschehen, bedurfte es nur ein bißchen Logik, um den Schritt zum Monotheismus zu tun. Der überlegene Gott ist der wahre Gott, der wahre ist der einzige.

6.3.1. Die Übernahme der Schöpferrolle

Als einzigem Gott steht Jahwe die Rolle, die er zu spielen hat, nicht frei. Er ist und bleibt immer noch der Gott Israels. Allein, als einziger Gott rückt er zugleich in die Zuständigkeit für alles und jedes, für die Welt als Ganzes ein. Notwendig übernimmt er danach auch die Rolle des Weltschöpfers.

Erneut hat sich die Religionswissenschaft Mühe gegeben, die Besonderheit dieser Rolle hervorzuheben. Die Rolle als Schöpfergott, sagt man, übernimmt Jahwe nicht aus philosophischen Gründen. Keine Frage nach der arché bewegt das jüdische Denken. Form und Stoff, das problematische Verhältnis der griechischen Philosophie, beunruhigt die Israeliten nicht. Sie suchen keine Gesetze, keine Naturwissenschaft interessiert sie. Sie bewundern schlicht ihren allmächtigen Gott.[61] In der Tat macht dieser Gott auch als Schöpfergott eine andere Figur als Schöpfergötter anderwärts. Das freilich ist kein Wunder.

Schöpfergötter entstehen, so haben wir gesagt, wo die Welt als Ganzes auf der Folie subjektivischer Logik in den Blick rückt und das Moment des Subjektivischen auch thematisch gemacht wird. Diese Logik führt gemeinhin dazu, daß das Substantielle der Welt mithineingenommen wird in den Ursprung. Der Schöpfergott ist dicht an die Schöpfung gebunden, zumeist ist gar nicht unterscheidbar: ist er der Stoff oder die Person; er ist Substanz und Subjekt in einem. Ganz anders Jahwe. Er war schon konzipiert als Gott, bevor er Schöpfergott wurde. Er war Stammesgott und als solcher gerade nicht substanzhaft an die Welt gekettet, nicht chthonisch gebunden. Und diese Züge behält er auch, als er in die Rolle des Schöpfergottes einrückt. Er ist der personale Gott, der

Gott, der einfach der Welt als Schöpfer vorrückt. Es ist diese Fremdheit in der Rolle, die jene eigenartige Distanziertheit in der Rolle des Schöpfergottes schafft, die die Religionstheorie sich herauszustellen bemüht hat. In der Tat, hier ist keine theoretische Neugierde am Werk, kein Nachdenken über die Welt und ihren Ursprung, die Mythen zu bilden Anlaß gibt. Dieser Schöpfer hat als solcher keine anderen Beziehungen zum Weltall als die, welche Ursache und Wirkung miteinander verknüpfen.[62] Und dazu ist kein Nachdenken notwendig. Das besorgt die Logik wie von selbst. Hier wird in der Tat ein absoluter Monotheismus auf den kosmogonischen Bereich übertragen.[63] Es ist diese Übernahme einer von Haus aus fremden Rolle, die das Geheimnis des eigentümlichen und einzigartigen Monotheismus der Israeliten ausmacht.

Jahwe spielt seine Rolle als Schöpfergott schlecht, zunächst jedenfalls. Die Schöpfungsgeschichten selbst nehmen sich kaum anders aus als anderwärts auch. Das gilt zunächst für die Vorgabe, die der Schöpfergott sich machen läßt. Wir erinnern uns, mit irgend etwas muß der Anfang gemacht werden. Mindestens der Gott muß dasein, wenn die Welt geschaffen werden soll. In den Schöpfungsmythen Ägyptens und des vorderen Orients war ein Urstoff vorgegeben, in Ägypten der Urozean, *Nun,* selbst ein Gott, ein Naturgott, der schon Substanz und Subjekt in einem war. In Babylonien war ebenfalls anfangs das Urgewässer, aus dem sich dann *Apsu* und *Tiamat,* der Süßwasser- und Salzwasserozean schieden. Auch hier also ist der Anfang ebenso substanzhaft wie subjektiv. Wie aber sieht die Schöpfung Jahwes aus?

Sehen wir uns zunächst den Bericht des Jahwisten an, Genesis 2, 4b ff.:

»... Zur Zeit als der Herr Erde und Himmel machte. Und allerlei Bäume auf dem Felde waren noch nicht auf Erden, und allerlei Kraut war noch nicht gewachsen; denn Gott der Herr hatte noch nicht regnen lassen auf Erden, und es war kein Mensch, der das Land baute.«

Ersichtlich fängt der Bericht mit der Existenz der Erde an. Sie ist nur noch nicht fruchtbar. Das ist nichts Außergewöhnliches. Wir wissen, den Schöpfungsmythen kam es nicht eigentlich darauf an, das Problem des Anfangs zu lösen. Allein, wenn man die Erde vorgibt, formiert sich die Ursprungsfrage neu. Dann waren die Naturgottheiten des Anfangs näher dran.

Arglos beginnt auch die Priesterschrift mit einer Vorgabe, wie wir sie aus anderen Schöpfungsmythen kennen (Gn. 1, 1-31 und 2, 1-4a).

a. Das Ur-Chaos.
(1) Am Anfang schuf Elohim den Himmel und die Erde; (2) die Erde war aber eine Wüstenei und Öde: Finsternis lag über dem Abgrund, und der Geist Elohims schwebte über der Wasserfläche.
b. Das Licht
(3) Da sprach Elohim: »Es werde Licht!« und es ward Licht. (4) Und Elohim sah, daß das Licht gut war; da schied Elohim das Licht von der Finsternis (5) und nannte das Licht »Tag«, der Finsternis aber gab Er den Namen »Nacht«. Und es wurde Abend und wurde Morgen, erster Tag.
c. Die Trennung der Wasser: der Himmel
(6) Dann sprach Elohim: »Es entstehe ein festes Gewölbe inmitten der Wasser und bilde eine Scheidewand zwischen den beiderseitigen Wassern!« Und es geschah so. (7) So machte Elohim das feste Gewölbe und schied dadurch die Wasser unterhalb des Gewölbes von den Wassern oberhalb des Gewölbes. (8) Und Elohim nannte das feste Gewölbe »Himmel«. Und es wurde Abend und wurde Morgen: zweiter Tag.[64]

Hier also wird der Anfang mit dem Chaos gemacht. Aber auch dieses Chaos ist stofflicher Natur. Der Urstoff dieses Anfangs ist aus Wasser. Die ganze weitere Schöpfungsgeschichte baut darauf auf. Denn die erste Schöpfertat ist die Trennung der Wasser in obere und untere durch ein Zwischengewölbe des leeren Raumes. Die mythologische Gemeinsamkeit mit anderen Schöpfungslehren des Orients kann man nicht gut in Abrede stellen. Alles spricht dafür, daß babylonische Einflüsse bestimmend waren.[65] Die Übernahme paßt jedoch schlecht ins Bild der Theologie eines rein personalen Gottes, dessen Allmacht proklamiert wird. Der Erklärungswert eines Mythos wie des Enuma enlil hängt gerade daran, daß der Anfang, der Urozean, in sich subjektivisch gedacht wird und deshalb die beiden Götter zu weiterer Tat aus sich heraus entläßt. Eben diesen Konnex zur Welt hat aber der Gott der Israeliten seiner Herkunft nach nicht. Er steht der Schöpfung vor. Bei dem Gott der Israeliten muß deshalb aller Anfang von der Schöpfung abgezogen und wirklich auf den Schöpfer selbst konzentriert werden. Dazu paßt aber weder die Vorgabe des Ozeans noch der mythologische Kampf mit dem Wasser, wie er im weiteren Verlauf der Schöpfungsgeschichte der Priesterschrift noch durchscheint. Die ingeniöse Formel für den Nomaden- und

Kriegsgott ist bereits im Alten Testament gefunden: die Schöpfung aus dem Nichts. Dazu gehört, daß sie kraft des Wortes geschieht.

6.3.2. Die Schöpfung aus dem Nichts

Es versteht sich für eine religionssoziologische Untersuchung, daß sie nicht ihrerseits in eine Spekulation über das Nichts und dessen Tiefsinn eintritt. Hier geht es einzig darum, die Bedingungen darzulegen, unter denen solche Reden geführt werden können. Für die Rede von der Schöpfung aus dem Nichts ist das einfach getan: Immer geht sie aus vom Vorfindlichen. In der genetischen Apperzeption des Vorfindlichen bringt es das Denken an die Grenze, an der es »noch nicht« ist. Dabei wird das »es« des Vorfindlichen festgehalten – ein schlechtes Nichts also. Man kann dann versuchen, sich vom Vorfindlichen jedenfalls der Intention nach abzukoppeln. Was visiert man dann an? Die Frage läßt sich beantworten und wird aus allen, buchstäblich allen Schöpfungsmythen ersichtlich, besonders aber aus den israelitischen: reine Subjektivität. Der Rückgriff auf die Subjektivität hat Erklärungswert. Subjekte lassen aus sich Handlungsketten entstehen, setzen Anfänge. Dieser Erklärungswert ist in der Logik habitualisiert. Er funktioniert auch, wenn nach der Genese der Welt gefragt wird. Die Logik bringt Frage und Erklärung in der Subjektivität Gottes zu Ende. Wer jetzt noch fragt, was damit gesagt sei, hat nicht verstanden, worum es denen zu tun war, die die Geschichten erzählten. Er kann allenfalls behaupten, daß Logiken leerlaufen können. Das kümmert aber die nicht, die von ihnen regiert werden.

6.3.3. Die Schöpfung kraft des Wortes

Wir haben oben schon gesehen, daß es auf der Folie subjektivischer Logik nur konsequent ist, die Schöpfung als Handlung darzustellen. Wenn aber die Schöpfung als Handlung dargestellt wird, dann ist es weiter nur konsequent, den Gedanken der Tat vorausgehen zu lassen. Gedanke und Wort sind aber nicht zu trennen, jedenfalls nicht im primitiven Denken. Tatsächlich wird denn auch bereits im ägyptischen Denken ausgesprochen, daß vor der Schöpfung der Gedanke der Schöpfung liegt, die Schöpfung insgesamt aus der Weisheit Gottes hervorgegangen ist. Ebenso verhält es sich in Israel. Und wie in Ägypten der Gedanke vor der Tat göttlich verselbständigt erscheint, so auch in Israel. In den Sprüchen spricht eine vor dem göttlichen Werk präexistente Weisheit wie folgt:

> Spr 8, 22 Jahwe hat mich an die Spitze seiner Werke gestellt,
> Vor alles, was er gemacht hat, vom Anfang an!
> 23 Ich ward gegründet von Ewigkeit her,
> von Anbeginn, vor dem Ursprung der Erde:
> 24 Als der Abgrund noch nicht da war, bin ich geboren worden,
> Ehe es sprudelnde Bronnen und Quellen des Meeres gab;
> 25 Bevor die Berge eingesenkt wurden,
> vor den Hügeln bin ich geboren worden,
> 26 als er die Erde und die Fluren noch nicht geschaffen hatte
> und die ersten Schollen des Erdreichs.
> 27 Als er den Himmel baute, war ich dabei,
> als er einen Kreis auf die Fläche der Urflut zeichnete;
> 28 als er die Wolken droben ausbreitete,
> als er die Quellen des Abgrundes hervorbrechen ließ,
> 29 als er dem Meer seine Grenze setzte,
> damit seine Wasser die Schranke nicht überschritten,
> als er die Grundpfeiler der Erde feststellte,
> 30 da war ich ihm zur Seite, unzertrennlich . . .[66]

Gleichwohl besteht ein Unterschied zwischen der ägyptischen und orientalischen Schöpfungsweise durch das Wort einerseits und der israelitischen andererseits. Er ist ebenso aus den Texten selbst wie aus der Logik der unterschiedlichen Gotteswahrnehmung zu eruieren: Wenn und soweit die Schöpfungsgötter Naturgötter sind, kommt in der Emanation des Wortes wie von selbst die Emanation der Sache zum Ausdruck. Dürr faßt das Wort völlig zu Recht als eine von der Gottheit ausgehende Substanz auf.[67] Das darf und muß man sich durchaus materiell vorstellen. In diesen Vorstellungen waren Subjekt und Objekt, Geist und Materie, Wort und Sache nicht getrennt.[68] Wenn es deshalb in dem Hymnus auf den Mondgott Sin heißt:

»Zieht Dein Wort droben wie ein Wind dahin, macht es Weide und Tränke üppig.
Läßt Dein Wort sich auf der Erde nieder, wird grünes Kraut erzeugt.«

So ist mit dem »Wort« zugleich an die physisch-kosmische Wirkung in der Natur zu denken.

Den Israeliten stand diese Art Substantialität nicht gleicherweise zu Gebote. Ihr Schöpfergott war nicht die in sich zusammengezogene Potenz der Welt noch vor ihrer Schöpfung, jedenfalls nicht von Hause aus. Er war ein Stammesgott, seiner Struktur nach ein Gott wie hunderttausend andere, nur mächtiger, ein gewaltiger Bündnispartner Israels. Die Vorstellung, die Welt aus sich zu entlassen, weil sie schon im Urstoff beschlossen lag, diese Vorstellung ließ sich mit Jahwe nicht verbinden. Eben das hat der Schöpfung aus dem Wort in der israelitischen Religion seit Jahrhunderten den Ruf eingetragen, die reine Verkörperung der Geistigkeit zu sein. Dagegen allerdings spricht alles, was wir über frühes Denken wissen.

Wir haben oben Gelegenheit gehabt, auf die Primitivität israelitischen Denkens hinzuweisen. Sie ist auch von anderen immer wieder hervorgehoben worden, und zwar exakt in eben den Eigenheiten, die für uns den Charakter des Primitiven ausmachen: Die Dinge und Ereignisse wurden im subjektivischen Schema wahrgenommen und artikuliert. Das kommt überdeutlich zum Ausdruck in dem umfassenden Verb »haya«. Es heißt sowohl werden als sein.[69] Wichtig ist die andauernde Verbindung zwischen beiden. Sie belegt nämlich das subjektivische Grundmuster: Das Sein ist seiner inneren Form nach etwas Lebendiges, Tätiges, Wirkendes. Boman sagt nicht zufällig, daß es am besten »durch psychologische Analogien mit dem menschlichen Seelenleben« zu erfassen sei.[70] Die Sprache reflektiert die kognitive Struktur. Die Nomina bezeichnen, wie Pedersen feststellt, die Seelen, die Verben die Handlungen, die von den Seelen ausgehen.[71] Es nimmt deshalb nicht im geringsten wunder, wenn auch im Neuen Testament die Natur als Ebenbild des Menschen dargestellt ist (Röm 8, 20-22).[72] Unter dieser strukturlogischen Bedingung des Denkens ist auch zu ermitteln, was es denn heißen kann, wenn die Israeliten die Schöpfung kraft des Schöpferwortes geschehen lassen: Die Herkunft und Natur Jahwes lassen dieses Schöpferwort »rein geistig« scheinen, weil Jahwe so entschieden personalistisch gedacht war. Er war eben kein Naturgott. In den Schöpfungsgeschichten ist er ja auch entlastet von der Aufgabe, die Materie selbst erst hervorzubringen. Und wenn er es doch muß, ist die erst spätere Formel einer Schöpfung aus dem Nichts adäquat. Allein, das ändert nichts daran, daß die Plausibilität der Schöpfung aus dem Wort für die Israeliten wie für jedes andere Volk an der ungeschiedenen Einheit von Wort und

Sache hängt. Daß diese Vorstellung die Israeliten beherrschte, ist belegt; sie für den Schöpfungsvorgang nicht gelten zu lassen, wäre Aberwitz. Logiken kann man sich nicht entziehen.

Die israelitischen Schöpfungsgeschichten, vor allem aber ihre nachmaligen Interpreten, leben davon, daß die Differenz zwischen der Rolle Jahwes als Stammesgott und als Schöpfergott nicht wirklich ausgetragen worden ist. Gerade die spätere Formel von der Schöpfung aus dem Nichts umgeht sie. Danach also hätte man sich Jahwe in seiner Rolle als Schöpfergott doch als Substanz zu denken, die das Sein in sich beschließt? Als Schöpfergott müßte man ihn also im nachhinein zu dem machen, was er von Hause aus nicht war: unentfaltete Potentialität der Natur? Die Israeliten hatten, wenn ich das recht sehe, mit diesem spekulativen Problem noch keine Not. Sie brauchten sie auch nicht zu haben. Das Interesse an den Schöpfungsgeschichten lag, wie wir oben gesehen haben, darin, für das, was ist, die Subjektivität seines Ursprungs namhaft zu machen. Das aber war den Israeliten leichter als irgendeinem anderen Volk. Wenn aber die Israeliten selbst kein Problem mit der Natur als Anfang hatten, können wir es auf sich beruhen lassen. Denn wir haben es nicht mehr.

6.3.4. Transzendenz

Götter haben allemal einen Anflug von Transzendenz. Den Grund dafür haben wir gesehen: er liegt in der Personifikation, genau genommen in der Subjektivierung der Substanz. Die Absicht, den Ursprung zu benennen, rückt den Ursprung im Subjekt dem Geschehen und dem zugehörigen Objekt vor.

Die strukturlogische Anlage dessen, was man Transzendenz nennt, ist, auch darauf habe ich oben schon hingewiesen, zunächst eine Transzendenz ins Diesseits. Die Welt selbst weist die von der subjektivischen Logik bewirkte eigenartige Tiefendimension auf. Das jedoch ändert sich, sobald die Welt als Ganzes in den Blick gefaßt wird, insbesondere also unter monotheistischen Religionen. Dann nämlich führt jene zuvor dargestellte Nötigung, den Ursprung vom Objekt abzutrennen, einen Hiatus zwischen ihn und es zu legen, dazu, den Ursprung »Gott« der Welt überhaupt vorzuordnen. Aus der Transzendenz ins Diesseits ist eine Transzendenz geworden, die ein Jenseits meint, wenn sie es auch nie wirklich benennen kann.

Der israelitische Monotheismus brachte für diese Art Transzendenz eine einzigartige Voraussetzung mit: die Herkunft Jahwes als Stammesgott. In allen anderen ursprünglichen Religionen, mit wirklichem Monotheismus oder auch nur monotheistischem Einschlag, blieb der Gott, dem die Welt als Ganzes zugeschrieben wurde, an diese Welt gebunden. Er war ja nichts anderes als das zur Welt zugehörige Subjekt. Anders in Israel. Hier legte bereits die Fremdheit Gottes in der Rolle des Schöpfergottes einen Hiatus zwischen ihn und die Welt. Der Rollensynkretismus, die Übernahme einer Rolle, die ihm von Haus aus gar nicht zukam, ist es, der der israelitischen Religion schon in der Frühzeit diesen gesteigerten Eindruck der Transzendenz verschafft.

Die Transzendenz der Frühzeit, auch die des israelitischen Gottes, ist eine sehr moderate Transzendenz. Gott war in der Welt anwesend und mächtig. Er handelt, greift in das Geschehen ein, wie beim Auszug aus Ägypten, gibt Anweisungen, was zu tun und zu lassen ist, und wenn er sich zeigt, geschieht es mit Donner und Blitzen wie am Sinai (2. Mose 19, 16). Es bedarf keiner großen Phantasie, um sich vorzustellen, daß eben diese Präsenz das eigentlich Bedeutsame auch an der Existenz des israelitischen Gottes war. Mit einem transzendenten Gott, der in der Transzendenz ist und verbleibt, ist wenig anzufangen. Er ist fast schon ein toter Gott.

Die Aufwertung der Transzendenz ist denn auch erst eine Folge der Geschichte. Sie erreicht eine erste und durchaus eigenständige Höhenmarke im Mittelalter. In der Auseinandersetzung mit der Antike erfährt das Handlungsmoment in der israelitischen Religion eine begriffliche Radikalisierung: Gott wird absoluter Wille. Eben damit wird exakt das Moment benannt, das zugleich auf eine Transzendenz ins Jenseits zutreibt. Denn das, was in der Transzendenz gemeint ist, ist ja jene Subjektivität, die die Tätigkeit ist, Ursprung zu sein. Und das, was der eigenen Logik zufolge nicht faßbar ist in ihr, ist ja der Prozeßcharakter einer Subjektivität, die sich ins Handeln schickt.

Dauerhafter noch ist ein anderer Vorgang für die Verschärfung der Transzendenz geworden, ein Vorgang, der sich durch die ganze Geschichte hindurchzieht: die Eliminierung der Eingriffskausalität Gottes in der erfahrenen Welt. Es gibt in einem aufgeklärten Wirklichkeitsverständnis länger keine Chance, Ereignisse als direkten, unvermittelten Eingriff Gottes anzusehen. Das gilt für die Natur wie für die Sozialwelt. Uns steht das naive Handlungsschema nicht länger zu Gebote, um zu sagen, Gottes Hand hebe den Nebel am Morgen und lasse ihn nachts fallen. Und es wäre absurd, wollte jemand behaupten, der Preisverfall für Hähnchen auf dem europäischen Geflügelmarkt sei eine Strafe Gottes für habgierige Bauern. In eben dem Maße aber, in dem die Handlungskausalität Gottes eliminiert wird, konzentrieren sich die Aussagen auf jene transzendente Position vor aller Welt. Solange sich das subjektivische Schema behauptet, ist sie unverzichtbar.

Eine derart transzendent gedachte Subjektivität trägt das Stigma ihrer Genese an sich: Sie verliert jede Plausibilität für die Vorgänge in der Welt, auch für irgendeine Schöpfung. Eben darauf aber kam es einst unter der ungebrochenen Geltung des subjektivischen Deutungsschemas als Paradigma der Wirklichkeitsauffassung an. Die historisch radikal gefaßte Transzendenz verliert aus dem Blick, was einst zu leisten war, die Erklärung für das, was ist.

VI. Geschichte als Lernprozeß
Der Fortschritt im Naturverständnis

1. Der Anfang durch Lernen

Lernen ist für die Geschichte des Menschen konstitutiv. Diese Feststellung gilt, wie wir gesehen haben, in einem elementaren Sinn bereits für den Anfang: Der Mensch tritt dadurch aus der Naturgeschichte heraus, daß er anfängt, die Formen seiner Lebenswelt selbst zu schaffen. Und er kann das nur, indem er das dazu notwendige Wissen erst erwirbt. Er muß lernen. Lernen ist, wie wir oben dargelegt haben, ein realistischer Erkenntnisprozeß. In ihm sucht der Mensch mit einer vorfindlichen Wirklichkeit fertig zu werden. Der Prozeß beginnt auf der frühesten Stufe der Lebensgeschichte. Wenn man die eigentliche Geschichte des Menschen als die Geschichte seiner geistig-kulturellen Daseinsweise ansieht, also erst diesseits des Hiatus zur Naturgeschichte beginnen läßt, dann beginnt sie unumgänglich als Lernprozeß.

Der Topos von der Geschichte als Lernprozeß ließe sich ihrem Gesamtverständnis leichter integrieren, bildete sich die Lebenswelt des Menschen rein über eine naturale Außenlage aus. Aber so ist es nicht. Der Übergang in die Kulturgeschichte vollzieht sich, phylogenetisch und historisch ebenso wie ontogenetisch, gerade dadurch, daß mit der Ausbildung kognitiver Formen zugleich das System sozialer Beziehungen ausgebildet wird. Das aber ist nicht einfach das Resultat eines Lernprozesses. Soziale Systeme werden wesentlich über reziproke Bedürfnisbefriedigungen aufgebaut. Auch in diesen Aufbauprozeß geht Lernen ein. Nichts hindert uns zu sagen, Menschen müßten lernen, miteinander umzugehen und so die geeigneten Verkehrsformen auszubilden. Allein, gerade an dem, was hier gelernt werden muß, zeigt sich die ganz andere Dimension der Geschichte: In dem, was Menschen wollen, setzen sie die Chance ihres Organisationsplanes um in die historisch konkreten Lebensformen. Wenn dieser Wille auch kein wilder, roher Wille ist, sondern einer, der seinerseits an Einsicht und Wissen der Zeit gebunden ist, so gehen doch in ihn noch ganz andere Determinanten ein: elementare Bedürfnisse, der Wille zur Macht, zuweilen auch ein bißchen Phantasie. Selbst wenn man die

Umsetzung dieses Lebenswillens in die ausformulierten Beziehungen sozialer Systeme als »Lernen« bezeichnen wollte, so wäre es doch ein Lernen von etwas, das sich seinerseits erst in der Geschichte entfaltet und auf Lernen nicht reduziert werden kann.

Man kann die Differenz zwischen dem Lernen an der Außenseite der Natur und den Formationsprozessen sozialer Beziehungen auch dadurch begreifbar machen, daß man noch einmal auf einen elementaren Tatbestand verweist: Die Natur ist da. Lernen von ihr hat statt an einem vorgegebenen Stratum; in den Formen sozialer Beziehungen dagegen setzt der Mensch erst Handlungsfreiheiten ins Leben, die nirgends eine Gegenlage finden. Soviel ist danach sicher:

Der Topos von der Geschichte als Lernprozeß kann nur meinen, daß in die Entwicklung sozialer Lebenswelten ein Lernprozeß als konstitutiver Bestandteil eingeht. Aber der Prozeßcharakter der Geschichte kann nicht insgesamt als Lernprozeß verstanden werden.

Die eigentlich interessante Frage ist, in welcher Weise Lernprozesse in die Geschichte integriert sind. Wir erörtern diese Frage hier nur in einer Hinsicht: Uns interessiert die Bedeutung, die dem Lernprozeß im Verständnis der Natur für das Weltbild unserer Zeit zukommt. Dieses Interesse kommt nicht von ungefähr. Entgegen der landläufigen Meinung, für das Weltbild unserer Zeit sei der Fortschritt im Naturverständnis neutral, kommt ihm in Wahrheit eine entscheidende Rolle zu. Diese Rolle für das Weltbild unserer Zeit und vor allem für das Selbstverständnis in ihm zu bestimmen, ist die Absicht der Erörterung. Sie bestimmt auch ihre Grenzen. Es geht im folgenden nicht darum, die Geschichte insgesamt auf eine Geschichte der Naturerkenntnis als ihren eigentlichen Kern herunterzubringen. Es geht auch nicht darum, die treibenden Kräfte im Fortschritt der Naturerkenntnis zu ermitteln. Beim Verfolg der Entwicklung kognitiver Systeme ist scharf zu unterscheiden zwischen den Prozessen, die die Entwicklung in Gang gesetzt und vorangetrieben haben, und der Art, in der sich aufgrund dieser Prozesse die Strukturen der kognitiven Systeme entwickelten. Kognitive Strukturen sind eigenständig und folgen ihrer eigenen Logik. Das kann nicht anders sein, wenn irgend Realität in sie eingehen soll. Nur die Anlässe, die ihre Entwicklung in Bewegung setzen, sind im eigentlichen Sinn historisch, nicht aber die Art, in der sich die kognitiven Strukturen ändern. Das ist eine strukturlogische Frage. Einzig um die geht es hier. Bei der Fixierung unseres Interesses auf diesen strukturlogischen Wandel unterstellen wir deshalb auch keineswegs, er habe sich autonom, quasi eigenem Antrieb folgend, vollzogen. Die Vorstellung wäre, nach allem, was erörtert wurde, unsinnig. Wissen wird unter bestimmten Anforderungen erworben. Die Anforderungen aber, das, was man die treibenden Kräfte der Naturerkenntnis nennt, entstammen bis zur Neuzeit überwiegend anderen Bereichen als einem theoretischen Interesse an der Natur. Erst die Neuzeit hat das theoretische Interesse in einer Weise verselbständigt, daß es über das ökonomische System zum Motor weiteren Fortschritts wurde.

Der strukturelle Wandel im Verständnis der Natur läßt sich am ehesten durch das kognitive Interesse begreifen, das ihn bestimmt. Was dieses Interesse betrifft, nota bene: das rein kognitive, so verfolge ich eine einfache These:

Es gibt ein anthropologisch verankertes Interesse, die Natur in konstanten Relationen zu fixieren. Die vorwissenschaftlichen Formen der Naturanschauung sind bereits darauf aus. In der Geschichte der Naturerkenntnis wird dieses Interesse durchgehalten.

Geht man diesem Interesse nach, so wird unschwer verständlich, warum die Entwicklung des Naturverständnisses exakt den Weg genommen hat, der in unsere eigene Gegenwart führt. Dieser Nachweis ist der Grund, der mich veranlaßt, der These mehr Aufmerksamkeit zu schenken, als es manchem angezeigt sein mag: Es gilt der grassierenden Vorstellung zu widersprechen, die Geschichte der Naturerkenntnis sei, auch was ihre innere Struktur angeht, so kontingent wie die Unzahl der Ereignisse in ihr, quasi eine abendländische Voreingenommenheit. In der Geschichte der Naturerkenntnis gibt es eine stringente Logik. Sie bestimmt auch die Geschichte der Weltbilder. Das wird sich zeigen.

2. Das Interesse, die Welt festzustellen

Daß die Geschichte als Geschichte der kulturellen Lebensformen aus der Ontogenese verstanden werden muß, leuchtet für die Geschichte der Naturerkenntnis unmittelbar ein. Hier finden sich die Vorläufer bereits in der Naturgeschichte auch bei anderen Lebewesen. Der mit der Reduktion der Instinkte einhergehende Abbau des genetischen Wissens macht es unumgänglich, den naturalen Wissenserwerbsprozeß mit der Stunde Null der Geburt zu beginnen. Die Aufgabe ist dabei auch für den Menschen unzweideutig: Der Mensch ist genötigt, verläßliche Umgangsformen mit der Natur zu entwickeln, in die hinein er geboren wurde. Verläßlich wird der Umgang nur soweit, als dauerhafte Formen für den Begegnungsverkehr ausgebildet werden können. Bereits die Ausbildung der kategorialen Schemata steht unter diesem Imperativ.

2.1. Kategoriale Schemata. Interesse und Objektivität

Schemata sind, wie wir oben erörtert haben, konstante Relationen. Wo sie ausgebildet sind, stellt sich die Welt hinfort in diesen festen Beziehungen dar. Das Objektschema läßt jedes Objekt in seinen Grenzen dadurch entstehen, daß es nach innen die Grenzen durch einen imaginären Objektkern miteinander verbindet. Auf eben diese Weise erhält zum Beispiel jedes Objekt zu seiner wahrnehmbaren Vorderseite automatisch eine Rückseite, auch wenn sie aktuell nicht wahrgenommen wird. Beide, Vorder- und Rückseite werden durch die zentrierte Einheit des Objektkerns aneinander gekettet. Ebenso werden in der Außenrelation feste Beziehungen geschaffen. Jedes Objekt ist in einem Raum lociert; es steht in Beziehungen zu anderen Objekten. Objekt- und Raumschemata können sich deshalb nur gemeinsam ausbilden. Gleicherweise schafft das Ereignisschema fixe Beziehungen. Es ordnet dem, was geschieht, einen Ursprung zu. Nichts ist ohne Grund. Der Satz thematisiert eine Logik, in der die Genese seiner Entstehung festgehalten ist.[1] Die Ausbildung der Kategorie der Zeit ist an die Konstitution des Ereignisschemas gebunden und umgekehrt. Sie entwickelt sich mit ihm. Daran also kann kein Zweifel sein:

Bereits mit der Ausbildung der kategorialen Schemata steigt der Mensch in jenen Prozeß ein, der für die weitere Entwicklung des Naturverständnisses schlechterdings entscheidend werden sollte: die vorfindliche Wirklichkeit in feste Formen zu bringen, Konstanz ausfindig zu machen und in Sätzen und Systemen festzuhalten.[2]

Die Ausbildung der kategorialen Schemata gibt Anlaß, noch einmal auf ein Problem aufmerksam zu machen, das, wie mir scheint, unendliche Verwirrung in der Erkenntnistheorie verursacht hat: das von Interesse und Objektivität: Kategorien, so haben wir gesehen, sind dauerhafte Formen, in denen die Welt begriffen wird. Die Dauerhaftigkeit schlägt sich in ihrer Operationalität nieder. Dauerhaftigkeit wie Operationalität sind natürlich etwas, das aus dem Interesse des Menschen herzuleiten ist. Dieses Interesse läßt sich präzisieren: Es ist das Interesse, erfolgreich zu sein im Umgang mit der Außenwelt, Frustrationen tunlichst zu vermeiden. Allein, in eine dauerhafte Form kann man nur bringen, was sich selbst als dauerhaft zu erkennen gibt. Wäre es so, daß sich die Wirklichkeit bei ihrem Zusammentreffen mit dem Menschen in absoluter Einmaligkeit präsentierte, keine Erfahrung zweimal gemacht werden könnte, so würde nicht Welt, sondern Chaos entstehen. Der Mensch wäre nicht. Es ist daher unnötig zu grübeln, woher die kategorialen Formen stammen und weshalb mit ihnen überhaupt etwas auszurichten ist. Nicht die Natur des Geistes, das einzelne nur als Allgemeines auffassen zu können, ist es, die kategoriale Schemata schafft. Die Verarbeitung wiederholter Erfahrung läßt sie entstehen. Vor ihrer Verarbeitung ist die Welt weder als Chaos, wie in neuzeitlichen Erkenntnislehren immer wieder angenommen wird[3], noch als Überangebot von Möglichkeiten, das reduziert werden müßte.[4] Sie ist überhaupt nicht. Nur unter der Prämisse also, daß die Außenwelt selbst derart konstante Züge aufweist, läßt sich erklären, weshalb sich kategoriale Schemata ausbilden und weshalb sie sind, als was sie sich tatsächlich erweisen: auf Dauer gestellte operante Mechanismen. Und nur unter dieser Prämisse wird Erkenntnis von der Welt verständlich – ohne sie die Welt ein Irrenhaus. Ich komme darauf zurück.

Auch der weitere Aufbau der kognitiven Konstrukte in der frühen Phase der Entwicklung kann und muß als Strategie verstanden werden, mit der vorfindlichen Wirklichkeit fertig zu werden. Das gilt insbesondere, soweit dieser Aufbau durch das seinerseits zuerworbene Mittel der Sprache erfolgt.

2.2. Sprachformen

Erfahrung kann vorsprachlich verarbeitet werden. Tiere tun das. Das vielleicht bedeutsamste Ergebnis der jüngeren Sprachversuche mit Primaten, Schimpansen insbesondere, liegt nicht im Nachweis ihrer Sprachfähigkeit, sondern im Nachweis einer bis dahin unbekannten Fähigkeit zur Konzeptualisierung.[5]

Kinder verarbeiten Erfahrung zunächst ebenfalls vorsprachlich. Allein, erst mit der Ausbildung der Sprache lassen sich die Formen objektivieren und damit in einer Weise und in einem Maße operationalisieren, die ohne sie nicht möglich wäre. Sprache steigt, wie wir oben gesehen haben, in den Prozeß der Schematisierung der Welt ein, aber sie gibt ihm zugleich ein neues Niveau mit anderen Operationalisierungsmöglichkeiten. Das, was uns im gegenwärtigen Zusammenhang vordringlich interessiert, ist die Leistungsfähigkeit der Sprache im Hinblick auf das zuvor erörterte Interesse, die Welt festzustellen und die Konstanzphänomene so zu erfassen, daß sie dem menschlichen Handeln nutzbar gemacht werden können, seine Handlungskompetenz mit anderen Worten erhöhen. Ich halte mich dabei an die allereinfachsten sprachlichen Formen.

2.2.1. Die Zuschreibung von Eigenschaften

Wir bestimmen Objekte durch Zuschreibung von Eigenschaften. Nur durch ihre Eigenschaften sind Objekte faßbar. Dabei gibt es zwei Möglichkeiten: Entweder werden die Eigenschaften den Objekten als Körpermerkmale fest zugeschrieben: Enten sind weiß oder bunt, haben Federn. Oder sie werden ihnen als Verhaltensformen zugeschrieben: Enten können schwimmen, watscheln, quaken. Es ist keine Frage, daß die Durchorganisation der Objekte anhand von Eigenschaften ein strategisches Verfahren ist, um eine unübersehbare Vielzahl von Objekten über Gleichheiten als Merkmale zu bestimmen und also Handlungskompetenz im Umgang mit ihnen zu gewinnen. Keine Ente ist der anderen völlig gleich. Aber das, was zuvorderst zählt, sind die gemeinsamen Eigenschaften. Erst dann kommen die ganz individuellen Unterschiede.

Man kann sich das Interesse, das zur Ausbildung derartiger Verfahren der Begriffsbildung geführt hat, am besten dadurch klarmachen, daß man das generelle Moment der das Objekt identifizierenden Eigenschaften auch sprachlich in Allaussagen formuliert, indem man sagt: Alle Enten haben Federn. Nichts steht im Wege, diese Aussage als Gesetz zu bezeichnen. Das ist zwar ungewöhnlich, der Sache nach aber gerechtfertigt.[6] Denn es wird eine Aussage gemacht, die unter den näher angegebenen Umständen generelle Geltung beanspruchen kann. Nur ist diese Art von

Gesetzeswissen bereits im Begriff des Objekts zusammengefaßt. Umgangssprachlich näher liegt diese Feststellung bei den Tätigkeitsformen: Alle Enten schwimmen. Man kann den Satz transformieren und sagen: Immer, wenn Enten ins Wasser kommen, schwimmen sie.

Das Verfahren, Objekte durch Eigenschaften zu benennen, ist effizient nur, wenn es diskriminiert. Es müssen eine Mehrzahl von Eigenschaften unterschieden werden. Sprache ist dazu ein vorzügliches Mittel. Jede Alltagssprache läßt das Verfahren der Diskriminierung erkennen: Sie nominiert Eigenschaften über die Grenzen von konkreten Objekten und Gattungen von Objekten hinweg. Hart ist ein Stein, ein Stück Holz, aber auch Wasser, wenn man auf es aufschlägt z. B. Der Fliegenpilz ist giftig; giftig ist aber auch der Biß einer Schlange. Schon auf der Ebene der alltagssprachlichen Begriffsbildung sind Gesellschaften in der Organisation der Außenwelt in festen sprachlichen Schemata unterschiedlich weit fortgeschritten. Man darf allerdings nicht übersehen, daß das, was man zuweilen konkretistische Auffassungsweisen und Sprachbildungen genannt hat, Konkretisierungen sind, die über Generalisierungen zustande kommen.[7] Nur sind in den »konkretistischen Sprachen« die Generalisierungen sprachlich nicht fixiert. Das kann hinderlich sein. Es kann aber auch dazu dienen, Unterschiede zu erfassen, die sonst untergingen. Bezeichnenderweise sind es Fachsprachen, die diese Konkretisierung über die Alltagssprache hinaus bevorzugen.

Einmal mehr läßt sich an der Vielzahl der Eigenschaften, ihrer Bestimmung und Diskriminierung gegeneinander die eigenartige Verbindung von Subjektivität und Objektivität zeigen. Nirgends kann man den subjektiven Einschlag in der Organisation der Natur so gut verfolgen wie bei der Eigenschaftsbestimmung. Das hat im Übergang zum neuzeitlichen Naturverständnis zu erheblichen Verwirrungen bei der Diskussion der sogenannten Qualitäten geführt.[8] Für unsere Zwecke ist gerade der subjektive Einschlag von Interesse. Er zeigt nämlich, worum es bei dieser Art Organisation geht: die für den Menschen relevanten Eigenschaften festzuhalten. Und relevant sind zunächst einmal die, die für den Umgang mit den Objekten bedeutsam sind. Es ist also gar keine Frage, daß sich dabei die subjektiven Interessen derer ins Spiel bringen, die den Prozeß organisieren. Hart und weich, hoch und tief, süß und sauer sind leibbezogene Klassifikationen. Allein, es ist auch keine Frage, daß dieser Bezug nicht hindert, Konstanzen in der Natur faßbar zu machen, wenn auch auf der praktischen Ebene alltäglicher Lebensführung und Begriffsbildung in einer nur vordergründigen Weise. Blau ist nur etwas, was ein menschliches Auge als blau wahrnimmt; und es kann sehr verschiedene Blaus geben, jedes kann mit einem eigenen Begriff bestimmt werden. Das ändert nichts daran, daß damit ein bestimmter Ausschnitt des Spektrums erfaßt ist, ein Ausschnitt, der physikalisch in Wellenlängen angegeben werden kann. Die Strategie, Eigenschaften über die Bindung an relativ natürliche Objekte hinweg zu bestimmen, ist deshalb eine Strategie, allgemeine Eigenheiten der Natur, Gesetze, wenn man will, faßbar zu machen. Blätter »fallen«; Steine »fallen«; eine Sternschnuppe »fällt«; Hände »fallen« in den Schoß. Kann es zweifelhaft sein, daß mit »dem Fallen« umgangssprachlich ein Ausschnitt jener Bewegung faßbar gemacht ist, die später im Gravitationsgesetz festgehalten ist? Und hätte jemals die Einheit der Bewegungen der Sterne und der Körper auf der Erde entdeckt werden können, wenn nicht die Bewegung von Körpern auf der Erde im »Fallen« zunächst umgangssprachlich erfaßt, und zwar als konstant erfaßt worden wäre? Die Möglichkeit, die Eigenheit zu substantivieren und ihr den bestimmten Artikel beizusetzen, erleichtert diese Absicht.[9]

Worauf es im gegenwärtigen Zusammenhang ankommt, ist erneut eines: Die Nötigung, die Umgangsform mit der Natur zu entwickeln, ist von allem Anfang an eine Nötigung, Regelmäßigkeiten im Objektbereich in den Griff zu bekommen. Das ganze Begriffssystem ist davon bestimmt. Das zeigt sich bei einer Begriffsstrategie, die kurioserweise geradezu als Muster des Gegenwissens gegen Herrschaftswissen dargestellt worden ist: der Hierarchisierung.

2.2.2. Begriffshierarchien

Die Objektbenennung durch Eigenschaften hindurch schafft die Möglichkeit, Begriffshierarchien zu bilden, bei denen die Oberbegriffe privativ, d. h. durch Fehlen spezieller Merkmale gebildet werden. Hund und Katze sind beides Haustiere. Die speziellen Merkmale eines jeden sind im Oberbegriff nicht mehr festgehalten – direkt jedenfalls nicht. Das Verfahren ist klar: Man kann mit den

Oberbegriffen Eigenheiten in Bezug nehmen, die allen Objekten ungeachtet ihrer Unterschiede gemeinsam sind. Mit der Hierarchisierung läßt sich deshalb der Radius der Allaussagen beträchtlich erhöhen. Das ist das Mittel der Wahl auf der Ebene vorwissenschaftlicher Generalisierung. Vor dem Aufschwung der Naturwissenschaften wurde durch sie die übergreifende Systematisierung der Wirklichkeit geleistet, ersichtlich eine Systematisierung auf der Ebene alltagssprachlicher Leistungen. – Es ist mir immer – nicht wie eine List, sondern wie eine gemeine Hinterlist der Vernunft vorgekommen, daß ausgerechnet die Metaphysik sich diesem durch und durch positiven, auf Herrschaft hin angelegten Verfahren verschrieben hat. Aber das wußte sie nicht.

2.2.3. Satz und Tätigkeitsform

Die eigentliche Schwierigkeit im Umgang mit der vorfindlichen Natur besteht nicht darin, die sinnlich erfahrbaren, wohlabgegrenzten Objekte durch distinkte Eigenschaften und Eigenschaftsgruppen, die ihnen fest zugeschrieben werden, zu bestimmen. Wahrzunehmen, daß Rosen rot sind und Dornen haben, die stechen, fällt nicht schwer. Die eigentliche Schwierigkeit besteht darin, die undurchsichtige, sinnlich gerade nicht faßbare Dynamik in den Griff zu bekommen. Diese Schwierigkeit besteht in den praktischen Problemen des Alltags wie in den großen Theorieproblemen der Metaphysik.

Im vorwissenschaftlichen Naturverständnis ist, wie wir gesehen haben, das Ereignisschema per se ein motivationales. Etwas geschieht, weil es von einem näher bestimmten oder auch ganz unbestimmt gelassenen Subjekt ins Werk gesetzt wird. Ich habe oben bereits deutlich zu machen gesucht, daß die Struktur eines einfachen Satzes, in dem Subjekt und Prädikat zusammengeschlossen sind, die sprachliche Objektivation eines vorweg gebildeten kognitiven Schemas ist. Sprachliche Strukturen, zu dieser Generalisation darf man sich hinreißen lassen, sind nicht autonom. Hier interessiert der Folgeaspekt: Eben weil sprachliche Strukturen Objektivationen von Schemata sind, die an der Realität selbst ausgebildet werden, im einfachen Satzschema insbesondere das kognitive Ereignisschema fixiert ist, lassen auch sie sich begreifen als Verfahren, mit der vorgegebenen Wirklichkeit dadurch fertig zu werden, daß sie in konstante Formen eingeholt wird. Die Verfahrensstrategie dazu läßt sich an einfachen Aussagen über Tätigkeiten leicht zeigen.

Rufen wir uns zunächst in Erinnerung, daß auch das subjektivische Schema und dessen sprachliche Version in der einfachen Form von Subjekt und Prädikat bereits in sich eine konstante Relation darstellt. Mit der bloßen Relation allein ist allerdings so lange noch wenig gewonnen, als dem Subjekt eine ganz unbestimmte Vielzahl von Prädikaten zugeschrieben werden kann. Die Relation von Subjekt und Prädikat steht jedoch nicht für sich; sie läßt sich mit anderen Relationen verknüpfen. Handlungen erfolgen in konkreten Situationen; sie stehen unter Bedingungen. Bedingungen werden zu Motivationen im Verhalten derer, die sie angehen. Wenn $X_1, X_2 \ldots X_n$ vorliegt, ist das ein Grund für M_1, das Gebaren g_1 zu zeigen. Sprachlich läßt sich das ebenso in Konditional- wie in Kausalsätzen festhalten. Dieser Umstand wird im Sozialverkehr zur Regel- und Normbildung genutzt: A kann damit rechnen, daß beim Vorliegen von X_1, X_2-X_n B in bestimmter Weise handelt. B kann damit rechnen, daß A weiß, er, B, werde sich so verhalten. Bei Umständen, die B berücksichtigen kann, aber nicht zwingend muß, kann A überdies die Berücksichtigung dieser Umstände von B anfordern. Auf eben diese Weise lassen sich wechselseitige Interessen zu konstanten Verhaltensweisen ausbilden, und zwar exakt in jenen Formen, wie wir sie in allen Gesellschaften vorfinden: in Normen.

Wir wissen, daß sich bereits in den kategorialen Formen der Umstand niederschlägt, daß das dominante Objekt im Umfeld die sorgende Bezugsperson ist. Das gilt auch für die primäre Regelbildung. Gesetze bilden sich zunächst als Gesetze der Sozialwelt aus. Unter bestimmten Bedingungen einer sozialen Situation muß in bestimmter Weise gehandelt werden. Allein, es versteht sich, daß die Strategie, Ereignisse an Bedingungen, unter denen sie geschehen, zu knüpfen, auch oder gerade für die Naturerkenntnis nutzbar zu machen ist. Es ist das Verfahren der Wahl, um den Subjektivismus der kognitiven Grundstruktur zu entschärfen. In jeder Gesellschaft ist es mit Erfolg angewandt worden. Jede verfügt bereits vor jeder naturwissenschaftlichen Beschäftigung mit der Natur über Regeln und Gesetzeswissen, in denen sie die Natur begreift und beherrscht.

Halten wir danach fest: Wenn es richtig ist, daß Sprache in einen kognitiven Prozeß einsteigt, in dem Erfahrungen zu dauerhaften kognitiven Formen verarbeitet werden, dann ist es auch richtig, die Sprachformen ihrerseits als Instrumente zu verstehen, in denen selbst bereits Wissen um konstante Relationen festgehalten ist. Die Formen der Alltagssprache schon müssen so verstanden werden. Wenn wir darüber hinaus feststellen, daß Sprache ein Instrument ist, die Operationalität im Umgang mit der Außenwelt auf ein Niveau zu bringen, das anders nicht erreichbar wäre, dann liegt der Zuwachs an Operationalität auch darin, den Erwerb von Konstanzwissen in einer effizienteren Weise fortzusetzen. Eben das geschieht. Der Erwerbsprozeß von Wissen beginnt zwar auf der frühesten Stufe der Ontogenese, aber er setzt sich in der Erwachsenenwelt fort. Exakt in dieser Fortsetzung besteht die Geschichte der Naturerkenntnis. In ihr lassen sich eine Anzahl von Stadien bilden. Welche man bildet, hängt von dem Interesse ab, mit dem man die Geschichte verfolgt. Uns interessiert, in welcher Weise sich mit der Ausweitung des Wissens über die Natur das Selbstverständnis des Menschen geändert hat.

3. Die vorwissenschaftliche Phase

3.1. Die Phase der Sammler und Jäger

Während des weitaus größten Teils der Geschichte sind die Menschen mit vorwissenschaftlich erarbeitetem Wissen über die Natur ausgekommen. Rechnet man die Geschichte vom Beginn der verbürgten Werkzeugherstellung vor etwa 2 Millionen Jahren an, dann umfaßt diese Periode mehr als 99,9%. Auch wenn man nähergelegene Einschnitte als Vergleich nimmt, die Geschichte erst vom homo sapiens an rechnet und seine Anfänge vor 500 000 Jahren datiert, sind es immer noch 99,5%. Und selbst wenn man nur bis zu 40 000 Jahre zurückgeht, bis zum homo sapiens sapiens, bleiben es ca. 94%. Die Dauer dieses ersten Stadiums zeigt, wie langsam der Zuerwerb von Wissen erfolgt sein muß.

Wir haben kein verläßliches Wissen darüber, wie in dieser frühen Phase der Gattungsgeschichte das Wissen über die Natur beschaffen war. Einen gewissen Anhalt bietet die Ausstattung mit Werkzeugen. Lenski hat sich die Mühe gemacht, den technologischen Zuwachs in der Zeit vom unteren Paläolithikum bis zum Mesolithikum in einer Tabelle zusammenzustellen.[10]

Technologische und andere Innovationen während des unteren, mittleren und oberen Paläolithikums sowie im Mesolithikum

Unteres Paläolithikum:
- Steinwerkzeuge zum Schlagen, Schneiden und Schaben
- Hölzerne Speere
- Speerspitzen im Feuer gehärtet
- Gebrauch des Feuers

Mittleres Paläolithikum:
- Gebrauch von Knochen als Werkzeuge
- Kleidung mit Fellen wahrscheinlich
- In das Werkzeug selbst eingearbeitete Griffe

Oberes Paläolithikum:
- Speer-Werfer; Pfeil und Bogen
- Selbstgemachte Wohnungen; Lampen
- Harpun-Spitzen
- Stifte und Ahle, Nadeln mit Öhr
- Geweih – Hammer; Schaufel und Kelle
- Hacke, Stein-Axt mit angebrachtem Handgriff
- Stein-Säge; Grabwerkzeuge
- Löffel
- Stößel zum Zerkleinern und Mahlen
- Ablösbare Griffe; wahrscheinlich Boote

Mesolithikum:
- Boote wahrscheinlich
- Fischhaken, Fischfallen, Fischnetze
- Breitbeile, Sichel
- Pflanzen-Kultivation, Zähmung von Schafen
- Korbwaren, Werkzeuge zur Lederbearbeitung
- Mahlwerkzeuge, Pflaster
- Schlitten, Eispickel
- Kamm, Zähmung des Hundes

Ersichtlich ist zumindest der technologisch verwertbare Zuwachs an Wissen sehr langsam erfolgt. Die Frage liegt auf der Hand, wie diese übermäßig lange Periode eines nur geringfügig veränderten Wissens zu erklären ist. Ihre Beantwortung ist umso dringlicher, je entschiedener man die Verwiesenheit des Menschen auf Lernen betont und Geschichte, wie immer man sie sonst begreifen mag, an einen Lernprozeß gebunden sieht. Summarisch zusammengefaßt läßt sich feststellen:

Es gibt Barrieren gegen Lernen.

Drei solcher Barrieren möchte ich anführen; sie sind von strategischer Bedeutung.

3.1.1. Barrieren gegen Lernen

Die erste und am nachhaltigsten wirksame Barriere liegt in der primitiven Kausalstruktur selbst. Das subjektivische Schema erlaubt zwar eine ganz außerordentliche Anpassungsfähigkeit. Es schafft Erwartungshaltungen, die nahezu unbeschränkt flexibel sind, eben deshalb aber auch kaum einmal enttäuscht werden können. Der Rekurs auf ein subjektivisches Agens in oder hinter den Objekten und Ereignissen als eigentlich determinierender Grund verhindert, den Kovarianzen des Geschehens nachzugehen und auf diese Weise zu Konstanzwissen zu gelangen. Unter der Ägide des subjektivischen Schemas ist die Welt immer schon erklärt, und zwar hinreichend. Eben deshalb hat man mit Recht sagen können, primitive Gesellschaften wüßten nicht zuwenig, sondern zuviel.

Die zweite Barriere ist ebenfalls der subjektivischen Logik zuzurechnen, ihrer interpretativen Umsetzung. Menschen, die ihre Umwelt auf der Folie des subjektivischen Schemas wahrnehmen, gleich ob in Kräften, Mächten, personalen Seelen thematisiert, sind gehindert, sich wie Eroberer aufzuführen. Die in Gegenlage befindlichen Mächte der Außenwelt verlangen Rücksicht; sie sind im Zweifel stärker. Jeder Zugriff auf die Außenwelt verwickelt die Betroffenen in eine Auseinandersetzung mit ihnen. Das Wild, das erlegt wird, ist nicht einfach ein Exemplar, das damit endet; es ist Teil einer mythischen Einheit, bestimmt von einer mythischen Kausalität. Mit jedem Exemplar trifft man immer auch die Gattung, schließlich das ganze Habitat. Darauf aber ist man weiter angewiesen. Reinigungsriten sind nötig, Opfer unter Umständen, um das Verhältnis stabil zu halten.[11] Es ist ein pietätvolles Verhältnis zur Umwelt, das die Menschen bindet, die unumgänglichen Bedürfnisse nicht zu überschreiten.

Schließlich ist eine dritte Barriere zu nennen, die den Menschen auf dem anfänglichen Niveau des Wissens festhält und an die anfängliche Organisation im Umgang mit der Natur bindet. Die Ausbildung der Organisationskompetenz des Subjekts, das, was die eigentliche Struktur des Ich ausmacht, ist kein autonomer Prozeß. Der Mensch folgt bei der Entwicklung seiner Personenstruktur weder einem einfachen Reifungsvorgang noch einem inneren geistigen Triebe. Er entwickelt sich von der frühesten Stufe der Ontogenese an unter den Anforderungen, mit einer eigenständigen Umwelt fertig zu werden. Eben deshalb aber reicht die Organisationskompetenz der Personenstruktur jeweils auch nur so weit, wie es nötig ist, die Bedürfnisse zu befriedigen. Und die sind anfangs recht elementar. Sobald deshalb einmal der anfängliche Entwicklungsstand erreicht ist, hat es bei ihm auch sein Bewenden. Die Entwicklung bewegt sich bei festgestellten Bedürfnissen nur im Schneckentempo fort.

3.1.2. Selbstbild und Naturbeherrschung

Von dem Selbstverständnis der paläolithischen Sammler- und Jägerkulturen wissen wir nur so viel, wie aus den Artefakten zu lesen ist. Und das ist wenig. Es bleiben danach die rezenten Sammler und Jäger. Sie können zwar den früheren nicht einfach gleichgestellt werden[12]; soweit aber das Interesse sich auf den Zusammenhang zwischen der kognitiven Entwicklung, dem Wissen über die Natur insbesondere, und dem Selbstbild richtet, sind sie unbedenklich zu befragen. Eigenartigerweise ist es in dieser Hinsicht jüngst zu, wie ich meine, erheblichen Verzeichnungen gekommen. Döbert hat in einem an Bellah orientierten Evolutionsschema geltend gemacht, Menschen in Sammler- und Jägergesellschaften wüßten sich nicht als Subjekte ihres eigenen Tuns. Die substantialisiert verstandene Selbstbestimmung durch Mächte schließe die Vorstellung einer Intentionalität und damit auch Subjektivität überhaupt aus. Ethische Vorstellungen in unserem Sinne seien gleichfalls nicht zu erkennen.[13] Diese Annahmen nun sind empirisch nicht gedeckt, theoretisch auch nicht nachvollziehbar.

Alle menschlichen Gesellschaften, die wir kennen, haben den Schritt aus der Naturgeschichte lange hinter sich. Das aber heißt: Sie haben ein mit den symbolischen Mitteln der Sprache hinreichend durchorganisiertes System der Natur. Sie haben ebenfalls ein System sozialer Beziehungen; sie haben unter den Anforderungen dieser kulturellen Systeme auch eine hinreichende Triebkontrolle entwickelt. Das aber kann nichts anderes heißen, als daß Menschen auch in diesen Gesellschaften als Subjekte handeln und sich als handelnde Subjekte wahrnehmen. Anders ist kein Interaktionssystem denkbar. Jedes Interaktionssystem nämlich existiert und erhält sich im Modus des Sollens. Immer werden Verhaltensweisen aneinander als Erwartungen adressiert und ihre Erfüllung von anderen verlangt. Immer werden dabei auch andere Verhaltensweisen ausgeschlossen. Daß solche Erwartungen nicht in abstrakten Normen generalisiert sein müssen, steht auf einem anderen Blatt. Es ändert an der Zentrierung der Aktionen im Subjekt und an der Wahrnehmung dieser Zentrierung nichts.

Wenn Intentionalität und Subjektivität in primitiven Gesellschaften so gut festzustellen sind wie in unseren, so heißt das nicht, daß sie gleich sind. Die Subjektivität des Menschen ist ebenso einem historischen Entwicklungsprozeß unterworfen wie alle übrigen kulturellen Lebensformen auch. Es heißt vor allem auch nicht, daß sie in gleicher Weise thematisiert werden. Auch sonst ist es eine bekannte Beobachtung, daß zwischen den operanten Strukturen und ihrer Thematisierung unterschieden werden muß. Tatsächlich werden in primitiven Gesellschaften bei der Thematisierung der Subjektivität Konzepte ausgebildet, die in ihrer Substanzhaftigkeit unserer Vorstellung von Subjektivität nicht angemessen scheinen. Das kann nicht überraschen. Gerade weil die subjektivische Logik in primitiven Gesellschaften die durchgehende Objektlogik ist, nimmt sie die Substanz mit in den Ursprung hinein. Es kann aber nicht nachdrücklich genug daran erinnert werden, daß die Szenerie primitiver Gesellschaften nach dem Muster der Sozialwelt aufgebaut ist. Geister ob der mit ihnen verbundenen Fremdbestimmung als Hindernis für die Ausbildung von Intentionalität und Subjektivität anzusehen, ist absurd. Geister sind selbst erst nach dem Bilde menschlicher Handlungskompetenz und Subjektivität geformt. Sie sind ein ausdrucksvoller Beleg ihrer Wirkung.[14]

Natürlich kann keine Rede davon sein, daß in primitiven Gesellschaften der ethische Gehalt abweichenden Verhaltens die gleiche Rolle spielt, die er im modernen Bewußtsein einnimmt. Dort ist er übrigens problematisch genug. Allein wenn es darum geht, Verletzungsfolgen zuzurechnen, handelt es sich gleichfalls um die theoretische Verarbeitung von Ereignissen. Die sieht auf der Folie primitiven Weltbegreifens allerdings anders aus. Nur hindert das nicht, daß primitive Gesellschaften ebenfalls über normative Anforderungen organisiert sind. Auch die moralische Verpflichtung des einzelnen auf adäquate Verhaltensweisen ist über jeden Zweifel belegt.[15]

Nehmen wir noch einmal unsere Erörterung über die Charakteristika primitiver Gesellschaften auf. Der Widerstand der Ethnologen, überhaupt von Primitiven zu reden, rührt gerade daher, daß die Subjektivität sich von unserer im Grunde nicht zu unterscheiden scheint. Es ist nicht zufällig, daß allemal der Verdacht auftritt, Primitiven solle ein Stück ihrer Menschlichkeit abgeschnitten werden. Dieser Eindruck muß ernst genommen werden. Gerade die Subjektivität ist ein frühes Produkt der menschlichen Geschichte. Das hat einleuchtende systematische Gründe: Die Reflexivität der Ich-Struktur entwickelt sich in der Interaktion mit anderen, der sorgenden Bezugsperson vor allem. Eben deshalb erhält sie eine frühe Chance, sich hinreichend auszubilden, um Handlungen steuerbar zu machen. Das Wissen von der Realität und seine nachmalige Verarbeitung in den kognitiven Systemen ist ein weit schwierigeres Unterfangen. Dazu ist in der Geschichte des einzelnen ein ganzes Leben nötig, in der Geschichte der Gattung die Zeit bis auf den heutigen Tag.

3.2. Garten- und Ackerbaugesellschaften. Die neolithische Revolution

Die Wende in der Geschichte wurde eingeleitet durch den Übergang zu agrarischer Produktion, Viehzucht und Ackerbau. An diesem Übergang ist zunächst eines auffällig: das geringe Maß an Wissen, das nötig war, ihn zu bewirken. Daß Tiere Junge bekommen, daß die Jungen erwachsene Tiere werden und dann ihrerseits Junge bekommen, daß schließlich diese generative Folge ausnutzbar ist, läßt sich, so scheint es, leicht erkennen. Ähnliches gilt für das Sammeln und die Aussaat von Körnern. Die eigentliche Revolution liegt denn auch gar nicht in dem Zuerwerb an diesem elementaren Naturwissen. Die eigentliche Revolution vollzieht sich erst im Anschluß an den zunächst nur zögernden Übergang zu agrarischer Produktion. Wenn nämlich einmal der Übergang zu agrarischer Produktion vollzogen ist, dann allerdings stellen sich erhebliche neue Anforderungen von außen. Agrarische Produktion verlangt, wenn sie erfolgreich sein soll, ein erhebliches Maß an Arbeit. Die zwingt zum Wissenserwerb, und zwar zu einem spezifischen:

Nach dem Übergang zur agrarischen Produktion gilt das erste Mal in der Geschichte der Menschheit, daß man nur das richtig kennt, was man selbst ins Werk zu setzen in der Lage ist.

Man darf vermuten, daß sich aufgrund des Übergangs zu agrarischer Produktion allein die Geschichte ein Stück fortbewegt hätte, um dann auf einem nur leicht angehobenen Niveau wieder in einem symbiotischen Verhältnis zwischen Mensch und Natur zu einer eingespielten Ruhelage zu kommen. Denn noch einmal, ohne Anforderungen und ohne Not bleibt es auch auf der Seite des Subjekts bei dem einmal erreichten Niveau seiner Organisationskompetenz. Allein, es blieb nicht bei den Anforderungen, die quasi in der Natur der Sache lagen. Die agrarische Produktion führte zu sozialstrukturellen Veränderungen, zum Anwachsen der Bevölkerung und zu neuen Siedlungsformen. Eben dadurch wurde eine Chance freigesetzt, die einen weit größeren Impetus für die weitere Entwicklung geben sollte: Herrschaft. Sie wurde genutzt. Herrschaft beruht auf der Organisation weniger, einer Herrschaftsclique, die sich kraft ihrer Organisation einen Teil der Arbeitskraft der vielen aneignet. Eder hat jüngst die These vertreten, Herrschaft sei ein Lernprozeß, notwendig gemacht, um die dringend benötigten Rechtsinstanzen zu schaffen.[16] Ich erachte auch diese These für empirisch nicht belegt und theoretisch nicht schlüssig. Das soll hier nicht weiter interessieren. In unserem Zusammenhang ist eines entscheidend: Durch die Errichtung von Herrschaft wurden jene Außenanforderungen und Zwänge geschaffen, in deren Folge eine erhöhte Organisationskompetenz auf der Seite der betroffenen Subjekte entstand. Das gilt nicht nur für die Potentaten der politischen Herrschaftsclique, für sie allerdings in besonderem Maße, es gilt auch für die große Zahl derer, die zum bloßen Material der Organisation wurden. Und es gilt auch nicht nur für die entschiedener organisierte soziale Organisation. Dem schier unersättlichen Bedarf an Arbeitskraft der Herrschenden läßt sich nur durch Strategien einer effizienteren Ausbeutung auch der Natur begegnen. Der allerdings sind Grenzen gesetzt, solange sich die Welt insgesamt auf der Folie subjektivischer Logik darstellt. Das war in den primären Hochkulturen noch durchgehend der Fall. Ägypten kannte neben der Vielzahl der Hochgötter ein Heer alltäglicher Mächte. Die Bruchstücke der Götterlisten von Schuruppak enthalten fast 600 Namen von Göttern.[17]

Die primären Hochkulturen reflektieren in ihrem Weltbild den Vorgang auf subtile Weise. Wir haben oben gesehen, daß am Beginn der ägyptischen Geschichte eine Welle der Vermenschlichung der Götterwelt festzustellen ist.[18] Darin kommt die gesteigerte Organisationskompetenz zum Ausdruck. Sie bringt mit der gesteigerten Reflexivität der Ich-Struktur eine Steigerung der »personalen Züge« der Außenweltmächte.

Ein Sachverhalt fällt auf und bedarf der Erörterung: Trotz der exzessiven Herrschaft findet sich in der Phase der primären Hochkulturen keine Ausgliederung der Sozialwelt aus der Kosmologie, sei es auch nur als Enklave zur Verfügung der Potentaten. Es gibt eine Anzahl von Gründen, die anzuführen sind. Der erste ist schon genannt: Die noch ganz und gar ungebrochene Geltung der subjektivischen Logik in der Natur. Der Entwicklungsschub, der mit der neolithischen Revolution und ihren Folgeerscheinungen verbunden war, führt dazu, daß diese Logik zum ersten Mal in großem Stil die Welt als Ganzes ihrer Deutung unterwirft. Sie läßt die großen Mythen über den Ursprung der Welt und ihrer Ordnung entstehen. Die subjektivische Logik nimmt die Welt aber immer so auf, wie sie sich gerade darstellt. Und das war eine bereits von Herrschaft bestimmte Welt. Die Götter, ihre Repräsentanten oder Stellvertreter fanden sich in ihr vor. Mühelos ließ sich eine so geordnete Sozialwelt dem Kosmos strukturkonform integrieren. Der zweite Grund liegt in der Art der Herrschaft. Es war eine primitive Form von Herrschaft mit direktem Zugriff auf die Arbeit der anderen oder ihre Produkte. Auch soweit die politischen Systeme wirklich Ordnungsfunktionen übernahmen, wie die Organisation der Bewässerung oder Ansätze einer Rechtsprechung, blieb die naturwüchsige Form sozialer Organisation erhalten. Die Vorstellung, soziale Organisationen nach eigener Machtvollkommenheit auch nur zu ordnen, geschweige denn zu schaffen, war dieser Zeit noch fremd. Das kommt in den primären Gesetzeskodifikationen deutlich zum Ausdruck. Sie zeigen eine nur zögernd in Anspruch genommene Gestaltungskompetenz.[19] Strukturell also, darauf kommt es an, blieb die Welt ein einheitliches Ganzes, über der gleichen Logik aufgebaut und verstanden. Natur und Welt waren weiterhin deckungsgleich, die Sozialwelt ein integrierter Teil der Natur.

4. Natur und Sozialwelt in der griechischen Antike. Die zweite Revolution

Weltbild und Selbstverständnis des Menschen gewannen eine neue Höhenmarke, als Natur- und Sozialordnung auch im Bewußtsein der Menschen auseinander traten. Historisch ist dieser Stand im 6. und 5. Jahrhundert vor Christus in der griechischen Antike erreicht. Die Gründe lassen sich hinreichend rekonstruieren.

4.1. Die Einheit der geltenden Ordnung

Auch in der griechischen Frühzeit waren die Ordnung der Natur und die der Sozialwelt ihrer Art nach nicht unterschieden. Diese strukturlogische Einheit kommt noch in dem bekannten Wort Heraklits zum Ausdruck:

»Nähren sich doch alle menschlichen Gesetze von dem einen göttlichen; denn dieses gebietet, soweit es nur will, und reicht aus für alle (und alles) und ist sogar noch darüber.«[20]

4.2. Die Absonderung des Nomos

Allein, in den Verhältnissen der griechischen Geschichte angelegt war jene Entwicklung, die zum ersten Mal dazu führte, die Gesetze der Polis als vom Menschen gemacht zu begreifen und sie, wenn auch noch nicht aus der Gesamtordnung auszusondern, so doch von ihr abzuheben. Drei Entwicklungslinien lassen sich ausmachen, die zu dieser Unterscheidung geführt haben: erstens die Siedlung auf altem Kulturboden. Sie brachte unterschiedliche Kulturen zusammen. Das aber ist eine günstige Voraussetzung, um festgefahrene Vorstellungen unsicher werden zu lassen. Überdies hatte sie eine andauernde Bewegung der Bevölkerungsgruppen im Gefolge. Zweitens das durch Siedlungen und Wanderungen erworbene ethnographische Wissen. Schließlich drittens die Inanspruchnahme der politischen Gestaltungskompetenz in der Polis. Im Gegensatz zu der vorherrschenden Perspektive in der Literatur möchte ich der Entstehung der Polis die eigentlich entscheidende Bedeutung beimessen, und hier insbesondere einer spezifischen Entwicklung: der Ausbildung des Klassenstaates. Wir können diesen Prozeß während der Jahrhunderte nach der zweiten großen Einwanderungswelle nicht im einzelnen verfolgen. Soviel jedoch ist sicher: nachdem der Vorhang sich lichtet, im achten und siebten Jahrhundert steht der Klassenstaat in unüberbietbarer Härte vor uns. Ilias und Odyssee sprechen insofern für ihre eigene Zeit.[21] Mehr noch: Klassenstaaten waren auch die primären Hochkulturen. In Griechenland waren die Umstände andere und mittlerweile fortgeschritten: Der Klassenstaat hatte auch das Klassenbewußtsein nach sich gezogen. Und das auf beiden Seiten. Eben dieses Bewußtsein aber implizierte eine Einsicht, die von aller weiteren Geschichte bestätigt und in seinen Wirkungen nur noch schärfer ans Licht gebracht werden sollte: die Einsicht, daß die Sozialordnung nicht etwas von Ewigkeit her Geltendes ist, sondern erst vom Menschen geschaffen wird. Seit Kleisthenes bezeichnet der Nomos denn auch das in der Polis geschaffene Gesetz. Man kann nicht nachdrücklich genug darauf verweisen, daß diese Einsicht nicht auf Spekulation beruhte, sondern Aufnahme und Verarbeitung handfester Erfahrung war. Der Klassenstaat hatte den Menschen gelehrt, seiner anthropologischen Mächtigkeit innezuwerden, sich selbst zu erkennen.

Die Erfahrung löst einen veritablen Umbruch des Weltbildes aus, eine Art zweiter Revolution. Das gilt vor allem im Hinblick auf die Nötigung, dieses neu gewonnene Sozialverständnis mitsamt dem daran haftenden Selbstbild in ein umfassendes Weltverständnis einzubinden. In diesem Bemühen treten Natur und Nomos als die erst vom Menschen gemachte Ordnung auseinander. »Natur« hat dabei immer noch den Status der umfassenden Ordnung, ist Welt. Aber die Zuordnung von Natur und Sozialordnung wird problematisch. Die Natur ist mit der Vorstellung des Dauerhaften und Unveränderlichen besetzt, der Nomos als machbar und veränderlich stigmatisiert. Seither ist viel Tiefsinn aufgeboten worden, um beide in ein annehmbares Verhältnis zu bringen. Das hat einsichtige Gründe. Der elementarste ist schlicht der, daß der Mensch sich mitsamt seinen Lebensformen auch dann noch aus der Natur verstehen muß, wenn beide nicht länger problemlos als Ganzes und Teil zur Deckung gebracht werden können. Eben deshalb wird die Zuordnung ein theoretisches Problem, das den Schweiß der Philosophen fordert. Glücklicherweise hatte der Klassenstaat insoweit vorgesorgt. Die Abschöpfung des Mehrproduktes ermöglicht es professionellen Theoretikern, sich ganz diesem Geschäft zu widmen.

4.3. Physis und Nomos

4.3.1. Physis / Natur

Was Physis / Natur ist, läßt sich, nachdem einmal der Erkenntnisprozeß in Bewegung gesetzt ist, auf der Inhaltsebene nur im Nachzeichnen der philosophischen Anstrengungen bestimmen.[22] Wir werden jedoch unschwer eines vermuten: Den Griechen ist Natur noch längst nicht, was sie uns ist: ein in zuständlicher Dynamik begriffenes System von Materie. Tatsächlich sind alle griechischen Naturtheorien nach wie vor auf der Folie des subjektivischen Deutungsschemas konzipiert. Das ist nicht überraschend. Die Dissoziation von Natur und Sozialwelt ist ja nicht über einen autonomen Wissenserwerbsprozeß an der Natur erfolgt. Sie ist eine Konsequenz der Auseinandersetzung in der Sozialwelt. Auch wenn danach der Wissensstand der griechischen Ackerbaugesellschaft im Vergleich zu den primären Hochkulturen derart fortgeschritten ist, daß die Ausbildung des Gegensatzes von Natur- und Kulturordnung Interesse und Blick für die »natureigenen« Ordnungsmuster schärfen mußte, die unterliegende Grundstruktur ist, zunächst jedenfalls, so subjektivisch wie je zuvor. Ich habe bereits erwähnt, daß Thales die Feststellung zugeschrieben wird, die Welt sei voll von Göttern. Strukturlogisch wurde dieser subjektivische Zug des Weltverstehens eher noch verschärft. Denn mindestens dies mußte die Dissoziation zwischen Natur- und Sozialordnung auch im Gegenstandsbereich der Natur bewirken: eine schärfere Bestimmung der ihr innewohnenden Logik. Exakt das ist das Geschäft der Philosophie, ihr Anteil am Fortschritt der Erkenntnis: zu Bewußtsein zu bringen, was sich hinter ihrem Rücken ausgebildet hat. Kaum zuvor sind denn auch die Handlungsmomente der Grundstruktur begrifflich so scharf und so allgemein zu Bewußtsein gebracht wie in den Jahrhunderten der entstehenden Philosophie.

Das unterliegende subjektivische Strukturmoment kommt in allen Bestimmungen dessen, was »physis« heißt, deutlich zum Ausdruck. Seinem inneren Gehalt nach wird das Substantiv Physis bestimmt durch die Vorstellung von Werden, Wachsen. Dabei ist mit dieser Vorstellung ebenso der Gehalt verbunden, das, was werde und wachse, gehe aus einem Ursprung hervor, in dem es keimhaft beschlossen liege, wie, es werde aus diesem Ursprung heraus zu einer vorbestimmten Form getrieben. Ersichtlich sind beide Merkmale nicht einfach der reinen Anschauung der Natur zu entnehmen. Sie entstammen auch nicht einem frühen genetischen Wissen um organische Prozesse der Natur. Sie sind Ausdruck uriger Handlungslogik. Das wird deutlich, soweit die Reflexion den Vorstellungsgehalt präzisiert. Dabei wird das Moment des Anfänglichen im Vorstellungsgehalt mit der Bedeutung des Uranfänglichen versehen. Physis meint auch Ursprung, und zwar im Sinne von absolutem Ursprung.[23] Ein Fragment Empedokles', das im Zusammenhang des eleatischen Problems von Sein und Werden zu lesen ist, belegt das eindringlich.

»Physis«, heißt es da, »gibt es von keinem unter allen sterblichen Dingen, auch nicht ein Ende im verwünschten Tod, sondern nur Mischung und Austausch gemischter Stoffe ...«[24]

Später berichtet auch Platon, unter Physis wolle man »das erste Werden verstehen«. Prägnant erklärt Aristoteles: Physis bezeichne das Wesen der Dinge, die den Anfang ihrer Bewegung in sich selber hätten.[25] Woher diese Auffassung von Physis als einem in sich selbst beschlossenen Anfang rührt, die Vorstellung von einem Absoluten also, kann nach allem nicht zweifelhaft sein: Den Dingen und Ereignissen in der Außenwelt unterliegt noch ganz das urwüchsige Handlungsschema. Es verschlägt nicht, daß es anfänglich den Dingen selbst verhaftet bleibt. Auch das ist uns aus früherer Zeit bekannt.

Scharf herauspräpariert wird die subjektivische Logik auch, soweit es sich um die Thematisierung der Ordnung als ganzer handelt. Archaisch mutet noch ein Fragment Anaximanders (610/609-547/546) an, das einzige, das uns von ihm wörtlich erhalten ist:

»Anfang und Ursprung der seienden Dinge ist das Apeiron (das Grenzenlos-Unbestimmbare). Woraus aber das Werden ist den seienden Dingen, in das hinein geschieht auch ihr Vergehen nach der Schuldigkeit; denn sie zahlen einander gerechte Strafe und Buße für ihre Ungerechtigkeit nach der Zeitanordnung.«[26]

Ersichtlich wird hier der Ursprung, das Apeiron, als das grenzenlos-große Unbestimmbare in den Kategorien der Sozialwelt gefaßt: Werden und Vergehen wird an Strafe und Buße gekettet. Je entschiedener sich die Reflexion der Physis bemächtigt, desto deutlicher bringt sie die urwüchsige Handlungslogik zur Geltung.

Spätestens seit dem Ausgang des fünften Jahrhunderts wird Physis denn auch als personifizierte, über den Menschen und Dingen stehende Macht bezeichnet.[27] Die Physis, sagt Ehrenberg, wird die Gottheit einer entgötterten Denkwelt.[28] So entgöttert also ist die Welt nicht. Daß die Ideenlehre Platons ganz auf der subjektivischen Logik beruht, habe ich schon angemerkt; in den Kausallehren Aristoteles' ist sie augenfällig.

Es wäre kein Aufhebens von der entschieden subjektivischen Ausgestaltung der griechischen Kosmologie zu machen, wenn nicht diese Art der Vergewisserung der Naturordnung auf dem Hintergrund der Absonderung der Sozialwelt erfolgte. Unter diesen Umständen aber ist unschwer auszumachen, daß die Absolutierung der Natur jene Konstellation schaffen muß, die für ein Jahrtausend das abendländische Denken bestimmt hat: die Natur wird zum festen Hintergrund eines autonom gewordenen Nomos. Diese Entwicklung wird durch den immanenten Fortschritt der Naturanschauung noch gefördert. Der Rekurs auf die Physis als das eigentlich Treibende in der Natur macht eine Bestimmung ihres Organisationsmusters möglich und unter der Unsicherheit des Wissens auch notwendig. In dem, was als teleologisches Formprinzip eruiert wird, lassen sich die funktionalen Zusammenhänge, das, was wir heute das teleonomische Gefüge nennen, faßbar machen. In dieser Weise wird auch bei einer teleologischen Naturbetrachtung eine Chance des Fortschritts eröffnet. Genützt wird diese Chance vor allem in der Medizin und Biologie. Ansonsten reicht sie nicht eben weit. Der Grund ist einsichtig: Die Strukturkonformität von Natur und Sozialwelt läßt die Philosophie allerwärts weiter mit Begriffen befaßt sein. Die Physiken der Philosophen sind Übungen in Begrifflichkeiten; »zur Sache« gehen sie nur, soweit sie phänomenal verfügbar ist. Gleichwohl gewinnen die nunmehr thematisch und verfügbar gemachten naturalen Ordnungsmuster einen bedeutsamen Stellenwert: Sie werden, besonders so weit sie die Physis des Menschen betreffen, zum Ausdruck des Normalen und damit Verbindlichen. Das verstärkt ihre Vorordnung vor dem Nomos.

4.3.2. Der Nomos der Sozialwelt

Wenn wir noch einmal unseren jeder Kenntnis der historischen Literatur baren Logiker konsultierten, wie unter der Prämisse eines durchgehend auf die subjektivische Logik festgelegten Naturverständnisses dem Weltbild die zu Bewußtsein gebrachte Autonomie des Menschen über den Nomos eingearbeitet werden kann, dann müßte er die große Linie der Argumentation unschwer finden: Die Physis ist das primär Gegebene. Sie ist ohne Zutun des Menschen da. Der Nomos ist immer etwas, das ihr erst folgt. Ergo, würde er folgern, muß in einem Denken, das seiner logischen Struktur nach so entscheidenden Wert auf die Anfänge legt, in dem die Anfänge immer das eigentlich Bestimmende sind, den Gesetzen der Physis absoluter Vorrang eingeräumt werden. Tatsächlich ist das die Linie, auf der auch in Griechenland ungeachtet einer Anzahl von Irritationen und Idiosynkrasien die Bestimmung des Verhältnisses von Physis und Nomos gelegt ist. Die Natur ist vorgegeben, ihre Ordnung ist absolut verbindlich. Gegen sie vermag der Nomos nichts auszurichten. Er muß sich an sie halten.[29]

Allein, damit ist auch nur erst die große Linie wiedergegeben. Offen ist die Frage, welcher Seins-Status dann dem Nomos selbst zukommt. Diese Frage bereitet auf der Folie der subjektivischen Logik Schwierigkeiten. Der Umstand nämlich, daß alles, was ist, als von einer hinter ihm gelegenen Substanz bewirkt erscheint, führt dazu, daß auch die geistigen Gebilde: Gedanke, Wort, Satz, Einsicht, Erkennen einer substanzhaften Betrachtung unterworfen werden. Wenn aber jeder Gedanke, jede Einsicht und Wahrnehmung ihre eigene Substanz haben, dann gibt es nichts Wahres, nichts Falsches, weil zu jedem ein eigenes Sein gehört. Eben diese Argumentation ist mit Akribie und List im Theaitetos dargelegt. Sie führt unter der Bedingung der Unsicherheit von Wissen und dessen Konvergenz auf das erkennende Subjekt wie von selbst auf den so berühmten homo-mensura-Satz, hier in seiner erkenntnistheoretischen Situation. Der Mensch ist das Maß aller Dinge.

»Wahr also«, so präpariert Sokrates die Meinung der Sophisten heraus, »ist nur meine Wahrnehmung, denn sie ist die meines jedesmaligen Seins. Ich also bin der Richter, nach dem Protagoras, dessen sowohl, was mir ist, wie es ist, als dessen, was mir nicht ist, wie es nicht ist.« (Theaitetos 160c)

Eben deshalb kann man auch jemanden, der Falsches denkt, nicht dazu bringen, Wahres zu denken. Der Falschgedanke gehört ja zur Person, ist in ihm, hat also Sein und ist in diesem Sinne wahr. Sokrates legt das Substanzhafte dieser Logik noch einmal offen, wenn er konstatiert:

»Denn es ist weder möglich, das, was nicht ist, vorzustellen, noch überhaupt anderes, als in jedem erzeugt wird, dieses aber ist wahr.« (Theaitetos 167a)

Die Konsequenz für den Nomos liegt auf der Hand: Was in einem Staat als Nomos gilt, ist ihm auch das Wahre und Rechte. Staatliches Gesetz und Gerechtigkeit fallen in eins.

Die Aporie blieb auch dem Beteiligten nicht verborgen: Wahrheit und Wertung würden überhaupt hinfällig. Natürlich wollte man das nicht. Sokrates stellt denn auch ausdrücklich fest:

»Denn ich behaupte zwar, ... daß zwar jeder von uns das Maß dessen sei, was ist und was nicht ist, daß aber dennoch der eine unendlich viel besser sei als der andere, eben deshalb weil dem einen dies ist und erscheint, dem anderen etwas anderes.« (Theaitetos 166d)

Derselbe Gedanke wird alsbald für den Staat wiederholt.

»Denn was jedem Staat schön und gerecht erscheint, das ist es ihm ja auch, solange er es dafür erklärt; der Weise aber macht, daß anstatt des bisherigen Verderblichen ihnen nun Heilsames so erscheint und ist.« (Theaitetos 167c)

Das angestrengte Grübeln über Wahrheit und Gerechtigkeit im Theaitetos und Protagoras belegen eindrücklich, in welcher Weise die institutionellen Probleme der Zeit von der historischen Entwicklung zwar aufgeworfen, aber von der hergebrachten Logik in Bann gehalten werden. Verhalten, aber zumindest für spätere Zeit sichtbar kündigt sich der Widerspruch gegen die Logik selbst an. Einstweilen allerdings bestimmt sie weiter die Ordnung des Gesamtsystems. Das gilt auch für die nähere Bestimmung der noch in sozialen Kategorien begriffenen Gesetze der Natur in ihrem Verhältnis zur Sozialwelt. Die Philosophen der Zeit, die großen Systembauer insbesondere, hatten keine überwältigenden Probleme mit ihr. Entweder entsprach das, was in der Sozialwelt ausgebildet war, ohnehin der Natur. Sklaven sind nicht zum Herrschen geboren; ihr sklavischer Status belegt ihre sklavische Natur.[30] – Die tatsächliche Bewegung der Logik geht, das kann nicht nachdrücklich genug betont werden, vom Explikandum zum Ursprung als Explikans. Sie schreibt das Explikandum im Ursprung fest. – Oder aber, das, was ist, ist Ausdruck eines von der Natur der Menschen eingeräumten Spielraums, ohne die unveränderlichen Gesetze der Natur infrage zu stellen. Von Natur aus ist die rechte Hand die stärkere; nachhaltige Übung aber kann die linke gleichstark machen. Das ist fast schon alles, was Aristoteles zum Naturrecht zu sagen hat.[31] Man muß genau hinsehen, um gewahr zu werden, unter welchen Bedingungen die Diskussion geführt wird: Solange die Natur selbst in sozialen Kategorien begriffen wird, kann die Vorstellung sich halten, an ihr Muster und Maßstab zu finden. Diese Vorstellung bleibt zwar völlig abstrakt und für jede Usurpation ausbeutungsfähig, aber sie reicht hin, um das Geschäft der Theorie zu Ende zu bringen. Die sophistische Abwertung des Nomos zur bloßen Meinung und Faktizität des Tages läßt die Natur umso härtere Züge annehmen. Die große Theorie konterkariert mit anderen Worten im Verweis auf die Natur das Bewußtsein der Autonomie des Menschen. Sie zeigt sich dabei außerstande, den sophistischen Versuch, aus der Natur die Gleichheit aller zu folgern, kritisch aufzunehmen. Wie sollte sie! Unter dem Zwang der subjektivischen Logik muß sich das, was sich durchsetzt, nahezu notwendig als Telos des Geschehens darstellen. Das aber ist Natur im eigentlichen Sinne des Begriffs. Notwendig präsentiert sich daher auch die Faktizität der Gewalt als ihr Recht. Kallikles läßt sich durch die Logik des Tages in einer bewegten Rede fortreißen:

»Wenn aber, denke ich, einer mit einer recht tüchtigen Natur zum Manne wird, so schüttelt er das alles ab, reißt sich los, durchbricht und zertritt alle unsere Schriften und Gaukeleien und Besprechungen und widernatürlichen Gesetze und steht auf, offenbar als unser Herr, er, der Knecht, und eben darin leuchtet recht deutlich hervor das Recht der Natur.«[32]

Es versteht sich: Auch das Stück Wahrheit, das in dieser dramatischen Rede gelegen ist, daß nämlich sich naturwüchsig tatsächlich das Interesse des Stärkeren durchsetzt und als Recht drapiert, läßt sich bei einer naturrechtlichen Festschreibung nicht kritisch wenden.

4.4. Das Selbstverständnis des Menschen

Die Einsicht, daß Menschen die Gesetze der Sozialwelt selbst erst schaffen, ist ebenso eine Einsicht in die Natur der Sozialwelt wie in die des Menschen. Die Revision des menschlichen Selbstverständnisses weist deshalb ebenso signifikante Züge auf wie die Revision des Verständnisses der sozialen Lebensform. Und vor allem: ihr eignet derselbe Realismus. Sie knüpft an den gleichen gattungsgeschichtlichen Prozeß an: Der Mensch setzt den Prozeß fort, auf den er seinem anthropologischen Organisationsplan nach verwiesen ist. Er baut seine Organisationskompetenz im Verhältnis zur Sozialwelt weiter aus. Dabei erfährt er, was ihm auf den frühen Stufen der Geschichte unter der naturwüchsigen Geltung der Konstrukte verborgen geblieben war: eben dies, selbst der Urheber der Verhältnisse zu sein, unter denen er lebt. Mit dieser Einsicht gewinnt er ebenso ein gesteigertes Bewußtsein seiner selbst wie ein Bewußtsein seiner Historizität. Beides geht zusammen. Historizität meint nicht einfach die Änderung der Lebenswelt im Zeitablauf. Sie erhält ihren qualifizierten Sinn erst aus dem Bewußtsein, die Änderungen in der Geschichte der Gattung selbst herbeizuführen. Der Realismus, der dieser Einsicht eignet, reicht weiter als das bloße Wissen um die Autorschaft selbst. Der Mensch kann nicht gewahr werden, daß er in einer Geschichte steht, deren lebensbestimmende Strukturen von ihm verändert werden, ohne gewahr zu werden, daß er damit selbst als Person an diesen Veränderungen hängt, ihnen ausgesetzt ist. In der griechischen Geschichte hat dieses Wissen das erste Mal seinen zunächst nur zaghaften Ausdruck gefunden, und zwar an einer höchst signifikanten Stelle: am Ausgang der archaischen Zeit. Hier war die alte Vorstellung einer unveränderlichen Natur des Menschen noch lebendig. Der Mensch verstand sich aus einer Zeit, in der sein eigenes Geschick mit einer unveränderlichen Ordnung verbunden war. Vergangenheit und Jetzt waren identisch. Was immer das für die konkrete Lebenssituation bedeutet haben mag, das neugewonnene Bewußtsein läßt ihn sich selbst anders wahrnehmen, getroffen und abhängig von einem Geschick, das flüchtig ist, ihn zum Abhängigen macht, und das nicht nur in seinen Lebenslagen, sondern in seiner Person. Er wird, wie die Bezeichnung lautet, »ephemer«. Fränkel, dem wir die Untersuchungen der frühgriechischen Zeitauffassung und ihres Verhältnisses zur Natur des Menschen verdanken, faßt die Veränderung wie folgt zusammen:

> »Das Ich konstituiert sich eigentlich erst jetzt, in seiner Gefährdung durch den Tag, als eine besondere Welt, die mit der Außenwelt, die nun erst zum Gegenpart geworden ist, in Beziehung tritt. Es will sich wahren, unabhängig machen, in sich selbst zusammenrollen sozusagen. Der große Hasser Archilochos hat dafür das Bild des Igels gefunden, der nach allen Seiten seine Stacheln aussträubt.«[33]

Zeitbegriff und Verständnis des Menschen, die sich hier im Übergang zur Klassik entwickeln, sind noch nicht die unsrigen. Die

Entwicklungslogik und Entwicklungsrichtung ist jedoch deutlich erkennbar. Es ist der erste soziologische Gedanke; der erste, in dem sich auch die politischen Implikationen ankünden: die Verhältnisse, unter denen der Mensch lebt, werden für ihn selbst schlechterdings entscheidend.

Wenn man danach den Vorgang, der sich hier an der Epochenschwelle der Geschichte abspielt, auf eine einfache Formel bringen will, dann am ehesten dadurch, daß man die veränderte Stellung des Subjekts in und gegenüber seiner Lebenswelt benennt: Der Mensch verschafft sich in der Geschichte ein höheres Maß an Organisationskompetenz; er gewinnt dadurch ein distanzierteres Verhältnis zur Welt, in der er lebt. Dieser Vorgang auch bewirkt die veränderte Ich-Struktur mitsamt dem an ihr haftenden Bewußtseinsschub. Eine unsicher gewordene Welt muß neu organisiert werden. Indem das Subjekt sich als Organisator erfährt, läßt es die Welt ein Stück entschiedener als zuvor konvergieren auf sich.

Der Einblick in das, was geschehen ist, macht zugleich deutlich, was geschehen muß, wenn der Prozeß fortgesetzt werden soll: die Organisationskompetenz im Verhältnis zur Lebenswelt muß weiter ausgebaut werden. Dieser Prozeß ist nur in Grenzen steigerungsfähig, solange allein die politische Organisation angespannt wird. Die Effizienz der Ausbeutung, auf der alle politische Organisation seit der Staatenbildung beruht, erreicht bei gleichbleibendem Niveau der Produktivkräfte sehr bald ihre Grenzen. Entscheidend für jede weitere Entwicklung wird die Ausweitung der Verfügungsgewalt über die Natur. Insoweit nun scheint die griechische Antike ebenfalls den Weg bereitet zu haben. Denn gemeinhin läßt man mit ihr auch die Geschichte der Naturwissenschaft beginnen.

5. Die Entstehung der Naturwissenschaften. Vom subjektivischen zum funktionalen Verständnis

Die Naturwissenschaften kommen spät. Die Gründe haben wir kennengelernt: Auch wenn es Sinn hat zu sagen, der Mensch könne nicht nicht lernen[34]; damit er wirklich lernt, muß erst die gedeutete Welt unsicher werden, er selbst gezwungen sein, sich nach verläßlicherem Wissen umzusehen. Exakt dieser Prozeß ist es, der in der vorklassischen Periode der griechischen Geschichte beginnt. Die

Differenz zwischen dem Wissen und dem Gegenstand des Wissens bricht auf, ebenso die zwischen Schein und Sein. Exakt das sind die Bedingungen, unter denen Wissenschaft entsteht.

Die Entstehung der Naturwissenschaft macht noch einmal deutlich, was zu zeigen mir wichtig ist: Ihr Anfang beruht nicht auf irgendeinem uneinsichtigen Wechsel in der Perspektive der Natur. Auch kein Wechsel im Wertmuster der Weltbetrachtung hat ihn hervorgebracht. Nicht einmal der so viel bemühte griechische Genius ist in Ansatz zu bringen. Es ist schlicht die Nötigung, unter der Bedingung von Unsicherheit, notabene der Unsicherheit der bisherigen Deutungsmuster, sich nach besserem Wissen umzusehen. Das braucht System, verlangt Methode. Die Pointe im Verständnis der Entstehung der Naturwissenschaften ist, daß sie den Prozeß fortsetzen, der schon im vorwissenschaftlichen Aufbau der Lebenswelt, und zwar in jeder, verfolgt wurde: die naturale Wirklichkeit in Konstanzsätzen festzustellen. Eben darauf auch beruht ihr welthistorischer Siegeszug.

5.1. Die Anlaufperiode der Naturwissenschaften

Die Geschichte der Naturwissenschaften selbst spiegelt die Aufnahme dieses elementaren Interesses wieder. Ihre Periodisierung ist bezeichnend. Die Naturwissenschaften kommen nicht nur spät, sie brauchen auch eine lange Anfangsphase ihrer Entwicklung. Läßt man sie tatsächlich mit Thales von Milet entstehen, dann fallen von den mehr als zweieinhalb Jahrtausenden ihrer Geschichte mehr als zweitausend Jahre in die erste Periode, das sind nahezu 90%.

Perioden der Geschichte der Naturwissenschaften:

Zeit	Wissenschaftler
1. Periode 6. Jh. a. D.	Thales von Milet
2. Periode 1687	Newtons Philosophiae Naturalis Principia Mathematica
3. Periode 1900	Planck führt den Quantenbegriff ein

Woher rührt die lange Anlaufperiode? Faßt man den Zuerwerb an Gesetzeswissen in dieser ersten Periode der Geschichte der Naturwissenschaften näher ins Auge, so macht man eine überraschende Feststellung: Nur ein geringer Teil des zuerworbenen Wissens ist der Theorie zu danken. Der größere Teil des Zuerwerbs an Wissen lief in der Praxis der Naturbewältigung neben der wissenschaftlichen Theorie her. Dieser Vorgang belegt noch einmal das gemeinsame Interesse, auf das eine noch elementare Praxis der Lebensführung und eine erst in Entstehung begriffene Naturwissenschaft festgelegt ist. Nur deshalb konnten ja auch Erfolge und Einrichtungen wie die Herstellung einfachster Maschinen als Muster der Naturerklärung von der Theorie übernommen werden.[35] Solange aber der Zuerwerb an die Praxis der Subsistenzsicherung gebunden ist, verläuft er unorganisiert und braucht lange Räume. Hinzu kommt, daß das ökonomische System, an das er gebunden ist, unter Bedingungen der Bedarfsdeckung nur begrenzte Prämien auf neues Wissen setzt. Nicht minder gravierend sind die Barrieren, die dem Fortschritt der Theorie im Wege stehen. Die wichtigste haben wir oben schon erörtert: die primitive Denkstruktur selbst. Strukturen sind nur schwer überwindbar. Sie rücken erst in einer späten Phase der Geschichte in den Blick. Überdies ist jede Reflexion auf sie noch von ihnen bestimmt. Jeder Fortschritt muß daher mit ihren Mitteln über sie hinauszukommen suchen. Das ist das Problem. Als sich in der griechischen Geschichte das Interesse darauf konzentrierte, die Ordnungsmuster durch die teleologischen Deutungen hindurch zu ermitteln, lag darin zwar eine Chance, konstante Beziehungen ausfindig zu machen. Allein, die ungebrochene Deutung der Natur in den Kategorien der Sozialwelt hielt das Denken in der Ebene bloßer Begrifflichkeit fest. Gerade weil der Begriffsrealismus strukturell bedingt war, ließ er sich nur äußerst langsam überwinden. Es fehlte ganz einfach der organisierte Rückgriff auf »die Sachen selbst«. Eine sozialstrukturelle Barriere wirkte in die gleiche Richtung. Die Zuweisung von Arbeit an die unteren Schichten führte auch zu einer sozialen Zementierung der Praxisferne der Intellektuellen, die noch über ein Jahrtausend dauern sollte.[36] Auf dem Stande der antiken und hernach der mittelalterlichen Naturerkenntnis ließ sich daher ein Zugewinn an Erkenntnis nur dort erreichen, wo das Objekt unmittelbar zum Gegenstand der Beobachtung gemacht wurde, in der Astronomie, in der Medizin[37] und eben auf dem zweiten Ast der Entwicklungslinie: der einfachen Praxis.

5.1.1 Der Fortschritt im Mittelalter

Ein realer Fortschritt im Wissen über die Natur ist über das ganze Mittelalter hin festzustellen. Er findet vor allem in der Praxis statt. Bereits in der ersten Phase des Aufschwungs, vom 6. bis zum Beginn des 9. Jahrhunderts bringt er technologische Innovationen, die für sich betrachtet gering erscheinen, für die Praxis der Lebensführung aber von weitreichender Bedeutung sind. Dazu zählen die Einführung des schweren Pfluges, die bessere Ausnutzung tierischer Arbeitskraft durch ein effektiveres Anschirren und der Übergang zur Dreifelderwirtschaft.[38] Was immer sonst noch in den folgenden Jahrhunderten zuerworben wurde, wir brauchen es hier nicht zu erörtern. Der Effekt war in einer Hinsicht immer gleich, und auf eben den kommt es uns hier an: Jeder Fortschritt im Naturverständnis bringt seine zunehmende Mechanisierung. Auch wenn dieser Fortschritt zunächst durch die subjektivischen und weithin religiös vereinnahmten Deutungsmuster geschieht, aufs Resultat gesehen drängt er mit der subjektivischen Eingriffskausalität religiöse Interpretamente zurück. Es ist eben das, was man als den Prozeß fortschreitender Säkularisierung bezeichnet.

5.1.2. Theologische Spekulationen

Für die religiösen Sachwalter war dieser Prozeß zunächst ärgerlich. Durch die Kirchengeschichte zieht sich das Lamento, daß die Welt immer weltlicher werde. Mittlerweile freilich ist der Vorgang spekulativ eingeholt: Der Religion, der christlichen Religion als der geschichtsbestimmenden Religion des Abendlandes, versteht sich, wird zugeschrieben, diesen Prozeß selbst ins Werk gesetzt zu haben. Noch bevor der Protestantismus zur Vergewisserung des Seelenheils seiner Bekenner jenen rastlosen Eifer entfachte, den Prozeß der Industrialisierung vorwärts zu treiben[39], habe allein schon der jüdisch-christliche Monotheismus die entscheidende Phase der Säkularisierung eingeleitet. Eben weil nach christlicher Lehre alle Willensmomente in der Natur letztlich von Gott seien, sei die Teleologie aus der Welt heraus in den Geist Gottes verlegt. »Die mechanische Naturdeutung«, stellt R. Spaemann fest, »später als gottlos gescholten, ist selbst theologischen Ursprungs.«[40] Das nun freilich ist eine jener Weisen, mit der die spekulative Geschichtsphilosophie seit je die Geschichte zu einer Geschichte der Ideen gemacht hat.[41] Es ist schon nicht einsichtig, weshalb dadurch, daß die subjektivisch-teleologische Deutung der Natur auf den einen Gott konvergiert, die Natur entsubjektiviert werden soll. Es gibt ungezählte Beispiele, in denen Gottes Wille für Naturerklärungen in Anschlag gebracht wird. Warum auch nicht? Gänzlich fehl aber geht die Vorstellung, theologische Spekulationen könnten die unterliegende Tiefenstruktur der Objekt- und Ereignisauffassung ändern. Darum aber handelt es sich in diesem welthistorischen Prozeß. Tiefenstrukturen entstammen nicht der Spekulation; sie lassen sich auch nicht durch Spekulationen beseitigen. Die mechanische Naturdeutung ist ein Vorgang, der einzig durch eines ins Werk gesetzt werden kann: durch den Erwerb von Gesetzeswissen. Und das war ein Stück harter Arbeit an der Natur selbst. Spekulation vermag da rein gar nichts. Der Beitrag der gelehrten scholastischen Schulen und Theologen war denn auch aufs ganze gesehen gering.[42] Nur eines wird man als spezifischen Beitrag der christlichen Religion verstehen können: Der christliche Gott war seiner Herkunft wegen nur wenig verstrickt in die Naturprozesse, die christliche Religion eben keine Naturreligion. Ihre Dogmatik setzte deshalb der Praxis keine übergewichtigen Hindernisse entgegen. Es ist ein Beitrag durch Abwesenheit, den sie leistet. Erst an den großen Umbruchstellen des Weltgebäudes, wenn kanonisierte Anschauungen in Gefahr geraten, leistet sie Widerstand.[43]

5.2. Änderungen im Selbstverständnis

Der Umstand, daß die Mehrzahl des zuerworbenen Wissens in der Praxis gewonnen wurde, ist für den Prozeß des Fortschritts in der Naturerkenntnis wichtig. Ihre technologische Verwendbarkeit schafft in einem mit dem Erwerb des Wissens eine veränderte Stellung des Subjekts gegenüber der Natur. Das Herrschaftspotential, das in jedem Zuerwerb von Wissen gelegen ist, wird alsbald umgesetzt. So ist es erklärlich, daß bereits nach jener schon erwähnten ersten Phase des Aufschwungs vom 6. bis zum Beginn des 9. Jahrhunderts in der Landwirtschaft der Eindruck entstehen kann, es habe sich zugleich ein grundlegender Wandel im Selbstverständnis des Menschen vollzogen. Lynn White konstatiert: »Mensch und Natur sind jetzt zwei verschiedene Bereiche. Und der Mensch ist ihr Herr.«[44]

Die Feststellung ist überzogen. Sie nimmt ein Ergebnis vorweg, das sich erst nach dem Umbruch des Weltbildes am Anfang der Neuzeit einstellt. Die Entwicklung im Mittelalter läuft allerdings auf diesen Umbruch zu. Das ist an zwei Entwicklungslinien deutlich erkennbar, die sich durch die Vielzahl der idiosynkratischen Theoriegebäude durch das Mittelalter hindurchziehen: 1. Die Welt wird zunehmend mehr als eine in sich kohärente Ordnung verstanden, deren Ereignisse auch als Resultat eben dieser Ordnung zu ergründen gesucht werden müssen. Gerade die Bedeutung, die der wiederentdeckten antiken Wissenschaft zukam, konnte das Postulat nach sich ziehen, Beweise nicht auf (menschliche) Autorität zu gründen, sondern auf eine Erforschung der Dinge, wie sie sich in Wirklichkeit verhalten.[45] 2. Zunehmend mehr wurde das bereits in der Antike entstandene Bewußtsein von der Konvergenz der Welt auf den Menschen erkenntnistheoretisch und methodisch aktiviert: Der Mensch weiß sich in einer Welt, die ihm nicht von vornherein bekannt ist, die er sich vielmehr erst mit seinen Möglichkeiten und Mitteln zugänglich machen muß. Gleichwohl ist festzustellen, daß beide Entwicklungslinien während des ganzen Mittelalters integriert bleiben in ein metaphysisches Deutungsschema, das letzthin von Gott her denkt. Aufs ganze gesehen will einem der Zuwachs an Wissen denn auch ebenso bescheiden vorkommen wie das Bewußtsein, in einer von Grund auf fremden Welt zu leben. Gemessen an dem Ausmaß des Wissens, das bis zum Ende des Mittelalters nur erworben wurde, ist der Umschlag im Naturverständnis am Anfang der Neuzeit frappant. Es findet eine wirkliche Revolution statt. Die Frage, die sich jedem aufdrängt, der die Natur- und Philosophiegeschichte des Mittelalters bis zur Schwelle der Neuzeit verfolgt und dabei ihre andauernde abgründige Verstrickung in die metaphysische Denkweise nicht übersieht, ist, wie dieser Umschwung, diese veritable Revolution zu erklären ist. Ich möchte die Vermutung wagen – sie ist nicht neu –, daß der Umsturz des Naturverständnisses und Weltbildes am Anfang der Neuzeit gerade nicht das Produkt der philosophischen Spekulation ist, gerade nicht das Resultat still und stetig wachsender Einsicht in der Ebene abstrakter Philosophie. Auch wenn in der

Geschichte dieser Spekulation der Richtungssinn zu erkennen ist, wird der Umschlag selbst nicht aus ihr verständlich. Ich sehe es jedenfalls nicht. Ich suche die Antwort auf die Frage dadurch zu gewinnen, daß ich zunächst den realen naturwissenschaftlichen Erwerbsprozeß strukturlogisch zusammenzuziehen und auf eine kurze Formel zu bringen suche.

6. Der Wechsel des interpretativen Paradigmas

6.1. Interesse und Methode

Das Interesse, die Natur in konstanten Relationen zu begreifen, ist, wie wir gesehen haben, ein elementares Interesse, das eng an den Organisationsplan des Menschen anschließt. Alles, was die Naturwissenschaften seit Beginn der Neuzeit tun, ist, dieses Interesse ins Bewußtsein zu heben und als methodische Strategie in Ansatz zu bringen. Wissen als Gesetzeswissen ist deshalb auch nicht nur ein Postulat der Methode, unter der Bedingung von Unsicherheit Sicherheit zu gewinnen. Umgekehrt ist das Verhältnis richtiger bestimmt: Weil der Mensch dieses elementare Erkenntnisinteresse weiterverfolgt, muß er im Fortschritt der Erkenntnis die Form des Wissens zum Postulat der Methode machen.

6.2. Konstanz und Mechanisierung

Wo es gelingt, Ereignisse derart an Bedingungen zu binden, daß man sagen kann, daß, wenn immer die Bedingungen vorliegen, das Ereignis eintritt, wird die Natur in der Relation von Bedingung und Ereignis in dem spezifischen Konstanzsatz festgestellt.

Der Gewinn eines einzelnen Satzes braucht nicht sonderlich aufregend zu sein. Andererseits kann ein geringfügiger Zuwachs an Wissen erheblich sein und zum Zeitpunkt, an dem das Wissen gewonnen wird, noch unabsehbare Konsequenzen haben. Das, was in der Geschichte der Naturwissenschaften gelungen ist, läßt sich zunächst umfangslogisch bestimmen: Die vorfindliche Wirklichkeit wurde mehr und mehr in derartigen Konstanzsätzen festgesetzt. Für immer mehr Ereignisse konnte angegeben werden, unter welchen Bedingungen sie eintreten, immer mehr ließen sich danach auch über die Manipulation dieser Bedingungen selbst herbeiführen. Es ist eben das, was man als die Mechanisierung des Weltbildes bezeichnet.[46]

Mit der bloß umfangslogischen Bestimmung, der Ausweitung des in Konstanzsätzen faßbar gemachten Wissens, ist der Sachverhalt im Fortschritt der Naturwissenschaften allerdings noch nicht erfaßt. Zumindest in dem uns interessierenden Kontext der Entwicklung des Weltbildes ist von Interesse festzuhalten, daß mit dem Fortschritt in den Naturwissenschaften ein anderes Deutungsmuster an die Stelle des bisherigen getreten ist. Das gilt prinzipiell für den Gewinn jedes Einzelwissens; es gilt aber erst recht für die Änderung des Gesamtsystems. Wo immer es gelingt, Ereignisse in Konstanzsätzen faßbar zu machen, wird das bis dahin geltende kognitive Grundschema, das subjektivische, in seinem Geltungsbereich eingeschränkt und durch ein anderes, das wir funktional-relational nennen können, ersetzt. Die Erklärung erfolgt dann nicht mehr dadurch, daß auf ein subjektivisches Agens oder eine teleologische Kraft zurückgegriffen wird. Fortan liefert die Erklärung die Annahme, daß das Ereignis Ausdruck eines in der Natur selbst angelegten Bedingungszusammenhangs ist. Unter den angegebenen Bedingungen tritt das Ereignis nach allen bisherigen Erfahrungen ein. Der historische Vorgang im Wandel des Naturverständnisses läßt sich deshalb auf jene einfache Formel bringen, die wir bereits verwendet haben:

In der Naturbetrachtung wird ein Interpretationsschema durch ein anderes ersetzt. An die Stelle eines subjektivisch sinnhaften Interpretationsschemas ist ein funktional-relationales getreten.

Versteht man den Vorgang in dieser Weise[47], dann auch wird deutlich, weshalb am Anfang der Neuzeit die Naturwissenschaften eine Art Revolution herbeiführen konnten. Während des ganzen Mittelalters war das Gesetzeswissen über die Natur gewachsen. Allein, schwerlich läßt sich im 13. und 14. Jahrhundert auf der Basis des verfügbaren Wissens die kommende Revolution ausmachen, weder das positive Einzelwissen noch das Gesamtsystem zeigen sie an. Daß sie dennoch nur wenig mehr als zweihundert Jahrhunderte später erfolgt, hat seinen Grund darin, daß trotz des nur mäßig angelaufenen Wissensstandes ein Paradigmawechsel vorgenommen werden konnte. Es war nicht nötig zu warten, bis weiter Stück um Stück Konstanzwissen gewonnen wurde. Das Muster war längst vorbereitet. Das Bemühen, die menschliche Arbeitskraft durch Naturkräfte zu ersetzen, führte zunächst dazu, Naturkräfte auf einfache Weise maschinell auszunutzen, um dann die Natur insgesamt nach dem Muster der Maschine zu begreifen.[48] Dabei wird der Prozeß des Wechsels des interpretativen Paradigmas bis zum Umschlag getrieben. War es im Mittelalter zunehmend mehr verpönt, sich in Fragen der Naturerkenntnis auf einen Eingriff Gottes oder sonst einer wundersamen Macht zu berufen, so wird nach dem Übergang zur Neuzeit die Konsequenz gezogen und die Natur insgesamt als ein System der Materie aufgefaßt, in deren zuständlicher Dynamik jedes einzelne Ereignis gleichbleibenden Gesetzen unterworfen ist. Natur wird fortan als ein nach einem einheitlichen Prinzip aufgebautes Energiesystem verstanden. Es ist ein System, das in zuständlicher Dynamik begriffen wird. Seither gehen wir von der Annahme aus, daß, was immer an Ereignissen innerhalb der Natur auftritt, jedes von ihnen im Schnittpunkt der Bewegung der Materie innerhalb des Systems gelegen ist und sich mit Hilfe allgemeiner Gesetze in dieses einheitliche energetische System einordnen und aus ihm auch erklären läßt. Auch die in der Natur tatsächlich vorfindlichen zielgerichteten Prozesse sind einer Interpretation zugänglich, die sich ohne Hilfe sinnhaft planmäßiger Programmierung nach Art menschlichen Handelns auffassen lassen.

Der weitere Fortschritt der Naturwissenschaften hat Erkenntnisgewinne aufzuweisen, die ebenfalls als Revolutionen bezeichnet worden sind. Für den Ausbau des naturwissenschaftlichen Systems, seine innere Logik und Konsistenz steht die Entwicklung der Planck'schen Quantentheorie dem Newton'schen System nicht nach. Sie ist aus dem Fortschritt der Wissenschaft heraus entstanden, als eine Nötigung sozusagen der Theorie.[49] Was den Umsturz des Weltbildes angeht, ist jedoch jede folgende Revolution der am Anfang der Neuzeit nicht vergleichbar. Nicht ohne Grund werden die späteren überhaupt nur noch von der Fachwelt zur Kenntnis genommen.

7. Die Logik in der Entwicklung

Zieht man die Geschichte der Naturerkenntnis zusammen, achtet man mit anderen Worten nicht darauf, wann und unter welchen Bedingungen die einzelnen Schritte im Fortschritt der Naturerkenntnis gemacht worden sind, dann zeigt sich eine unwiderstehliche Konsequenz, die in dieser Entwicklung waltet.[50] Das Erkenntnisinteresse, die Natur in Konstanzsätzen faßbar zu machen, war, um es zu wiederholen, konstitutionell mit dem Übergang aus der Naturgeschichte in die Kulturgeschichte, die eigentliche Geschichte der Menschheit, angelegt; es lag mit anderen Worten am Beginn der Geschichte der Menschheit. Es ist nur konsequent, daß es weiter verfolgt worden ist. Eben so machte es Geschichte. Es ist unschwer denkbar, daß die Geschichte der Menschheit anders verlaufen wäre. Sie hätte weitere Tausende von Jahren auf dem Stande der Sammler und Jäger verharren können. Es hätte die griechische Antike nicht zu geben brauchen. Nichts rechtfertigt auch die Annahme, die Naturwissenschaften hätten bis zu dem Punkt gelangen müssen, bis zu dem sie in der Neuzeit tatsächlich gelangt sind. Auch von der Neuzeit selbst kann deshalb nicht sinnvoll gesagt werden, sie sei »vorgesehen« gewesen. Allein, das läßt sich sagen: Wenn bessere Erkenntnis über die Natur gewonnen werden sollte, dann nur auf dem Wege, auf dem sie tatsächlich gewonnen wurde: durch Eliminierung der subjektivischen zugunsten der funktional-relationalen Deutung.

Wenn danach für die Entwicklung der Naturwissenschaften Logik und Konsequenz reklamiert wird, muß man genauer hinsehen, als es vielfach geschieht, um nicht mißzuverstehen, was gemeint ist. Die Naturwissenschaften sind in ihrer Entstehung und in ihrem Fortschritt der allgemeinen Geschichte verhaftet. Für die Vielzahl ihrer Ereignisse, auch nur für die, die auf den Forschungsprozeß eingewirkt, ihn vorwärts getrieben oder auch gebremst haben, kann selbstredend keine Logik in Anspruch genommen werden. In diesem Prozeß ist auch keine Determinante ausfindig zu machen, die wie von unsichtbarer Hand die Geschichte auf ein Ziel zugetrieben hätte. Allein, wenn es darum geht, die Entwicklung zu verfolgen, die die Anschauung über die Natur tatsächlich genommen hat, das System der Naturerkenntnis, den Wandel ihrer Struktur zu bestimmen, dann allerdings ist der Prozeß gar nicht anders zu beschreiben als einer, in dem sich das anthropologisch verankerte Interesse, die Natur in Konstanzsätzen faßbar zu machen, durchgehalten hat. Eben das macht den Fortschritt im Wissen über die Natur aus. Dieser Fortschritt ist weder kontinuierlich, noch hat er sich autonom, einem eigenen Antrieb folgend, verwirklicht. Erst der Blick des historischen

Betrachters, der über weite und ja auch wüste Räume der Geschichte hinweg die Entwicklung verfolgt, beiseite läßt, daß die Fortsetzung hier und dort erst nach dem Untergang ganzer Völker und Kulturen erfolgte, zieht den roten Faden durchs Labyrinth der Ereignisse. Es ist eine virtuelle Linie und doch darin real, daß jede Weiterentwicklung irgendwie und irgendwann von dem zuvor erworbenen Wissen profitiert, zuweilen erst, nachdem sich die Trägerkultur auf ein Niveau heraufgearbeitet hat, das längst vor ihr erreicht war. Insgesamt aber läßt der Prozeß Logik und Konsequenz erkennen. Sie hängt, um es zu wiederholen, an einem, an der Konstanz des Interesses, mit dem der Mensch die Natur angeht: Er braucht Wissen um ihre regelhaften Ereignisabläufe; und er bekommt es. Diesen Prozeß setzt er fort. Das ist fast schon alles.

Wer für die Geschichte der Naturerkenntnis kumulativen Fortschritt und innere Logik reklamiert, setzt sich dem Verdacht aus, die jüngere Entwicklung in der Rekonstruktion der Wissenschaftsgeschichte zu ignorieren. Thomas S. Kuhn hat die These vom nicht-kumulativen Prozeß der Wissenschaftsentwicklung formuliert.[51] Seither hat sie sich fast schon so etwas wie einen Status gesicherter Theorie verschaffen können. Allein, womit Kuhn kämpft, ist in Wahrheit etwas anderes als der kumulative Fortschritt der Naturerkenntnis. Was Kuhn Not macht, ist ein Verständnis des Prozeßcharakters von Geschichte und des leidigen Verhältnisses von Subjekt und Objekt in diesem Erkenntnisprozeß. Was er nachweist, steht mit der Annahme, die Geschichte der Naturerkenntnis sei schließlich ein Wissen kumulierender Prozeß, in gar keiner Weise in Widerspruch. Ich gehe darauf ein.

7.1 Kumulation und Revolution

Kuhn wendet sich gegen eine Lehre, der zufolge sich die Wissenschaftsgeschichte als ein kontinuierlicher Wachstumsprozeß darstellt. Er macht vielmehr geltend, daß Wissenschaft, wenn sie sich nach einem langen und schwierigen Prozeß gebildet habe, sich immer auf ein Paradigma des Naturverständnisses festlege, das hinfort die Sicht des Naturverständnisses, die Fragen und die Normen des Forschungsprozesses bestimme. Damit aber sei eine Entwicklung der Wissenschaft durch Kumulation von Wissen nur noch in den Grenzen des Paradigmas möglich. Über die

Grenzen hinaus führe keine Kumulation, sondern nur eine Revolution. Die Geschichte der Wissenschaft ist deshalb für Kuhn eine Geschichte durch Revolutionen hindurch, in denen ein Paradigma durch ein anderes gestürzt wird. Den Grund dafür, daß einzig Revolutionen über ein einmal akzeptiertes Paradigma hinausführen, sieht Kuhn darin, daß der Wettstreit zwischen konkurrierenden Paradigmata nicht durch Beweise entschieden werden könne (196). Wirklich nicht? Sehen wir uns genauer an, was Kuhn unter einem Paradigma und einer Revolution versteht.

Ein Paradigma ist nach Kuhn eine auf einem bestimmten Gebiet allgemein anerkannte Theorie, die vor allem zwei Leistungen vollbringt. Sie erlaubt eine zusammenhängende Deutung des Wissens und damit eine Antwort auf die derzeit wichtigsten Fragen des Gegenstandsbereiches, und sie dient dazu, die Regeln und Normen der weiteren Forschung festzulegen (28, 29). Paradigmata dieser Observanz haben ein Merkmal, das auf den ersten Blick anstößig erscheint, tatsächlich auch die meiste Aufmerksamkeit auf sich gezogen hat: Die Kuhn'schen Paradigmata enthalten ein Moment der Willkür, und sie lösen nie alle Probleme. Kuhn erklärt: »Ein offenbar willkürliches Moment, das sich aus zufälligen persönlichen und historischen Umständen zusammensetzt, ist immer ein formgebender Bestandteil der Überzeugungen, die von einer bestimmten wissenschaftlichen Gemeinschaft in einer bestimmten Zeit angenommen werden« (21). Die Feststellung kann nicht überraschen. Man muß sich nur den Konstruktcharakter des Wissens vor Augen halten. Wissen steht immer unter den Bedingungen derer, die es erwerben. Es ist damit auch gebunden an den historischen Stand des Erwerbsprozesses. Niemals also gibt es Natur rein objektiv. Und solange sich nicht alle Probleme einem Paradigma fügen, und das heißt: solange unser Wissen über die Natur unvollkommen ist, müssen sich zumindest einem späteren Beobachter die zwischen den Bruchstücken des Wissens gezogenen Verbindungen als von fremden Zusätzen durchsetzt aufdrängen. – Was geschieht beim Paradigma-Wechsel?

Die Kuhn'schen Paradigmata sind Interpretamente, die das Einzelwissen zur Einheit eines Systems, zum »Netzwerk von Faktum und Theorie« (187) zusammenschließen. Worauf beruht diese Leistung und damit die Annahme des Paradigmas? Kuhn läßt daran keinen Zweifel: weil das akzeptierte Paradigma gegenüber den konkurrierenden erfolgreicher ist. Man kann sich drehen und wenden, wie man will: das Erfolgskriterium bringt die Sache selbst ins Spiel. Paradigmata leisten die Integration von Fakten und Interpretation oder, wie Kuhn selbst mehrfach sagt: sie bringen Natur und Theorie in Übereinstimmung (48, 116, 187, 188). Darin steckt ein abgründiges Problem: Natur gibt es nicht außerhalb von Theorie. Lassen wir es hier zunächst beiseite. Feststeht, daß die Bildung eines Paradigmas selbst bereits einen Erkenntnisfortschritt darstellt. In seinen Grenzen wird die Natur mit einer Genauigkeit und einer Tiefe untersucht, die sonst unvorstellbar wäre. Bestimmung signifikanter Fakten, gegenseitige Anpassung von Fakten und Theorie, Präzisierung der Theorie, das ist es, was das Paradigma, und damit die »normale Wissenschaft« leistet. Kuhn schreibt ihm denn auch zu, daß ein Teil der Problemlösungskapazität eines jeden Paradigmas sich als dauerhafte Leistung erweist (46).

Wenn »normale Wissenschaft« einen unzweideutigen kumulativen Wissenseffekt erzielt (133), für die kontinuierliche Weiterentwicklung der Wissenschaft sorgt (149), dann, so sollte man meinen, muß dieser Effekt sich auch über den Paradigmawechsel hinweg durchhalten. So ist es auch. Kuhn selbst weist mehrfach darauf hin, daß ein alternatives Paradigma nur dann auf Anerkennung rechnen kann, wenn es über zwei Qualitäten verfügt: 1. Es kann und braucht nicht alle Fragen und Lösungen seines Vorgängers zu übernehmen, aber es darf summa summarum nicht hinter die Problemlösungskapazität seines Vorgängers zurückfallen. 2. In einem Punkt muß es über es hinausgehen: Es muß zumindest eine Anzahl der Anomalien lösen, die das alte Paradigma nicht zu lösen in der Lage war. Es kann danach keine Frage sein, daß das neue Paradigma über eine größere Kapazität verfügt, das verfügbare Wissen über die Natur zur Einheit zu integrieren oder, um noch einmal Kuhns eigene Formulierung zu gebrauchen, die Theorie an die Natur anzupassen. Kuhn erklärt sich denn auch schließlich zu der einfachen Feststellung bereit:

»Der in diesem Essay beschriebene Entwicklungsprozeß ist ein Prozeß der Evolution von primitiven Anfängen her und ein Prozeß, dessen aufeinander folgende Stadien durch ein zunehmend detailliertes und verfeinertes Verstehen der Natur charakterisiert sind.« (223)

In der Organisation des Forschungsprozesses liegt geradezu eine Garantie dafür, daß »sowohl die Anzahl der von der Wissenschaft gelösten Probleme wie auch die Exaktheit der einzelnen Problemlösungen immer weiter wachsen werden«. (223) Klarer kann man nicht sagen, daß per saldo der ganze Prozeß der Naturerkenntnis ein kumulativer Prozeß ist, allerdings einer, der sich durch Paradigma-Wechsel hindurch vollzieht. Wir könnten uns mit diesem Ergebnis zufriedengeben. Allein, es ist lehrreich zu fragen, wo eigentlich das Problem liegt. Es führt uns nämlich auf den Ansatz unserer Erörterung zurück und zeigt, wie ganz unerläßlich es ist, Weltbilder und ihre Änderungen, denn darum geht es auch Kuhn (151 ff), von ihrer Genese her aufzurollen. Der Schlüssel zum Problem liegt beim Verständnis dessen, was ein Paradigma im Kuhn'schen Sinne ist.

Das Kuhn'sche Paradigma ist etwas anderes als das, was wir oben unter einem Paradigma verstanden haben: Im Kontext unserer Erörterung bezeichnet der Begriff des Paradigmas eine *Grundstruktur,* die das Verstehen, Erklären, Ausdeuten der Welt bestimmt. Für Kuhn ist das Paradigma das ausgedeutete System der Welt selbst, ein ausdefinierter Weltentwurf. Wie es zu ihm kommt, wie er entsteht, was seine Brauchbarkeit begründet, das bleibt bei Kuhn unerörtert. Genug, daß es diesen Entwurf gibt, weil eine Forschergemeinschaft ihn für brauchbar erachtet. Das ist alles, was darüber auszumachen ist. Die Unterlassung rächt sich. Denn die Antwort auf die zuvor gestellten Fragen ist unumgänglich, wenn es darum geht zu bestimmen, aus welchen Gründen der Wechsel eines Paradigmas erfolgt. Paradigma-Wechsel bedeuten eine neue Sicht der Welt. Kuhn hat offenkundig die Schwierigkeit zu sagen, was damit gemeint ist. Ist es nur eine neue Interpretation alter Fakten, schließlich bleibt es die eine gleiche Welt, in der auch der Wissenschaftler lebt (174), oder ändern sich mit der neuen Sicht auch die Fakten? Es ist unschwer auszumachen, daß hier ein fundamentales erkenntnistheoretisches Problem aufgebracht ist: das von Satz und Tatsache, Faktizität und Interpretation.[52] Halten wir nach einem Jahrhundert Positivismusstreit fest, daß es keine theoriefreien Tatsachen gibt, dann ändern sich mit dem Paradigma auch die Fakten. Die Theorieanfälligkeit der Fakten, das ist es, was Kuhn außerstande setzt, den Grund für den Wechsel im Paradigma zu erklären. Denn wenn Fakten schon theoriedurchsetzt sind, dann, so scheint es, scheidet die Natur als Schiedsrichter im Streit um das bessere Paradigma aus (134). Ich prätendiere nicht, hier die Lösung des vertrackten Verhältnisses von Tatsache und Satz und seine methodologische

Nutzanwendung zu offerieren. Nur soviel scheint mir unsere Erörterung über den Aufbauprozeß des Wissens zu zeigen: Wenn der Konstitutionsprozeß darin ein realistischer Prozeß ist, daß er durch alle subjektiven Erkenntnisbedingungen hindurch Wirklichkeit über Erfahrung einholt in die Konstrukte, dann ist damit auch gezeigt, daß im Fortgang des Erkenntnisprozesses über die anfänglichen Konstrukte hinausgegangen werden kann. Nichts hindert uns, den Paradigma-Wechsel auch erkenntnistheoretisch das sein zu lassen, was er in Wirklichkeit auch nach der Kuhn'schen Auffassung ist: ein Fortschritt der Erkenntnis der Natur. Dieser Fortschritt bringt in der Tat über Epochenschwellen hinweg ein neues und anderes Verständnis der Natur. Nach dem Paradigma-Wechsel sind die Menschen mit Fragen und Problemen befaßt, die vorher gar nicht im Horizont der Erkenntnis lagen. Das allerdings ist mit aller Geschichte so. Sie ist wirklich kreativ. Die Vorstellung, was in ihr geschehe, sei im Grunde schon im Anfang enthalten, gehört zu den Restbeständen der Metaphysik. Und auch darin werden wir Kuhn folgen: Dieser Fortschritt wird durch keine hintergründige Macht auf ein unsichtbares Ziel hin getrieben. Es ist schlicht das Interesse der Menschen an mehr oder besserem Wissen, zu welchen Zwecken auch immer. Wenn es aber einen Fortschritt gibt, gibt es auch einen Zuwachs an Objektivität. Nur ist es eine Objektivität, die weiter unter den konstruktiven Bedingungen des Erkenntnisprozesses steht. Absolutheit, reine Natur, ist nicht länger eine erkenntniskritische Kategorie.

Die Frage, die abschließend zu erörtern bleibt, ist, was an Konsequenzen an dieser Entwicklung des Naturverständnisses, die ja zugleich eine Entwicklung des Weltbildes ist, für das gegenwärtige Selbstverständnis des Menschen haftet.

VII. Das Selbstverständnis des Menschen im Weltbild der Gegenwart

1. Welt, die Einheit des Systems

Während des weitaus größten Teils der Geschichte, nahezu bis zur Gegenwart, waren Selbstverständnis des Menschen und Weltbild mühelos in Einklang zu bringen. Nicht, daß der Mensch des unauslotbaren Hintergrundes der Welt und seiner prekären Stellung in ihr nicht inne geworden wäre. Es gehört zur Eigenart der Lebensweise des Menschen, daß das auf sich selbst zurückverwiesene Bewußtsein den Lauf des Lebens in der Möglichkeitsform des Geschehens vor sich zu liegen bringt, genötigt, es selbst zu führen. Wenn auch nicht zu allen Zeiten problematisch war, wie ein Leben auszurichten war, was über den Tag hinaus reichte, war allemal unsicher. Tod ist immer im Horizont. Es ist nicht ausgemacht, was die gewaltigen religiösen und metaphysischen Theorien für die Lebensführung auszurichten vermochten. Waren sie wirklich geeignet, annehmbarer zu machen, worin ohnehin sich jeder schicken muß? Wie immer, sie waren jedenfalls möglich. Die eigenartig bewußte Art zu leben, ließ sich mit ihren Möglichkeiten und Grenzen strukturkonform dem Gesamtverständnis von Welt einfügen.

Wir kennen den Grund für diese Strukturkonformität: Die Grundstruktur primitiven Weltverstehens, jene, mit der die Geschichte der Gattung ebenso beginnt wie die Geschichte jedes einzelnen, ist die subjektivische. Sie war das umfassende Interpretationsmuster der Welt, der Natur so gut wie der Sozialwelt. Die subjektivische Deutung ließ die Welt insgesamt als einen großen, sinnhaft organisierten Kosmos erscheinen. Die religiösen Interpretamente machten davon Gebrauch, in der täglichen Nutzanwendung ebenso wie in den Kosmologien. Eben weil es sich bei der subjektivischen Interpretation der Welt um ein Deutungsmuster handelt, das der Objekt- und Ereignisauffassung von allem Anfang an eingebildet wird, ließ sich das Selbstverständnis des Menschen mühelos dem Verständnis der Welt einordnen.

Es scheint mir nicht unwichtig, noch einmal auf den intellektuellen Status dieses Weltbildes hinzuweisen. Die kognitive Grundstruktur bildet sich auf den frühesten Stufen der Ontogenese aus. Diese Stufen aber werden bestimmt durch die soziale Lage, in der der Mensch sich bei der Geburt vorfindet. Sie geht in die Ausbildung der Grundstruktur ein. Das hat zwei weitreichende Konsequenzen: 1. Noch bevor überhaupt die Chance besteht, großartige Erfahrungen im Umgang mit der Welt zu machen, ist durch den Aufbau der kategorialen Form schon entschieden, was und wie es zugeht in der Welt. Das ist die Schattenseite des gesellschaftlichen Schutzwalles. Wenn der Mensch zu denken beginnt und eigenverantwortlich zu leben, ist hinter seinem Rücken über sein Weltbild schon entschieden. Das muß so sein, gewiß. Anders hätte die Gattung Mensch keine Chance zum Überleben gehabt. Allein, die Bedingung hat ihren Preis: die Vorstrukturierung jeglicher Erfahrung in den kategorialen Formen der Sozialwelt, Primitivität.

Die Einheit des primitiven Weltbildes, die Strukturkonformität insbesondere zwischen Welt und Selbstverständnis des Menschen in ihr sind das Resultat dieser Genese. Eben weil »Welt« erst konstituiert werden muß und diese Konstitution über ein einheitliches Grundschema erfolgt, fällt hernach auch die Deutung einheitlich aus.

Weltbilder werden, das ist die entscheidende Konsequenz, nicht erst auf der inhaltlichen Ebene gebildet; sie haften an der kognitiven Grundstruktur.

Im primitiven Weltbild kommen Welt und Natur zur Deckung. Der Mensch ist ein integrierter Teil.

Das anfängliche Deutungsmuster hielt sich zunächst durch, als der Mensch in einem historischen Lernprozeß sondergleichen begann, die Chance seiner Autonomie zu nutzen und sich anschickte, den ontologischen Schein seiner eigenen Konstrukte aufzubrechen. Der freigesetzten Reflexion stand am Anfang dieses historischen Selbsterkenntnisprozesses keine andere Logik als die subjektivische zur Verfügung. Alle philosophischen Systeme werden strukturell von ihr bestimmt. Selbst in so mechanistisch anmutenden Theorien wie der Atomtheorie Demokrits ist sie wirksam und nachweisbar. Die einzige Frage ist nur, wie weit sich bereits der Schatten einer autonomen Mechanik der Natur auf sie legte. Gerade jene Denker, die unter dem Druck der Geschichte die Aufgabe der Philosophie auch wahrnahmen, das Ganze der Welt zum Thema zu machen, um so die unter dem Zuwachs an Wissen aufgeworfene Unsicherheit systematisch einzuholen, sind genötigt, die einzig verfügbare, die subjektivische Logik in ihren

Rechten zur Geltung zu bringen. Die Ideenwelt Platons ist strukturell durch die Handlungslogik und die in ihr vorgezeichnete Vorordnung des Gedankens vor der Tat ebenso bestimmt wie das System von Physik und Metaphysik Aristoteles'. Die Reihe läßt sich fortsetzen bis hin zu Hegel. Immer haftet Philosophie an der Transformation des subjektivischen Deutungsschemas in die Ebene eines ausgedeuteten Weltverstehens.[1]

Wir wissen, in der Naturauffassung konnte im Verlauf der Geschichte das subjektivische Schema eliminiert werden. Wir wissen auch, daß damit nicht einfach ein historisch kontingenter Perspektivenwechsel eintrat. Der Vorgang ist völlig durchsichtig. Die anfängliche Interessenverfolgung in der Erkenntnis der Natur war belastet mit einer Hypothek: Die primitiven Konstrukte trugen ihre Genese mit sich. Zwar war nicht alle Welt einfach Sozialwelt;[2] aber sie wurde im Schema sozialer Beziehungen interpretiert. Von dieser Hypothese konnte sich die Menschheit befreien. Das hatte Folgen. Die Eliminierung des subjektivischen Deutungsschemas als interpretativem Paradigma aus der Naturerklärung entsetzte die Natur ihrer eigenen Sinnhaftigkeit. Natur wurde fortan begriffen als ein mechanistisches Getriebe. Und so wie in Maschinen die Seelenlosigkeit ihrer Mechanik eingebaut war, so konnte und mußte umgekehrt die Maschine zum Paradigma der Naturerklärung werden. Die Gesetze der Mechanik sind die Gesetze der Natur, heißt es bei Descartes.[3]

Keine Zeit kann sich davon dispensieren, den Menschen als Teil der Natur verständlich zu machen. Am Anfang der Neuzeit wurden deshalb gewaltige Versuche unternommen, die Lebensweise des Menschen, seine individuellen wie kollektiven Daseinsformen, in die Mechanik der Natur einzupassen.[4] Das konnte nicht gelingen. Die geistig-kulturellen Lebensformen fügen sich nicht einem Interpretationsmuster, bei dem nichts als die Bewegungsschemata von Druck und Stoß der Materie-Einheiten als Material verwendet werden dürfen. Die Übergangsjahrhunderte kannten einen Ausweg. Descartes schon hatte bekanntlich zwei absolute Substanzen angenommen: die res cogitans und die res extensa. Der Ursprung dieses Erkenntnismodells lag sicher nicht nur in der Schwierigkeit, den Menschen restlos zu mechanisieren.[5] Der Dualismus, der auf diese Weise entstand, war jedoch das probate Mittel für das Dilemma, den Geist in der Materie nicht unterbringen zu können. Er wurde zum Ausweg für Jahrhunderte. Erst seit dieser Zeit kann der Gedanke auftauchen, Welt und Natur nicht deckungsgleich sein zu lassen. Die geistigen Formen sind in ihr nicht unterzubringen.

Mittlerweile hat sich das Verständnis der Natur geändert. Dabei kommt einem Vorgang für unser Problem entscheidende Bedeutung zu: Die Statik der Mechanik ist durch eine Prozeßanalytik abgelöst worden: In der Organisation der Materie liegen Möglichkeiten zu Prozessen, deren Resultat Organisationsformen sind, von denen nicht gesagt werden kann, daß sie selbst von allem Anfang an in der Materie angelegt waren. Vielmehr kann von ihnen lediglich festgestellt werden, daß sie sich unter gegebenen, unter Umständen ganz singulären Bedingungskonstellationen entwickeln konnten. Sie lassen sich nicht ableiten. Sie lassen sich aber erklären.[6] Zu diesen Prozessen gehört die Entstehung des Lebens, und zwar ebenso in seiner uranfänglichen primitiven Form wie in jenem Verlauf, den wir uns in der Evolution der Arten verständlich zu machen suchen.

Dem Vorgang kommt zunächst aus Gründen des naturwissenschaftlichen Weltverständnisses entscheidende Bedeutung zu. Es ist möglich geworden, innerhalb des naturwissenschaftlichen Deutungsmusters und ohne Bruch die Organisationsform des Lebendigen zu erklären.

Die Immanenz der Organisationsform des Lebendigen besagt, in den kategorialen Rahmen unserer Weltbilderörterung übersetzt, daß die teleonomischen Prozesse der Organismen ohne Rückgriff auf teleologische Deutungen verstanden werden können.

Das aber heißt: in den Naturwissenschaften bleibt das subjektivische Handlungsschema mitsamt seinen Sinnimplikationen eliminiert. Die weitere Entwicklung der Naturwissenschaft hat den Umbruch im Weltbild am Anfang der Neuzeit nicht etwa korrigiert, auch nicht abgeschwächt, sie hat ihn komplettiert.

Es bedarf keiner weiteren Begründung, daß dieser Erkenntnisgewinn für das Verständnis des Menschen selbst die nachhaltigste Bedeutung hatte. Die Naturwissenschaften müssen, wenn sie nur konsequent sein wollen, darauf insistieren, den Menschen so in die Natur zu stellen, daß er nicht aus ihrem Interpretationsraster herausfällt. Dieses Desiderat wurde durch die Evolutionstheorie eingelöst. Ihre für jedes zukünftige Weltbild schlechterdings grundlegende Bedeutung liegt darin, ein Interpretationsmuster angeboten zu haben, mit dessen Hilfe die Entwicklung neuerer und höherer Lebensformen verständlich wird. Dieses Muster war bahnbrechend bereits für die naturgeschichtliche Evolution hin zum Menschen. Nicht minder bedeutsam aber ist es für die Nahtstelle zwischen naturgeschichtlicher und kulturgeschichtlicher Daseinsweise. Erst dadurch, daß einsichtig wird, in welcher Weise sich in der Naturgeschichte unter den ganz natürlichen Bedingungen der Evolution eine Organisationsform ausgebildet hat, derzufolge dieses Lebewesen auf die Ausbildung sozio-kultureller Lebensformen angewiesen ist, wird der nahtlose Anschluß dieser Lebensform selbst möglich. Die Sozialwissenschaften sind derzeit damit befaßt, ihn einsichtig zu machen. Gewiß, sie machen sich die Perspektive, die Kulturgeschichte als Verlängerung der Naturgeschichte zu begreifen, nur zögernd zu eigen. Umgehen können sie sie nicht. Ihr ureigenstes Verständnis der Sozialwelt legt sie darauf fest. Wenn sie nämlich darauf insistieren, die Sozialwelt als vom Menschen selbst gemacht zu begreifen, dann müssen sie klären, wieso der Mensch zu diesem demiurgischen Tun in der Lage ist. Die Aufgabe ist unzweideutig. Wir sind ihr in den vorhergehenden Erörterungen gefolgt. Dabei hat sich gezeigt: Es ist möglich, die Bedingungen aufzuhellen, unter denen sich die geistig-kulturellen Lebensformen ausbilden konnten und tatsächlich ausgebildet haben. Die Erklärungen für das Entstehen der geistig-kulturellen Lebensformen brauchen keinen Schritt über den Rand des Naturverständnisses hinauszugehen. Und das, ohne daß ihnen auch nur ein Jota von ihrer Geistigkeit genommen wird. Es bleibt in der Herleitung der geistig-kulturellen Lebensformen als Anschlußform der naturgeschichtlichen Evolution noch einiges zu tun. Die Widerstände gegen ihre Bewältigung sind beachtlich. Allein, an den Einzelresultaten zeichnet sich der umfassende Tatbestand deutlich ab:

Die sinnhafte Daseinsweise des Menschen, sein Leben in sozio-kulturellen Formen läßt sich als Resultat der Evolution aus einer vollständig sinnfreien Natur erklären.

Damit erst vollendet sich der Umbruch des Weltbildes in unserer Zeit. Zunächst schien es lediglich die Natur zu sein, die entzaubert wurde. Sie wurde jeder Geistigkeit und Sinnhaftigkeit entsetzt. Die Frage blieb, was es mit dem Menschen auf sich habe, der ja ebenfalls der Natur angehört. Vom Menschen aus wurde deshalb unsere sonst so säkular gewordene Welt immer wieder hintergangen. Heute sind wir nicht nur in der Lage, sondern geradezu genötigt, den Menschen so in die Natur zu stellen, daß einerseits nicht der geringste Abstrich an ihrer Sinnenleertheit gemacht wird. Und doch vindizieren wir ihm eine geistig-kulturelle Daseinsweise und lassen uns nichts, aber auch gar nichts von ihrer Geistigkeit abmarkten.

Der Vorgang der Sinneliminierung im Naturverständnis ist allgemein anerkannt. Er ist einfach nicht zu übersehen. Dennoch werden seine Konsequenzen für das Weltbild und Selbstverständnis des Menschen paralysiert. Dafür gibt es eine Anzahl Strategien. Durch die erste wird der erkenntnistheoretische Prozeß insgesamt entwertet.

2. Objektivität und Konvergenz

Die naive Vorstellung geht davon aus, in dem Wissen um die Dinge und Ereignisse in der Außenwelt diese Außenwelt auch tatsächlich zu erfassen. Das ist in der praktischen Einstellung des Alltags schlechterdings nicht anders denkbar. Auch in den Naturwissenschaften herrschte bis zum Ende des 19. Jh.s die Vorstellung vor, die Natur selbst im Griff zu haben. Und diese Vorstellung kam nicht von ungefähr. Sie bringt ein Stück Wirklichkeit des Forschungsprozesses zum Ausdruck: Nicht nur wird wirklich nach der realen Außenwelt gefragt und gesucht; die Methode darf als Garant angesehen werden, darin auch erfolgreich zu sein. Sie stellt sicher, im Fortgang der Wissenschaft die Natur immer umfassender in das Netzwerk des Gesetzessystems einzufangen.[7] Auch die Rolle, die dem Experiment zugeschrieben wird, läßt sich nicht begreifen, wenn nicht davon ausgegangen wird, daß damit Verlaufsprozesse der Natur selbst ins Spiel gebracht und faßbar gemacht werden. Das Bewußtsein, die Natur selbst in den Griff zu kriegen, korrelierte mit dem anderen, die subjektiven Anteile des Forschers, seine Vorurteile im Verständnis der Natur, zu eliminieren. In eben dieser Weise hat Schrödinger den Erkenntnisprozeß der Naturwissenschaften beschrieben.[8] In der Wissenschaft tritt, so Schrödinger, der Wissenschaftler, der Denker, fast ohne es zu merken, zurück in die Rolle eines außenstehenden Beobachters. »Aus diesem Grunde«, so fährt er wenig später fort, »halte ich es für tatsächlich wahr, daß ich meinen Geist aus dem Bilde fortlasse, wenn ich die reale Außenwelt konstruiere«.[9] Das freilich ist eine erkenntnistheoretisch problematische Annahme, jedenfalls dann, wenn man sie so blank für sich sprechen läßt, wie sie dasteht. Die Eliminierung der Subjektivität im Naturverständnis und die Objektivierung des Wissens von der Natur sind nämlich nur die eine Seite. Die andere nimmt sich widersprüchlich aus.

Jeder Zuwachs an Verfügungsgewalt bringt mit der damit verbundenen Distanzierung des Subjekts von dem Objekt, auf das sich der Erwerb der Verfügungsgewalt bezieht, ebenso unausweichlich die Konvergenz des Wissens vom Objekt auf die Erkenntnisbedingungen des Subjekts, das das Wissen erwirbt, zu Bewußtsein. Gerade der Fortschritt im Wissenserwerbsprozeß dokumentiert sie: Immer ist das Wissen von heute das revidierte von gestern und das überholte von morgen. Das muß zu der Einsicht führen, daß die Erkenntnisbedingungen im Subjekt und damit das Subjekt selbst schlechterdings nicht zu eliminieren sind. Unausweichlich gilt, daß es immer nur unser Wissen von der Natur ist, und nicht die reine Natur selbst. Mittlerweile haben sich die Grenzen der Methode prägnant bestimmen lassen. Auf den ersten Blick könnte es daher scheinen, als werde mit der zuvor beschriebenen Reklamation von Objektivität, wie sie insbesondere von Schrödinger betrieben wird, nichts als ein veralteter erkenntnistheoretischer Standpunkt eingenommen, ein Standpunkt, der die kopernikanische Wende in der Philosophie nicht mitbekommen hat. Ebenso interpretiert Heisenberg es.[10] Die eigentlich bahnbrechende Errungenschaft der vergangenen Jahre liege in der Einsicht, nicht mit der Natur, sondern nur mit unserer Kenntnis der Natur befaßt zu sein. Insofern habe man auf eine seit Jahrhunderten übliche Naturbeschreibung verzichtet. An diese Feststellung lassen sich behende Spekulationen über die historische Kontingenz des Prozesses anschließen und damit seine absolute Relativität für das Verständnis auch des Menschen unter Beweis stellen. Gemeinsam ist diesen Spekulationen allemal eines: der logische Vorrang des Wissens vor dem Objekt, auf das es sich richtet.

Mir will scheinen, als sei die so nachdrücklich hervorgehobene Konvergenz auf das erkennende Subjekt, die Heisenberg für das Naturverständnis geltend macht, kaum mehr als das Nachholen einer erkenntnistheoretisch lange fälligen Hausaufgabe. Vor allem aber ist der scheinbare Widerspruch zwischen der Eliminierung des Subjekts auf der einen und seiner unausrottbaren Beteiligung im Erkenntnisprozeß auf der anderen Seite ebenso leicht erklärt wie beseitigt. Dazu ist nicht mehr vonnöten, als sich noch einmal den Ansatz dessen zu vergegenwärtigen, was wir oben »Konstruktiven Realismus« genannt haben.

Wir haben gesagt, daß die Ausbildung der kategorialen Formen an einer immer schon vorgegebenen Realität erfolgt. Es ist danach richtig, daß die Welt des Menschen auf den Menschen konvergiert. Das tut sie nicht erst seit der kopernikanischen Wende; in ihr wird die Konvergenz lediglich radikal zu Bewußtsein gebracht. Ebenso richtig ist aber, daß damit nicht Realität überhaupt durch die Maschen des Konstruktes fällt. Eben weil der Mensch die kategorialen Formen an der Realität selbst ausbildet, ebenso den weiteren Ausbau des Wissens an der Realität selbst vollzieht, holt er diese Realität ein in seine Konstrukte, ist seine Welt eine reale Welt.

Wenn das zugestanden wird, dann muß auch zugestanden werden, daß im Fortgang der Erkenntnis über die Außenseite Erfahrungen gemacht werden können, durch die die anfänglichen Bedingungen eliminiert werden. Der Rückzug einer spezifischen Art von Subjektivität im Naturverständnis läßt sich danach so wenig bestreiten wie der Zuwachs an Objektivität. Es ist absurd, in dem experimentell gesicherten Gesetzeswissen jenen vitiosen Zirkel zu sehen, der ihm so gerne nachgesagt wird: Die Hypothesen schon werden auf das Experiment zugeschnitten, und dann wird die Bestätigung dem Experiment als Objektivität ausgegeben.[11] Waddington ist zuzustimmen, wenn er entgegnet:

»To call the nature with which the scientists deal »hypothetical« is this any more than to make depreciatory noise about it? If science can produce – and this is its aim, never of course finally to be attained – a closed but consistent causal network in which the scientist himself is included, can any meaning be attached to a demand for something more?«[12]

Was hier von der Natur gesagt wird, gilt in gleicher Weise für die Implikationen im Verständnis des Menschen. Wenn man nachweisen kann, woher das anfängliche Welt- und Menschenbild herrührt, wenn sich belegen läßt, daß seine Entstehungsbedingungen in nichts weniger »technisch« sind als die Konstrukte, die es hernach ersetzen, wie will man dann an diesem neugewonnenen Weltbild vorbei und hinter es zurück? Das, was hier demonstriert wird, ist ja nicht einfach die Ablösung eines interpretativen Paradigmas durch ein anderes, das erste so beliebig wie das zweite.

Hier wird die Entwicklungslogik für das anfängliche Paradigma so gut demonstriert wie für den Prozeß, in dem es von einem nachfolgenden abgelöst wurde. Wenn mit dem Begriff des Wißbaren und des Wissens überhaupt ein Sinn verbunden werden soll, dann muß man sich auf eine derartige Beweisführung festlegen lassen. Das gilt um so mehr, als hier von vornherein jeder absolute Erkenntnisanspruch aufgegeben ist, nicht allerdings ein realistischer.

So wenig danach zutrifft, hier werde einfach eine Vorentscheidung getroffen, ein spezifisches Naturverständnis im vorhinein in Ansatz gebracht, um hernach Natur und Mensch gleicherweise auf dieser Folie zu interpretieren, so wenig läßt sich die ganze Entwicklung durch eine zweite Strategie: eine Art Gewinn-und Verlust-Bilanz paralysieren.

3. Verlusttheorien

Es ist eine verbreitete Vorstellung, in der Entwicklung des Weltbildes, des Naturverständnisses inbesondere, sei ebenso viel an Wissen verloren gegangen wie zugewonnen wurde.[13] Diese Nullsummenrechnung wird gerade im Hinblick auf die ja ganz unübersehbare Sinneliminierung in der Natur angestellt. Sie bereitet Unbehagen. Kurioser- aber verständlicherweise sind es gerade die Naturwissenschaftler selbst, die als Philosophen beim Blick zurück sich zu dieser Feststellung bereit erklären. Sie können das um so leichter, als dieses verlorengegangene Wissen ein Wissen ganz anderer Art ist, ein Wissen, das eigentlich schon nicht mehr in ihre Domäne fällt.

Der Einwand hat einen eigenartig logischen Status: Verloren ist verloren. Was also weiß man von ihm? Tatsächlich ist es schlecht bestellt um die Aufgabe zu bestimmen, was eigentlich verlorengegangen ist: die »Lebendigkeit der Natur«, die »Sinnlichkeit« in ihrer Erfahrung oder irgendein Geheimnis, ein Numinoses, das einst im Umgang mit ihr die Menschen berührte? So sehr wir bereit und verpflichtet sind, uns an das zu halten, was Naturwissenschaften über Natur sagen, in der Betrachtung früherer Zeiten brauchen wir ihnen nicht zu folgen. Hier nämlich lassen unsere erkenntniskritischen Überlegungen klarere Linien erkennen.

Frühere Zeiten waren auf ein anderes interpretatives Paradigma festgelegt. Das gab dem Umgang mit der Natur tatsächlich einen anderen Charakter. Natur hatte etwas Geheimnisvolles, Unheimliches auch, Schicksalhaftes in einem spezifischen Sinn: Das, was geschah, geschah von Mächten, die intentional wirkten. Eben deshalb war alles, was jemanden traf, nicht einfach von ungefähr. – Der Wechsel des Paradigmas hat mit dieser Art Naturerlebnis aufgeräumt. Wie man darin einen Verlust sehen will, bleibt allerdings schleierhaft, solange man die unterschiedlichen Interpretamente auf einen Wechsel kognitiver Schemata zurückführt, von denen das eine so wenig Geheimnisvolles hat wie das andere, deren erstes die Welt nur in dieser spezifisch geheimnisvollen Weise verstehen ließ. Wer es reizvoller, numinoser findet, das Steigen des Nils dem unmittelbaren Eingriff der Götter zuzuschreiben als den Regenfällen in den abessinischen Bergen, mag das tun. Nur kann diese Vorliebe keinen irgendwie gearteten Anspruch auf eine rationale Aussage erheben. Ebensowenig ist ersichtlich, was an Verlust damit zu verbuchen wäre. Verloren an Natur ist durch den Wechsel des interpretativen Paradigmas nichts.

Der Verlust einer intentionalen Sinnhaftigkeit im Umgang mit der Natur darf nicht in eins gesetzt werden mit einem ganz anderen: Auf der Alltagsebene erleben wir Natur im unmittelbaren Umgang in leibsinnlicher Erfahrung. Diese Dimension ist in der Naturwissenschaft allerdings ausgefällt; und nicht nur das: Sie ist auch in der täglichen Erlebnissphäre des einzelnen fast eliminiert worden. Das allerdings ist nicht eine direkte Konsequenz des veränderten Naturverständnisses. Ein wissenschaftliches Naturverständnis hindert nicht, Sinnlichkeit in der Naturerfahrung auszukosten, wenn es nur Natur gäbe und Chancen, in ihr zu wohnen. Daß es sie nicht gibt, daß wir in die abgelegenen Zonen der Welt reisen müssen, um ein Stück dieses Erlebnisses zu kosten, ist Konsequenz sozialer Systeme, die Natur ausbeuten.

Bevor wir die Konsequenz aus der Sinneliminierung in der Natur für die doch unzweifelhaft auf Sinn angelegte Lebensweise des Menschen erörtern, sind zwei Strategien zu diskutieren, die versuchen, an der Sinneliminierung doch noch vorbeizukommen: die Rückverlegung des Sinns und seine Umdeutung.

4. Rettungsversuche kosmologischen Sinns

4.1 Rückverlagerung des Sinns

Es hat eine gewisse Berechtigung, von dem subjektivischen Deutungsschema zu sagen, es habe schon immer nur einen subsidiären Status gehabt. Es war das interpretative Paradigma katexochen. Allein, es reichte nur soweit, als nicht die Wirklichkeit bereits in konstante Formen eingeholt war. Im Geltungsbereich des Konstanzwissens ruhte es am Grunde, ohne aktiviert zu werden.

Der Fortschritt in der Naturerkenntnis war gerade in den kleinen Bereichen alltäglichen Lebens problemlos. Soweit es gelang, über den status quo ante hinaus verläßliches Wissen in Konstanzsätzen zu fassen, brauchten die Subjektivismen einfach nicht länger bemüht zu werden. Sie waren ohnehin vielfach nicht mehr als Schemen, die bei Bedarf abrufbar waren. Ungleich problematischer wurde es in den ausdefinierten Bereichen namhafter Götter. Deren definitorische Zuständigkeit für dieses oder jenes Geschehnis erschwerte zum einen den Erkenntnisfortschritt; sie machte zum anderen interpretative Anstrengungen notwendig, wenn er sich dennoch vollzog. Es gab ein probates Mittel, diese Aufgabe zu bestehen: Der Gott zog sich als Akteur hinter den Regelverlauf zurück. Namentlich das christliche Abendland hat eine Vielzahl solcher interpretatorischer Rückzugsgefechte zu verzeichnen. Diese Strategie war deshalb das Verfahren der Wahl, weil ja der ureigensten Logik nach die eigentlich bestimmende Kraft immer hinter den wahrnehmbaren Phänomenen lag. Unter der Bedingung eines Weltbildes, das umgekippt ist, mußte dieses Verfahren zu einer ganz spezifischen Art Gotteswahrnehmung führen, jener, die wir deistisch nennen. Die einzige Chance, überhaupt noch das subjektivische Gottesbild in der Welt zu verorten, bestand darin, den Gott hinter die Mechanik der Welt zurückzunehmen, ihn gleichsam, wie das viel verwandte Bild sagt, den Uhrmacher sein zu lassen, der die Uhr geschaffen hat und sie hernach ablaufen läßt. Strukturlogisch verfährt man auch heute so, wenn es gilt, an der Natur vorbeizukommen. Wenn man die Frage nach dem uranfänglichen Anfang der Welt stellt, danach, wie das System der Mechanik zustandegekommen ist, endet die Zuständigkeit der Naturwissenschaften. Mehr noch, sie unterstreichen, daß die vorfindliche Ordnung der Natur nach den Regeln der Wahrscheinlichkeit eine ganz unwahrscheinliche Ordnung darstellt. Wo aber das naturwissenschaftliche Paradigma endet, steht nach wie vor kein anderes Paradigma als das subjektivische zur Verfügung. Eben deshalb konzedieren Naturwissenschaftler wie Erkenntnistheoretiker bereitwillig, es sei unbenommen, hinter allem Geschehen, dem einzelnen wie dem Gesamtgeschehen dessen, was wir Welt nennen, Gottes Regiment zu sehen. Und natürlich hindert dann auch nichts, ihn mittelbar in allem Geschehen wirksam sein zu lassen.

Die Konzession hat zwei Schwächen. Die erste nimmt sich eher wie ein Schönheitsfehler aus. Er wird denn auch zuvörderst von den religiösen Interessenten selbst gerügt: Ein Gott, für dessen aktuelles Handeln in der Welt kein Platz ist, ist fast schon kein Gott mehr.[14] Die logische Substanz jeder Göttlichkeit ist aktuelle Handlungskompetenz. Und ausgerechnet die soll darauf beschränkt sein, mit dem einen uranfänglichen Akt eine seelenlose Mechanik ins Werk gesetzt zu haben. Für religiös empfindsame Gemüter ist diese Vorstellung immer ein pudendum gewesen.[15] Die zweite Schwäche ist logischer Art; und es ist erstaunlich, daß sie von Logikern so leicht übersehen wird: Die Konzession, in oder hinter den gesetzmäßigen Ereignissen ein subjektivisches Agens annehmen zu können, verkennt, daß für diese Annahme länger keine Bestätigung zu haben ist. Die Gesetzmäßigkeit der Ereignisse bedeutet gerade die Eliminierung jenes Elements, das mit aller Subjektivität verbunden ist: der Bestimmung aus einem Willen heraus, der sich dieser Art Gesetzlichkeit entzieht. Anzunehmen, daß die Gesetzlichkeit ihrerseits einem Willensakt entspringe, trägt nicht nur zur Erklärung nichts bei. Es ist einfach nicht ersichtlich, worin eine solche Annahme ihren Grund finden sollte. Das, was als »logische Konzession« erscheint, ist bei Lichte besehen die Konzession, sich jenseits des Wißbaren beliebigen Spekulationen überlassen zu können. Das geschieht in unserer Zeit denn ja auch in reichem Maße.

4.2. Reinterpretation von Sinn

Solange die Welt im subjektivischen Schema als dem interpretativen Paradigma verstanden wurde, war sie eine sinnhafte Welt. Dabei war Sinn ganz nach Art jenes Sinnes gemeint, der die alltägliche Interaktion der Menschen bestimmt. Mir will überaus zweifelhaft erscheinen, was damit für die Lebenspraxis gewonnen war. Wenn man die Vielzahl der Ereignisse, und das heißt doch nach unserem Verständnis: die Seelenlosigkeit des Geschehens in der Vielzahl der Ereignisse, auch noch sinnhaft interpretiert und damit auf sich als bedeutungsvoll bezieht, kann einem die Welt schon wie ein Irrenhaus vorkommen. Sich vorzustellen, daß auch noch Wille und Absicht hinter dem steht, was jedem widerfährt, macht die Verarbeitung nicht per se leichter. Der Wegfall der subjektivischen Deutung hat mit dieser Art Interpretation aufgeräumt. Allein, »Sinn« ist damit nicht überhaupt aus dem Beziehungsgefüge der Welt verschwunden. Und eben daran suchen die Traditionalisten unter den Theoretikern anzuknüpfen. Sinn, das ist ihre These, darf eben nicht einfach als Handlungssinn verstanden werden. Sinn, so könnte man die Strategie bezeichnen, muß nur neu interpretiert werden. Dabei allerdings herrscht erhebliche Konfusion, was denn »Sinn« heißen kann unter den Bedingungen dieses neuen Weltverständnisses. Die Konfusion rührt nicht zuletzt daher, daß unter den Bedingungen schon des subjektivischen Paradigmas Sinn in der Tat nicht einfach nur Handlungssinn meinte.

Die Sinnhaftigkeit der Welt unter der Ägide des subjektivischen Paradigmas bezog die innere Kohärenz, das also, was an Zusammenhängen in der Natur erkannt und in Regeln festgehalten war, mit ein. In die Sinnhaftigkeit absichtlicher Zielverwirklichung war mit anderen Worten das Regelwissen integriert. Ich habe oben Bedacht darauf genommen, deutlich zu machen, daß in primitiven Gesellschaften auch das, was, wie man sagt, ganz »natürlich« erklärt wurde, immer noch hintergangen werden konnte und auch hintergangen wurde und sich dann sinnhaft überhöht darstellte. Zufall war keine Kategorie.

Dieses Verfahren ist nicht einmal logisch zu beanstanden, ganz im Gegensatz zu den oben bereits inkriminierten heutigen Versuchen, die Subjektivität hinter die Bewegung der Materie zu setzen und sie also in ihr wirksam sein zu lassen. Solange das subjektivische Interpretationsmuster als generelles Paradigma des Weltverstehens gilt, lassen sich Regelverläufe auch subjektivisch interpretieren, nach Art sozialer Regeln.

Der Strukturwandel der Logik hat zwar im Naturverständnis Sinn als Handlungskategorie eliminiert, aber nicht jene »sinnvollen« Beziehungen in der Natur, die vor der Wende in die Handlungskategorien integriert waren. Im Gegenteil. Das Gesamtsystem der Materie hat sich als ein in sich kohärentes System erwiesen. Auch Lebewesen sind ohne teleonomische Deutung überhaupt nicht zu begreifen. Teleonomie aber meint: eine aufeinander eingespielte Ordnung, bei der die einzelnen Tätigkeiten vom System in einer Weise gelenkt werden, daß sie Kohärenz, Aufbau und Dauer des Systems sicherstellen.[16] Nichts steht im Wege, diese Systemeinheit »sinnvoll« zu nennen. Allein, dieser Sinn ist exakt nicht jener, der bis dahin als Handlungssinn fungiert hat. Der »teleonomische Sinn« ist gerade etwas, dessen Erklärung innerhalb jenes naturwissenschaftlichen Weltbildes bleibt, in dem jeder Handlungssinn ausgemerzt worden ist. Eben deshalb aber ist nicht ersichtlich, wie von den teleonomischen Sinneinheiten der Biosphäre rückgefunden werden kann zu den teleologischen Sinnkonzepten der menschlichen Lebensführung. Der Reinterpretationsversuch von Sinn als Funktionssinn von natürlichen Systemen führt deshalb keinen Schritt weiter als bis zu jenem Staunen, daß Welt in der für uns einsichtigen Ordnung ist. Das macht schweigsam, trägt aber zum Verständnis der Welt nichts bei.

Die Frage, welche Konsequenz an dem Umbruch der Weltanschauung hängt, hat sich mittlerweile soweit eingeengt, daß die Untersuchung zu Ende gebracht werden kann. Halten wir also diese Konsequenz fest.

5. Rückverwiesen auf sich selbst

Menschen leben sinnhaft; sinnhaft aufgebaut sind ihre Ordnungen; sinnhaft ist ihr einzelnes Tun. Diese Feststellung gilt selbstredend auch nach dem Umbruch des Weltbildes in der Neuzeit. Hinfällig geworden ist nur eines: die Annahme, Menschen könnten für diese sinnhaften Ordnungen und Tätigkeiten einen Anhalt an der Welt finden, in der sie leben. Seit sich die Sozialwelt mit ihren sinnhaften Strukturen als ein Entwicklungsprodukt erwiesen hat, das verständlich ist, ohne daß das Stratum, aus dem heraus es sich entwickelt hat, selbst sinnhaft organisiert sein muß, ist der Mensch mit allen seinen Handlungen und den Formen seiner Lebensweise vollständig auf sich verwiesen. Er findet, wann immer er versucht, hinter den Vorhang seiner sinnhaften Daseinsweise zu sehen, niemand als sich selbst. Wo immer deshalb Sinn in Frage steht, gibt es keine Weiterverweisung, nicht in der Erkenntnis, nicht in der Ethik, nicht in der Ästhetik. Dieses Bewußtsein ist mittlerweile allgemein. Wenn man daran vorbeizukommen sucht, dann nur mit einem Sprung aus allem Wißbaren heraus. Allein, auch dieser Versuch kann nicht länger ohne Risiko unternommen werden. Auch er ist angefressen vom Wissen um die Bedingungen, unter denen er geschieht. Der Zweifel und Mangel an Grund für eine subjektivische Deutung von Wirklichkeit jenseits der Enklave sozialer Beziehung ist nicht einzuholen.

5.1. Das Ende der Religion

Religion hat gegenwärtig einen unentschiedenen Status, in der Praxis und in der Theorie. Im Horizont einer Empirie, die sich an das hält, was plane gegeben ist, kann man ebenso darauf verweisen, daß die Mehrheit der derzeit lebenden Menschen unbestreitbar religiöse Denk- und Verhaltensweisen zeigt, wie darauf, daß eine nicht zu übersehende Minderheit in einem präzis zu bestimmenden Sinne a-religiös geworden ist. Das ist ein historisches Novum. Es kann daher scheinen, als habe es derzeit keinen Sinn, die Frage nach dem Ende der Religion auch nur zu stellen. Denn was für eine Wissenschaft nicht beantwortbar ist, wird auch als Frage sinnlos. Allein, in einer entwicklungslogischen Erörterung geht es nicht einfach um das, was plane feststellbar ist. Die Frage nach dem Ende der Religion hat eine erkenntnistheoretische Dimension. Und die besteht zuvörderst in der historischen Diskrepanz zwischen dem, was gestern gutgläubig angenommen werden konnte, und was heute denkbar ist. Ich sehe nicht, daß die Frage, unter welchen Bedingungen Religion länger noch gedacht werden kann, in einer Weise reflektiert wird, die dem Erkenntnisstand unserer Zeit gerecht wird.

5.1.1. Die Basis der Vergangenheit

Religion, so haben wir gesagt, thematisiert die Tiefenstruktur der Welt, um dem Menschen ebenso die Welt wie sich selbst in ihr verständlich zu machen. Sie will ihm so den Sinn seines Daseins ingesamt wie die Sinnanweisungen für die Vielzahl einzelner Aktionen seiner Lebensführung zusprechen. Religion war deshalb zeit ihres Bestehens an die subjektivische Wirklichkeitsinterpretation gebunden. Jeder Gott ist auf das subjektivische Schema festgelegt. Götter sind Subjekte; sie handeln, oder sie sind nicht.

Für die Geschichte bis hin zur Neuzeit fand die Religion, eben weil sie an das unterliegende Paradigma der Wirklichkeitsauffassung gebunden war, an der Wirklichkeit ihre ganz selbstverständliche Bestätigung. Wenn und soweit sich die Wirklichkeit subjektivisch darstellt, ist an den Subjekten des Geschehens so wenig zu zweifeln wie an der Wirklichkeit. Unsere eigene Zeit ist geneigt, Religion über Glauben zu definieren. Allein, in den früheren Zeiten war Glauben nur soweit gefragt, als es darum ging, gerade diesen Gott zu verehren, sich an die Eigenschaften und Taten zu halten, die von ihm berichtet wurden. Die Existenz von Gott oder Göttern selbst war grundsätzlich nicht fraglich.[17] Selbst dort aber, wo die personalistische Ausstaffierung der Welt auf Ablehnung stieß, blieb die unterliegende subjektivische Bedeutung erhalten.

5.1.2. Die Situation in der Neuzeit

Es ist unschwer zu erraten, was geschehen ist, seit das subjektivische Schema aus der Naturerkenntnis eliminiert und seine Genese aufgedeckt worden ist: Wenn weiter noch von Gott und Göttern geredet wird, so ist mindestens dies zu verzeichnen: Für diese Vorstellung ist der einst selbstverständliche Anhalt verloren gegangen. Mindestens dies muß jeder religiöse Praktikant akzeptieren, wenn er sich nicht überhaupt weigert zu denken.

Die Feststellung wird gern unterlaufen. Der Rückzug aus der Natur hat die Zuständigkeit von Gott und Göttern im Sozialbereich nur noch intensiviert. Hier ist die subjektivische Deutung selbstredend nach wie vor in Kraft. Menschen handeln wirklich als Subjekte. Gerade die christliche Religion kann darauf verweisen, daß ihr Gott von allem Anfang an kein Naturgott war. Immer schon stand die Zuständigkeit im Sozialbereich im Vordergrund. Erkenntnistheoretisch allerdings ist der Versuch, sich an der Natur vorbeizumogeln, nicht haltbar. Und das aus zwei schlechterdings zwingenden Gründen: Erstens, der Mensch fällt nicht aus der Natur heraus. Die geistig-kulturelle Lebensweise ist ein Evolutionsprodukt, das aus der Natur heraus verständlich gemacht werden kann. Die Prämisse für die geistig-kulturellen Konstrukte, das kann man nicht entschieden genug hervorkehren, ist die Natur in ihrer Geistlosigkeit, nicht selbst schon Geist. Das ist das eine. Zweitens aber schlägt die genetische Aufdeckung des subjektivischen Denkens durch. Daß die Welt im subjektivischen Schema begriffen wurde und wird, hängt daran, daß sich Subjekte, notabene menschliche Subjekte, gebildet haben. Ihr höchst eigenartiges Vermögen, zu sein und zu handeln, bildet das Modell der Interpretation. Auch die Ausbildung dieser Art Subjektivität ist ein Vorgang, der ohne jede andere Annahme als die natürlichen Vorgaben verständlich gemacht werden kann. Die kognitiven Konstrukte entstehen mit dem Menschen und nach dem Muster des Menschen. Das Muster der Subjektivität, in dem Götter und Gott gedacht werden, daran führt kein Weg vorbei, ist nicht originär. Eben deshalb aber ist der Versuch durch nichts abgedeckt, das Modell aus dem Sozialbereich des Menschen hinauszutragen. Auch das, meine ich, muß jeder religiöse Praktikant, wenn und solange er sich auf eine rationale Erörterung einläßt, konzedieren. Dann aber ist auch das Fazit unvermeidbar:

Über die ganze Geschichte hin haben Götter und Gott ihren Anhalt an der Auffassung der Wirklichkeit gefunden. Heute ist jeder, aber auch jeder rationale Anhalt abhanden gekommen. Der Verdacht, daß jeder Gottesgedanke nur die Hypothese der Subjektivität des Menschen ist, ist nicht zu entkräften.

Noch einmal also: Ist die Religion damit am Ende? Die Frage droht auf dem Hintergrund der zuvor erörterten Beweisführung zu einem Streit um Worte zu werden. Allein, sie gibt Anlaß, einige der intellektuellen Erschleichungen, mit denen in dieser Frage operiert wird, zu durchkreuzen. Wenn es richtig ist, daß Religion einst das interpretative Paradigma thematisch und damit dem Menschen die Welt und sich in der Welt verständlich gemacht hat, dann kann man Religion, wenn man will, rein funktional bestimmen und an eben dieser Funktion festhalten. Nur muß man dann redlicherweise zwei Konsequenzen ziehen. Erstens: Unter der Prämisse einer rigoros a-historisch verfahrenden funktionalen Begriffsbildung wird heute der religiöse Kosmos von den Wissenschaften bestimmt, und zwar von Natur- und Sozialwissenschaften gleichermaßen. Sie nämlich liefern die Grundmuster der Wirklichkeitsinterpretation. Diese Konsequenz müssen sich auch die zurechnen lassen, die Religion kürzer, als wir das getan haben, an die Sinnvermittlung binden. Daß der Mensch ein sinnhaft handelndes Wesen ist, liegt am Grunde seines anthropologischen Organisationsplanes. Das allein schon religiös zu nennen, trägt an Erkenntnis nichts ein. Erst die Frage, wodurch und in welcher Weise die Sinnfrage beantwortet wird, bringt Religion ins Spiel. Sinn war über hunderttausende von Jahren keine dezisionistische Kategorie. Sinn wurde über Weltinterpretation gewonnen, und die haftete an der subjektivischen Logik. Wenn man die rein funktionale Bestimmung der Sinnvermittlung durchhält, werden heute ebenfalls die naturwissenschaftlichen und sozialwissenschaftlichen Interpretamente zu religiösen. Das kann man, wie gesagt, machen. Aber was soll damit gewonnen sein?

Kurioser noch ist die zweite Konsequenz, sie ist ebenso zwingend: Wenn Religion an die Wirklichkeitsinterpretamente gebunden war und auch in der Neuzeit gebunden bleiben soll, dann werden alle jene Praxen und Institutionen, die aus früherer Zeit in unsere Zeit hineinragen, a-religiös. Sie nämlich hängen nicht mehr am interpretativen Paradigma der Wirklichkeit. Sie transzendieren es, ohne für diese Transzendenz einen anderen Anhalt zu finden als den, daß sich jenseits des Wißbaren als Ereigniskategorie nach wie vor nur die des Subjekts anbietet. Mir scheint dieses Verfahren erkenntnistheoretisch wenig sinnvoll. Es kriegt nicht in den Griff, worauf es für eine erkenntnistheoretische Betrachtung gerade ankommt: begreifbar zu machen, weshalb Religion durch die Geschichte der Menschheit hindurch spezifische Funktionen in spezifischer Weise wahrgenommen hat und weshalb die dabei entstandenen Formen und Institutionen gerade in den Funktionen von einst heute nicht mehr leistungsfähig sind. Wenn unsere Analyse des gegenwärtigen Weltbildes richtig ist, dann ist jedenfalls gerade jene Religiosität, die bis gestern die Welt bestimmte, jene also, die an das subjektivische Schema gebunden war, in ihren bisherigen Leistungen hinfällig geworden. Gerade sie hat keine Sinnvermittlung mehr zu leisten, weil Sinn als Handlungskategorie nicht länger nach außen verlagert werden kann.

Die religiösen Praktikanten unserer Zeit haben sich längst auf die neue Situation eingestellt, nur zaghaft und unentschlossen. Sie haben den Gedanken der Transzendenz erfaßt und sind zum Überstieg über alles Wißbare bereit. Die Unmöglichkeit, die Transzendenz wirklich zu denken, läßt die Unerschrockenheit, die mundane Kategorie der Subjektivität zu verwenden, um so argloser erscheinen. Dagegen ist kein Kraut gewachsen. Denn es versteht sich, keine Aufklärung über die Genese subjektivischer Deutung und ihre Verwendung als interpretative Kategorie ist in der Lage, einen negativen Gottesbeweis zu führen. Das ist selbstredend auch hier nicht die Absicht. Was unter den zuvor erörterten erkenntnistheoretischen Prämissen mit diesem Überstieg gewonnen wird und ohne Illusionen gewonnen werden kann, ist eine andere Frage. Mehr als problematisch jedenfalls ist es, die Mitwelt weiter mit den Sinnimplikationen zu überziehen, die aus diesem Überstieg abgeleitet werden. Die Sozialwelt ist auf Verständigung angewiesen, jenseits ihrer regiert Gewalt. Mir will es deshalb scheinen, sich in Wißbarem bescheiden zu wollen, sei in der Gegenwart zur Bedingung dafür geworden, Humanität Geltung zu verschaffen. Gleichviel, in einer historisch reflektierten Begrifflichkeit scheint es mir richtig, für diesen Überstieg den Begriff der Religion zu reservieren, schlicht deshalb, weil sich in ihm ein seit Urzeiten gültiges interpretatives Paradigma durchhält. Es gibt kein anderes. In der Entschlossenheit, diesen Überstieg zu wagen, hält Religion sich auch gegenwärtig durch.

Anmerkungen

Einleitung
Unter Ideologieverdacht. Der Streit um das Weltbild

1. Weber, Wissenschaftslehre 214.
2. Ebd., 605.
3. Das war es, was H. Kelsen in seiner Reinen Rechtslehre demonstrierte: Die Grundnorm hat den Sinn, das System logisch zu komplettieren. Der Inhalt der das System bildenden Normen wird durch die Faktizität der Macht bestimmt.
   Vgl. zum genaueren Nachweis Dux, 1976, 285 ff.
4. Den Appell an den Schrecken statt der Widerlegung hat schon Sokrates zurückgewiesen. Platon, Gorgias 473 d.
5. R. Descartes, Meditationes, A-T VII, 17-18.
6. Vgl. schon die Einwände von Mersenne und Gassendi, A-T VII, 124, 294 f.
7. Den logischen Zusammenhang zwischen dem erkenntnistheoretischen und normativen Dezisionismus Webers habe ich in der Untersuchung über Gegenstand und Methode 1974 in der Festschrift für H. Plessner herauszuarbeiten gesucht.
8. Vgl. R. Descartes, Discours de la Methode, A-T VI, 8 (18-29).
9. Ebenso haben bereits Marx und Engels die Ideologiekritik angesetzt. Vgl. MEW 3, 9 ff.
   Daß in einer Zeit historischen Wandels eine Gesellschaft ohne diese Differenzierung nicht verstanden werden kann, war auch Durkheims Annahme. Was als »moralische Tatsache« anzusehen ist, bestimmt sich nicht nur danach, wie die Gesellschaft ist, sondern wie sie zu sein tendiert. Wie weit Durkheim in der Lage war, diese Einsicht einzulösen, wollen wir hier nicht erörtern.
   Vgl. E. Durkheim, Soziologie und Philosophie, S. 88, 114 ff.
10. Begründen hieß für Descartes, das System insgesamt auf die Spitze eines Absoluten zu stellen, aus dem sich schließlich alles und jedes ableiten lassen sollte. Wenn bei Descartes die Vorstellung anklingt, »tabula rasa« machen zu müssen, schieben sich mithin zwei Begründungen zusammen: die historische Einsicht in den Zusammenbruch einer Weltanschauung und die metaphysische Annahme, von einem Absoluten in der Begründung des neuen Systems ausgehen zu müssen. Eben deshalb aber kann man den Versuch nicht einfach denunzieren. Zur erkenntnistheoretischen Situation, aus der heraus das Denken Descartes zu interpretieren ist, vgl. G. Dux, 1976, 153 ff.
11. Zum Beleg kann das Interesse dienen, das heute Aussagen der theologischen Dogmatik finden. Es ist schlechterdings nicht mehr feststellbar. Vgl. Vergote, 1980.

12 K. Popper, 1966.
13 W. Heisenberg, 1955, 30.
14 Gegen das Denken in Ableitungskategorien für die Naturgeschichte bereits J. Monod, 53; vgl. auch Piaget 1974a, 16.

1. *Die Stellung des Menschen in der Natur*

1 Vgl. G. G. Simpson, 1949/67, 15 ff.
   Nichts scheint mir besser anzuzeigen, daß sich das Bewußtsein der Kontinuität zwischen Naturgeschichte und Geschichte Geltung verschafft hat, als der Umstand, daß Weltgeschichten ihre Zeittafeln mit eben diesem Anfang des Lebens vor mehr als drei Milliarden Jahren beginnen lassen. Vgl. Propyläen Weltgeschichte 1, 2, 613.
2 Vgl. R. Leakey und R. Lewin, 56 f.
3 Sarich, 60; Sarich, V. and A. C. Wilson, 1200.
4 R. Leakey und R. Lewin, S. 77.
5 Das Kriterium der »Selbstregulation« als Kennzeichen des Lebendigen ist auf einer quasi phänomenologischen Ebene der Beschreibung von H. Plessner hervorgehoben worden. H. Plessner, Die Stufen, 160 ff. Es hat Eingang gefunden in die Forschung, vgl. V. v. Weizsäcker, 1, 21. Mittlerweile hat es eine biochemische Fundierung erfahren und wird zur Beschreibung der teleonomischen Eigenschaften biologischer Systeme verwandt. S. J. Monod, 55 ff. Vgl. auch Piaget, 1974a, 27 f., 33; 1974 b, 94 ff.; A. Alland, 110.
6 F. Chodat und H. Greppin, 5.
7 Daß Selbstregulation wirklich Autonomie beinhaltet, wird besonders von J. Monod, 55, hervorgehoben; ebenso von Chodat-Greppin, 5; Piaget 1974a, 13, 27 ff.
   Es versteht sich, daß der Begriff der Autonomie dabei seiner metaphysischen Bedeutung entkleidet wird.
8 J. Monod, 55 ff.
9 Von dem Begriff des Wissens wird denn auch allgemein Gebrauch gemacht in der Biologie. Vgl. z. B. D. Betz, 1974.
   Problemlos supponiert die Antike der Natur Weisheit und Wissen. Vgl. Epicharm, Diels-Kranz, VS 23 B4.
10 Descartes, Discours 1, 6.
11 W. Craig, 91 ff.
12 Zum folgenden vgl. J. v. Uexküll, 6 ff.
13 Zum folgenden N. Tinbergen, 1966, 7 ff., 45
14 v. Frisch, 1959.
15 Tinbergen, 1966, 78.
16 Vgl. Eibl-Eibesfeld, Grundriß, 37.
17 Simpson, 1969, 30 ff.; Sachsse, 1968, 208 f.

18 Als evolutive Strategie begreift vor allem C. H. Waddington, 28, Lernen. Ebenso S. A. Barnett. Treffend Sachsse, 1968, 215. Zur Evolution des Lernens selbst H. F. Harlow, 70 ff.
19 Zur Steigerung der Autonomie vgl. Rensch 1972, 304. Vgl. weiter die dort angeführte Literatur.
20 H. F. Harlow, S. 71.
21 Köhler, 1963.
22 Vgl. die Arbeiten von Gardner und Premack. Gardner 1969 und 1975, Premack 1971 (Übersetzung bei Schwidetzky, 1973 91 ff.); Ploog 1972, Rumbaugh und Gill 1973.
23 Lorenz, 1935.
24 Sachsse, 81.
25 Jolly, 49, sagt von Orang Utans: Orangutans can and typically do do anything.
26 Tinbergen, 1966, 3, formuliert also mit Recht beide als oppositionelle Prinzipien.
27 Hassenstein, S. 73 ff.
28 Count, 134. Von bloßer »Überlagerung« instinktiven Verhaltens durch plastisches Verhalten spricht auch Schwidetzky 1971, 116.
29 Mason, 1960 und 1965.
30 Daß die Flexibilität der Verhaltensweisen, insbesondere jene, die durch kulturelle Eigenleistungen genutzt wird, auf einer Reduktion genetischer, und das heißt nach unserer Bestimmung instinktiver Fixierung beruht, wird in schärfer zu sehenden Verhaltensstudien denn auch zunehmend hervorgehoben.
Vgl. W. A. Mason, 1965, 542 f.; H. Kummer, 1975, 32; Bresch, 199. Auch in den Gesellschaftswissenschaften wird die naturgeschichtliche Prämisse zunehmend in Rechnung gestellt. Vgl. Clark, 6; Fried, 9.
31 Bolk, 1926, nennt folgende:
1. die Orthognathie, 2. die Unbehaartheit, 3. Pigmentverlust in Haut, Haaren und Augen, 4. die Form der Ohrmuschel, 5. die Mongolenfalte, 6. die zentrale Lage des Foramen Magnum, 7. hohes Hirngewicht, 8. Persistenz der Schädelnähte, 9. die Labia Majora beim Weibe, 10. der Bau von Hand und Fuß, 11. die Form des Beckens, 12. die ventral gerichtete Geschlechtsfalte beim Weibe, 13. bestimmte Variationen des Gebisses und der Schädelnähte. – Ergänzungen bei Gould, 357.
32 Eine erste Einsicht in die Differenz zwischen dem, was Tiere und was Menschen wissen, meint man schon einem Epicharm zugeschriebenen Fragment entnehmen zu können: Diels–Kranz, Vors. 23 B 4.
Vgl. weiter Demokrit, Vors. 68 B 33; Aristoteles, Nikom. Ethik II, 1; Thomas v. Aquin, Summa Theologica I 76, 5; Marsilius v. Padua, Defensor Pacis I, 5, 3.
33 J. J. Rousseau, Discours, S. 143.
34 Der systematische Stellenwert der Instinktreduktion wurde bekanntlich in der philosophischen Anthropologie erarbeitet von Plessner.

Der eigentliche Theoretiker der Instinktreduktion war Gehlen. Für seine Theorie wurde sie zum Verhängnis. Gehlen blieb zeit seines Lebens an den Organisationsplan des Tieres gekettet. Die Wiedergewinnung der verlorenen Stabilität, das war das Problem. Gehlen, 1940 und 1964.

35 Ins Auge gefaßt hat die Sache bekanntlich schon Demokrit, Vors. 68 B 33: »Die Natur und die Erziehung sind etwas Ähnliches. Denn die Erziehung formt zwar den Menschen um, aber durch diese Umformung schafft sie Natur.«
36 Vgl. Winkler 1970, insbes. S. 234 ff.; Eibl-Eibesfeld 1972b.
37 Storch, 1948.
38 Dux 1976, insbes. 295 ff.
39 Plessner, 1928.
Eine Erörterung des Begriffs bei Dux, 1970; v. Trotha 1978.
40 Vgl. die Arbeiten von Portmann 1941, 511 ff.; 1956, 68 ff. sowie die Untersuchungen von Otis und Brent, 1954; Adolph 1970.
41 Bolk 1926; Naef 1926; eine Zusammenfassung der älteren und jüngeren Literatur bei Gould, 352-404. Die Darstellung hier fußt auf ihm. Zur Kritik insbesondere Weidenreich, 415 ff.; Starck, 1962; Starck und Kummer 1962.

II. *Der Einstieg in die Geschichte*

1 Lee und DeVore 1979, 3.
Es gehört zu der strategischen Perspektive der genetischen Erkenntnistheorie Piagets, die kognitiven Operationen als eine besondere Organisationsform im Verkehr zwischen Subjekt und Welt zu sehen. Mit ihnen wird auf übergeordnetem Niveau fortgesetzt, was im biologischen Unterbau in anderer Weise geschieht. Vgl. Piaget 1970, 5 ff.
2 Das betonen auch Washburn und Lancaster, 1979, 296: »In an evolutionary sense the whole human pattern is new . . .«.
3 Die einprägsame Formel stammt bekanntlich von Childe 1951.
4 Erkenntnistheoretisch kam das Bewußtsein bereits in der sogenannten kopernikanischen Wende in der Philosophie zum Ausdruck; Kant, Kr. d. R. V.; die praktisch-institutionelle Bedeutung wurde von Marx und Engels hervorgekehrt MEW 3, 19 ff.
5 Vgl. den schönen Essay von O. Marquardt 1973.
6 Vgl. Dux 1980.
7 Vico, 41.
8 MEW 3, 18.
9 Vgl. z. B. Regeln 92 ff.
10 Durkheim, Soziologie und Philosophie 105.
11 In klassischer Form wurde diese Position von Winch 1964 vertreten.

Sie geht mit seinem sprachphilosophischen Idealismus (1966) konform. Vgl. unten IV.
12 Der Ausdruck stammt bekanntlich von Scheler 1927.
13 Die Frage beunruhigt die Geister seit langem. Vgl. Anaximander Diels-Kranz VS A 10, 11, 30; dazu Dux 1981.
14 Darauf hat vor allem H. E. Miller 1964 hingewiesen.
15 Vgl. Leakey-Lewin, 56 f.; Johanson und White 1979.
16 Braidwood, 33 ff.
17 Eigentlich macht das Feld nach der Radiation das aus, was man das Tier-Mensch-Übergangsfeld nennen muß. Heberer hat jedoch ein näher gelegenes Feld angenommen. Er verlegte es ins obere Pliozän, also noch vor mehr als 3 Millionen Jahren. Ausschlaggebend ist für ihn der Übergang zur Geräteherstellung und damit zu bewußt geplanten Lebensvollzügen. Heberer, 1969, 9; 1973, 39 ff.
Sicher belegt ist die Werkzeugherstellung erst für die Olduway Industrie vor ca. 2 Mill. Jahren; Braidwood, 39 f. Es bestehen jedoch kaum Bedenken, die Anfänge der Werkzeugherstellung weiter zurückzudatieren; Narr, 60 ff.
Auch sonst hat die Annahme, es gäbe innerhalb der langen Übergangsphase seit der Radiation der pongiden und hominiden Linie ein näher gelegenes TMÜ-Feld, durch die jüngeren Funde eher Auftrieb bekommen. Es ist allerdings zweifelhaft, ob dessen Anfänge bis ins Pliozän zurückreichen. Näher liegt es, einen Evolutionsschub zwischen 3 und 2 Millionen Jahren vor unserer Zeit zu vermuten; Johanson u. White, 329.
18 Hall-DeVore 1965, 70.
19 Nicht zufällig weisen die Beziehungen zwischen Mutter und Jungem bei den uns am nächsten stehenden Primaten, den Schimpansen, bereits sozialisationsähnliche Züge auf. Vgl. Lawick-Goodall 1975.

III. *Konstruktiver Realismus*

1 Wenn K. Lorenz auf meine Polemik gegen den von Ethnologen favorisierten Begriff der Anpassung meint, wer Anpassung streiche, verschließe sich den Zugang zur Geschichte, so verkennt er, daß sich dieser Zugang erst öffnet, wenn man die Bedingungen der Subjektseite mit ins Spiel bringt, insbesondere die eigenartige Rolle der Gesellschaft. Diese subjektiven Bedingungen sind, wie sich zeigen wird, nicht auszufällen aus dem Resultat. Vgl. K. Lorenz, 1973, 224; zuvor G. Dux, 1970, 260 ff.
Zum Problem der Anpassung als naturgeschichtl. Erklärungsprinzip vgl. Plessner 1965a, 96 f.; 1965b, 6 ff. Vgl. zur Kritik auch die Ausführungen von Sachsse 1975, 84 f; sie sind anders begründet, entsprechen

aber durchaus meiner Intention.
2 Zu dieser Rolle Gottes im Denken Descartes Dux 1976, 166.
3 Kant, Kr. d. R. V. Werke III, 11 f.; § 27 S. 127 ff, 133 ff.
 Vgl. zu diesem Versuch auch M. Horkheimer 1968, 151.
4 Lorenz 1941, 94 ff.
5 Kant gab noch Bewußtsein vor, der Rekurs auf die Genetik gibt Materie vor. Wenn man es nur recht versteht, kann man deshalb sagen, es komme darauf an, womit der Anfang gemacht werde. So Feuerbach Werke II, 205 ff.
6 Piaget 1974a, 35 betont zwar ebenfalls dieses aktive Moment. Er läuft jedoch Gefahr, den Hiatus zwischen den subhumanen und humanen Organisationsformen durch die fast schon penetrante Parallelisierung (50, 54, 71) organischer und kognitiver Entwicklungsprozesse zu verdecken.
7 Piaget 1974a, 10, 14.
8 Die Vorstellung, die Sinne seien wesentlich passiv, das Denken aktiv, sie schüfen folgeweise ein unmittelbares Abbild der Verhältnisse, ist eine Annahme, die sich vor allem im frühen Materialismus festgesetzt und dann auch durchgehalten hat. Vgl. Feuerbach II 235; Lenin, 128; Lukács, 27, um nur drei Verfechter dieser These zu nennen. Sinne müssen dem Subjekt die Objektwelt zugänglich machen. Allein, es ist wenig ratsam zu sagen, sie spiegelten sie wider. Damit würde das Konstruktive des Aufbaus der Welt eliminiert. – Zu Recht sieht Schurig in der marxistischen Abbild- und Widerspiegelungstheorie einen Rest von Metaphysik in der Erkenntnistheorie. Schurig, 14.
9 Hensel, 18.
10 Metzger, 404 ff.
11 Hensel, 3 ff. verficht diese Strategie.
12 Tinbergen, 1966, 35 f.
13 Harlow, 78.
14 Metzger, 404 ff.; Bruner u. a. 1966, 35 ff.
15 Piaget 1974a, 46; vgl. auch ebd. S. 14.
16 Der Nativismus hat bekanntlich Auftrieb erhalten durch Chomsky. Die erklärte Anknüpfung an die Sprachphilosophie W. v. Humboldts legt den Verdacht nahe, Chomsky sei einfach einem metaphysischen Konzept aufgesessen. Denn für Humboldt ist Sprache Inkarnation und Ausdruck einer Geisteskraft, die als das eigentlich schaffende Prinzip hinter allem steht, was die Welt und die Geschichte bewegt. Allein, Chomsky versichert, zum Nativismus Zuflucht genommen zu haben, weil anders Sprache genetisch nicht erklärbar sei. Hier allerdings lassen sich mittlerweile andere Perspektiven erkennen. Chomsky 1969; W. v. Humboldt III, 144 ff.; Piaget 1974 b, 87 f.
17 H. Sinclair de Zwart, 73 ff.; 93 ff.; Slobin, 122 ff.; vgl. oben Kap. II.
18 Lenneberg, 1972.
19 Piaget 1974 b, 28.

20 Helmholtz 1959, 38 f.
21 Helmholtz 1959, 39.
22 Piaget 1974a, 49. Eine systematische Untersuchung speziell zur Bedingung der Frustration für den Erwerbsprozeß des Wissens fehlt. Einschlägig aber Berlyne, 1960.
23 Vgl. Piaget 1955.
24 Piaget 1978, 192.
25 Hensel, 9.
26 Hier kann schlicht auf das Werk Piagets verwiesen werden, sowie auf die zahlreichen Arbeiten, die an ihn anknüpfen.
27 Eine Philosophie der Grenzen bei Plessner, 1965b, 99 ff., Grathoff, 1974, hat das Thema aufgenommen.
28 V. v. Weizsäcker, 6.
29 Jammer, 1954.
30 Treffend Erikson, 101; vgl. auch Spitz, 1957.
31 Ein Beispiel ist das in der Literatur in letzter Zeit viel erörterte und mittlerweile berühmt gewordene Versteckspiel, im englischen »Peekaboo«. Jeder kennt es in einer seiner zahlreichen Varianten: Durch eine vorgehaltene Hand, ein Tuch oder sonst etwas wird das Gesichtsfeld des Kindes verdeckt und dann wieder freigegeben. So einfach das Spiel ist, es hat Regeln. Die natürliche Freude des Kindes bei dem Wiedererkennen des Objekts wird ausgenutzt, um kindliches Verhalten und Verhalten der Bezugsperson aufeinander einzuspielen. In Psychologie und Soziologie ist dieser Vorgang vor allem unter dem Aspekt der Ausbildung einer Intersubjektivität, und das heißt einer Interaktionskompetenz erörtert worden: Dadurch, daß die Bezugsperson ihr Verhalten an das des Kindes koppelt, lernt das Kind, das eigene Verhalten an das der Bezugsperson anzukoppeln. Vgl. Bruner and Sherwood, 1976.
32 Piaget, 1978, 175.
33 Das ist die häufigste Deutung. Vgl. für viele Freud, IX.
34 Diese Vorstellung scheint Piaget zu hegen. Vgl. Piaget 1978.
35 Comte, 71.
36 Freud, IX, 96.
37 Der Begriff hat bei Kuhn eine andere Bedeutung als hier. Bei Kuhn ist er auf der semantischen Ebene angesiedelt, ohne Rückgriff auf unterliegende Tiefenstrukturen. Das macht es so schwierig, ihn zu fassen. In das Resultat der Umsetzung von Strukturen gehen nämlich noch weitere Momente ein, phantastische zuweilen. Vgl. auch unten VI.
38 Trevarthen 1974; Bruner 1975, 8.
39 Vgl. II. Daß bereits Primaten über eine erhebliche kognitive Leistungsfähigkeit verfügen, freilich eine, die weithin sensorisch gebunden bleibt, ergab sich bereits aus den Experimenten Köhlers. Köhler 1963.
40 Vgl. oben. Weiter Bruner 1975, 2.
41 Es versteht sich: die grammatische Positionsbestimmung von Subjekt

und Prädikat kann unterschiedlich sein. Auch in den indogermanischen Sprachen ist sie nicht starr. Entscheidend ist eines: Jede Sprache muß mit den Mitteln der Grammatik diesen Realgehalt der Aktionsstruktur zum Ausdruck bringen, tut es auch.
42 Plessner, 1965b. Vgl. V. v. Weizsäcker 1950, 21 f.

IV. *Primitives Denken. Das Denken der Primitiven*

1 Mair, 11.
2 Firth, 1967, 15.
3 Sahlins 1974, 188.
4 Die vielfältige Verwendung von »primitiv« ist aufgelistet bei Hsu; vgl. weiter Thurnwald 1951, 23 ff.
5 Diamond 1960, x.
6 Prototypisch Winch 1964.
7 Vgl. Tax, Mednich und Hsu.
8 Der Streit hat sich bekanntlich an den kognitiven Systemen entzündet. Vgl. Lévy-Bruhl 1966. M. E. hatte schon Lévy-Bruhl keine Minderwertigkeit im Sinn, als er den unglücklichen Begriff der prälogischen Mentalität prägte. Ihm fehlte lediglich eine Theorie, um prägnanter und weniger mißverständlich zu bestimmen, was er meinte.
9 Vgl. Winch 1964 und die daran anschließende Diskussion.
10 Der Sachverhalt, daß das Denken in primitiven Gesellschaften den kognitiven Formen von Kindern irgendwie verwandt ist, ist seit langem bekannt. Er findet sich in einer Vielzahl ethnologischer Berichte erwähnt, zuweilen obiter dictum, nicht selten aber auch breit ausgeführt. Auch in die Philosophie, in die Geschichtsphilosophie insbesondere, hat er Eingang gefunden, freilich ohne akzeptabel verarbeitet zu sein. Ich führe nur einige Beispiele an, völlig unsystematisch: Bouterwek, 1802; Hegel (1823-1827/28) Geschichte der Philosophie, 144; Feuerbach (1838) II, 135, VI, 16, 95, 139; Comte (1844), 5, 7, 203; Durkheim (1893), 331; Köhler (1920) 47; Wygotski, 142; Thurnwald 1951, 30, 40; Ribot, 206; Runciman, 159, 161; Kay, 66 ff.; Willey, 19; v. Hentig, 25; Topitsch, 2.
Es war Piaget vorbehalten, die unumgängliche Konsequenz der Entwicklungslogik im Aufbau kognitiver Systeme auf der ontogenetischen Ebene für die Geschichte gesehen und zu Bewußtsein gebracht zu haben. Vgl. Piaget 1974a. Aufgenommen haben die Einsicht Habermas, 1976, 144 ff. (155), Eder 1976, 71; Dux 1981.
11 Campbell, 1960, 31.
12 Thurnwald, 1951, 21.
13 Hier versagt die hermeneutische Lehre, Gadamer 1965, völlig.
14 Hallowell, 59.

15 Best I, 301.
16 Kluckhohn, 104 f., 111.
17 Frankfort, 12.
18 Jacobsen, 143.
19 Hallowell, 54 f.
20 Evans-Pritchard, 1965.
21 Ebd. 320.
22 Seligman, XXI.
23 Hallowell, 61.
24 Kr. d. R.V. B II § 27, 127 ff.; 133 ff.; vgl. oben III.
25 Horton, 1967, 66.
26 Evans-Pritchard, 1965, 73.
27 Junker, 1961.
28 Campbell, 1960, 31.
29 Auch anspruchsvollere Anthropologen begnügen sich gerne damit, Hallowell, 59, passim.
30 Kluckhohn, 105.
31 ebd. 111.
32 Hooykaas, 4 ff.; vgl. auch Redfield 1965, 109.
33 Evans-Pritchard, 72.
34 Lévy-Bruhl, 77.
35 Stanner, 1972, 271.
36 Comte, 37.
37 Evans-Pritchard, 1965, 79.
38 Zum folgenden Lévi-Strauss, 1968. Die Zahlen geben die Seiten an.
39 Die Methode ist verbreitet. Auch Horton verfährt so. Erst wird der Primitive auf die Stufe der Gegenwart gehoben: logisch, rational, wissenschaftlich. Dann wird dekretiert: »And yet, there is a sense in which this thought includes among its accomplishments neither Logic nor Philosophy.« 1967, 162.
Auch Lienhardt, 1967, kennt zwei Arten von Naturwissenschaften, ihre und unsere, und natürlich ist ihre dann verglichen mit unserer »defective«. Wozu all die Konfusion? Vgl. weiter Meyer Fortes, 1967, 100.
Protowissenschaftlich nennt Underhill die Probe eines Papago-Indianers, einen ungewöhnlichen Stein aufzuheben und zu warten, ob er Regen bringt! 1965, 23.
40 Kluckhohn, 108.
41 Hallowell, 73 ff.
42 Lévy-Bruhl, 33, 39; Horton, 174.
43 Firth, 1967, 24.
44 Oben III.
45 Hallowell, 74.
46 Evans-Pritchard, 1972, 63.
47 Lévi-Strauss, 27.

48 Thurnwald, 1957, 17.
49 Cassirer, 11.
50 Descartes, Mediationes Oeuvres, VII, S. 47: Ac denique percipio esse objectivum ideae non a solo esse potentiali, quod proprie loquendo nihil est, sed tantummodo ab actuali sive formali posse produci.
51 Vgl. Descartes, Meditationes III, 20, passim.
52 Die technomorphe Vorliebe, die E. Topitsch, 1958, 221 ff., darin sieht, hat in der explikativen Struktur der Wirklichkeitsauffassung ihren Grund.
53 Vgl. Hegel, Rechtsphilosophie, 62.
54 Kant, Kr. d. R.V. IV, 128 ff. (137).
55 Feuerbach X, 131.
56 Lee, 1950, 91; zitiert bei Werner u. Kaplan, 873.
57 Vgl. oben I, 11.
58 Underhill, 22. Zur Kosmologie vgl. Gossen, 16 ff. (44) für die Chamula Indians in Mexico.
59 Piaget, 1978, 61 ff. Zutreffend sieht Gallwitz, 1960, 25, das Verhältnis von Gegenstand und Bild als eines der Identität.
60 Morenz 1964, 34.
61 Lévi-Strauss, 1965.
62 Stanner, 1972 I, 271.
63 Lévi-Strauss, 1968, 77.
64 Das Beispiel ist der Opferpraxis der Azteken entnommen. Vgl. Mühlmann, 1959, 1273.
65 Underhill, 22. Ebenso Thurnwald 1951, 27.
66 Gallwitz, 25.
67 Durkheim, Regeln 207; De la Division du Travail Social 35, 50; Les Formes, 594.
68 Schott, 1968, 187.
69 Vgl. Lambert, 103 ff. (Sumer); Garelli und Leibovici, 119 ff. (Babylonien); Eliade, 15 ff.; Gossen, 22.
70 Horton, 1967, 177.
71 Stanner, 1972, 276; vgl. auch ders., 1960 I.
72 L. Köhler, 1976, 126 ff. Wenn anderwärts der Anfang des Geschichtsbewußtseins ausgerechnet bei den Hebräern gesucht wird, so beruht das auf einer Verwechslung der an einen Gott gebundenen Handlungsperspektive, die natürlich immer eine Zeitdimension hat, das Gewordensein geradezu thematisch macht, mit dem, was uns heute Geschichte ist.
73 Thompson, 30 f., 256 ff.
74 Léon-Portilla, 1968, 62 f.; (Übersetzung bei G. Gossen, 363).
75 Hesiod, Theogonie 32; vgl. Krafft, 67.
76 Budge, Totenbuch, 1967 CIX f. Vgl. zum folgenden Budge, 1971, 35 ff.; 1975, 99 f.
77 Budge, Totenbuch CX.
78 Hallowell, 57.

79 Lévy-Bruhl 1966. Die folgenden Angaben beziehen sich auf die deutsche Ausgabe.
80 Lévy-Bruhl 1966.
81 Vgl. oben IV, 3.2
82 Evans-Pritchard, 1965, 12.
83 Horton, 1967, 162.
84 Evans-Pritchard, 12.
85 Winch, 1964, 313.
86 Evans-Pritchard, 1965, 63.
87 Winch, 1966.
88 Winch, 1964, 315.

v. *Der Grund der Religion*

1 Vgl. Narr, 67 f.
2 Das war die Strategie Max Webers. Vgl. Wirtschaft und Gesellschaft 1, 5, 1, S. 317. Yinger, 4 scheint ihm darin zu folgen. Eine treffliche Kritik von Vrijhof 1966, 1967.
3 Vgl. z. B. von Oppen, 38.
4 Die praktische Umsetzung der kognitiven Orientierung wird zu Recht von Parsons, 1951, 367 ff. hervorgehoben. Die Religion reicht genau so weit wie dieser Bezug zur Lebensführung. Sie ändert sich – notwendig – in der Religionsgeschichte. Wenn heute Religion abseits praktischer Lebensführung definiert wird, ihre Relevanz auf Sinnsysteme ausgerichtet wird, die ihrerseits genau so abgehoben sind, Schibilsky, 86, dann ist das eine Folge der Marginalisierung der Religion selbst.
Höchst eigenartig mutet es dagegen an, wenn Döbert, 94, gegen die praktische Dimension der Religion bei den Nupe geltend macht, sie hätten das Wesen der Religion mißverstanden. Wer hat sich hier nach wem zu richten?
5 Vgl. zum folgenden Luhmann 1977.
6 Luhmann, 1971, 113 ff.
7 Der wirkliche Konstitutionsprozeß verläuft nicht als Ausgrenzung. Weder unbegrenzte noch begrenzte Komplexität ist für den sozialen Nasziturus greifbar und ein Problem – nicht einmal in der von Gehlen, 1940/66, 36, passim beschworenen Reizüberflutung. Metzger 1975, 317. Würde man den realen Konstitutionsprozeß in den analytischen Rahmen der System-Umweltkategorie einfügen, würde sich sehr schnell zeigen, daß er zur Erklärung nichts beiträgt. Erklärungen liefert, um es zu wiederholen, einzig der Rekurs auf die Bedingungen, unter denen er statt hat.
8 Als Maxime wurde das Verfahren der Rekonstruktion bereits von der

Religionsphänomenologie van der Leeuws formuliert. Van der Leeuw, 770. Der unmittelbare Rekurs auf die Sinnhaftigkeit der Welt verhinderte jedoch jede methodische Objektivation des Verfahrens. Aufgegriffen wurde die Maxime in den wissens- und religionssoziologischen Arbeiten von P. L. Berger und Th. Luckmann. Vgl. Berger–Luckmann 1963 und 1966. Berger 1965, 1967. Luckmann 1960, 1963, 1967. Auch hier liegt das Kernproblem in der Methode. Das Verfahren der Rekonstruktion ist phänomenologisch nicht einzulösen.
Jüngst haben Fischer-Marhold 14 ff. erneut auf diese Strategie verwiesen. Ich würde allerdings nicht nach irreduziblen religiösen Qualitäten in dem Konstitutionsprozeß suchen und sie auch nicht in dem finden, was situationsspezifisch die Sicherheit des Empirischen übersteigt; ebd. S. 18.

9 Vgl. oben II u. III.
10 Schibilsky, 73 ff.; unten VII.
11 Es kann also keine Rede davon sein, daß ich diese Grund- oder Tiefenstruktur als unauflösbar, selbst nicht mehr hintergehbarer Wirklichkeitsmomente aporetisch vorgäbe, wie Luhmann vermutet, 1977, 18, 78.
12 Ingo Mörth ist also uneingeschränkt zuzustimmen, wenn er feststellt, das alles bleibe noch zu tun; Mörth 1978, 25 f.
13 Vgl. oben IV.
14 Geertz 1968, 15 f. Vgl. auch ders. 1960.
15 Daß Götter an einem kognitiven Schema haften, hat Horton, 1967, 52, klar gesehen. Daß dieses kognitive Schema in personale Thematisierungen münden kann, aber nicht muß, habe ich oben IV dargelegt. Es ist deshalb nicht sinnvoll, mit Maringer, 49 f. die Religion an »übermenschliche persönliche Mächte« zu binden.
Thompson, 408, verweist auf diesen vielfach verkannten Sachverhalt, wenn er erklärt: »Die Maya mögen ihre Götter nach ihrem eigenen geistigen Bildnis gemacht haben, doch kaum nach ihrem leiblichen Bildnis.«
16 Augenblicksgötter hat Usener sie genannt. Usener, 481 ff.
17 Die explizite Befassung mit dem Außergewöhnlichen ist in einer Vielzahl von ethnologischen und historischen Berichten beschrieben worden; vgl. Lévy-Bruhl 1966, 39 ff., Köhler, 119 ff: »Alles was über die Gewöhnung des Alltags hinausgeht, alles, was als erstaunlich, unerwartet dem Hebräer in die Augen fällt, all das ist ihm Wunder. Darum lebt er in einer Welt beständiger Wunder; sie begegnen ihm auf Schritt und Tritt.« Unsicherheit und Handlungsdruck kennzeichnen auch nach Tenbruck die religiöse bestimmte Situation. Tenbruck nimmt das Merkmal der Betroffenheit hinzu. Tenbruck, 230.
18 Religiös oder magisch motiviertes Handeln, stellte Weber fest, ist, in seinem urwüchsigen Bestande, diesseitig orientiert. Es verbleibt im Kreise alltäglichen Zweckhandelns und ist vielfach ökonomischer

Natur. M. Weber, Wirtschaft und Gesellschaft, 2, 5, 1, S. 317.
19 Explizit in diesem Sinne Horton, 1967, 60. »On what kinds of occasion, fragt Horton, do people ignore the spirit world, and on what kinds of occasion do they attend to it?« Seine Antwort, nachdem er andere Antworten kritisiert hat: »A better answer, I think, is one that relates this jump (from common sense to religious thinking) to the essentially theoretical character of traditional religious thinking.«
20 Evans-Pritchard, 1965, 67 ff.
21 Lévy-Bruhl, 1966, 33.
22 Daß solche Unsicherheit das Grundgefühl des Daseins bestimmen kann, zeigt Köhler, 114 ff. für die Hebräer.
23 Überzeugend M. E. Spiro, 1966, 109 ff.; Horton 1967, 60.
24 Durkheim, Les formes, 12.
25 Hoebel, 267.
26 Junker, 27; einen Überblick geben Wax und Wax, 325 ff.; zusammenfassend Petzold, 1 ff.
27 Junker, 29, 50.
28 Thompson, 424 ff.
29 Bertholet, 595 f.
30 Treffend Schibilsky, 74 f.
31 Thompson, 426.
32 Petterson, 313 ff. (323 f.).
33 Durkheim, Les formes 50 ff.
34 Ebd., 53.
35 Durkheim, Soziologie und Philosophie, S. 105. Drehsen, 66 ff., kommt zu einer anderen Einschätzung. Er teilt die Belege jedoch nicht mit.
36 Evans-Pritchard, 1967, S. 313.
37 So schon Redfield, 109.
38 Preuß, 1922, passim.
39 Vgl. auch I. Mörth, 37. Wenn erst die Sakralisierung der Antworten auf eine problematische Lebenslage Religion ausmacht, muß freilich das Kriterium des Sakralen noch eigens bestimmt werden.
40 Jede der zuvor erwähnten Einlassungen findet sich bei Geertz, 1968, 1 ff.
41 Noch einmal: Keine Rabulistik in der Unterscheidung zwischen ihrer und unserer Wirklichkeit führt an der Feststellung des Illusionären vorbei. Wir kennen die Gründe, weshalb die Wirklichkeit der Vergangenheit derart subjektivisch, derart religiös aussah. Die religiösen Praktikanten selbst kannten sie nicht. Das macht ihre Anstrengung nicht realistischer. Evans-Pritchard, 1965, 20, 63, hatte recht, nicht Winch. Vgl. oben III.
42 Bardtke, 596 ff.
43 Historisch weiß nur eine kleine Gruppe. Noth, 105 ff.
44 Ehrenberg, 15 ff.
45 Vgl. Preuß, 207.

46 Geertz, 1968, 3 f.
47 Die treffliche Formulierung zur Logik des Opfers stammt von Thompson, 437.
48 Zur theologischen Kritik dieser Vorstellung vgl. W. Pannenberg, 1965, S. 7 ff., ebd. S. 91 ff.
49 Außer diesem bringt E. Topitsch, 1958, 5, eine Vielzahl weiterer Beispiele.
50 H. Blumenberg, 1966, 79.
51 Wintzer, 33.
52 Darauf weist auch Luhmann, 1977, 10 f., hin.
53 Das deutlich zu machen, war die vorherrschende Absicht meiner Untersuchung zur Legitimation politischer Systeme. Dux 1976.
54 M. Rokeach, 45.

v, 1. Die Herkunft der Götter

1 Horton, 1964, 95.
2 Horton, 1960. Die Rückkehr zu Tylors Bestimmung der Religion als »belief in spiritual beings« hat Goody 1961 gefordert. Ebenso Spiro 1966.
3 Durkheim, Les Formes, 40 ff. – Aus ganz anderen Gründen wandte sich die theologisch und phänomenologisch inspirierte Religionstheorie der Zeit gegen die animistische und präanimistische Herleitung der Religion. Vgl. Lanczowski, 393 f.
4 Vgl. die eingehende und treffliche Kritik von Spiro 1966, 88 f.
5 Freud, XIV, 323 ff.
6 Durkheim, Les Formes, 3.
7 Dennoch wird sie strukturlogisch immer noch reproduziert, von Swanson z. B.
8 Ebd. S. 344.
9 Freud wußte, daß es sich bei der subjektivischen Wirklichkeitsauffassung um ein »Denksystem« handelte. IX, 96. Ihm fehlte lediglich die Analyse des Konstitutionsprozesses.
10 Darauf habe ich oben schon hingewiesen. Vgl. v.
11 Comte, 7.
12 Weber, WiGes 2, 5, 1, S. 318.
13 Freud IX, 108. Auch Weber sah den Animismus durch Gottesvorstellungen verdrängt, WiGes 2, 6, 2, S. 513. Zu Weber Dux 1971, 60 ff. Bellah, 272 f., läßt Götter ebenfalls erst in der zweiten, der »archaischen« Phase der Religion entstehen.
14 Morenz, 1977, 17. Vorsichtiger anhand der empirischen Befunde argumentiert Hornung 1971, 50 ff.
15 Eine »allgemeine Welle der Vermenschlichung« nimmt Sethe §§ 30, 31

für den Anfang der historischen Zeit resp. die ihr vorhergehende Phase an. Döbert, 103, 113, stellt den Vorgang auf den Kopf.
16 Van der Leeuw, 774.
17 Von Diogenes Laertes 1, 27. Aristoteles, De anima A5 411 ᵃ, 7 f.
18 Van der Leeuw, 168: »Gott aber ist ein Erlebnis.« Auch das Heilige als proprium der Religion wird über das Erlebnis bestimmt. Otto 1963.
19 Piaget, 1970, 6 ff.
20 Otto 1963; van der Leeuw, 168 f.
21 Van der Leeuw, 162 f.
22 Kees 1977.
23 Hornung, 1971, 140.
24 Schöpfungsmythen, 68.
25 Junker, 85. Die Gleichsetzung ist nach allem, was zuvor erörtert wurde, keineswegs nur sinnbildlich gemeint.
   Hoch- oder Urgötter haben auch in anderen Religionen diese Objekthaftigkeit. Da sie gleichzeitig Subjekte sind, gehen die vielerlei Dinge häufig aus ihrem Leibe hervor. Vgl. Preuß 1922.
26 Assmann, 44.
27 Strukturell ganz die gleiche Art der »Verschmelzung« mehrerer Götter berichtet Thompson, 416, von den Maya. Sie findet sich auch sonst.
28 Evans-Pritchard, 1967, 1 ff.
29 Diels-Kranz II 21 B 11.
30 Vgl. oben IV.
31 Seit dem Mittelalter hat diese Konsequenz die europäische Philosophie beschäftigt. Vgl. Siewerth 1963.
32 Feuerbach II, 222.
33 Nur allzu leicht konnte Feuerbach als Positivist und Materialist verschrien werden. Die eigenartige religiöse Weise, sich die Welt in subjektivischen Agenzien vorzustellen, wurde dann als tiefsinniges Bedürfnis, die Macht des Erlebnisses sinnhaft zu verarbeiten, vereinnahmt. Van der Leeuw, 168 f. Solche Erklärungen sind häufig; vgl. z. B. Alexiou, 71; besagen aber bei Lichte besehen rein gar nichts.
34 Morenz, 1964, 38.
35 Gadamer 1965.
36 Otto, 28 ff.
37 So treffend Bottero, 211.
   Das »ganz andere«, jenes, das allen Attributen des Unheimlichen, Faszinierenden etc. noch eine ganz andere Qualität als die sonst damit verbundene zuweist, ist sehr wohl rational faßbar: Es ist genau die Reaktion, die folgt, wenn in einer kommunikativ angelegten, existentiell wichtigen Situation Kommunikation abgebrochen wird, und das konstitutionell.

v, 2. Gott. Zur Logik des Monotheismus

1 Zur Geschichte des Streits um die Urform der Religion – Monotheismus oder Polytheismus – siehe Pettazoni, 1950; weiter Mühlmann 1953, 706 ff.
Die insbesondere von P. Wilh. Schmidt aufgebaute Lehre vom Monotheismus als der Urform der Religion hat der Kritik nicht standhalten können. Sie wird gleichwohl weitervertreten, so von R. Mayer 1957: Urmonotheismus als Uroffenbarung an die erste Menscheit.
2 Die evolutive Entwicklung vom Polytheismus zum Monotheismus findet sich bei so berühmten Theoretikern wie D. Hume, 1757; J. J. Rousseau, 1764; E. B. Tylor 1871; H. Spencer 1877.
3 Vgl. vor allem Preuß 1922; Radin 1954.
4 Pettazoni 1950, 218 f.; ders., 1960; Holsten, 1111.
5 Deutlich herausgearbeitet von Wygotski, insbes. S. 167 ff.; vgl. auch Metzger, 311 ff.
6 Zur logischen Präzision dieses Begriffs vgl. oben Ziff. 1.
7 Mühlmann, 1953, 711.
8 Stanner, 1963, 240 ff.; Horton 1967, 173.
9 Preuß 1922; Radin, 7 f.
10 Kluckhohn, 108 f.
11 Über die unterschiedlichen Aufgaben der Schöpfergötter und damit über die unterschiedliche Natur der Götter selbst vgl. Radin, 1954.
12 Grapow, 37.
13 Vgl. den Berliner Ptah – Hymnus § 3048 AII 1 Z. 19; Wolf, 18.
14 Grapow, 38.
15 Preuß, 174 f.
16 Hornung, 56 f.
17 Hornung, 164, 170 f.
18 Campbell, 22 f.
19 Radin 1954, 17.
20 Vgl. oben Anm. 13.
21 Text: Junker 1941, 73.
22 Text: Wolf, 64.
23 Budge 1975, 23 f.
24 Kees, Götterglaube, 219 f.
25 So zu recht Hallowell, 57, der darauf insistiert, daß von den Ojibwa die Erzählungen als wirkliche Ereignisse verstanden wurden.
26 Vgl. oben IV. 5.
27 Text: Assmann, 203 f.
Wie sehr Zeugung und Ursprung zusammengedacht werden, zeigt sich daran, daß sie den Urgöttern zugeschrieben werden. So wird in den Leidener Hymnen Amun angerufen mit den Worten:
»der die Vulva machte und den Phallus schuf; er begann die Geschlechtslust mit den Mädchen«.

Ähnliches wird von Chnum gesagt. Vgl. Müller, 45.
28 Das hat einen großartigen Ausdruck gefunden in den Upanishaden; Hinweis bei Campbell 24.
29 Morenz, 1977, 187.
30 In dieser Weise dividiert S. Morenz die Schöpfungsgeschichten auseinander: hie naturwissenschaftliches, hie religiöses Interesse. Morenz, 1977, 167 ff.
31 Text: Schöpfungsmythen. Vgl. zum folgenden Zandee, 1964.
32 Text: Budge, Totenbuch, Kap. XVII, 281.
33 Text: Junker 1941, 76.
34 S. Schott, ZÄS, 95, 1968, 55 f.
35 Hornung, 67.
36 Für israelitisches Denken vgl. Boman, 43 ff.: das Wort »dabar« faßt alle hebräischen Realitäten: Wort, Tat, Sache. Eben deshalb bezeichnen Worte die Seelen der Dinge und die Handlungen, die von ihnen ausgehen.
37 Trefflich Zandee, 36.
38 Mit Zandee, 46, gegen Junker, 1941, 76, und Morenz, 1977, 174.
39 Zandee, 36 f.
40 ebd., 36.
41 Radin, 14.
42 Boman, 57, hat die Parallele gesehen, aber falsch gedeutet. Sie beruht exakt darauf, was Pedersen als die Primitivität hebräischen Denkens charakterisiert hat.
43 Hornung, 204.
44 Hornung, 139.
45 Budge, 1975, 105 f.
46 Vgl. Holsten, 1111.
47 Ein anschauliches Beispiel liefert der Katholizismus unter den Nachfahren der Mayas. Vgl. die Berichte von Gossen und C. Wilson.
48 Radin, 19 f.
49 Vgl. wiederum Thompson, 407, 416.
50 Vgl. oben IV, 5, 2.
51 Hornung, 83 f.
52 Posener, 90.
53 Radin, 24.
54 Zur Entstehung des jüdischen Monotheismus vgl. Rowley, 1957. Die ältere Literatur ebd.
Daß sich die grundlegenden religiösen Vorstellungen in der Frühzeit der Nomadenzeit geformt haben, ist allgemein anerkannt; s. Moscati, 130. Freilich sind die Überlieferungen meist von rückwärts zu lesen, aus der Perspektive nach der Seßhaftwerdung.
55 Würthwein, 1705.
56 Boman, 34 ff.
57 Noth, 97.

58 Noth, 97 ff.
59 Bultmann, 5; Rowley, 1957.
60 Bottero, 210.
61 Bultmann, 12.
62 Bottero, 205.
63 Bottero, 209.
64 Nach Bottero, 189.
65 Bottero, 223 ff.
66 Bottero, 212 f.
67 Dürr, 3.
68 Vgl. oben IV, 5. 2.
69 Ratschow, 1941.
70 Boman, 34. Wenn Boman in gleichem Atemzug feststellt, dieses Lebendige, Tätige, habe mit der »primitiven Allbeseelung gar nichts zu tun«, so ist das eine Behauptung, die a) am Befund nicht ausgewiesen ist und b) keine Ahnung davon hat, woher die primitive Allbeseelung stammt.
71 Pedersen I, 112 f.
72 Boman, 84.

VI. *Geschichte als Lernprozeß*
Der Fortschritt im Naturverständnis

1 Der Ursprung des Satzes in der subjektivischen Logik kommt selten so deutlich zum Ausdruck wie in Heideggers Reflexionen über ihn. Heidegger, 1957.
2 Daß die Ausbildung der Kategorien und Anschauungsformen, insbesondere der des Raumes, der erste Schritt ist, um die Natur in Gesetze zu fassen, hat schon Helmholtz deutlich zum Ausdruck gebracht. Helmholtz 1959, 43.
3 In der sozialwissenschaftlichen Methodologie hat vor allem Weber sich dieser Vorstellung überlassen. Weber, 1968, 177.
Sie hatte verheerende Konsequenzen für die klare Einsicht, daß der Gegenstand der Sozialwissenschaften in sich bereits theoretisch durchgeformt ist. Vgl. Dux, 1974.
4 Die Beschreibung der kulturellen Nullage des sozialen nasciturus als ein Überangebot von Möglichkeiten, das reduziert werden müßte, ist keine realistische Beschreibung seiner Situation. Nicht einmal auf der sensorischen Ebene ist die von Gehlen konstatierte Reizüberflutung festzustellen; Gehlen 1966; Metzger 1975, 371.
Selbst wenn man sich jedoch die Kategorie der Reduktion zu eigen machte, erklärte sie nicht, weshalb gerade die Formen entstehen, die entstehen. Das moniert auch Döbert, 142.
5 Vgl. insbesondere die Untersuchungen von Gardner und Gardner

1969, 1975; Premack 1971.
6 Carnap 1969, 13.
7 Zum Vorgang der Differenzierung und Systematisierung im Spracherwerb vgl. Wygotski, Kap. 5 u. 6.
8 Prototypisch J. Locke, An Essay Concerning Human Understanding 1690.
9 Auch sie eine Errungenschaft der griechischen Antike. F. Krafft, 49 ff.
10 Lenski 1970, 162.
11 Vgl. Mauss, 42.
12 Die Diskussion ist alt und braucht hier nicht wiederholt zu werden. Vgl. Lee-DeVore.
13 Döbert, 100 ff.
14 Es rächt sich, daß die Ausbildung der kategorialen Formen nicht systematisch untersucht wird. Auch im Verfolg der weiteren Entwicklung stellt Döbert die Verhältnisse auf den Kopf: Die Götter werden personalisiert, dann verstehen sich die Menschen nach ihrem Bilde. Wenn Götter personalisiert werden, kann das nur den einen Grund haben, daß Menschen ihre eigene Subjektivität prononcierter fassen. Von der Gestalt der Götter ist nichts zu lernen, als was nicht zuvor schon ausgebildet war.
Döbert, 103, 113.
15 Vgl. etwa die Paränesen in der abendlichen Gesprächsrunde der Tasaday. Nance, 152 ff.
16 Eder, 1976.
17 Soden, 542.
18 Sethe, §§ 30 ff.; oben v, 1.
19 Eine Liste und Zeittafel der frühen Gesetzescodifikationen findet sich bei Driver-Miles, xx.
20 Diels-Kranz, VS 22 B 114.
21 Zur Ausbildung des Klassenstaates immer noch gültig Hasebroek, 1966.
22 Zur Ausbildung dieses Gegensatzes Heinimann 1965.
23 Diller, 242.
24 Diels-Kranz, VS 31 B 8; Diller, 244.
25 Platon, Gesetze 892 c. Aristoteles, Metaphysik 4; Diller, 253.
26 Diels-Kranz, VS 12 B 1.
27 Heinimann, 100 ff.
28 Ehrenberg, 129.
29 Heinimann, 124 f.
30 Zu Aristoteles' Lehre vom Sklaven von Natur, Politik 1254 b: »Denn man muß sagen, daß es Menschen gibt, von denen die einen überall Sklaven sind, die andern aber nirgends.«
31 Aristoteles, Nikom. Ethik 1134 b. Immerhin faßt Aristoteles bereits ins Auge, daß sich auch staatliche Akte jenseits dessen bewegen können, was noch in irgendeinem Sinne »gerecht« genannt werden kann.

Das Problem ist schwer faßbar. Es fällt aus der Ordnung von Physis und Nomos heraus: »Mit welchem Namen nun soll man die äußerste Ungerechtigkeit bezeichnen?« Politik 1281 a.
32 Zur Rede des Kallikles Platon, Gorgias 483 ff. Zum sophistischen Naturrecht Welzel 12 ff.
Es trifft danach nicht zu, wenn Spaemann, 59, dem Naturbegriff des Naturrechts generell eine kritische und emanzipative Rolle zuschreibt. Richtig ist lediglich, daß er auch dazu herhalten konnte.
33 Fränkel, 8; ders. ebd. S. 23 ff.
34 Habermas, 1976, 161.
35 Grossmann 1935.
36 Zilsel, 1941/42.
37 Hier hat sich auch der im 5. Jahrhundert entstandene historische Fortschrittsgedanke über alle Rückschläge hinweg durch die ganze Antike hin gehalten. Vgl. Dodds, 26 f.
38 White, 1968.
39 Weber, 1920.
40 Spaeman, 62.
Bellah, 276 ff., und Döbert, 120 f., liegen mit ihrer Einschätzung der Bedeutung transzendenter Gottesvorstellungen dicht neben dieser idealistischen Geschichtsvorstellung. Anzumerken ist, daß die Vorstellung, der jüdisch-christliche Gott sei aus einer Rationalisierungstendenz entstanden, ebenso unrichtig ist wie die andere, die subjektivische Eingriffskausalität sei nicht länger benötigt worden, eben deshalb habe sich seine Transzendenz ergeben.
41 Anzuführen ist hier auch Blumenberg, 1966. Die Vorstellung, der ganze Prozeß der Säkularisierung sei als Gegenbewegung gegen die absolute Willkür Gottes in der christlichen Theologie entstanden, schreibt der Spekulation zu, was sie schlechterdings nicht leisten kann.
42 Zilsel, 548 f.; indirekt A. Maier, 373 ff.
43 Ein allseits bekanntes Exempel bietet der Prozeß gegen Galilei. Vgl. die anschauliche Schilderung bei M. Boas, 340 ff.
44 White, 53.
45 Bacon, 1620.
46 Vgl. Dijksterhuis 1956; Hall, A. R., 96 ff.
47 Und darüber besteht heute Einigkeit. Der Vorgang ist allerdings nur ungenau beschrieben, wenn er als Ersetzung des organischen durch ein mechanisches Weltbild charakterisiert wird. So Hooykaas, 3. Prägnant; G. H. Mead, 202.
48 Informativ Grossmann 1935.
49 Heisenberg 1959, 45.
50 Die Geradlinigkeit und Konsequenz der Entwicklung in den Naturwissenschaften durch die Jahrtausende(!) hindurch betont auch Heisenberg, 1959, 17.
51 Zum folgenden Kuhn, 1967. Die Zahlen in Klammern nennen die

Seiten des Werkes.
52 Eine erhellende Erörterung bei Patzig, 1964. Die Frage bleibt allerdings, wie der Zirkel der Verweisung zu durchbrechen ist.

VII. *Das Selbstverständnis des Menschen im Weltbild der Gegenwart*

1 Die Aufgabe steht noch aus, die Entwicklung des Denkens in der Bedingtheit kognitiver Struktur – Logik – und Zuerwerb des Wissens mit schrittweiser Strukturänderung durch die Epochen hin genauer zu belegen. Eine Anzahl von Fallstudien bei Dux 1976.
2 Insofern bedarf Luckmann, 1970, der Präzisierung.
3 Descartes, Discours de la methode.
4 Ein Musterbeispiel ist Hobbes' Leviathan. Die Hauptarbeit, mit der sich Hobbes konfrontiert sah, war, die mechanistischen Grundlagen des Staatsverständnisses darzulegen.
5 Der Ursprung lag in der Dauer einer metaphysischen Logik, die Begründungen nur im Sequenzmodell einer Handlung liefern kann. Ihr zufolge muß der Organisator des Erkenntnisprozesses notwendig dem Objekt, auf das sich die Erkenntnis richtet, vorgeordnet werden. Das cogito rückt deshalb an den Platz Gottes als dem absoluten Subjekt.
6 Daß in der Kategorie der »Ableitung« das Hauptproblem liegt, die Formen des Lebendigen in der Natur unterzubringen, betont J. Monod, 53; oben Einleitung.
7 Das objektive Moment im Erwerb und Zuerwerb von Wissen ist bekanntlich besonders von K. Popper hervorgekehrt worden. K. Popper, 1966; 1973.
8 Schrödinger, 159 ff.
9 Schrödinger, 164.
10 Heisenberg, 1976, 12 ff., 19.
11 H. Arendt, 287.
12 Waddington, 80.
13 Eine erste Verlustrechnung wurde bereits von Vico aufgemacht. Aufs Ganze gesehen hält er aber an der Überlegenheit des neuzeitlichen Wissens gegenüber dem Altertum fest. Vico, 13 f., 19.
14 Es gehört, stellt Descartes fest, zur Natur Gottes, immer aktuell zu existieren. Meditationes A-T VII, 79.
15 So zu Recht Schrödinger, 21.
16 Monod, 31 f.
17 Bultmann, 21: Theoretische Leugnung Gottes steht außerhalb der alttestamentlichen Gedankenwelt.

Literaturverzeichnis

Adolph, E. F.	(1970), *Physiological stages in the development of mammals,* in: *Growth,* 34, S. 113-124.
Alexiou, S.	(o. J.), »Minoan Religion. The ›Vegetation Cycle‹ and the Divinities«, in: ders.: *Minoan Civilization.* Heraclion. 3 o. J.
Alland, A.	(1970), *Evolution und menschliches Verhalten* (1967), Frankfurt.
Arendt, H.	(1959), *The Human Condition,* Chicago.
Aristoteles	(1962 ff.), *Werke* (Ed. Grumacher), Darmstadt.
–	(3/1958), *Politik,* herausgegeben von Eugen Rolfes, Hamburg (Phil. Bibl.).
Assmann, J.	(1969), *Liturgische Lieder an den Sonnengott,* Untersuchungen zur altägyptischen Hymnik, Berlin.
Bacon, F.	(1620/1971), *Neues Organon der Wissenschaften,* Darmstadt.
Bardtke, H.	»Profane Dichtung im Alten Testament«, in: *RGG,* 3 Bd. v, Sp. 596 ff.
Barnett, S. A.	(1967), *›Instinct‹ and ›Intelligence‹,* The Science of Behaviour in Animals and Man, London.
Bellah, R. N.	(1969), »Religious Evolution«, in: Robertson, Roland (Hrsg.): *Sociology of Religion,* Harmondsworth, S. 262-292.
Berger, P. L.	(1965), *The Noise of Solemn Assemblies,* New York.
–	(1967), *The Sacred Canopy,* New York.
Berger, P. L. u. Luckmann, Th.	(1963), »Sociology of Religion and Sociology of Knowledge«, in: *Sociology and Social Research,* S. 418 ff.
–	(1966), *The Social Construction of Reality,* New York.
Bertholet, A.	(1960), »Magie«, in: *RGG,* Bd. 4, Sp. 595-601, Tübingen.
Berlyne, D. E.	(1960), *Conflict, Arousal and Curiosity,* New York.
Best, E.	(1924/1979), *The Maori,* vol. I a. II, Wellington.
Betz, D.	(1974), *Psychophysiologie der kognitiven Prozesse,* München.
Beurlen, K.	(1937), *Die stammesgeschichtlichen Grundlagen der Abstammungslehre,* Jena.
Blumenberg, H.	(1966), *Die Legitimität der Neuzeit,* Frankfurt.
Boas, M.	(1965), *Die Renaissance der Naturwissenschaften,* Gütersloh.
Bolk, L.	(1926), *Das Problem der Menschwerdung,* Jena.
Boman, Th.	(⁶1977), *Das hebräische Denken im Vergleich mit dem*

	Griechischen (1952), Göttingen.
Bottero, J.	(1964), »Jüdische Schöpfungsmythen«, in: *Die Schöpfungsmythen* (o. Vf.), S. 183-228, Einsiedeln.
Bouterwek	(1802), *Die Epochen der Vernunft*, Göttingen.
Braidwood, R. J.	(³1975), *Prehistoric Men*, Glenview.
Bresch, C.	(1977), *Zwischenstufe Leben. Evolution ohne Ziel?*, München.
Bruner, J. S.	(1975), »The ontogenesis of speech acts«, in: *Jour. of Child Language* 2, 1-19.
Bruner, J. S. und Sherwood, V.	(1976), »Peekaboo and the Learning of Rule Structures«, in: Brunner, J. S. u. a. (Hg.), *Play, Its Role in Development and Evolution*, S. 277-285, Harmondsworth.
Bruner, J. S., R. R. Olver, P. M. Greenfield u. a.	(1971), *Studien zur kognitiven Entwicklung* (1966), Stuttgart.
Budge, E. A. W.	(1967), *The Egyptian Book of the Dead (The Papyrus of Ani)* (1855), New York.
–	(1971), *Egyptian Magic* (1901), New York.
–	(1975), *Egyptian Religion* (1899), London.
Bultmann, Rudolf	(1965), *Das Urchristentum im Rahmen der antiken Religionen*, rde 26-30.
Bunak, V. V.	(1973), »Die Entwicklungsstadien des Denkens und des Sprechvermögens und die Wege ihrer Erforschung«, in: Schwidetzky, I. (Hrsg.): *Über die Evolution der Sprache*, S. 226-252, Frankfurt.
Campbell, J.	(1960), »Primitive Man as Metaphysician«, in: St. Diamond (ed.) *Primitive Views of the World*, S. 20-32, New York und London.
Carnap, R.	(1969), *Einführung in die Philosophie der Naturwissenschaft* (1966), München.
Caneiro, R. L.	(1964), *The Amahuaca and the Spirit World*, Ethnology, 3, 6-11.
Cassirer, E.	(1969), *Substanzangriff und Funktionsbegriff*, Untersuchungen über die Grundfragen der Erkenntniskritik (1910), Darmstadt.
Childe, V. G.	(1951), *Man makes himself* (1936), New York.
Chodat, F., u. Greppin, H.	(1963) »Principe généralisé de la photophysiologie et histoire de la vie«, in: *Scientia*, 98, S. 207-212.
Chomsky, N.	(1969), *Aspekte der Syntax-Theorie*, Frankfurt.
Clark, G.	(³1957) Archaeology and Society: Reconstructing the Past, Methuen.

Comte, A.	(1956), *Rede über den Geist des Positivismus,* (1844), Hamburg.
Craig, W.	(1918), *Appetites and Aversions as Constituents of Instincts,* Biol. Bull., Woods Hole, 34, 91-107.
Descartes, R.	(1964), *Oeuvres,* Publiées par Adam & Tannery, Nouvelle Presentation, Paris.
DeVore, I.	(1965), *Primate Behavior. Field Studies of Monkeys and Apes,* New York.
Diamond, S.	(1960), *Primitive Views of the World,* New York.
Diels, H./W. Kranz	(^{15}1971) (Bd. I), (^{16}1972) (Bd. II), *Die Fragmente der Vorsokratiker,* 2 Bde., Dublin/Zürich.
Dijksterhuis	(1956), *Die Mechanisierung des Weltbildes,* Berlin.
Diller, H.	(1939), »Der griechische Naturbegriff«, in: *Neue Jahrbücher für Antike und deutsche Bildung,* 2, S. 241-257.
Dilthey, W.	(^{4}1968), *Weltanschauungslehre,* Gesammelte Schriften, Band VIII herausgegeben von Bernh. Groethuysen, Göttingen.
Dodds, E. R.	(1977), *Der Fortschrittsgedanke in der Antike* (1973), Zürich.
Döbert, R.	(1973), *Systemtheorie und die Entwicklung religiöser Deutungssysteme,* Frankfurt.
Drehsen, V.	(1975), »Religion – der verborgene Zusammenhalt der Gesellschaft: Emile Durkheim und Georg Simmel«, in: Dahm, Karl-Wilhelm, Volker Drehsen, Günter Kehrer (Hrsg.): *Das Jenseits der Gesellschaft,* S. 57-88, München.
Driver, G. R. und Miles, J. C.	(1975), *The Assyrian Laws,* Aalen.
Dürr, L.	(1938), *Die Wertung des göttlichen Wortes im Alten Testament und im antiken Orient,* M V Ae G (Mitteilungen der Vorderasiatisch-Ägyptischen Gesellschaft) 42, 1, Leipzig.
Durkheim, E.	(^{4}1960), *Les Formes Elementaires de la Vie Religieuse* (1927), Paris.
–	(^{2}1965), *Die Regeln der soziologischen Methode* (1895), Neuwied.
–	(^{8}1967), *De la Division du Traivail Social* (1893), Paris.
–	(1967b), *Soziologie und Philosophie* (1925), Frankfurt.
Dux, G.	(1970), »Helmuth Plessners philosophische Anthropologie im Prospekt«, in: H. Plessner, *Philosophische Anthropologie,* S. 255-329, Frankfurt.
–	(1973), »Religion, Geschichte und sozialer Wandel in Max Webers Religionssoziologie«, in: *Intern. Jahrb. f. Rel.Soz.* 7, 1971, S. 60 ff., abgedruckt in: Constans

	Seyfarth und Walter M. Sprondel (Hrsg.): *Seminar: Religion und gesellschaftliche Entwicklung*, S. 313-337, Frankfurt.
–	(1973), »Gegenstand und Methode. Am Beispiel der Wissenschaftslehre Max Webers«, in: *Sachlichkeit*, Festschrift für H. Plessner, Köln.
–	(1973b), »Ursprung, Funktion und Gehalt der Religion«, in: *Intern. Jahrb. für Religionssoziologie*, Bd. 8, S. 7 ff.
–	(1976), *Strukturwandel der Legitimation*, Freiburg.
–	(1981), »Anfang und Richtungssinn der Geschichte«, in: *Merkur*, S. 488-496.
Ehrenberg, V.	(1923), »Anfänge des griechischen Naturrechts«, in: *Archiv für Geschichte der Philosophie*, Abtlg. 1, Bd. 35, S. 119-143.
–	(1966), *Die Rechtsidee im früheren Griechentum* (1921), Darmstadt.
Eder, K.	(1976), *Die Entstehung staatlich organisierter Gesellschaften*, Frankfurt.
Eibl-Eibesfeldt, I.	(^{3}1972), *Grundriß der vergleichenden Verhaltensforschung*, München.
–	(1972), »Stammesgeschichtliche Anpassungen im Verhalten des Menschen«, in: Gadamer, H. und P. Vogler (Hrsg.): *Neue Anthropologie* Bd. 2, Stuttgart, S. 3-59.
Eliade, M.	(1964) Vorwort zu: Die Schöpfungsmythen, S. 11-34, Einsiedeln.
Erikson, E. H.	(1971), *Einsicht und Verantwortung. Die Rolle des Ethischen in der Psychoanalyse*, Frankfurt.
Evans-Pritchard, E. E.	(1934), »Lévy-Bruhl's Theory of Primitive Mentality«, in: *Bulletin of the Faculty of Arts*, II, S. 1 ff.
–	(1965), *Witchcraft, Oracles and Magic Among the Azande* (1937), Oxford.
Feuerbach, L.	(^{2}1959), *Sämtliche Werke*, neu hrsg. von Wilhelm Bolin und Fredrick Jodl, Stuttgart.
Firth, R.	(1967), »Orientations in Economic Life«, in: E. E. Evans-Pritchard et al.: *The Institutions of Primitive Society*, Oxford.
Fischer, W. und W. Marhold	(1978), »Religionssoziologie als Wissenssoziologie«, in: dies. (Hrsg.): *Religionssoziologie als Wissenssoziologie*, Stuttgart, S. 7-20.
Fränkel, H.	(1968), »Die Zeitauffassung in der frühgriechischen Literatur«, in: *Wege und Formen frühgriechischen Den-*

	kens, München, S. 1-22.
–	(1968b), »Ephemeros als Kennwort für die menschliche Natur«, in: *Wege und Formen frühgriechischen Denkens,* München, S. 23-39.
Frankfort, H. und H. A.; Wilson, J. A., Jacobsen, Th.	(1954), *Frühlicht des Geistes. Wandlungen des Weltbildes im Alten Orient,* Stuttgart.
Freud, S.	(³1961), »Totem und Tabu« (1913), *Gesammelte Werke (Imago),* Bd. IX, Frankfurt.
–	(⁴1968), »Die Zukunft einer Illusion« (1927), in: *Ges. Werke (Imago),* Bd. XIV, Frankfurt S. 323–380.
Fried, M.	(1967) The Evolution of Political Society, New York.
Frisch, K. von	(⁶1959), *Aus dem Leben der Bienen.*
Gadamer, H. G.	(²1965), *Wahrheit und Methode,* Tübingen.
Gadamer, H. G. und P. Vogler (Hrsg.)	(1972), *Neue Anthropologie* Bd. 2, Stuttgart.
Gallwitz, H.	(1960), *Religion und Magie der Menschen in der Altsteinzeit,* Berlin.
Gardner, R. A. und B. T. Gardner	(1969), *Teaching Sign Language to a Chimpanzee,* Science, 165, 664-672.
–	(1975), »Early Signs of Language in Child and Chimpanzee«, in: *Science,* 187, S. 752-753.
Garelli, P. u. M. Leibovici	(1964), »Akkadische Schöpfungsmythen«, in: *Die Schöpfungsmythen,* Einsiedeln, 119 ff.
Geertz, C.	(1960), *The Religion of Java,* Glencoe, Ill.
–	(1968), »Religion as a Cultural System«, in: M. Banton: *Anthropological Approaches to the Study of Religion,* London, S. 1 ff.
Gehlen, A.	(1964), *Urmensch und Spätkultur,* Frankfurt.
–	(⁸1966), *Der Mensch. Seine Natur und seine Stellung in der Welt* (1940), Frankfurt.
Goody, J.	(1961), »Religion and the Ritual: The Definition Problem«, *Britisch Journal of Sociology,* 12, 143-164.
Gossen, G. H.	(1974), *Chamulas in the World of the Sun. Time and Space in a Maya Oral Tradition,* Cambridge.
Gould, St. J.	(1977), *Ontogeny and Phylogeny,* Cambridge (Mass.).
Grapow, H.	(1932), »Die Welt vor der Schöpfung«, in: *Zeitschr. für ägyptische Sprache,* 67, 34-38.
Grathoff, R.	(1974), »Grenze und Übergang: Frage nach den Bestimmungen einer cartesianischen Sozialwissen-

	schaft«, in: *Festschrift zum 80. Geburtstag von H. Plessner,* Opladen, S. 223-241.
Grossmann, H.	(1935), »Die gesellschaftlichen Grundlagen der mechanistischen Philosophie und die Manufaktur«, in: *Zeitschrift für Sozialforschung,* 4, S. 161-231.
Habermas, J.	(^{2}1976), *Zur Rekonstruktion des Historischen Materialismus,* Frankfurt.
Hall, A. R.	»Scientific Method and the Progress of Techniques«, in: *The Cambridge Economic History of Europe,* Ed. E. Erich, C. H. Wilson, Cambridge, S. 96 ff.
Hall, K. R. L. und I. DeVore	(1965), »Baboon Social Behavior«, in: DeVore, I. (ed.): *Primate Behavior,* New York, S. 53-110.
Hallowell, I. A.	(1960), »Ojibwa Ontology, Behavior, and World View«, in: Diamond, Stanley (Hrsg.): *Primitive World Views,* New York 1960, S. 49-82.
Harlow, H. F.	(1969), »Die Evolution des Lernens«, in: G. G. Simpson (Hrsg.): *Evolution und Verhalten* (1958), Frankfurt, S. 70-99.
Hasebroek, J.	(1966), *Griechische Wirtschafts- und Gesellschaftsgeschichte bis zur Perserzeit* (1931), Hildesheim.
Hassenstein, B.	(1972), »Das spezifisch Menschliche nach den Resultaten der Verhaltensforschung«, in: H. G. Gadamer und P. Vogler, *Neue Anthropologie,* Bd. 2, Stuttgart, S. 60-97.
Heberer, G.	(1969), *Der Ursprung des Menschen,* Stuttgart.
–	(1973), »Die Evolution des Menschen«, in: G. Altner (Hrsg.): *Kreatur Mensch* (1969), München.
Hegel, G. W. F.	(^{4}1955) *Grundlinien der Philosophie des Rechts,* (Ed. Hoffmeister, Ph. Bibl.), Hamburg.
–	(^{3}1959) *Einleitung in die Geschichte der Philosophie,* (Ed. Hoffmeister, Ph. Bibl.), Hamburg.
Heidegger, M.	(1957), *Der Satz vom Grund,* Pfullingen.
Heinimann, F.	(1945/1965), *Nomos und Physis,* Darmstadt.
Heisenberg, W.	(^{9}1959), *Wandlungen in den Grundlagen der Naturwissenschaft,* Stuttgart.
–	(1976), *Das Naturbild der heutigen Physik* (1955), Hamburg.
Helmholtz, H.	(1959), *Die Tatsachen in der Wahrnehmung* (1879), Darmstadt.
Hensel, H.	(1966), *Allgemeine Sinnesphysiologie. Hautsinne, Geschmack, Geruch,* Berlin.
Hentig, H. von	(1954), *Die Strafe. Bd. I: Frühformen und kulturgeschichtliche Zusammenhänge,* Berlin.

Hinde, R. A.	(1974), *Biological Bases of Human Social Behaviour,* New York.
Hoebel, E. A.	(1964), *The Law of Primitive Man,* Cambridge (Mass.).
Holsten, W.	(^{3}1960), »Monotheismus und Polytheismus«, in: *RGG,* Bd. 4, Tübingen, Sp. 1109-1113.
Hooykaas, R.	(1963), *Das Verhältnis von Physik und Mechanik in historischer Sicht,* Wiesbaden.
Horkheimer, M.	(1968), »Traditionelle und kritische Theorie« (1937), in: Horkheimer, Max: *Kritische Theorie Bd.* II, S. 137-200, Frankfurt.
Hornung, E.	(1971), *Der Eine und die Vielen. Ägyptische Gottesvorstellungen,* Darmstadt.
Horton, R.	(1960), »A Definition of Religion and its Uses«, in: *Journal of Royal Anthropological Institute,* 90.
–	(1964), »Ritual Man in Africa«, in: *Africa,* 34, S. 85 ff.
–	(1968), »Neo-Tylorianism: Sound Sense or Sinister Prejudice«, in: *Man,* 3, S. 625 ff.
–	(1967), »African Traditional Thought and Western Science«, in: *Africa,* 37, S. 50 ff., S. 155 ff.
Humboldt, W. von	(1963), »Über die Verschiedenheit des menschlichen Sprachbaues und ihren Einfluß auf die geistige Entwicklung des Menschengeschlechts«, in: *Werke* III, Darmstadt, S. 368-756.
Hume, D.	(1757), *The Natural History of Religion.*
Hsu, F. L. K.	(1964), »Rethinking the Concept ›Primitive‹«, in: *Current Anthropology,* 5, 169-178.
Jacobsen, Th.	(1954), »Mesopotamien«, in: H. u. H. A. Frankfort, Th. Jacobsen und John A. Wilson, *Frühlicht des Geistes,* S. 136-241, Stuttgart.
Jammer, M.	(1954), *Concepts of Space. The History of Theories of Space in Physics,* Cambridge (Mass.).
Johanson, D. C. and T. D. White	(1979), »A Systematic Assessment of Early African Hominids«, in: *Science,* 203, 321-330.
Jolly, A.	(1972), *The Evolution of Primate Behavior,* New York.
Junker, H.	(1941), *Die politische Lehre von Memphis,* Abhandlungen der preuß. Akademie der Wissenschaften, Nr. 6, S. 7 ff.; 73 ff.
–	(1961), *Die Geisteshaltung der Ägypter in der Frühzeit,* Wien.
Kant	(1968), *Werke, Akademie Textausgabe,* Berlin.
Kay, W.	(1975), *Die moralische Entwicklung des Kindes,* Düsseldorf.
Kees, H.	(^{3}1977), *Der Götterglaube im alten Ägypten,* Berlin.
Kelsen, H.	(^{2}1960), *Reine Rechtslehre,* Wien.
Kluckhohn, C.	(1960), »Navaho Categories«, in: Diamond, Stanley

	(Hrsg.): *Primitive Views of the World,* New York, S. 95-128.
Köhler, L.	(1976), *Der Hebräische Mensch,* Darmstadt.
Köhler, W.	(1963), *Intelligenzprüfungen an Menschenaffen* (1920), Berlin.
Krafft, F.	(1971), *Geschichte der Naturwissenschaft* 1, Freiburg.
Kuhn, Th. S.	(1967), *Die Struktur wissenschaftlicher Revolutionen* (1962), Frankfurt.
Kummer, H.	(1975), *Sozialverhalten der Primaten,* Berlin.
Lambert, M.	(1964), »Sumerische Schöpfungsmythen«, in: *Die Schöpfungsmythen,* Einsiedeln, S. 101 ff.
Lanczowski, G.	(1957), »Forschungen zum Gottesglauben in der Religionsgeschichte«, in: *Saeculum,* 8, S. 392-403.
Lawick-Goodall, J. van	(1975), *Wilde Schimpansen,* Hamburg.
Leakey, R. E., and R. Lewin	(1977), *Origins,* London.
Lee, D. D.	(1950), »Lineal and non-lineal codification of reality«, in: *Psychosomatic Medicine,* 12, S. 89-97.
Lee, R. B. und I. DeVore	(^{7}1979), »Problems in the Study of Hunters and Gatherers«, in: Lee, Richard B. and Irven DeVore (Hrsg.): *Man The Hunter,* New York, S. 3-12.
Lenin, W. I.	(1964) Materialismus und Empiriokritizismus, in: *Werke* Bd. 14, Berlin.
Lenneberg, E. H.	(1972), *Biologische Grundlagen der Sprache* (1967), Frankfurt.
Lenski, G.	(1970), *Human Societies,* New York.
Léon-Portilla, M.	(1968), *Tempo y realidad en el pensiamento Maya,* Mexico.
Lessa, W. A. u. E. Z. Vogt	(^{3}1972), *Reader in Comparative Religion. An Anthropological Approach,* New York.
Lévi-Strauss, C.	(1965), *Das Ende des Totemismus,* Frankfurt.
–	(1968), *Das wilde Denken* (1962), Frankfurt.
	(^{7}1979), »The Concept of Primitiveness«, in: Richard B. Lee and Irven DeVore, *Man The Hunter,* Hawthorne, S. 349-352.
Lévy-Bruhl, L.	(1966), *Die geistige Welt der Primitiven,* Darmstadt.
Lienhardt, G.	(1967), »Modes of Thought«, in: Evans-Pritchard, E. E. et al.: *The Institutions of Primitive Society,* Oxford, S. 95-107.
Lorenz, K.	(1935/1965), Der Kumpan in der Umwelt des Vogels, in: *Über tierisches und menschliches Verhalten,* Bd. I, S. 115-282, München.

–	(1941), »Kants Lehre vom Apriorischen im Lichte gegenwärtiger Biologie«, in: *Blätter für Deutsche Philosophie*, 15, S. 94-125.
–	(1973), *Die Rückseite des Spiegels. Vermerk einer Naturgeschichte menschlichen Erkennens*, München/Zürich.
Luckmann, Th.	(1960), »Neuere Schriften zur Religionssoziologie«, in: *Köln. Zeitschr. f. Soz. u. Soz.Psych.*, 12, S. 315 ff.
–	(1963), *Das Problem der Religion in der modernen Gesellschaft*, Freiburg.
–	(1967), *The Invisible Religion*, New York.
–	(1970), »On the Boundaries of the Social World«, in: A. Natanson (Hrsg.): *Festschrift für A. Schütz*, New York.
Luhmann, N.	(1971), »Soziologie als Theorie Sozialer Systeme«, in: ders.: *Soziologische Aufklärung*, Opladen, S. 113-136.
–	(1977), *Funktion der Religion*, Frankfurt.
Lukács, G.	(1970), *Geschichte und Klassenbewußtsein* (1923), Neuwied.
Lukes, St.	(1967), »Some Problems about Rationality«, in: *Archiv europ. Soziol.*, 8, S. 247 ff.
MacIntyre, A.	(1964), »Is Understanding Religion Compatible with Believing«, in: J. Hick (ed.) *Faith and the Philosophers*, London, S. 115 ff.
MacIntyre, A.	(1967), »A Mistake about Causality in Social Science«, in: Laslett, Peter and W. G. Runciman, *Philosophy, Politics and Society*, Oxford, p. 48 seg.
Maier, A.	(1958), *Zwischen Philosophie und Mechanik. Studien zur Naturphilosophie der Spätscholastik*, Rom.
Mair, L.	(1977), *Primitive Government* (1962), London.
Maringer, J.	(1956), *Vorgeschichtliche Religion*, Zürich.
Marler, P./ Hamilton, W. J.	(1966), *Mechanisms of Animal Behaviour*, New York.
Marquard, O.	(1973), »Beitrag zur Philosophie des Abschieds von der Philosophie der Geschichte«, in: R. Koselleck u. Wolf-Dieter Stempel (Hrsg.): *Geschichte – Ereignis und Erzählung*, München, S. 241-250.
Marsilius von Padua	(1958), *Defensor Pacis*, 2 Bde. (1324), Darmstadt.
Mason, W. A.	(1960), »The Effects of Social Restriction on the Behavior of Rhesus Monkeys«, in: *Journal of Comp. and Phys. Psychology*, 53, S. 582-589.
–	(1965), »The Social Development of Monkeys and Apes«, in: Irven DeVore, (ed.): *Primate Behavior*, New York: Holt, S. 514-543.
Mauss, M.	(1950/1968), *Die Gabe. Form und Funktion des*

	Austauschs in archaischen Gesellschaften, Frankfurt.
Mayer, R.	(1957) *Monotheistische Strömungen in der altoriental. Umwelt Israels*, M. Th. Z. (Münchner Theologische Zeitschrift), 8, S. 97-113.
Mead, G. H.	(^{13}1965), *Mind, Self and Society* (1934), Chicago and London.
Metzger, W.	(1959), »Die Entwicklung der Erkenntnisprozesse«, in: *Handbuch der Psychologie*, Bd. 3, Göttingen, S. 404 ff.
–	(^{5}1975), *Psychologie*, Darmstadt.
Meyer u. Fortes	(1967), »Mind«, in: *The Institutions of Primitive Society*, Oxford.
Miller, H.	(1964), *Progress and Decline. The Group in Evolution*, Oxford.
Mörth, I.	(1978), »Zur Konstitutionsanalyse religiöser Phänomene. Kontingenz und Konsistenz der Lebenswelt«, in: W. Fischer und W. Marhold (Hrsg.): *Religionssoziologie als Wissenssoziologie*, Stuttgart, S. 21-37.
Monod, J.	(^{2}1975), *Zufall und Notwendigkeit. Philosophische Fragen der modernen Biologie* (1970), Frankfurt (dtv).
Morenz, S.	(1964), *Die Heraufkunft des transzendenten Gottes in Ägypten* (SBSAW/09/2), Berlin.
–	(^{2}1977), *Ägyptische Religion* (1960), Stuttgart.
Moscati, S.	(1958/1961), *Die altsemitischen Kulturen*, Stuttgart.
Mühlmann, W. E.	(1953), »Das Problem des Urmonotheismus«, in: *Theol. Lit. Stg.*, 78, S. 705-718.
–	(1957), »Animismus«, in: *RGG*, Bd. I³, Tübingen, Sp. 389 ff.
–	(^{3}1959), »Kinder«, in: *RGG*, 3. Band, Tübingen, Sp. 1273-1274.
Müller, D.	(1961), *Ägypten und die ptolemäischen Isis-Aretalogien* (Abhandlungen der sächs. Akademie d. Wissensch. zu Leipzig, Phil.hist. Klasse, Bd. 53,1), Berlin.
Naef, A.	(1926), *Über die Urformen der Anthropomorphen und die Stammesgeschichte des Affenschädels*, Naturwissenschaften 14, S. 445-452.
Nance, J.	(1975), *The Gentle Tasaday. A Stone Age People in the Philippine Rain Forest*, New York.
Narr, K. J.	(1973), »Kulturleistungen des frühen Menschen«, in: G. Altner (Hrsg.): *Kreatur Mensch*, München.
Noth, M.	(^{7}1969), *Geschichte Israels*, Göttingen.
Oppen, D. von	(1958), »Die Säkularisierung als soziologisches Problem«, in: Chr. Bourbeck u. H.-D. Wendland (Hrsg.): *Diakonie zwischen Kirche und Welt*, Hamburg, S. 37 ff.

Otis, E. M. u. R. Brent	(1954), *Equivalent stages in mouse and human embryos,* Anat. Rec. 120, S. 33-63.
Otto, R.	(1963), *Das Heilige* (1936), München, 31-35.
Pannenberg, W.	(1965a), »Einführung«, in: *Offenbarung als Geschichte,* in: W. Pannenberg, R. Rendtorff, U. Wilckens: *Offenbarung als Geschichte,* Göttingen, S. 7 ff.
–	(1965b), »Dogmatische Thesen zur Lehre von der Offenbarung«, in: W. Pannenberg, R. Rendtorff, U. Wilckens: Offenbarung als Geschichte, Göttingen, S. 91 ff.
Parsons, T. A.	(1951), *The Social System,* London.
Patzig, G.	(1964), – Satz und Tatsache –, in: *Argumentationen,* Festschrift für Josef König, Göttingen, S. 170 ff.
Pedersen, J.	(1920/1926), *Israel,* Bd. I, London.
Pettazoni, R.	(1950), »La formation du monothéisme«, in: *Revue de l'Université de Bruxelles,* 2, S. 209-219.
–	(1960), *Der allwissende Gott. Zur Geschichte der Gottesidee* (1955), Frankfurt.
Petterson, O.	(1978), »Magie – Religion. Einige Randbemerkungen zu einem alten Problem«, in: Petzold, Leander (Hrsg.): *Magie und Religion,* Darmstadt, S. 313-324.
Petzold, L. (Hrsg.)	(1978), *Magie und Religion,* Darmstadt.
Piaget, J.	(1946/1955), *Die Bildung des Zeitbegriffs beim Kinde,* Zürich.
–	($^{11\text{-}13}$1970), *Psychologie der Intelligenz* (1947), Zürich und Stuttgart.
–	(1973), *Das moralische Urteil beim Kinde* (1932), Frankfurt.
–	(1974a), *Biologie und Erkenntnis* (1967), Frankfurt.
–	(1974b), *Abriß der genetischen Epistemologie* (1970), Olten und Freiburg.
–	(1976), *La représentation du monde chez l'enfant* (1926), Paris.
–	(1978), *Das Weltbild des Kindes* (1926), Stuttgart.
Platon	(1970 ff.), *Werke,* Ed. Eigler, Darmstadt.
Plessner, H.	(^{2}1965a), *Die Einheit der Sinne* (1923), Bonn.
–	(^{2}1965b), *Die Stufen des Organischen und der Mensch* (1928), Berlin.
–	(1968), »Der kategorische Konjunktiv«, in: *Verstehen und Vertrauen.* Festschrift für Friedrich Bollnow zum 65. Geburtstag, Stuttgart, S. 136 ff.
Ploog, D.	(1972), »Kommunikation in Affengesellschaften und deren Bedeutung für die Verständigungsweisen des Menschen«, in: Gadamer, H. G. u. P. Vogler (Hrsg.):

	Neue Anthropologie Bd. 2, Stuttgart, S. 98-178.
Popper, K.	(1966), *Logik der Forschung* (1934), Tübingen.
–	(1973), *Objektive Erkenntnis. Ein evolutionärer Entwurf*, Hamburg.
Portmann, A.	(1941), »Die Tragzeiten der Primaten und die Dauer der Schwangerschaft beim Menschen: ein Problem der vergleichenden Biologie«, in: *Revue Suisse Zool.*, 48, S. 511-518.
–	(1956), *Zoologie und das neue Bild des Menschen* (rde), Hamburg.
–	(1967a), »Die Stellung des Menschen in der Natur« (1964), in: *Zoologie aus vier Jahrzehnten*, München, S. 312 ff.
–	(1967b), »Zerebralisation und Ontogenese« (1962), in: *Zoologie aus vier Jahrzehnten*, München, S. 230-297.
–	(1973), *Biologie und Geist*, Frankfurt.
Posener (Hrsg.)	(1960), *Lexikon der ägyptischen Kultur*.
Premack, D.	(1971), »Language in Chimpanzee?« in: *Science*, 172, S. 808-822.
Preuß, K. Th.	(1922), »Die höchste Gottheit bei kulturarmen Völkern«, in: *Psycholog. Forschung*, 2, S. 161-208.
Radin, P.	(1954), *Monotheism among Primitive Peoples*, Basel.
Ratschow, C. H.	(1941), *Werden und Wirken. Eine Untersuchung des Wortes h ajan als Beitrag zur Wirklichkeitserfassung des Alten Testaments*, Berlin.
Redfield, R.	(^{7}1965), *The Primitive World and Its Transformations*, Ithaca.
Remane, A./ Storch, V./ Welsch, U.	(1973), *Evolution. Tatsachen und Probleme der Abstammungslehre*, München (dtv).
Rensch, B.	(1972), *Neuere Probleme der Abstammungslehre*, Stuttgart.
Ribot, A.	(^{4}1925), *L'évolution des idées générales*, Paris.
Robertson, R.	(1969), *Sociology of Religion*, Harmondsworth (Penguin).
Roe, A./Simpson, G. S. (Hrsg.)	(1969), *Evolution und Verhalten* (1958), Frankfurt.
Rokeach, M.	(1960), *The Open and the Closed Mind*, New York.
Rousseau, J. J.	(1962), »Discours sur l'inégalité«, in: *The Political Writings*, ed. by C. E. Vaughan, Bd. 1, Oxford.
–	(1764/1961), *Emile*, Paris.
Rowley, H. H.	(1957), *Mose und der Monotheismus*, Ztschr. für die alttestamentliche Wissenschaft, 69, 1-21.

Rumbaugh, D. M.
und T. V. Gill (1973), »Reading and Sentence Completion by a Chimpanzee« (Pan), in: *Science,* 182, S. 731-733.
Runciman, W. G. (1969), »The Sociological Explanation of Religious Beliefs«, in: *Arch. europ. sociol.* x, S. 149-191.
Sachsse, H. (1968), *Die Erkenntnis des Lebendigen,* Braunschweig.
– (1975), »Rezension von K. R. Popper: Objektive Erkenntnis und K. Lorenz: Die Rückseite des Spiegels«, in: *Zeitschrift für Soziologie,* 4, 82-88.
Sahlins, M. (1974), *Stone Age Economics,* London.
Sarich, V. (1971), »A Molecular Approach to the Questions of Human Origins«, in: P. Dolhinow and V. Sarich (eds.): *Background for man,* Boston, S. 60-81
Sarich, V., M. und
A. C. Wilson (1967), »Immunological Time Scale for Hominid Evolution«, in: *Science,* 158, 1200-1203.
Scheler, M. (^{4}1947), *Die Stellung des Menschen im Kosmos* (1927).
Schibilsky, M. (1978), »Konstitutionsbedingungen religiöser Kompetenz«, in: Fischer, Wolfram und Wolfgang Marhold (Hrsg.): *Religionssoziologie als Wissenssoziologie,* Stuttgart, S. 73-100.
Schott, R. (1968), »Das Geschichtsbewußtsein schriftloser Völker«, in: *Archiv für Begriffsgeschichte,* 12, S. 166-205.
Schmidt, P. W. (1912-1955), *Der Ursprung der Gottesidee,* 12 Bände.
ohne Hrsg. (1964) *Die Schöpfungsmythen,* Einsiedeln.
Schrödinger, E. (1955), *Die Natur und die Griechen,* Wien.
Schurig, V. (1976), *Die Entstehung des Bewußtseins,* Frankfurt.
Schwidetzky, I. (1971), *Hauptprobleme der Anthropologie,* Freiburg.
Schwidetzky, I.
(Hrsg.) (1973), *Über die Evolution der Sprache,* Frankfurt.
Seligman, C. G. (1965), Vorwort zu: E. E. Evans-Pritchard, Witchcraft, *Oracles and Magic among the Azande,* Oxford.
Sethe, K. (1930), *Urgeschichte und älteste Religion der Ägypter,* Leipzig.
Siewerth, G. (1963), »Die Frage nach Gott«, in: K. H. Haag (Hrsg.): *Die Lehre vom Sein in der modernen Philosophie,* Frankfurt.
Simpson, G. G. (^{2}1967), *The Meaning of Evolution* (1949), New Haven and London.
– (1969), »Evolution: Methoden und derzeitiger Stand«, in: Roe, Anne und G. G. Simpson (eds.): *Evolution und Verhalten* (1958), Frankfurt, S. 7-35.
Slobin, D. I. (o. J.), »Kognitive Voraussetzungen der Sprachentwicklung«, in: Lenninger, Helen, Max H. Miller und

	Frank Müller (Hrsg.): *Linguistik und Psychologie*, Bd. 2, Frankfurt, S. 122-165.
Soden, W. von	(1961), »Sumer, Babylon und Hethiter bis zur Mitte des zweiten Jahrtausends v. Chr.«, in: *Propyläen Weltgeschichte*, Bd. 1, 2, Frankfurt.
Spaemann, R.	(1967), »Geschichtliches zum Naturbegriff des 18. Jahrhunderts«, in: *Archiv für Begriffsgeschichte*, XI (1967), S. 59-74.
Spencer, H.	(1876/1877), *Die Prinzipien der Soziologie*.
Spiro, M. E.	(1964), »Religion and the Irrational«, in: Symposium on New Approaches to the Study of Religion, in: *Proceedings of the American Ethnological Society*, Seattle, S. 102 ff.
–	(1966), »Religion: Protheus of Definition and Explanation«, in: M. Banton (Hrsg.), *Anthropological Approaches to the Study of Religion*, London, S. 85 ff.
Spitz, R. A.	(1957), *Die Entstehung der ersten Objektbeziehungen* (1954), Stuttgart.
Stanner, W. E. H.	(1960), »On Aboriginal Religion, I: The Lineaments of Sacrifice«, in: *Oceania*, 30, 108-127.
–	(1960), »On Aboriginal Religion, II: Sacramentalism, Rite and Myth«, in: *Oceania*, 30, 245-278.
–	(1961), »On Aboriginal Religion, IV: The Design – Plan of a Riteless Myth«, in: *Oceania*, 31, 233-258.
–	(1963), »On Aboriginal Religion, Cosmos and Society Made Correlative«, in: *Oceania*, 33, 239-273.
–	(³1972), »The Dreaming«, in: Lessa, W. A. u. E. Z. Vogt: *Reader in Comparative Religion, An Anthropological Approach*, New York, S. 269-277.
Starck, D.	(1962), *Der heutige Stand des Fetalisationsproblems*, Z. f. Tierzüchtung u. Züchtungsbiologie.
Starck. D. u. B. Kummer	(1962), *Zur Ontogenese des Schimpansenschädels*, Anthrop. Anz. 25, S. 204-215.
Storch, O.	(1948), *Die Sonderstellung des Menschen im Lebensabspiel und Vererbung*, Wien.
–	(1949), »Erbmotorik und Erwerbmotorik«, in: *Anzeiger der österreichischen Akademie der Wissenschaften*, Heft 1.
Swanson, G. E.	(1960), *The Birth of the Gods. The Origion of Primitive Beliefs*, Ann Arbor.
Tax, S. (ed.)	(1964), *Horizons of Anthropology*, Chicago.
Tax, S. und L. Mednick	(1960), »Memorandum on the Use of Primitive«, in: *Current Anthropology*, S. 441-445.

Terray, E.	(1974), *Zur politischen Ökonomie der »primitiven« Gesellschaften,* Zwei Studien (1972), Frankfurt.
Tenbruck, F.	(1972), »Wissenschaft und Religion«, in: J. Wössner (Hrsg.), *Religion im Umbruch,* Stuttgart, S. 217-244.
Thomas von Aquin	(1933 ff.), *Summa Theologica* (Latein-Deutsch), Salzburg.
Thompson, J. E. S.	(1975), *Die Maya. Anstieg und Niedergang einer Indianerkultur,* Essen.
Thorpe, W. H.	(²1969), *Learning and Instinct in Animals,* London.
Thurnwald, R.	(1951), *Des Menschengeistes Erwachen, Wachsen und Irren,* Berlin.
–	(1957), *Grundlagen menschlicher Gesellung,* Berlin.
Tinbergen, N.	(1966), *Instinktlehre,* Berlin.
–	(1967), *Tiere untereinander. Formen sozialen Verhaltens,* Berlin.
Topitsch, E.	(1958), *Vom Ursprung und Ende der Metaphysik,* Wien.
Trevarthen, C.	(1974), *Infant Response to Object and Persons* (Ms).
Trevarthen, C. and L. Murray	(1970), »The Nature of an Infant's Ecology«, in: *Proceedings from the International Society for the Study of Behavioural Development.*
Trotha, T. von	(1978), »Exzentrische Positionalität. Norm und Abweichung«, in: *Arch. f. Rechts- und Sozialphilosophie* LXIV, S. 305-330.
Tylor, E. B.	(1871), *Primitive Culture,* London.
Uexküll, J. von/ Kriszat, G.	(1970), *Streifzüge durch die Umwelten von Tieren und Menschen,* Bedeutungslehre, Frankfurt.
Underhill, R. M.	(1965), *Religion. Beliefs and Practices of the Indians North of Mexico,* Chicago.
Usener, H.	*Keraunos,* Kleine Schriften IV, 481 ff.
Van der Leeuw, G.	(³1970), *Phänomenologie der Religion* (1933), Tübingen.
Vergote, A.	(1980), »Religion – Gottesbild«, Ergebnisse empirischer Forschungen, in: T. Rendtorff (Hrsg.): *Religion als Problem der Aufklärung,* Göttingen, S. 221-245.
Vico, G. B.	(1960), *De nostri temporis studiorum ratione* (1708), Darmstadt.
Vollmer, G.	(1975), *Evolutionäre Erkenntnistheorie,* Stuttgart.
Vrijhof, P. H.	(1966), »Was ist Religionssoziologie«, in: D. Goldschmidt u. J. Matthes (Hrsg.): *Probleme der Religionssoziologie,* Köln, S. 10 ff.
–	(1967), »Methodologische Probleme der Religionssoziologie«, in: *Intern. Jahrb. f. Rel.Soz.,* 3, 31 ff.
Waddington, C. H.	(1960), *The Ethical Animal,* London.

Washburn, S. L.	(1961), *Social Life of Early Man,* Chicago.
Washburn, S. and C. S. Lancaster	(1968/⁷1979), »The Evolution of Hunting«, in: Lee, R. B. and DeVore, J. (Eds) *Man the Hunter,* S. 293-303, New York.
Wax, M. and R.	(1978), »The Notion of Magic«, in: *Current Anthropology,* 4, 1963, S. 455-513; deutsch: L. Petzold (Hrsg.): *Magie und Religion,* Darmstadt, S. 325-352.
Weber, M.	(1964), *Wirtschaft und Gesellschaft,* Köln (Studienausgabe).
–	(³1968), *Gesammelte Aufsätze zur Wissenschaftslehre,* Tübingen.
–	(1920/1963), *Gesammelte Aufsätze zur Religionssoziologie,* Bd. I, Tübingen.
Weidenreich, F.	(1941), »The Brain and its Role in the Phylogenetic Transformation of the Human Skull«, in: *Transactions of the American Philosophical Society,* XXXI, S. 320-442.
Weizsäcker, V. von	(⁴1950), *Der Gestaltkreis. Theorie der Einheit von Wahrnehmen und Bewegen* (1940), Stuttgart.
Welzel, H.	(1951), *Naturrecht und materiale Gerechtigkeit,* Göttingen.
Werner, H. and B. Kaplan	(1956), »The Developmental Approach to Cognition: Its Relevance to the Psychological Interpretation of Anthropological and Ethnolinguistic Data«, in: *American Anthropologist,* 58, S. 866-880.
White, Lynn T. jun.	(1968), *Die mittelalterliche Technik und der Wandel der Gesellschaft,* München.
Wickler, W.	(1970), »Ursprung und biologische Deutung des Genitalrepräsentierens männlicher Primaten«, Z. Tierpsychologie 23, 1966, 422-437, abgedruckt in: Wickler, W.: *Stammesgeschichte und Ritualisierung,* München, S. 234-258.
Willey, B.	(1967), *The Seventeenth-Century Background* (1934), Harmandsworth.
Wilson, C.	(1974), *Crazy February. Death and Life in the Mayan Highlands of Mexico* (1965), Berkeley.
Wilson, J. A.	(1954), »Ägypten«, in: H. u. H. A. Frankfort, Th. Jacobsen u. J. A. Wilson, *Frühlicht des Geistes,* Stuttgart, S. 37-135.
Winch, P.	(1964), »Understanding a Primitive Society«, in: *American Philosophical Quarterly,* 4, S. 307 ff.
–	(1966), *Die Idee der Sozialwissenschaft,* Frankfurt a. M.

Wintzer, H.	(1952), »Religiöse Bindungen im Rechte Alt-Mexicos«, in: K. Bünger und H. Triborn (Hrsg.): *Religiöse Bindungen in frühen und orientalischen Rechten*, Wiesbaden, S. 32 ff.
Wohlwill, J. F.	(1960), »Developmental studies of perception«, in: *Psychological Bulletin*, 57.
Wolf, W.	(1929), »Der Berliner Ptah-Hymnus«, in: *Zeitschr. f. ägypt. Sprache u. Altertumskunde*, Bd. 64, S. 17-44.
Würthwein, E.	(1958), »Gott – In Israel«, in: *RGG*, Bd. II, Sp. 1705-1713.
Wygotski, L. S.	(1969), *Denken und Sprechen* (1934), Frankfurt.
Yinger, M.	(1957), *Religion, Society and the Individual*, New York.
Zandee, J.	(1964), »Das Schöpferwort im alten Ägypten«, in: *Verbum*, Festschrift für H. W. Obbink, Utrecht, S. 33-66.
Zilsel, E.	»The Sociological Roots of Science«, in: *The American Journal of Sociology* XVII (1941/42), S. 44-62.
de Zwart, S.	(o. J.), »Psychologie der Sprachentwicklung«, in: Lenninger, Helen, Max H. Miller und Frank Müller (Hrsg.): *Linguistik und Psychologie*, Bd. 2, Frankfurt, S. 73-92.
—	(o. J.), »Der Übergang vom sensomotorischen Verhalten zur symbolischen Tätigkeit«, in: Lenninger, Helen, Max H. Miller und Frank Müller (Hrsg.): *Linguistik und Psychologie*, Frankfurt, S. 93-109.

Personenregister

Adolph, E. F. 50 Anm. 40
Alland, A. 28 Anm. 5
Alexiou, S. 199 Anm. 33
Anaximander 62 Anm. 13, 269
Archilochos 274
Arendt, H. 297 Anm. 11
Aristoteles 44 Anm. 32, 48, 125, 188 Anm. 17, 269 f., 272 Anm. 30, 273, 292
Assmann, J. 194 Anm. 26, 218 Anm. 27
Augustinus 189

Bacon, F. 280 Anm. 45
Bardtke, H. 173 Anm. 42
Barnett, S. A. 36 Anm. 18
Bellah, R. N. 164 Anm. 13, 261, 279 Anm. 40
Berger, P. L. 153 Anm. 8
Berlyne, D. E. 84 Anm. 22
Bertholet, A. 163, 166
Best, E. 109 Anm. 15
Betz, D. 29 Anm. 9
Blumenberg, H. 178, 279 Anm. 41
Boas, M. 279 Anm. 43
Bolk, L. 43 Anm. 31, 51 Anm. 41
Boman, Th. 222 Anm. 36, 224 Anm. 42, 235 Anm. 56
Bottero, J. 202 Anm. 37, 238 Anm. 60, 240 Anm. 62, 63, 64, 65, 243 Anm. 66
Bouterwek 106 Anm. 10
Braidwood, R. J. 63 Anm. 16, 64 Anm. 17
Brent, R. 50 Anm. 40
Bresch, C. 43 Anm. 30
Bruner, J. S. 80 Anm. 14, 94 Anm. 31, 97 Anm. 38, 99 Anm. 40
Budge, W. 138 Anm. 76, 139 Anm. 77, 215, 220 Anm. 32, 226 Anm. 45

Bultmann, R. 237 Anm. 59, 239 Anm. 61, 305 Anm. 17

Campbell, J. 106 Anm. 11, 114, 213, 218 Anm. 28
Carnap, R. 253 Anm. 6
Cassirer, E. 124 Anm. 49
Childe, V. G. 56 Anm. 3
Chodat, F. 29 Anm. 6, Anm. 7
Chomsky, N. 81 Anm. 16
Clark, G. 43 Anm. 30
Comte, A. 95 Anm. 35, 106 Anm. 10, 115, 184
Count 41 Anm. 28
Craig, W. 31 Anm. 11
Curtis, N. 213

Demokrit 44 Anm. 32, 45 Anm. 35
Descartes, R. 16 ff., 16 Anm. 5, 17 Anm. 8, 18 Anm. 10, 31 Anm. 10, 59, 77 f., 77 Anm. 2, 124 f., 134, 168, 292, 301 Anm. 14
DeVore, I. 55, 64, 65, 261 Anm. 12
Diamond, S. 103 Anm. 5
Diels, H. 29 Anm. 9, 44 Anm. 32, 62 Anm. 13, 197 Anm. 29, 266 Anm. 20, 269 Anm. 24, Anm. 26
Dijksterhuis 282 Anm. 46
Diller, H. 269 Anm. 23, 24, 25
Diogenes Laertes 188 Anm. 17
Dodds, E. R. 277 Anm. 37
Döbert, R. 150 Anm. 4, 186 Anm. 15, 252 Anm. 4, 261, 262 Anm. 14, 279 Anm. 40
Drehsen, V. 169 Anm. 35
Driver, G. R. 265 Anm. 19
Durkheim, E. 18 Anm. 9, 59, 70, 106 Anm. 10, 133, 134 Anm. 67, 160, 168 f., 181 Anm. 3, 182, 187

Dürr, L. 243
Dux, G. 14 Anm. 3, 18 Anm. 10, 48 Anm. 38, 49 Anm. 39, 57 Anm. 6, 62 Anm. 13, 76 Anm. 1, 77 Anm. 2, 106 Anm. 10, 180 Anm. 53, 184 Anm. 13, 252 Anm. 3, 292 Anm. 1

Eder, K. 106 Anm. 10, 264
Ehrenberg, V. 175 Anm. 44, 270
Eibl-Eibesfeld, I. 34 Anm. 16, 46 Anm. 36
Eliade, M. 135 Anm. 69
Empedokles 269
Engels, F. 18 Anm. 9, 56
Epicharm 29 Anm. 9, 44 Anm. 32
Erikson, E. H. 93 Anm. 30
Evans-Pritchard, E. E. 111, 112 Anm. 21, 113, 114 Anm. 33, 116, 121, 142, 143 f., 159 Anm. 20, 169, 173 Anm. 41, 196 Anm. 28

Feuerbach, L. 78 Anm. 5, 79 Anm. 8, 106 Anm. 10, 127, 199
Firth, R. 103 Anm. 2, 120 Anm. 43
Fischer, W. 153 Anm. 8
Fortes, M. 117 Anm. 39
Fränkel, H. 274
Frankfort, H. u. H. A. 109
Freud, S. 95 Anm. 33, 36, 182 f., 184 Anm. 13
Fried, M. 43 Anm. 30
Frisch, K. v. 33 Anm. 14

Gadamer, H. G. 107 Anm. 13, 201 Anm. 35
Gallwitz, H. 131 Anm. 59, 133 Anm. 66
Gardner, R. A. und B. T. 37 Anm. 22, 252 Anm. 5
Garelli, P. 135 Anm. 69
Gassendi 16 Anm. 6
Geertz, C. 157, 172 Anm. 40, 175, 176 Anm. 46

Gehlen, A. 44 Anm. 34, 153 Anm. 7, 252 Anm. 4
Gill, T. V. 37 Anm. 22
Goethe, J. W. v. 224
Goody, J. 181 Anm. 2
Gossen, G. H. 131 Anm. 58, 135 Anm. 69, 136 Anm. 74, 227 Anm. 47
Gould, St. 43 Anm. 31, 51
Grapow, H. 210 Anm. 12, 211 Anm. 14
Grathoff, R. 88 Anm. 27
Greppin, H. 29 Anm. 6, 7
Grossmann, H. 277 Anm. 35, 283 Anm. 48

Habermas, J. 106 Anm. 10, 275 Anm. 34
Hall, K. R. L. 64, 65
Hallowell, I. A. 109, 111 Anm. 19, 112, 114 Anm. 29, 119 Anm. 41, 121 Anm. 45, 140 Anm. 78, 218 Anm. 25
Harlow, M. F. 36 Anm. 18, 37 Anm. 20, 80 Anm. 13
Hasebroek, J. 267 Anm. 21
Hassenstein, B. 39 ff.
Heberer, G. 64 Anm. 17
Hegel, G. W. F. 82, 106 Anm. 10, 125 Anm. 53, 126, 292
Heidegger, M. 251 Anm. 1
Heinimann, F. 268 Anm. 22, 270 Anm. 27, 271 Anm. 29
Heisenberg, W. 20, 283 Anm. 49, 284 Anm. 50, 296
Helmholtz 83, 251 Anm. 2
Hensel, H. 79 Anm. 9, 11, 85 Anm. 25
Hentig, H. v. 106 Anm. 10
Heraklit 266
Hesiod 136, 197
Hiob 202
Hobbes, Th. 292 Anm. 4
Hoebel, E. A. 161 Anm. 25

Holsten, W. 204 Anm. 4, 227 Anm. 46
Homer 197
Hooykaas, R. 114 Anm. 32, 282 Anm. 47
Horapollo 139
Horkheimer, M. 77 Anm. 3
Hornung, H. 186 Anm. 14, 190 Anm. 23, 212, 220 Anm. 35, 224 Anm. 43, 226 Anm. 44, 229 Anm. 51
Horton 113 Anm. 25, 117 Anm. 39, 120 Anm. 42, 135, 136 Anm. 70, 143, 157 Anm. 15, 158 Anm. 19, 160 Anm. 23, 181 Anm. 1, 2, 208 Anm. 8
Hsu, F. L. K. 103 Anm. 4, 7
Humboldt, W. v. 81 Anm. 16
Hume, D. 204 Anm. 2
Husserl, E. 59, 79

Jacobsen, Th. 111
Jammer, M. 90 Anm. 29
Johanson, D. C. 63 Anm. 15, 64 Anm. 17
Jolly, A. 39 Anm. 25
Junker, H. 113 Anm. 27, 162, 191 Anm. 25, 214 Anm. 21, 220 Anm. 33, 222 Anm. 38

Kallikles 273
Kant, I. 56 Anm. 4, 77, 78 Anm. 5, 113, 125 f.
Kaplan, B. 130 Anm. 56
Kay, W. 106 Anm. 10
Kees, H. 190 Anm. 22, 217 Anm. 24
Kelsen, H. 14 Anm. 3
Kleisthenes 267
Kluckhohn, C. 109, 114, 119 Anm. 40, 208
Köhler, L. 136 Anm. 72, 158 Anm. 17, 160 Anm. 22
Köhler, W. 37, 99 Anm. 39, 106 Anm. 10

Krafft, F. 136 Anm. 75, 255 Anm. 9
Kranz, W. 29 Anm. 9, 44 Anm. 32, 62 Anm. 13, 197 Anm. 29, 266 Anm. 20, 269 Anm. 24, 269 Anm. 26
Kuhn, T. S. 96, 285 ff.
Kummer, H. 43 Anm. 30, 51 Anm. 41

Lambert, M. 135 Anm. 69
Lancaster, C. S. 56 Anm. 2
Lanczowski, G. 181 Anm. 3
Lawick-Goodall, J. 37, 66 Anm. 19
Leakey, R. 26 Anm. 2 u. 4, 63 Anm. 15
Lee, D. D. 55, 130, 261 Anm. 12
Leibovici, M. 135 Anm. 69
Lenin, W. I. 79 Anm. 8
Lenneberg, E. H. 81 Anm. 18
Lenski, G. 258
León-Portilla, M. 136
Lévi-Strauss, C. 116 ff., 121, 131 Anm. 61, 132
Lévy-Bruhl, L. 104 Anm. 8, 115, 120 Anm. 42, 141 ff., 158 Anm. 17, 159 Anm. 21
Lewin, R. 26 Anm. 2 u. 4, 63 Anm. 15
Lienhardt, G. 117 Anm. 39
Locke, J. 254 Anm. 8
Lorenz, K. 37, 38 Anm. 23, 76 Anm. 1, 78
Luckmann, Th. 153 Anm. 8, 292 Anm. 2
Luhmann, N. 151 ff., 155 Anm. 11, 179 Anm. 52
Lukács, G. 79 Anm. 8

Maier, A. 279 Anm. 42
Mair, L. 103 Anm. 1
Marhold, W. 153 Anm. 8
Maringer, J. 157 Anm. 15
Marquard, O. 56 Anm. 5

Marsilius v. Padua 44 Anm. 32
Marx, K. 18 Anm. 9, 56, 58
Mason, W. A. 41 f., 43 Anm. 30
Mauss, M. 260 Anm. 11
Mayer, R. 204 Anm. 1
Mead, G. H. 282 Anm. 47
Mednick, L. 103 Anm. 7
Mersenne 16 Anm. 6
Metzger, W. 79 Anm. 10, 80 Anm. 14, 153 Anm. 7, 207 Anm. 5, 252 Anm. 4
Miles, J. C. 265 Anm. 19
Miller, H. E. 63 Anm. 14
Mörth, I. 155 Anm. 12, 172 Anm. 39
Monod, J. 23 Anm. 14, 28 Anm. 5, 29 Anm. 7, 8, 293 Anm. 6, 303 Anm. 16
Morenz, S. 131 Anm. 60, 186 Anm. 14, 200 Anm. 34, 219 Anm. 29, 30, 222 Anm. 38
Moscati, S. 234 Anm. 54
Mühlmann, W. E. 133 Anm. 69, 204 Anm. 1, 207 Anm. 7
Müller, D. 218 Anm. 27

Naef, A. 51 Anm. 41
Nance, J. 262 Anm. 15
Narr, K. J. 64 Anm. 17, 147 Anm. 1
Newton, I. 276, 283
Noth, M. 236 Anm. 57 u. 58

Oppen, D. v. 149 Anm. 3
Otis, E. M. 50 Anm. 40
Otto, R. 188 Anm. 18, 20, 202 Anm. 36

Pannenberg, W. 178 Anm. 48
Parsons, T. 150 Anm. 4
Patzig, G. 288 Anm. 52
Pedersen, J. 244
Pettazoni, R. 204 Anm. 1, 4
Petterson, O. 167 Anm. 32
Petzold, L. 162 Anm. 26
Piaget, J. 23 Anm. 14, 28 Anm. 5, 29 Anm. 7, 55 Anm. 1, 79 Anm. 6, Anm. 7, 80, 81, 84 Anm. 22, 23, 24, 86 Anm. 26, 95 Anm. 32, 34, 106 Anm. 10, 131, 188 Anm. 19
Planck, M. 276, 283
Platon 15 Anm. 4, 124, 269 f., 273 Anm. 32, 292
Plessner, H. 16 Anm. 7, 28 Anm. 5, 44 Anm. 34, 49, 76 Anm. 1, 88 Anm. 27, 100 Anm. 42
Ploog, D. 37 Anm. 22
Popper, K. 20 Anm. 12, 295 Anm. 7
Portmann, A. 50 Anm. 40
Posener 230 Anm. 52
Premack, D. 37 Anm. 32, 252 Anm. 5
Preuß, K. Th. 172 Anm. 38, 175 Anm. 45, 191 Anm. 25, 204 Anm. 3, 208 Anm. 9, 211, 212 Anm. 15
Protagoras 271

Radin, P. 204 Anm. 3, 208 Anm. 9, 209 Anm. 11, 214 Anm. 19, 224 Anm. 41, 229 Anm. 48, 231 Anm. 53
Ratschow, C. H. 244 Anm. 69
Redfield, R. 114 Anm. 32, 170 Anm. 37
Rensch, B. 36 Anm. 19
Ribot, A. 105 Anm. 10
Rokeach, M. 180
Rousseau, J. J. 44, 204 Anm. 2
Rowley, H. H. 234 Anm. 54, 237 Anm. 59
Rumbaugh, J. M. 37 Anm. 22
Runciman, W. G. 106 Anm. 10

Sachsse, H. 35 Anm. 17, 36 Anm. 18, 38 Anm. 24, 76 Anm. 1
Sahlins, M. 103 Anm. 3
Sarich, V. 26 Anm. 3
Scheler, M. 61 Anm. 12

Schibilsky, M. 150 Anm. 4, 153 Anm. 10, 165 Anm. 30
Schmidt, P. W. 204 Anm. 1
Schott, R. 134
Schott, S. 220 Anm. 34
Schrödinger, E. 295, 301 Anm. 15
Schurig, V. 79 Anm. 8
Schwidetzky, I. 37 Anm. 22, 41 Anm. 28
Seligman, C. G. 112
Sethe, K. 186 Anm. 15, 264 Anm. 18
Sherwood, V. 94 Anm. 31
Siewerth, G. 199 Anm. 31
Simpson, G. G. 26 Anm. 1, 35 Anm. 17
Slobin, D. I. 81 Anm. 17
Soden, W. v. 269 Anm. 17
Sokrates 15 Anm. 4, 271 f.
Spaemann, R. 273 Anm. 32, 278 f.
Spencer, H. 204 Anm. 2
Spiro, M. E. 160 Anm. 23, 181 Anm. 2 u. 4
Spitz, R. A. 93 Anm. 30
Stanner, W. E. H. 115, 131, 136, 208 Anm. 8
Starck, D. 51 Anm. 41
Storch, O. 47
Swanson, G. E. 183 Anm. 8

Tax, S. 103 Anm. 7
Tenbruck, F. 158 Anm. 17
Thales von Milet 188 f., 268, 276
Theaitetos 271
Thomas von Aquin 44 Anm. 32
Thompson, J. E. S. 136 Anm. 73, 157 Anm. 15, 162, 163 Anm. 28, 165 Anm. 31, 176 Anm. 47, 195 Anm. 27, 229 Anm. 49
Thurnwald, R. 103 Anm. 4, 106 Anm. 10, 107 Anm. 12, 123 Anm. 48, 133 Anm. 65
Tinbergen, N. 32 ff.
Topitsch, E. 106 Anm. 10, 125 Anm. 52, 178 Anm. 49

Trevarthen, C. 97 Anm. 38
Trotha, T. v. 49 Anm. 39
Tut Ench Amun 138, 192
Tylor, E. B. 181 Anm. 2, 204 Anm. 2

Uexküll, J. v. 31 Anm. 12
Unas 139
Underhill, R. 117 Anm. 39, 130, 131 Anm. 58, 133
Usener, H. 157 Anm. 16

Van der Leeuw, G. 153 Anm. 8, 187 Anm. 16, 188 Anm. 18, 20, 189, 199 Anm. 33, 204
Vergote, A. 19 Anm. 11
Vico, G. B. 58, 298 Anm. 13
Vrijhof, P. H. 148 Anm. 2

Waddington, C. H. 36 Anm. 18, 297
Washburn, S. L. 56 Anm. 2
Wax, M. u. Wax, R. 162 Anm. 26
Weber, M. 13, 14, 148 Anm. 2, 158 Anm. 18, 184 f., 252 Anm. 3, 278 Anm. 39
Weidenreich, F. 51 Anm. 41
Weizsäcker, V. v. 28 Anm. 5, 89 f., 100 Anm. 42
Welzel, H. 273 Anm. 32
Werner, H. 130 Anm. 56
White, L. 278 Anm. 38, 280
White, T. D. 63 Anm. 15, 64 Anm. 17
Wickler, W. 46 Anm. 36
Willey, B. 106 Anm. 10
Wilson, A. C. 26 Anm. 3
Wilson, C. 227 Anm. 47
Winch, P. 60 Anm. 11, 103 Anm. 6, 105 Anm. 9, 143 f., 173 Anm. 41
Wintzer, H. 179 Anm. 51
Wittgenstein, L. 144
Wolf, W. 211 Anm. 13, 214 Anm. 22

Würthwein, E. 234 Anm. 55
Wygotski, L. S. 106 Anm. 10, 207 Anm. 5, 254 Anm. 7

Xenophanes 197

Yinger, M. 148 Anm. 2

Zandee, J. 220 Anm. 31, 222 Anm. 37, 38, 39, 223
Zilsel, E. 277 Anm. 36, 279 Anm. 42
de Zwart, S. 81 Anm. 17

Sachregister

Abbildverhältnis 85, 131
Aberglaube 182
Abhängigkeit, von übernatürlichen Mächten 170, 173, 200 f.
Ableitung, Denkform der 23
Absolute, das 19, 50, 58 ff., 68, 78, 151, 178 f., 269
Ackerbaugesellschaften 263 ff.
Ägypten 131, 138, 174, 225 ff., 239, 246, 264
– Götter 190 ff., 212, 214
– Religion 205 ff., 222, 225 ff., 231 f., 239, 242 f.
Algonkin-Sprachen 110
Allgemein-Menschliches 107, 113
Amphiktyonie 236
Anfang
– als absoluter (cf. Schema, subjektivisches) 59, 79, 122 ff., 223, 269
– mit dem Wort 219 ff., 223 ff.
– Problem des 15 ff., 209, 211
Animismus 184 ff., 204
Anpassung 35 f., 76
Anthropologie, philosophische 49
Anthropomorphismus 112, 119, 181 f., 186, 190, 196, 235
Antike 114, 246, 266 ff., 284
Appetenzverhalten 31
Artefakte 114
Arunta 75, 106
Atum 212, 217, 219, 226, 228
Autonomie 29, 57, 271, 273, 291
– als Moment der Höherentwicklung 36, 50 f., 54, 62, 79
Azande 75, 111 f., 113 f., 120 f., 143 f.

Bambara 135
Barrieren gegen Lernen 259 f., 277

Begriffsbildung 253 ff.
– Diskriminierung und Generalisierung 254
– Hierarchie der 255 f.
Begriffsgötter 192 ff.
Begriffsrealismus 277
Begründungsstruktur
(cf. Paradigma, interpretatives) 18 ff., 59, 77 f.
Bekenntniszwang 13
Belebt – Unbelebt 108 ff.
Betroffenheit, religiöse 201 f.
Bewußtsein, reflexives 49
Bezugsperson, sorgende 69 f., 71, 74, 93 f., 101, 108, 183, 199, 206, 257, 263
Bild 131, 133, 140, 165
Bildersprache, mythologische 109
Buddhismus 181

Chac 162 f., 166
Chaos 160, 252
Code, genetischer 31, 34, 39, 43, 46, 66, 78

Dakota 228
Dauerreflexion 17
Deboralied 238
Deismus 300
Denken
– absolutistisches 15, 19, 58, 68, 78, 180
– analogisches 132
– griechisches 210, 266 ff., 275 ff.
– prälogisches 141 ff.
– primitives 103 ff., 141 ff., 194, 205, 221 f., 277, 290
– Struktur des (cf. Paradigma, interpretatives; Schema, subjektives; Logik) 18 ff., 59, 68, 77 f., 139
Ding an sich 91

Ding-Philosophie Descartes' 124
Dogon 135
Dreistadiengesetz 184

Egozentrizität des Denkens
- der Kinder 120
- der Primitiven 120
Eigenschaften 90 ff., 253 ff., 255 f.
- als Konstanzformen 253 ff.
Eingriffskausalität 160, 246, 278
Ekstase 165, 171
El-Tradition 234
Empathie 137
Enkulturation
- gattungsgeschichtliche 72
- und Ontogenese 66, 69, 71 f.
- traditionalistisches Verständnis 68
Entwicklungslogik (s. auch Logik d. Geschichte) 24 f., 106, 121, 274, 283 ff., 298
Entwurfslogik 59 f., 105
Entzauberung 294
Ereignisschema 86 ff., 92, 94 f., 108 ff., 166, 185, 206, 251, 256, 290, 307
Erfahrung 62, 70 f., 72, 76, 78 ff., 92 f., 101, 105, 188, 201 f., 267, 297
Erkenntnistheorie
- genetische 68 ff.
- konstruktiv-realistische (cf. Realismus, konstruktiver) 76 ff., 101
- naturalistische 81
Erklären, Struktur des 18 ff., 59, 77 f., 122
Erlebnis der Religion als Konstituens 188
Erwerbsmotorik 47
Ethisierung der israelischen Religion 235 f.
Ethologie 40, 44, 46
Evolutionstheorie 293 f.

Familie 57
Fang 132
Fetischismus 184
Freiheit 173
- als evolutives Prinzip 49 f.
- als Moment der Geschichte 54, 61
Frustration 83 f., 86, 93 f., 252

Ganzheiten 128 f., 129 f., 206 f., 230
Gebet 161, 166
Gedanke, Substanzialisierung 123 f.
Gehirn 50 f., 81
- Wachstum 52
Geschichte 25, 51, 53, 54 ff., 60 f.
- Beginn 26, 258, 284
- Begriff 134
- und Freiheit 49 f., 54, 61
- als Lernprozeß 248 ff., 291
- und Ontogenese 66
Geist, absoluter 82
Geschichtsphilosophie, spekulative 279
Gesellschaft
- Ausbildung und Aufbau der 48, 52, 61 f., 63, 67, 69
- primitive 74 f., 136 f., 142 ff., 157, 160, 172, 184 f., 186, 207, 260, 262
- Verstehen der primitiven Gesellschaft 105 ff.
- als Subjekt der Geschichte 59
- als Subjekt der Religion 169
- als Subjekt der Enkulturation 69
Gesetze der Polis 266 f., 270 ff.
Gesetzeskodifikation, primäre 265
Glauben 14, 15, 77, 305
Götter 181 ff., 221, 223, 225 ff., 265, 300, 305 f.
- Herkunft der 181 ff.
- Individuierung 188 ff.

- Personifikation der 196 f., 198
- Schematismus 190 ff.
- Verbindungen 228 ff.

Götterlehre
- von Heliopolis 192, 217
- von Memphis 220, 222

Gott 18, 58 f., 77, 120 f., 122, 125, 136, 139 f., 150, 157, 159, 163, 165 f., 169, 173 ff., 182 ff., 204 ff., 208 f., 225 ff., 234, 280, 301, 305 f.
- Stammesgott 233 f., 244 ff.
- der Väter 234
- Verbandsgott 235 ff.

Gottesbeweis 77
- negativer 308
- ontologischer 125

Gottesebenbildlichkeit 200
Grammatik 98
- einfachen Sprechens 101

Grenze 88 f.
Grenzverkehr mit dem Unendlichen 151 f.

Handlungskompetenz 61 f., 94, 99, 186, 253, 301
Hauptsatz der Wärmelehre 20
Hebräer, Wirklichkeitsauffassung der 136
Herrschaft 264 f.
Hiatus
- zwischen Naturgeschichte und Geschichte 55, 64, 173
- zwischen Subjekt und Objekt 86 f., 93 f.
- zwischen Ursprung und Emanation 199, 245

Hike 220, 224
Historizität, Bewußtsein der 24, 274
Hochkultur, primäre 109, 111, 264, 267
Homo-mensura-Satz 271
Hopi 132

Ich (cf. Subjekt)
- Absetzung gegen ein Nicht-Ich 83 f.
- absolutes 59
- Entwicklung in der griechischen Antike 274

Ideenlehre 124, 224, 292
Interaktionskompetenz, Aufbau der 94
Identität
- zwischen verschiedenen Objekten bei gemeinsamen Eigenschaften 131 f., 140
- zwischen Substanz und Eigenschaft 129, 133

Identitätszauber 133
Ideologie, Begriff der 25
- Verdacht 13, 25

Ilias 267
Imperialismus, kultursoziologischer 103
Innen-Außen-Schema 30, 35, 38, 43 f.
Instinkt 31 ff., 39, 47, 80
- Plastizität des 34, 46
- Reduktion des 39 f., 43 ff., 47 ff., 52, 54, 250

Intellekt, Verruferklärung des 14
Internalisierung 68 f.
Irrationalität
- des subjektiven Deutungsmusters 95, 126
- der Geschichte 13

Jahwe 174, 196, 202, 227, 235 f., 237, 238, 244, 246
- als Schöpfergott 239 ff.

Jahwist 240
Jenseits 147, 173, 198, 203, 245

Kategorien 47, 66, 72, 75, 76 ff., 84 ff., 95, 101, 145, 251 f., 269, 273, 277, 291, 297
- Ausbildung der 76 ff., 92 ff., 183, 185, 206, 250 f., 297

- aus Erfahrung 76 ff., 95, 252, 297
Kausalität
- Eingriffskausalität 160, 246, 278
- mythische 129, 132 ff., 166 f., 207, 218, 260
Kausallehren 125 f.
Kausalschema 114 ff.
- subjektivisches 118 ff.
- als Lernbarriere 260
Kinderopfer 133
Kindheitsneurose, Religion als 182
Klassenstaat 266 f., 275
Klassifikation 114, 116 f., 118, 128, 254
Kommunikation
- ekstatische 165
Konservatismus der Religion 177 ff.
Konstanzwissen 116, 118, 119 f., 122, 170 f., 250 ff., 255 ff., 260, 276, 279, 281 ff., 284, 300
Konstruktivismus, absolutistischer 58 ff.
Kontingenz 152 f.
Konvergenz der Welt auf den Menschen 84 f., 91, 101, 254, 280
Kopulationsverhalten von Rhesusaffen 41 ff.
Kosmologie 151, 208, 270
- als Spiegelbild 178
Kult 150, 171 f., 208, 236

Lebensformen, geistig-kulturelle 23, 28, 51 f., 54 ff., 61, 63, 66 ff., 74, 98, 148 f., 154, 292, 294, 305
- als Grenzfall der Natur 55
Lebenswelt, Begriff 57
Legitimation der Macht 14, 15
Leiberfahrung als Prämisse der Erkenntnis 81, 84, 87
Lernen 248 ff., 259

- als evolutionärer Begriff 37
- und Erfahrung 76 f., 248
- und Evolution 35 ff., 51, 62, 64, 248
- und Instinkt 35, 39
- Natur und Arten des 37 f., 64, 66, 71, 72, 76
- und Ontogenese 62 f., 66, 69, 248
- Zwang zu 82 ff., 88
Lernkapazität 38
Logik
- absolutistische (cf. Schema, subjektivisches) 142 ff.
- der Geschichte 15, 24 f., 72 ff., 104, 177, 283 ff.
- materiale 18, 145 f.
- metaphysische 19, 58 f., 68, 78, 173, 280
- der Naturerkenntnis 250, 282 f.
- der Philosophie 124 ff.
- subjektivische, s. Schema, subjektivisches
- emanative Substanz 129, 140, 143, 166 f., 177, 183, 229, 235, 271
Lust/Unlust-Prinzip 88

Mächte
- subjektivische 159 f., 170 f., 174, 176, 187 ff., 208, 260, 299
- übernatürliche 121, 167 f.
Magie 113 f., 117, 133, 160 ff.
- imitative 133, 165
Manitu 120 f.
Maori 109, 113
Materialismus 55 f.
Maya 136, 162
Mechanisierung des Weltbildes 281 ff., 291
Mensch
- als Subjekt der Geschichte 56 f.
- in der Rolle Gottes 58 f.
- Stellung in der Natur 21 ff., 26 ff., 55 f., 61, 66

Merkmalsähnlichkeit 132 f., 139
Merkmalsgeneralisierung 130
Mesopotamien 111
Metaphysik 17, 19, 58 f., 61, 78, 173, 256, 290
– Restbestände der 289
Methode 57 ff., 281, 295
Mittelalter 278 ff.
Möglichkeitsform 290
Monotheismus 122, 184, 204 ff., 225 ff., 231 ff.
– Begriff 204 f.
– jüdisch-christlicher 204 f., 214, 225, 227, 233 ff., 237 ff., 278
– primitiver 231
– spekulativer der Philosophie 232
– synkretistischer 225 ff., 228 ff.
– systematischer 231 ff.
Mose 234, 238
Mutter-Kind-Beziehung 64, 66 f., 70, 74
Mythos 114, 128 ff., 160, 178, 190 ff., 231, 240 f., 265

Name 131, 230
Naturalismus 154 ff.
Naturerkenntnis
(cf. Naturverständnis)
– Fortschritt in der 87, 249 f., 270, 277 ff., 283 ff., 289, 296
– Geschichte der 249 f., 258, 275 ff., 281 ff., 285 ff.
Naturgeschichte 26 ff., 28, 45, 48, 51, 54 f., 62, 66, 154, 173, 248, 261, 284
Naturgötter 190 ff.
Naturrecht 48, 273
Naturverständnis
– griechisches 268 ff., 293
– Mechanisierung des 278, 281 ff., 291
– der Neuzeit 280 ff.
– vorwissenschaftliches 256 f., 258 f., 276

Navaho 109, 110, 113, 114, 208
Nichts 210 f., 214, 242, 244 f.
Nike 198
Nomos 266 ff.
Norm 57, 257, 262
Normierung, Rigidität der 171 f.
Nuer 196
Nullage
– absolute 78 f., 101
– kulturelle 62, 67, 71, 73 f., 76, 79, 82, 86, 88, 101, 105 f., 107
Numinose 155, 160, 167, 188, 225, 298

Objektbeziehung, erste 93
Objekte
– Eigenständigkeit der 80 f., 83 f., 87 f.
– Widerständigkeit der 80 f., 83 f., 87
Objektivität 85, 91, 116, 251, 289, 296 ff.
– in den Sozialwissenschaften 23 ff.
Objektschema 86 ff., 92, 94 f., 100, 108 ff., 128 f., 185, 190, 206, 210, 251
Objektverbindungen
– mythische Einheit d. 128 f., 206
– synkretistische 129 f.
Odyssee 267
Offenbarung 178
Ojibwa 75, 109, 110 ff., 119, 120
Ontogenese, Übergang in die Geschichte 62 f., 64, 67, 73
Operationalität (cf. Wissensformen als operante Mechanismen) 252 f., 258
Opfer 133, 147, 161, 165 f., 176, 200, 260
Orakel 111
Organismus 28 f.
Organisation der Außenwelt 39, 61

Organisationsformen der Materie 293
Organisationskompetenz des Subjekts 264 f., 275
Organisationsplan
- anthropologischer o. biologischer 22, 24, 26 ff., 30, 43 ff., 51, 54 f., 56, 61, 63, 68, 74, 101, 147 f., 154, 274
- des Tieres 28, 30, 31 ff., 36, 38, 148
- und Wissen 29 ff.
Orient 109
Osiris 216, 229 f.

Paläolithikum 258 f.
Paradigma
- funktional-relationales 275 ff., 282
- interpretatives 96 ff., 102, 118, 149, 159, 174, 199, 247, 288, 298
- Kuhn'sches 286 ff.
- der Naturwissenschaft 118, 282, 301
- primitives 107 ff., 118 (s. auch Schema, subjektivisches)
- subjektivisches s. Schema, subjektivisches
- Wechsel des 281 ff., 286 (Kuhn'sches), 292, 297, 299, 302
Partizipation am Ursprung 165, 178
Paviane 64 f.
Philosophie 270, 280 f., 296
- Anteil am Fortschritt der Erkenntnis 268
- Funktion der 268, 291
Physis 268 ff.
Pima 213, 219
Plastizität des Verhaltens 34, 38 f., 40, 43 f., 46, 51
Polytheismus 184, 204 f., 225 ff., 231 f.

Positionalität, exzentrische 49
Prägung 37 f.
- emotionale 66
Pragmatismus 154 ff., 185
Praxis der Naturbeherrschung 277, 278
Praxisferne der Intellektuellen 277
Priesterschrift 200, 241
Primitivität
- Abbau der 107
- Begriff 103 f.
Profan – sakral 167 ff., 203
Proteine 29
Protestantismus 278
Purushalied 178

Rationalität primitiven Denkens 115, 141 ff., 145 f., 168, 176
Rationalisierung als universalgeschichtliches Phänomen 184
Raumschema 83, 88 ff., 251
Realismus
- konstruktiver 76 ff., 85, 87, 91, 101, 110, 113 ff., 116, 145 f., 274, 289, 296
- pragmatisch begründeter 88 f.
Reflexe
- konditionierte 39 f.
- pädiatrische 46
Reflexion auf das Denken 107, 277
Reflexivität
- der Motorik 86, 94
- des Subjekts 87, 94, 186, 263, 265
Reifizierung des Denkens 125
Rekapitulation vorhergehender Entwicklungsstufen 106
Rekonstruktion
- der Geschichte 24, 57 ff.
- aus der Ontogenese 54 ff., 73 f.
- als Methode 57 ff.
- der Naturgeschichte 27, 51
- und Verstehen 136 f., 147 ff.
Religion 113 f., 147 ff.
- Ende der 304 ff.

- Funktion der 149, 168, 304
- subjektivische Wirklichkeitsauffassung 149 ff.

Retardation 50, 52

Revolution
- in der Geschichte der Wissenschaft 285 ff.
- neolithische 263 ff.

Rezeptoren, sensorische 80

Richter, israelitischer 236

Richtungssinn der Naturgeschichte 27, 35, 62

Rigveda 211

Riten 117, 135, 164 ff.

Routine, Fehlschlagen der 156 ff., 161, 171

Säkularisierung 59, 116, 278
- Beitrag der christlichen Religion zur 278 f.

Sammler und Jäger 258 ff., 284

Satz und Tatsache 288

Satzform, subjektivische 98 ff., 256 f.

Schatten 131

Schein, ontologischer 173, 291

Schema, subjektivisches 95, 100 ff., 108 ff., 163 f., 174 f., 179, 185, 187, 192, 199, 221, 225 ff., 245, 247, 257, 260, 265, 269 f., 271 f., 273, 282 ff., 284, 290 f., 292, 300 f., 305 f., 307
- Leistungsfähigkeit 98
- als Lernbarriere 260, 264
- Universalität d. 96 ff., 207

Schimpansen 37, 252

Schöpfung
- durch Zeugung 217 ff.
- durch das Wort 212, 214 f., 219 ff., 242 ff.
- aus dem Nichts 210 f., 214, 242, 244 f.

Schöpfungsgschichte 200, 209 f., 211 f., 213, 216, 217 ff.
- von Heliopolis 217

- Interesse an 215 f., 219, 240
- jüdisch-christliche 214 f., 220, 239 ff.

Schriftzeichen 131

Seele als Substanz 123

Selbstdarstellung des Menschen in der Geschichte 21, 25, 58

Selbstschöpfung Gottes 139, 214

Selbstverständnis des Menschen 25, 62, 149
- der Sammler und Jäger 261 f.
- in der griechischen Antike 267, 273 ff.
- im Mittelalter 279 f.
- in der Neuzeit 290 ff.

Sexualität, Unreinheit der 165

Sinne 79 f.

Sinn 300 ff. (cf. Sinnhaftigkeit)
- Reinterpretation von 301 ff.
- teleonomischer 303

Sinnentleerung der Natur 293 ff., 298 f., 306

Sinnhaftigkeit 149, 159, 172, 234, 292, 294, 299, 300 ff., 302 ff., 303, 304, 305 f.
- der primitiven Welt 174 f., 302 f.

Sinnüberladung 171

Skarabäus 137 ff., 218

Sollen 57, 261

Sozialisationstheorie 69

Sozialwelt
- Grenzen der 127, 145, 174, 265, 267, 272, 292
- Dissoziation von Natur und Sozialwelt 268 f.

Soziäten, tierische 48, 63 f., 74
- evolutiver Stellenwert ihrer Ausbildung 63 f., 74

Soziologie 79 f., 96, 181, 187, 199, 275, 294

Speer, zweiter 120

Sprache 39, 69, 71, 98 ff., 118, 130, 144, 169, 172, 244, 252 ff., 257, 261

- Erwerb der 71, 99, 253
- Formen der 81, 98, 252 f., 256 ff.
- konkretistische 254
- Leistungsfähigkeit der 253 ff.

Sprachfähigkeit der Primaten 99, 252 f.
Sprachphilosophie, idealistische 144
Staunen 303
Stichlinge 32 f.
Strukturen, kognitive (cf. Paradigma, Schema) 57, 70, 271, 291
- Eigenständigkeit 249

Subjekt 48 f., 53, 77, 78, 82, 86, 122, 186, 260, 264 f., 275
- absolutes 78, 122
- Ausbildung des 260
- empirisches 78, 82
- Objekt 83 f., 86 ff., 285, 296
- Struktur des 260, 264 f., 275
- als Substanz 59, 122, 129, 166, 178, 208 ff., 212, 214, 245
- transzendentallogisches 77 f.

Subjekt-Prädikat-Relation 99, 256
Substanz 88 ff., 122 ff., 129, 133, 166, 262, 271
- und Eigenschaft 90 ff., 129 f., 140, 229

Symbol 27, 71, 137 f., 164 f., 172, 218, 261
Synkretismus der Götter 228 ff.
System
- biologisches 28 ff., 45 f., 49
- offenes 28 f.

Systemtheorie 151 f.

Taraxippos 197, 199, 200, 201
Teilen, Prinzip des 57
Teleonomie 29, 303
Telos 29
Thematisierung
- der Erklärungsstruktur in der Religion 156 ff., 187, 196, 304, 306
- der Subjektivität 262

Themis 175
Theologie
- von Memphis 220, 222
- der Revolution 179 f.

Töpferscheibe des Chnum 214
Totemismus 131 f.
Totenbuch, ägyptisches 191
Transzendenz 197 ff., 214, 245, 307
Trobriander 130

Uitoto 211 f., 223
Universalienstreit 124
Unsicherheit, Leben unter 158 ff.
Ursprungsschema (cf. Schema, subjektivisches) 119
Ursprung 122 ff., 134, 139, 179, 210, 217, 223, 251, 268 f., 272
- als Subjektivität 215 ff., 219, 223
- als Substanz 210 ff., 217
- als Substanz und Subjekt 126, 169, 178, 210, 212, 214, 217, 223, 245

Verhaltenskompetenz bei instinktiver Dominanz 39
Verlusttheorien 298 ff.
Vernunft und Instinktreduktion 44

Welt, mythische 128 ff.
Weltanschuung 104, 114, 177
Weltanschauung (cf. Weltbild) 14, 15, 16, 19, 21, 24, 86, 104
Weltbild 17, 18, 19, 24, 25, 55, 74 f., 105, 249, 265, 267, 271, 281 ff., 297, 307
- Einheit des 21, 291
- primitives 74, 103 ff., 122, 136, 290 f., 303
- Rationalität des 14, 15

- Umbruch des 280 ff., 290 ff., 303
- Wende, kopernikanische 47, 77, 296 f.
- Werkzeug 258 f.
- Werkzeugherstellung durch Schimpansen 37
- Wert 14 f., 70
- Widerspruch 18 f., 21
- gegen die subjekt. Logik 273
- Winnebago 213 f.
- Wirklichkeit und Wirklichkeiten 144 f.
- Wissen (cf. Wissensformen)
- artspezifisches 30
- Aufbau des 76 ff., 248
- Erwerb des 29 f., 47 f., 53, 62, 72, 76 ff., 81 ff., 104, 169, 250, 258
- Verhältnis von Form und Inhalt 76 f., 104, 170
- Kumulation von 285 ff.
- sicheres 20 f., 24 f., 304
- Wissensformen 76 ff., 84, 101
- Ausbildung in der Ontogenese 92 ff., 183, 185, 206, 291
- als konstante Beziehungen 83, 88 f., 96 f., 115 f., 118, 251 ff.
- Konvergenz auf den Menschen 84 f., 91, 286, 296
- als operante Mechanismen 78, 96 ff., 111, 118, 123, 125, 128, 173, 185, 252
- Realitätsgehalt der 85, 88 ff., 91, 170
- Wissenschaft
- Kompetenzüberschreitung 148
- Naturwissenschaft 22, 275 ff., 281 ff., 284, 298, 300
- primitive 116 ff., 142
- Wissenstrieb 82, 85, 160
- Wort 212, 214 f., 219 ff., 271
- Einheit von Wort und Sache 221 ff., 243 ff.

Zauber 162, 224
Zauberer 113 f., 162
Zecken 31 f.
Zeit 84, 251, 274 f.
- mythische 134 ff.
Zufall 120, 302

Bernhard Groethuysen
Die Entstehung der bürgerlichen Welt- und
Lebensanschauung in Frankreich
*Band 1: Das Bürgertum und die katholische
Weltanschauung
Band 2: Die Soziallehren der katholischen Kirche
und das Bürgertum
stw 256. 368 und 320 Seiten*

Groethuysens ausgreifendes Unternehmen ist als Untersuchung der Entstehung einer spezifisch bürgerlichen Sensibilität, einer Welt- und Lebensanschauung zumal, konzipiert, wie sie sich im Frankreich des 17. und 18. Jahrhunderts herauszubilden begann. Die Arbeit erschien zuerst in den Jahren 1927 und 1930. Sie reiht sich der Intention nach den Studien von Dilthey und Simmel zur Entstehung des »modernen« Geistes an, greift aber tiefer ins soziale Gestein der Epoche, so daß sie einerseits mit Franz Borkenaus materialistischer Ideologiegeschichtsschreibung (*Vom feudalen zum bürgerlichen Weltbild*), andererseits mit Norbert Elias' historisch-soziologischen Analysen (*Über den Prozeß der Zivilisation*) verglichen werden kann.

Groethuysens Werk ist also eine »geistesgeschichtliche« Untersuchung besonderer Art. Es thematisiert nicht die großen philosophischen Lehren, die eine reflektierte Form bürgerlicher Ideologie zum Ausdruck bringen, sondern gerade die alltäglichen und anonymen, sozusagen vorreflexiven Gestalten bürgerlichen Denkens und Handelns. Der Autor geht in phänomenologischer Manier aus »vom Leben selbst«, von den Selbstverständlichkeiten des bürgerlichen Lebenszusammenhangs, der sich im 17. und 18. Jahrhundert allmählich von den religiösen Bindungen des Katholizismus emanzipierte. Man kann sagen, daß es sich hier wie bei Walter Benjamins Trauerspielbuch um eine Art »anonyme Geistesgeschichte« des Bürgertums insofern handelt, als nicht seine »anerkannten« Ideologen, sondern seine »populären« Vertreter zu Wort kommen.

Anhand zahlreicher Quellen – etwa von Predigten und pädagogischen Abhandlungen – zeigt Groethuysen, wie sich die Einstellungen des Bürgers sukzessive profanisieren, wie sich seine Anschauungen über Gott, Tod und Sünde, über reich und arm immer mehr von den kirchlichen Lehren lösen und zu einer eigenen Physiognomie in Lebens- und

Weltanschauung führen: »So bildet sich das bürgerliche Klassenbewußtsein. Der neue Wirtschaftstyp, wie er sich in den alten Lebensformen nicht entwickeln konnte, erhält seine geistige Bedeutung und Umgrenzung; er wird zu dem Vertreter einer besonderen, in sich charakterisierten und immer wieder im Gegensatz zu anderen, religiös bedingten Vorstellungsweisen erlebten Einstellung gegenüber Welt und Leben, einer selbständigen bürgerlichen Ideologie, für deren Gestaltung und Ausbildung das Verhältnis des Bürgertums zur Kirche von entscheidender Bedeutung gewesen ist.« Der vielzitierte und -gelästerte Typus des Bourgeois wird von Groethuysen »urgeschichtlich« (Benjamin) bzw. »archäologisch« (Foucault) erforscht.

Bernhard Groethuysen wurde 1880 in Berlin geboren. Er studierte Philosophie, Psychologie, Kunstgeschichte und Wirtschaftspolitik. Unter dem Einfluß Simmels und Diltheys stehend (dessen Gesamtwerk er mitherausgab), beschäftigte er sich gleichermaßen mit psychologischen, anthropologischen und historischen Fragen. In den zwanziger Jahren pendelte er zwischen Paris, wo er im Kreis des Verlags Gallimard die Funktion eines intellektuellen Mentors ausübte, und Berlin, wo er als Privatdozent lehrte, hin und her. Im Jahre 1933 legte er aus Protest gegen die Nationalsozialisten seinen Berliner Lehrauftrag nieder und blieb in Frankreich, wo er fortan als freier Schriftsteller lebte. Er starb 1946 in Luxemburg. Werke: *Das Mitgefühl* (1904); *Philosophische Anthropologie* (1931); *J.-J. Rousseau* (1949); *Philosophie der Französischen Revolution* (1956).

Alphabetisches Verzeichnis der suhrkamp taschenbücher wissenschaft

Adorno, Ästhetische Theorie 2
- Drei Studien zu Hegel 110
- Einleitung in die Musiksoziologie 142
- Kierkegaard 74
- Negative Dialektik 113
- Noten zur Literatur 355
- Philosophie der neuen Musik 239
- Philosophische Terminologie Bd. 1 23
- Philosophische Terminologie Bd. 2 50
- Prismen 178
- Soziologische Schriften I 306
Materialien zur ästhetischen Theorie Th. W. Adornos 122
Apel, Der Denkweg von Charles S. Peirce 141
- Transformation der Philosophie, Bd. 1 164
- Transformation der Philosophie, Bd. 2 165
Arnaszus, Spieltheorie und Nutzenbegriff 51
Ashby, Einführung in die Kybernetik 34
Avineri, Hegels Theorie des modernen Staates 146
Bachelard, Die Philosophie des Nein 325
Bachofen, Das Mutterrecht 135
Materialien zu Bachofens ›Das Mutterrecht‹ 136
Barth, Wahrheit und Ideologie 68
Batscha/Garber (Hg.), Von der ständischen zur bürgerlichen Gesellschaft 363
Becker, Grundlagen der Mathematik 114
Bendix, Könige oder Volk. 2 Bde. 338
Benjamin, Charles Baudelaire 47
- Der Begriff der Kunstkritik 4
- Trauerspiel 225
Materialien zu Benjamins Thesen ›Über den Begriff der Geschichte‹ 121
Bernfeld, Sisyphos 37
Bilz, Studien über Angst und Schmerz 44
- Wie frei ist der Mensch? 17
Bloch, Das Prinzip Hoffnung. 3 Bde. 3
- Geist der Utopie 35
- Naturrecht 250
- Philosophie d. Renaissance 252
- Subjekt/Objekt 251
- Tübinger Einleitung 253
Materialien zu Blochs ›Prinzip Hoffnung‹ 111
Blumenberg, Die Legitimität der Neuzeit. Erweiterte und überarbeitete Neuausgabe. 24/79/174 in Kassette
- Säkularisierung und Selbstbehauptung (1. u. 2. Teil von »Legitimität«) 79
- Der Prozeß der theoretischen Neugierde (3. Teil von »Legitimität«) 24
- Aspekte der Epochenschwelle (4. Teil von »Legitimität«) 174
- Die Genesis der kopernikanischen Welt. 3 Bde. 352
- Schiffbruch mit Zuschauer 289
Böckenförde, Staat, Gesellschaft, Freiheit 163
Böhme, Alternativen der Wissenschaft 334
Böhme/van den Daele/Krohn, Experimentelle Philosophie 205
Böhme/v. Engelhardt (Hg.), Entfremdete Wissenschaft 278
Bourdieu, Entwurf einer Theorie der Praxis 291
- Zur Soziologie der symbolischen Formen 107
Broué/Témime, Revolution und Krieg in Spanien. 2 Bde. 118
Bucharin/Deborin, Kontroversen 64
Bürger, Vermittlung – Rezeption – Funktion 288
- Tradition und Subjektivität 326
Canguilhem, Wissenschaftsgeschichte 286

Childe, Soziale Evolution 115
Chomsky, Aspekte der Syntax-Theorie 42
- Regeln und Repräsentationen 351
- Reflexionen über die Sprache 185
- Sprache und Geist 19
Cicourel, Methode und Messung in der Soziologie 99
Claessens, Kapitalismus als Kultur 275
Condorcet, Entwurf einer historischen Darstellung der Fortschritte des menschlichen Geistes 175
Coulmas, Über Schrift 378
Cremerius, Psychosomat. Medizin 255
- (Hg.), Rezeption der Psychoanalyse 296
van den Daele, Krohn, Weingart (Hg.), Geplante Forschung 229
Danto, Analytische Geschichtsphilosophie 328
Deborin/Bucharin, Kontroversen 64
Deleuze/Guattari, Anti-Ödipus 224
Denninger (Hg.), Freiheitliche demokratische Grundordnung. 2 Bde. 150
Denninger/Lüdersen, Polizei und Strafprozeß 228
Derrida, Die Schrift und die Differenz 177
Descombes, Das Selbe und das Andere 346
Dilthey, Der Aufbau der geschichtlichen Welt in den Geisteswissenschaften 354
Douglas, Ritual, Tabu und Körpersymbolik 353
Dreeben, Was wir in der Schule lernen 294
Dreier, Recht-Moral-Ideologie 344
Dubiel, Wissenschaftsorganisation 258
Durkheim, Soziologie und Philosophie 176
Eckstaedt/Klüwer (Hg.), Zeit allein heilt keine Wunden 308
Eco, Das offene Kunstwerk 222
Eder, Die Entstehung staatl. organisierter Gesellschaften 332
Ehlich (Hg.), Erzählen im Alltag 323
Einführung in den Strukturalismus 10
Eliade, Schamanismus 126
Elias, Über den Prozeß der Zivilisation, Bd. 1 158
- Über den Prozeß der Zivilisation, Bd. 2 159
Materialien zu Elias' Zivilisationstheorie 233
Enzensberger, Literatur und Interesse 302
Erikson, Der junge Mann Luther 117
- Dimensionen einer neuen Identität 100
- Gandhis Wahrheit 265
- Identität und Lebenszyklus 16
Erlich, Russischer Formalismus 21
Ethnomethodologie (hg. v. Weingarten/Sach/Schenhein) 71
Euchner, Naturrecht und Politik bei John Locke 280
Evans-Pritchard, Theorien über primitive Religionen 359
Fetscher, Rousseaus politische Philosophie 143
Fichte, Politische Schriften (hg. v. Batscha/Saage) 201
Fleck, Entstehung und Entwicklung einer wissenschaftlichen Tatsache 312
Foucault, Archäologie des Wissens 356
- (Hg.), Der Fall Rivière 128
- Die Ordnung der Dinge 96
- Überwachen und Strafen 184
- Wahnsinn und Gesellschaft 39
Frank, Das Sagbare und das Unsagbare 317
Friedensutopien, Kant/Fichte/Schlegel/Görres (hg. v. Batscha/Saage) 267
Fulda u. a., Kritische Darstellung der Metaphysik 315
Furth, Intelligenz und Erkennen 160

Galileo Galilei, Sidereus Nuncius 337
Goffman, Rahmen-Analyse 329
– Stigma 140
Gombrich, Meditationen über ein Steckenpferd 237
Goudsblom, Soziologie auf der Waagschale 223
Grewendorf (Hg.), Sprechakttheorie und Semantik 276
Griewank, Der neuzeitliche Revolutionsbegriff 52
Groethuysen, Die Entstehung der bürgerlichen Welt- und Lebensanschauung in Frankreich. 2 Bde. 256
Guattari/Deleuze, Anti-Ödipus 224
Habermas, Erkenntnis und Interesse 1
– Theorie und Praxis 243
– Zur Rekonstruktion des Historischen Materialismus 154
Materialien zu Habermas' ›Erkenntnis und Interesse‹ 49
Hegel, Grundlinien der Philosophie des Rechts 145
– Phänomenologie des Geistes 8
Materialien zu Hegels ›Phänomenologie des Geistes‹ 9
Materialien zu Hegels Rechtsphilosophie Bd. 1 88
Materialien zu Hegels Rechtsphilosophie Bd. 2 89
Helfer/Kempe, Das geschlagene Kind 247
Heller, u. a., Die Seele und das Leben 80
Henle, Sprache, Denken, Kultur 120
Höffe, Ethik und Politik 266
Hörisch (Hg.), Ich möchte ein solcher werden wie... 283
Hörmann, Meinen und Verstehen 230
Holbach, System der Natur 259
Holenstein, Roman Jakobsons phänomenologischer Strukturalismus 116
– Von der Hintergehbarkeit der Sprache 316
Holton, Thematische Analysen der Wissenschaft 293
Honneth, Arbeit, Handlung, Normativität 321
Hymes, Soziolinguistik 299
Jäger (Hg.), Kriminologie im Strafprozeß 309
Jaeggi, Theoretische Praxis 149
Jaeggi/Honneth (Hg.), Theorien des Historischen Materialismus 182
Jacobson, E., Das Selbst und die Welt der Objekte 242
Jakobson, R., Hölderlin, Klee, Brecht 162
– Poetik 262
Kant, Die Metaphysik der Sitten 190
– Kritik der praktischen Vernunft 56
– Kritik der reinen Vernunft. 2 Bde. 55
– Kritik der Urteilskraft 57
– Schriften zur Anthropologie 1 192
– Schriften zur Anthropologie 2 193
– Schriften zur Metaphysik und Logik 1 188
– Schriften zur Metaphysik und Logik 2 189
– Schriften zur Naturphilosophie 191
– Vorkritische Schriften bis 1768 1 186
– Vorkritische Schriften bis 1768 2 187
Kant zu ehren 61
Materialien zu Kants ›Kritik der praktischen Vernunft‹ 59
Materialien zu Kants ›Kritik der reinen Vernunft‹ 58
Materialien zu Kants ›Kritik der Urteilskraft‹ 60
Materialien zu Kants ›Rechtsphilosophie‹ 171
Kenny, Wittgenstein 69
Keupp/Zaumseil (Hg.), Gesellschaftliche Organisierung psychischen Leidens 246
Kierkegaard, Philosophische Brocken 147
– Über den Begriff der Ironie 127
Koch (Hg.), Die juristische Methode im Staatsrecht 198
Körner, Erfahrung und Theorie 197

Kohut, Die Heilung des Selbst 373
– Die Zukunft der Psychoanalyse 125
– Introspektion, Empathie und Psychoanalyse 207
– Narzißmus 157
Kojève, Hegel. Kommentar zur ›Phänomenologie des Geistes‹ 97
Koselleck, Kritik und Krise 36
Koyré, Von der geschlossenen Welt zum unendlichen Universum 320
Kracauer, Der Detektiv-Roman 297
– Geschichte – Vor den letzten Dingen 11
Kuhn, Die Entstehung des Neuen 236
– Die Struktur wissenschaftlicher Revolutionen 25
Lacan, Schriften 1 137
Lange, Geschichte des Materialismus. 2 Bde. 70
Laplanche/Pontalis, Das Vokabular der Psychoanalyse 7
Leach, Kultur und Kommunikation 212
Leclaire, Der psychoanalytische Prozeß 119
Lenneberg, Biologische Grundlagen der Sprache 217
Lenski, Macht und Privileg 183
Lepenies, Das Ende der Naturgeschichte 227
– (Hg.), Geschichte der Soziologie. 4 Bde. 367
Leuninger, Reflexionen über die Universalgrammatik 282
Lévi-Strauss, Das wilde Denken 14
– Mythologica I, Das Rohe und das Gekochte 167
– Mythologica II, Vom Honig zur Asche 168
– Mythologica III, Der Ursprung der Tischsitten 169
– Mythologica IV, Der nackte Mensch. 2 Bde. 170
– Strukturale Anthropologie 1 226
– Traurige Tropen 240
Lindner/Lüdke (Hg.), Materialien zur ästhetischen Theorie Th. W. Adornos. Konstruktion der Moderne 122
Locke, Zwei Abhandlungen 213
Lorenzen, Konstruktive Wissenschaftstheorie 93
– Methodisches Denken 73
Lorenzer, Die Wahrheit der psychoanalytischen Erkenntnis 173
– Sprachspiel und Interaktionsformen 81
– Sprachzerstörung und Rekonstruktion 31
Lüderssen, Kriminalpolitik auf verschlungenen Wegen 347
– (Hg.), Seminar: Abweichendes Verhalten IV 87
Lüderssen/Sack (Hg.), Vom Nutzen und Nachteil der Sozialwissenschaften für das Strafrecht. 2 Bde. 327
Lüderssen/Seibert (Hg.), Autor und Täter 261
Lugowski, Die Form der Individualität im Roman 151
Luhmann, Theorie, Technik und Moral 206
– Zweckbegriff und Systemrationalität 12
Lukács, Der junge Hegel. 2 Bde. 33
Macpherson, Politische Theorie des Besitzindividualismus 41
Malinowski, Eine wissenschaftliche Theorie der Kultur 104
Mandeville, Die Bienenfabel 366
Mannheim, Strukturen des Denkens 298
Markis, Protophilosophie 318
deMause (Hg.), Hört ihr die Kinder weinen 339
Martens (Hg.), Kindliche Kommunikation 272
Marxismus und Ethik 75
Mead, Geist, Identität und Gesellschaft 28
Mehrtens/Richter (Hg.), Naturwissenschaft, Technik und NS-Ideologie 303
Meja/Stehr (Hg.), Der Streit um die Wissenssoziologie. 2 Bde. 361

Menne, Psychoanalyse und Unterschicht 301
Menninger, Selbstzerstörung 249
Merleau-Ponty, Die Abenteuer der Dialektik 105
Métral, Die Ehe 357
Miliband, Der Staat in der kapitalistischen Gesellschaft 112
Minder, Glaube, Skepsis und Rationalismus 43
Mittelstraß, Die Möglichkeit von Wissenschaft 62
– (Hg.), Methodenprobleme der Wissenschaften vom gesellschaftlichen Handeln 270
Mommsen, Max Weber 53
Moore, Soziale Ursprünge von Diktatur und Demokratie 54
Morris, Pragmatische Semiotik und Handlungstheorie 179
– Symbolik und Realität 342
Needham, Wissenschaftlicher Universalismus 264
Neurath, Wissenschaftliche Weltauffassung, Sozialismus und Logischer Empirismus 281
Nowotny, Kernenergie: Gefahr oder Notwendigkeit 290
O'Connor, Die Finanzkrise des Staates 83
Oelmüller, Unbefriedigte Aufklärung 263
Oppitz, Notwendige Beziehungen 101
Oser, Moralisches Urteil in Gruppen, Soziales Handeln, Verteilungsgerechtigkeit 335
Parin/Morgenthaler, Fürchte deinen Nächsten 235
Parsons, Gesellschaften 106
Parsons/Schütz, Briefwechsel 202
Peukert, Wissenschaftstheorie 231
Piaget, Das moralische Urteil beim Kinde 27
– Die Bildung des Zeitbegriffs beim Kinde 77
– Einführung in die genetische Erkenntnistheorie 6
Plessner, Die verspätete Nation 66
Polanyi, Ökonomie und Gesellschaft 295
– Transformation 260
Pontalis, Nach Freud 108
Pontalis/Laplanche, Das Vokabular der Psychoanalyse. 2 Bde. 7
Propp, Morphologie des Märchens 131
Quine, Grundzüge der Logik 65
Rawls, Eine Theorie der Gerechtigkeit 271
Reck, Identität, Rationalität und Verantwortung 369
Redlich/Freedman, Theorie und Praxis der Psychiatrie. 2 Bde. 148
Ricœur, Die Interpretation 76
Ritter, Metaphysik und Politik 199
v. Savigny, Die Philosophie der normalen Sprache 29
Schadewaldt, Anfänge der Philosophie 218
Schelling, Philosophie der Offenbarung 181
– Über das Wesen der menschlichen Freiheit 138
Materialien zu Schellings philosophischen Anfängen 139
Schleiermacher, Hermeneutik und Kritik 211
Schlick, Allgemeine Erkenntnislehre 269
Schluchter, Rationalismus der Weltbeherrschung 322
– (Hg.), Max Webers Studie über das antike Judentum 340
– (Hg.), Verhalten, Handeln und System 310
Schnelle (Hg.), Sprache und Gehirn 343
Scholem, Die jüdische Mystik 330
– Von der mystischen Gestalt der Gottheit 209
– Zur Kabbala und ihrer Symbolik 13
Schütz, Der sinnhafte Aufbau der sozialen Welt 92
– /Luckmann, Strukturen der Lebenswelt Bd. I 284
– Theorie der Lebensformen 350
Schumann, Handel mit Gerechtigkeit 214
Schwemmer, Philosophie der Praxis 331

Schweppenhäuser (Hg.), Benjamin über Kafka 341
Seebaß, Das Problem von Sprache und Denken 279
Seminar: Abweichendes Verhalten I
  (hg. v. Lüderssen/Sack) 84
– Abweichendes Verhalten II
  (hg. v. Lüderssen/Sack) 85
– Abweichendes Verhalten III
  (hg. v. Lüderssen/Sack) 86
– Abweichendes Verhalten IV
  (hg. v. Lüderssen/Sack) 87
– Angewandte Sozialforschung
  (hg. v. Badura) 153
– Dialektik I (hg. v. Horstmann) 234
– Entstehung der antiken Klassengesellschaft
  (hg. v. Kippenberg) 130
– Entstehung von Klassengesellschaften
  (hg. v. Eder) 30
– Familie und Familienrecht I
  (hg. v. Simitis/Zenz) 102
– Familie und Familienrecht II
  (hg. v. Simitis/Zenz) 103
– Familie und Gesellschaftsstruktur
  (hg. v. Rosenbaum) 244
– Freies Handeln und Determinismus
  (hg. v. Pothast) 257
– Geschichte und Theorie
  (hg. v. Baumgartner/Rüsen) 98
– Gesellschaft und Homosexualität
  (hg. v. Lautmann) 200
– Hermeneutik und die Wissenschaften
  (hg. v. Gadamer/Boehm) 238
– Kommunikation, Interaktion, Identität
  (hg. v. Auwärter/Kirsch/Schröter) 156
– Literatur- und Kunstsoziologie
  (hg. v. Bürger) 245
– Medizin, Gesellschaft, Geschichte
  (hg. v. Deppe/Regus) 67
– Philosophische Hermeneutik
  (hg. v. Gadamer/Boehm) 144
– Politische Ökonomie (hg. v. Vogt) 22
– Regelbegriff in der praktischen Semantik
  (hg. v. Heringer) 94
– Religion und gesellschaftliche Entwicklung
  (hg. v. Seyfarth/Sprondel) 38
– Sprache und Ethik (hg. v. Grewendorf/Meggle) 91
– Theorien der künstlerischen Produktivität
  (hg. v. Curtius) 166
Simitis u. a., Kindeswohl 292
Skirbekk (Hg.), Wahrheitstheorien 210
Solla Price, Little Science – Big Science 48
Sorel, Über die Gewalt 360
Spinner, Pluralismus als Erkenntnismodell 32
Sprachanalyse und Soziologie (hg. v. Wiggershaus) 123
Sprache, Denken, Kultur (hg. v. Henle) 120
Strauss, Anselm, Spiegel und Masken 109
Strauss, Leo, Naturrecht und Geschichte 216
Szondi, Das lyrische Drama des Fin de siècle 90
– Einführung in die literarische Hermeneutik 124
– Poetik und Geschichtsphilosophie I 40
– Poetik und Geschichtsphilosophie II 72
– Schriften 1 219
– Schriften 2 220
– Theorie des bürgerlichen Trauerspiels 15
Témime/Broué, Revolution und Krieg in Spanien. 2 Bde. 118
Theorietechnik und Moral 206
Theunissen, Sein und Schein 314
Theunissen/Greve (Hg.), Materialien zur Philosophie Kierkegaards 241

Toulmin, Voraussicht und Verstehen 358
Touraine, Was nützt die Soziologie? 133
Troitzsch/Wohlauf (Hg.), Technik-Geschichte 319
Tugendhat, Selbstbewußtsein und Selbstbestimmung 221
– Vorlesungen zur Einführung in die sprachanalytische Philosophie 45
Uexküll, Theoretische Biologie 20
Ullrich, Technik und Herrschaft 277
Umweltforschung – die gesteuerte Wissenschaft 215
Wahrheitstheorien 210
Waldenfels, Der Spielraum des Verhaltens 311
Waldenfels/Broekman/Pažanin (Hg.), Phänomenologie und Marxismus I 195
– Phänomenologie und Marxismus II 196
– Phänomenologie und Marxismus III 232
– Phänomenologie und Marxismus IV 273
Watt, Der bürgerliche Roman 78
Weimann, Literaturgeschichte und Mythologie 204

Weingart, Wissensproduktion und soziale Struktur 155
Weingarten u. a. (Hg.), Ethnomethodologie 71
Weizenbaum, Macht der Computer 274
Weizsäcker, Der Gestaltkreis 18
Wesel, Aufklärungen über Recht 368
– Der Mythos vom Matriarchat 333
Winch, Die Idee der Sozialwissenschaft und ihr Verhältnis zur Philosophie 95
Wittgenstein, Das Blaue Buch. Eine philosophische Betrachtung (Das Braune Buch) 313
– Philosophische Bemerkungen 336
– Philosophische Grammatik 5
– Philosophische Untersuchungen 203
Wunderlich, Studien zur Sprechakttheorie 172
Zenz, Kindesmißhandlung und Kindesrechte 362
Zilsel, Die sozialen Ursprünge der neuzeitlichen Wissenschaft 152
Zimmer, Philosophie und Religion Indiens 26